CB141984

O constitucionalismo democrático latino-americano em debate

Soberania, separação de poderes e sistema de direitos

O constitucionalismo democrático latino-americano em debate

Soberania, separação de poderes e sistema de direitos

ORGANIZADORES
Leonardo Avritzer
Lilian Cristina Bernardo Gomes
Marjorie Corrêa Marona
Fernando Antônio de Carvalho Dantas

autêntica

Copyright © 2017 Os organizadores
Copyright © 2017 Autêntica Editora

Todos os direitos reservados pela Autêntica Editora. Nenhuma parte desta publicação poderá ser reproduzida, seja por meios mecânicos, eletrônicos, seja via cópia xerográfica, sem a autorização prévia da Editora.

EDITORA RESPONSÁVEL
Rejane Dias

EDITORA ASSISTENTE
Cecília Martins

REVISÃO
Lúcia Assumpção

CAPA
Alberto Bittencourt

DIAGRAMAÇÃO
Larissa Carvalho Mazzoni

Dados Internacionais de Catalogação na Publicação (CIP)
(Câmara Brasileira do Livro, SP, Brasil)

O constitucionalismo democrático latino-americano em debate : soberania, separação de poderes e sistema de direitos / organizadores Leonardo Avritzer... [et al.]. -- 1. ed. -- Belo Horizonte : Autêntica, 2017.

Outros organizadores: Lilian Cristina Bernardo Gomes, Marjorie Corrêa Marona, Fernando Antônio de Carvalho Dantas
Vários autores.
Bibliografia.
ISBN 978-85-513-0017-6

1. Constituições - América Latina 2. Democracia - América Latina 3. Direito constitucional 4. Participação social 5. Separação de poderes 6. Sistema político 7. Soberania I. Avritzer, Leonardo. II. Gomes, Lilian Cristina Bernardo. III. Marona, Marjorie Corrêa. IV. Dantas, Fernando Antônio de Carvalho.

16-05584 CDD-320.011

Índices para catálogo sistemático:
1. Constitucionalismo democrático latino-americano : Ciência política 320.011

GRUPO **AUTÊNTICA**

Belo Horizonte
Rua Carlos Turner, 420
Silveira . 31140-520
Belo Horizonte . MG
Tel.: (55 31) 3465 4500

Rio de Janeiro
Rua Debret, 23, sala 401
Centro . 20030-080
Rio de Janeiro . RJ
Tel.: (55 21) 3179 1975

São Paulo
Av. Paulista, 2.073,
Conjunto Nacional, Horsa I
23º andar . Conj. 2301 .
Cerqueira César . 01311-940
São Paulo . SP
Tel.: (55 11) 3034 4468

www.grupoautentica.com.br

SUMÁRIO

Introdução

O constitucionalismo é um dos pilares fundamentais da teoria política moderna e contemporânea (Locke, 1978; Hamilton *et al.*, 1963; Tocqueville, 1966; Friedrich, 1967; Tribe, 2000; Elster; Slagstad, 1988; Holmes, 1988; Ackerman, 1993). Versa sobre questões fundamentais da organização democrática e dos valores políticos liberais, entre as quais podemos destacar a estrutura de direitos e da divisão de poderes, bem como as características do poder da maioria.

As teorias hegemônicas no campo do constitucionalismo foram construídas com base nas experiências de liberalização dos Estados Unidos da América e alguns estados europeus, particularmente Alemanha e França, e apostam que o fruto dessas experiências – suas Constituições e seus discursos constitucionais – serve de base para todo o *mundo civilizado*.

Essa concepção se desdobra em dois argumentos, um de ordem formal e o outro, substantivo. Em termos formais, concebe-se que todas as Constituições devem seguir o formato que recebeu aquela dos Estados Unidos da América, isto é, que devem se constituir como documentos curtos e de difícil modificação, pois visam a garantir estabilidade ao regime democrático. Esta visão, que remete ao debate constitucional que está na origem da formação dos Estados Unidos da América, e teve em Locke – que defendia que as Constituições fossem imutáveis – e em Madison – que defendia que as Constituições fossem muito difíceis de modificar – sua inspiração, tornou-se paradigmática no campo da teoria política contemporânea (Elster; Slagstad, 1988; Holmes, 1988; Friedrich, 1967).

Trata-se de uma visão que se completa com uma concepção substantiva das Constituições como documentos liberais, de contenção da soberania, e que devem estabelecer dois programas fundamentais: um primeiro, de defesa dos direitos individuais privados – quando muito alguns direitos sociais cuja referência segue sendo o indivíduo –, e um segundo, de reprodução das formas de divisão de poderes decorrentes da ideia de *checks* e *balances* – a despeito dos problemas que tal modelo causou nos Estados Unidos da América (Ackerman, 2005). Nesses termos se constitui o paradigma hegemônico no campo do constitucionalismo.

A autorreferência que caracteriza a produção teórico-normativa e empírica no campo do constitucionalismo – e da teoria democrática – fez com que até bem pouco tempo atrás as especificidades da formação dos estados da América Latina – e certamente também de África – fossem completamente ignoradas, ainda que muitos dos processos de constitucionalização daqueles estados houvessem sido bastante sofisticados (Gargarella, 2009). A tendência a desvalorizar o paradigma constitucional latino-americano, considerando-o como um arremedo da experiência constitucional dos Estados Unidos da América, remonta a Tocqueville (1966).

De fato, na região, pelo menos até o século XIX, nunca houve uma ruptura com a estrutura do constitucionalismo hegemônico. Pelo menos três textos deste livro exploram o constitucionalismo latino-americano sob o prisma sociológico-histórico, enfatizando o processo de transformação da proposta constitucional em desenvolvimento no subcontinente. Roberto Gargarella chama atenção para o fato de que não se registrou sucesso na tarefa de equilibrar os poderes, de modo que o presidencialismo forte fora uma característica fundamental do constitucionalismo latino-americano, constituindo-se uma espécie de "casa de máquinas" do constitucionalismo na região, que nunca fora realmente acessível.

Assim, o primeiro momento de organização dos estados constitucionais no subcontinente está expresso nestes textos, que retratam a evolução da realidade constitucional latino-americana, desde as independências até o fim do autoritarismo, nos anos 1970, quando a região é marcada por uma soberania forte e instável. O poder soberano mudou muitas vezes de mãos e os presidentes frequentemente foram derrubados por golpes que geraram apenas outros presidencialismos fortes.

Os primeiros casos de estabilização constitucional na região, todos eles fortemente centrados na ideia de um regime presidencial forte, foram os da Argentina, com a Constituição de 1853, fortemente inspirada por Alberdi (1810-1884), e pelo constitucionalismo francês; do Uruguai, que estabilizou a sua estrutura constitucional em 1917 e consolidou os elementos de republicanismo e descentralização vigente até hoje; e do Chile, que também estabilizou o seu processo constitucional ainda no século XIX.

As dificuldades em estabilizar uma ordem constitucional com princípios próprios fizeram com que a teoria constitucional hegemônica ignorasse os principais elementos do constitucionalismo latino-americano e se inspirasse em um modelo constitucional anglo-saxão como o único capaz de gerar estabilidade (Friedrich, 1967; Tribe, 2000; Vile, 1967). Evidentemente que, em circunstâncias como essas, questões importantes costumam ser ignoradas, como a incapacidade de se realizarem mudanças constitucionais nos Estados Unidos – tido como um modelo de constitucionalismo para o Ocidente – em assuntos relevantes, tal como o porte de armas de fogo ou mesmo a possibilidade que aquela arquitetura constitucional faculta de uma das casas do Congresso bloquear completamente o sistema político.

Leonardo Avritzer lança luz sobre essas questões, demonstrando que nas últimas décadas o constitucionalismo latino-americano questionou os fundamentos da teoria constitucional hegemônica em pelo menos dois aspectos. De um lado, as fortes reformas constitucionais ocorridas na região não necessariamente geraram mais crise do que aquelas registradas em países que resolveram bem os seus problemas dentro do seu marco constitucional – e isso golpeia fortemente a pressuposição de que a impermeabilidade do constitucionalismo a mudanças é critério para o seu êxito. De outro, a profunda alteração das relações entre Estado e comunidade que foi operada pelas recentes mudanças constitucionais na América Latina reabre o processo de construção nacional, sob o ponto de vista das comunidades étnico-políticas, recolocando em debate os conceitos de soberania e povo, e forçando pela ressignificação do próprio Estado.

No artigo de Aurea Mota, a autora sustenta que o constitucionalismo liberal implementado no século XIX na América tem passado por um processo de atenuação de seu conteúdo moral guiado por dois movimentos principais: o processo de legitimação dos Estados e a transformação da categoria de pessoa que podem ser admitidas como passíveis de serem reconhecidas como válidas. O artigo de Maria Cristina Vidotte Blanco Tarrega e Vitor Sousa Freitas busca responder à seguinte pergunta: constitui-se o novo constitucionalismo democrático latino-americano em um novo paradigma jurídico? Os autores concluem vislumbrando um contexto de crise paradigmática mais ampla e indicam que o novo constitucionalismo democrático latino-americano desponta como paradigma jurídico emergente.

Nas últimas três décadas, particularmente a partir dos processos de redemocratização dos sistemas políticos na América Latina, em especial nos casos de Colômbia, Brasil, Bolívia e Equador,[1] as experiências constitucionais

[1] Vale a pena discutir o caso argentino como um caso misto. A Argentina voltou à sua Constituição tradicional, o que, a princípio, a colocaria fora dos casos de novo constitucionalismo. No entanto, uma ampla emenda constitucional realizada

têm se apresentado de maneira extremamente inovadora em pelo menos três aspectos. Em primeiro lugar, rompeu-se definitivamente com o processo de emulação constitucional, de modo que as Constituições daqueles países foram realmente originais na arquitetura dos seus sistemas políticos, particularmente pela radicalização da democracia, tomada para além dos limites da representação política, o que permitiu que se redefinissem as interfaces entre Estado e sociedade, e a relação entre os poderes. O mesmo se diga em relação à sua concepção acerca da vigência de direitos. Reivindicaram-se, em todos os casos, sistemas ampliados e/ou plurais de direitos, com forte peso para os direitos sociais, mas também para os sistemas de direitos comunitários. Ademais, e em parte como decorrência, inovou-se fortemente em relação às concepções de divisão entre os poderes, com evidente protagonismo do Poder Judiciário na visão política e social daqueles países. Nesta breve introdução, iremos desenvolver cada um desses pontos.

A referência à soberania popular remete à Revolução Francesa e aí já é possível colocar-se a questão acerca de quem é o *povo* que surge na arena pública reivindicando a liberdade e a igualdade a todos prometidas. A tensão entre a necessária unidade política e a diversidade dos modos de vida, inerente à condição humana, que está no âmago da tradição constitucional francesa – mas da norte-americana e da europeia também – é resolvida pelo constitucionalismo latino-americano *desde abajo*.

O novo constitucionalismo latino-americano rearticula a tradição entre soberania e constitucionalismo, na medida em que ecoa vozes emudecidas pela história, as quais embalam as lutas dos excluídos por seu lugar no conceito de "povo soberano". Povos indígenas, populações ribeirinhas, quilombolas e outras comunidades tradicionais, afrodescendentes, todos surgem na arena pública como sujeitos (de direito), participando da refundação da comunidade política e alçando espaços de representação nos órgãos constituídos, reconhecendo-se também as suas específicas normatividades e as formas de resolução de conflitos.

Ao questionar a narrativa contratual, que subsidia a teoria constitucional hegemônica, o novo constitucionalismo latino-americano evidencia o fato de que o povo é múltiplo e dinâmico e que é preciso superar a ideia de um coletivo estável, cuja vontade geral revelaria o bem comum. Isso implica em reconhecer que a identidade do *povo* se altera no decorrer dos processos sociais em que diferentes concepções de *demos* se chocam

em 1994 inseriu o conteúdo de tratados de direitos humanos na Constituição do país, tornando-a um caso intermediário.

(Markell, 2003; Tully, 2004). A institucionalização de um constitucionalismo plurinacional, tal como aquele que emerge das experiências constitucionais recentes na América Latina, demanda um engajamento profundamente intercultural[2] e o estabelecimento das condições institucionais para que a noção de povo seja passível de contestação e de alteração.

As relações entre constitucionalismo e soberania são debatidas em pelo menos quatro textos deste livro. Agustín Grijalva trata de refletir sobre as bases categoriais e conceituais necessárias para a construção de uma teoria constitucional latino-americana – a partir das novas Constituições latino-americanas do final do século XX e deste início do século XXI – fundada no fortalecimento do Poder Judiciário, na justiça constitucional, na garantia de direitos e na pluralidade de suas fontes. Ele centra o debate na institucionalização dos conselhos nacionais de justiça como âmbitos heterogêneos garantidores da independência da função judicial e dos juízes, tanto do ponto de vista normativo como empírico, no processo de efetivação de direitos garantidos constitucionalmente.

Grijalva toma como referência os casos da Colômbia, Argentina e Equador, notadamente no que concerne aos procedimentos de integração formal desses conselhos contra possíveis interferências das demais funções estatais e, especialmente, relacionadas aos processos de reformas constitucionais ou da legislação infraconstitucional. Critica e aponta como grave contradição no sistema de garantia de direitos no novo constitucionalismo latino-americano a declaração dogmática de direitos nos textos das Constituições e a estruturação orgânica do poder, especialmente no que chama de hiperpresidencialismo e nos entraves para a efetivação dos direitos declarados opostos pelo enfraquecimento da independência empírica dos juízes.

Ana Paula Repolês desenvolve um frutífero diálogo com a tradição constitucional francesa, buscando demonstrar que é justamente a influência sobressalente da tradição norte-americana sobre as experiências constitucionais na região – até o século XIX mobilizada em oposição àquela tradição francesa, considerada radical e perigosa – que permitiu o *novo* na experiência político-jurídica latino-americana. Em outro texto, Marjorie Corrêa Marona realiza um percurso distinto: aproveitando parte dos debates recentes no campo das teorias do reconhecimento, aponta a

[2] Na reflexão de Grijalva (2008, p. 53), "o direito à identidade e diferença cultural deve inscrever-se em um marco de direitos humanos conforme vão sendo definidos pelo Estado plurinacional".

possibilidade, aberta pelo novo constitucionalismo latino-americano, de emergência de diferentes formas de encarar a realização da generalidade social, o que sugere que há várias maneiras de agir ou de falar *em nome da sociedade* e de ser politicamente representativo.

A partir daí, reconhecendo o protagonismo que os tribunais vão alcançar no novo cenário na região, Marona se debruça sobre o problema de sua legitimidade, assumindo que o juiz, individualmente, e o Judiciário, institucionalmente, exercem uma atividade importante de representação do interesse público, do que decorre a necessidade de transformações no sistema de recrutamento da magistratura.

Com o surgimento do novo constitucionalismo latino-americano, modificou-se fortemente a relação entre o constitucionalismo do Norte e do Sul. Neste livro, buscamos compreender as novas demandas dos movimentos sociais e correlatas políticas, práticas e institucionalidades que se conformam como expressões do novo constitucionalismo latino-americano. É possível reconhecer aí pelo menos dois elementos principais: uma mudança na questão da soberania, que opera tanto no campo da participação social quanto na reordenação da lógica de divisão dos poderes. No que diz respeito à questão da participação, todas as Constituições sul-americanas pós-1988 têm fortes concepções de participação social, como é o caso das Constituições brasileira, colombiana, peruana, boliviana e equatoriana.[3]

O texto de Marcus Abílio Gomes Pereira e Dayane Nayara Conceição de Assis exploram justamente a importância da participação popular nos processos constituintes recentes na América Latina para o reconhecimento de sociedades interculturais e fortemente desiguais, destacando o modo como a apropriação de tecnologias de informação e comunicação pelas Cortes Supremas da Bolívia, do Brasil, da Colômbia e do Equador podem colaborar para o aprofundamento de práticas mais democratizantes no Poder Judiciário daqueles países.

O segundo elemento definidor do novo constitucionalismo latino-americano, tal qual tratado neste livro, diz respeito à mudança na forma como os direitos são entendidos. Até o final dos anos 1980, os direitos na América Latina eram entendidos em paralelo com a tradição europeia – pensados a partir da trilogia direitos civis, políticos e sociais (Marshall, 1967). Reconhecia-se que os direitos sociais possuíam uma representação

[3] Para os efeitos deste livro não iremos considerar a Venezuela um caso de novo constitucionalismo, e sim de autoritarismo plebiscitário. Vide Levitski; Way (2010).

desproporcional e os direitos políticos, uma sub-representação na organização política, ademais das graves violações de direitos civis anotadas. Ainda assim, esse era o paradigma para o tratamento da questão dos direitos na América Latina.

Com as democratizações latino-americanas dos anos 1980, insere-se na tradição do constitucionalismo a questão dos direitos dos povos e comunidades tradicionais. Todas as Constituições acima mencionadas ampliam os direitos destes grupos, com a presença mais recorrente dos indígenas e dos afrodescendentes. O direito desses povos e o constitucionalismo são debatidos em quatro textos deste livro, que vão de análises mais gerais a trabalhos comparativos e estudos de caso, em diferentes países latino-americanos.

O texto de Fernando Antônio de Carvalho Dantas parte da crítica ao modelo de Estado-nação ocidental e à forma como este se estruturou a partir da exclusão dos povos indígenas, o que gerou dominação e violências institucionalizadas. Em seguida a essa crítica, o autor apresenta a nova institucionalidade do Estado latino-americano e o constitucionalismo transformador. O texto de Lilian Cristina Bernardo Gomes e Carlos E. Marques apresenta uma análise comparativa entre Brasil, Colômbia e Equador, indicando de que modo o direito das comunidades afrodescendentes aparecem nessas Constituições.

Já o texto de César Augusto Baldi analisa a questão indígena no Brasil a partir de uma revisão hermenêutica da jurisprudência do Supremo Tribunal Federal, finalmente tratando da temática do constitucionalismo e o direito de povos e comunidades tradicionais. O texto de Eric C. L. Mosiño analisa a questão indígena na Bolívia, tomando como data inicial o ano 1990, momento emblemático para os movimentos indígenas daquele país, pois foi o período em que ocorreu a primeira grande marcha "por el territorio y la dignidad".

O último artigo, de Luciana Ballestrin, argumenta que a América Latina tem sido protagonista no renovado interesse teórico, político e normativo sobre a noção de "descolonização" no século XXI. Em uma primeira parte do artigo, demonstra-se como o debate pós-colonial foi inserido na América Latina e a América Latina foi inserida no debate pós-colonial, especialmente a partir dos anos 1990. Posteriormente, argumenta-se que o continente tem sido fundamental para associar descolonização e justiça, cuja parte significativa de sustentação empírica pode ser encontrada na contribuição boliviana e equatoriana ao constitucionalismo democrático contemporâneo.

Os casos mais uma vez variam, mas expressam uma mudança de postura em relação à própria tradição de direitos. Em alguns casos, essa Constituição é a base fundamental do novo constitucionalismo com o seu forte acento plurinacional, enquanto em outros casos trata-se de uma ampliação da Carta dos direitos civis.

Assim, cremos estar, de fato, pensando em uma nova tradição que se caracterizada pelos três elementos ressaltados acima: uma mudança na concepção de soberania popular, uma redefinição da ideia de divisão de poderes e uma nova concepção de direitos das populações tradicionais.

Referências

ACKERMAN, B. *We the People: Foundations*. Cambridge: The Belknap Press of Harvard University Press, 1993.

ACKERMAN, B. *The Failure of the Founding Fathers. Jefferson, Marshall, and the Rise of Presidential Democracy*. Cambridge, London: Harvard University Press, 2005.

ALBERDI, J. B. *La omnipotencia del Estado en la negación de la libertad individual*. Buenos Aires: La Pampa, 1880.

ELSTER, J.; SLAGSTAD, R. (Eds.). *Constitutionalism and Democracy*. Cambridge: Cambridge University Press, 1988.

FRIEDRICH, C. J. *The Impact of American Constitutionalism Abroad*. Boston: Boston University Press, 1967.

GARGARELLA, R.; COURTIS, C. *El nuevo constitucionalismo latinoamericano: promesas e interrogantes*. CEPAL, 2009.

GRIJALVA, A. El Estado Plurinacional e Intercultural en la Constitución Ecuatoriana del 2008. *Ecuador Debate*, Quito, n. 75, p. 49-62, 2008.

HAMILTON, A. *et al. The Federalist Papers*. New York: New American Library, 1961.

HOLMES, Stephen. Gag Rules or the Politics of Omission. In: ELSTER, J.; SLAGSTAD, R. *Constitutionalism and Democracy*, Cambridge: Cambridge University Press, 1988.

LOCKE, J. *Segundo tratado sobre o governo*. 2. ed. São Paulo: Abril Cultural, 1978. (Os Pensadores).

LOCKE, J.; LASLETT, P. *Locke: Two Treatises of Government Student Edition*. Cambridge: Cambridge University Press, 1988.

MARSHALL, T.H. *Cidadania, Classe Social e Status*. Rio de Janeiro: Zahar, 1967.

MARKELL, P. *Bound by Recognition*. Princeton: Princeton University Press, 2003.

TOCQUEVILLE, A. *Democracy in America*. New York: Perennial Library, 1966.

TRIBE, L. H. *American Constitutional Law*. 3. ed. Oxford: Oxford Foundation Press, 2000.

TULLY, J. Recognition and Dialogue: the Emergence of a New Field. *Critical Review of International Social and Political Philosophy*, v. 7, n. 3, p. 84-106, autumn 2004.

CONSTITUCIONALISMO LATINO-AMERICANO SOB O PRISMA SOCIOLÓGICO-HISTÓRICO

O novo constitucionalismo latino-americano: uma abordagem política

Leonardo Avritzer

Durante as últimas décadas, uma série de países na América Latina[1] redesenhou as suas Constituições de maneira a produzir duas fortes inovações na teoria do constitucionalismo. A primeira diz respeito ao papel das Constituições na ordem política (Holmes, 1988; Elster, 1988; Agresto, 1984; Ely, 1980; Tribe, 2000). Considerando a tradição mais bem consolidada nos Estados Unidos, o papel das Constituições é retirar um conjunto de problemas da pauta política (Holmes, 1988). Nesse sentido, as Constituições mais sólidas e mais fortes seriam aquelas que teriam conseguido realizar tal tarefa ao longo da história.

A segunda inovação, que as experiências constitucionais latino-americanas apresentam, diz respeito a outro grande fundamento da teoria constitucional, o de que o constitucionalismo estrutura a forma de divisão de poderes nas democracias (Dahl, 1956; Manin, 1997; O'Donnell, 1996). Desse modo, ao prever as atribuições dos Poderes Executivo, Legislativo e Judiciário, o constitucionalismo funda uma estrutura de equilíbrio de poderes que restringe a soberania popular, ao criar mecanismos institucionais para o seu exercício, fortalecendo, por sua vez, a democracia, na medida em que se produz estabilidade política.

Nas últimas décadas, o constitucionalismo latino-americano questionou ambos os fundamentos. De um lado, em países como o Brasil, a Colômbia, a Bolívia e o Equador, novas Constituições foram escritas com o objetivo de gerar mais soberania depois da democratização.[2] Nos casos em que essas

[1] É possível afirmar, tal como faz Gargarella (2010), que o constitucionalismo latino-americano sempre esteve em paralelo com o constitucionalismo norte-americano, ainda que ambas as tradições constitucionais tenham produzido resultados bastante diferentes ao longo da história dos países da América do Norte e do Sul.

[2] Está além dos objetivos deste trabalho analisar comparativamente os países que realizaram reformas constitucionais com os que realizaram as suas transições para a democracia sem se preocupar com tal questão. A Argentina, o Chile e o México se colocam nessa perspectiva. Todos esses países realizaram fortes revisões constitucionais depois de se democratizarem: a Argentina em 1994, o México

novas Constituições significaram impedimentos graves ao governo, elas foram fortemente revistas pelo poder constituinte derivado, como ocorreu no Brasil, por exemplo (Couto; Arantes, 2006). Assim, esses países realizaram fortes reformas constitucionais, tanto criando novas Constituições quanto alterando as já existentes, ao passo que algumas importantes democracias consolidadas do mundo desenvolvido têm tentado superar graves crises políticas sem reformar as suas Constituições. No entanto, tal como iremos abordar adiante, não parece claro que os países que reformaram as suas Constituições geraram mais crise e aqueles que não reformaram, tal como os Estados Unidos, resolveram bem os seus problemas dentro do seu marco constitucional.

Há, ainda, outro problema instigado pelo novo constitucionalismo que diz respeito às relações entre Estado e comunidade. Benedict Anderson (1990) fala em "comunidades bem imaginadas" ao discutir as independências latino-americanas, assumindo uma correspondência entre Estado nacional e comunidades políticas. No entanto, pouco mais de 200 anos depois, temos motivos para crer que essas comunidades não foram tão bem imaginadas, uma vez que conhecemos as enormes discrepâncias entre a ideia de comunidades homogêneas e a invisibilização das populações originárias na Bolívia e no Equador (Assies, 2006). Essa questão recoloca a relação entre constitucionalismo e agenda política na medida em que, em alguns países da América do Sul, especialmente na Bolívia, coloca-se o problema de se reinventar o próprio Estado (Van Cott, 2008).

O objetivo deste artigo é analisar o novo constitucionalismo latino-americano a partir de duas perspectivas complementares: a primeira delas é uma avaliação crítica do constitucionalismo, tal como ele existe nos Estados Unidos e na Europa Ocidental. Nesse ponto, pretende-se avaliar criticamente a tradição que considera como critério para o êxito do constitucionalismo a sua impermeabilidade a mudanças. Em segundo lugar, avança-se uma avaliação crítica acerca da tradição que considera fechado o processo de construção nacional sob o ponto de vista das comunidades étnico-políticas. Este artigo estará dividido em três partes: em uma primeira voltaremos à tradição constitucional clássica, em especial à anglo-saxã, para mostrar as vulnerabilidades desta visão; em uma segunda parte, iremos analisar o novo constitucionalismo, e, em especial, a tradição que se criou no Brasil, na Colômbia e na Bolívia nos anos 1990, enfatizando a relação entre constitucionalismo e mudança política. Em uma terceira

em 2002. No entanto, eles mantiveram as suas Constituições, tendo, nos casos do México e do Chile, herdado fortes problemas do período autoritário.

parte, incorporando dados das mudanças recentes na América do Sul, iremos propor uma concepção analítica do novo constitucionalismo.

O processo de constitucionalização da política nos Estados Unidos no século XVIII: uma abordagem crítica

A teoria constitucional clássica tem o seu momento fundante nas discussões que geraram os processos constitucionais nos Estados Unidos e na França (Tribe, 2000; Holmes, 1988; Vile, 1967; Ely, 1980), ainda que os processos latino-americanos de independência e constitucionalização tenham sido quase simultâneos aos dois processos acima mencionados (Gargarella, 2010). No caso dos Estados Unidos, uma forte tradição de governo local (Rehfeld, 2005) foi relativizada durante o processo de formação de um governo nacional (Jensen, 1943) e de constitucionalização do país. Este foi não apenas um processo de constitucionalização, mas também de forte relativização de uma tradição anterior de soberania local (Gargarella, 2010).

A tradição constitucional norte-americana pode ser considerada singular pela sua capacidade de produzir um documento curto, fortemente vinculante e que requer uma supermaioria para ser modificado (Elster; Slagstadt, 1988). A principal preocupação no debate sobre constitucionalismo e formação de um governo nacional no que viria a ser os Estados Unidos foi como manter a pluralidade na composição do Estado e, ao mesmo tempo, criar um governo politicamente homogêneo. Madison enfrentou este problema no Federalista número 10, ao afirmar que "a diversidade das faculdades dos indivíduos da qual os direitos de propriedade se originam não é um obstáculo insuperável para a uniformidade dos interesses" (Hamilton *et al.*, 1961). Este constitui o ponto de partida para a discussão sobre a formação de um governo nacional. Para Madison, o pluralismo constitui uma faca de dois gumes: ele expressa algumas características naturais da razão humana, mas ele pode vir a constituir a base da disputa entre facções. Assim, Madison argumenta que "diferentes opiniões no que diz respeito às religiões, à forma do governo e a muitas outras questões [...] contribuíram para a divisão da espécie humana em partidos, inflamaram a animosidade, e a tornaram muito mais capaz de se dispor a fustigar e oprimir uns aos outros do que a cooperar pela busca do bem comum" (*apud* Hamilton *et al.*, 1961, p. 79). Pode-se afirmar que o problema central enfrentado no momento da elaboração constitucional norte-americana era a questão da diversidade, abordada a partir deste duplo eixo: o reconhecimento da diversidade e, ao mesmo tempo, a resposta a ela a partir de um desenho de homogeneidade e de estabilidade política. A resposta americana ao problema da diversidade foi a criação de dificuldades para a mudança constitucional.

A tradição constitucional que se consolidou nos Estados Unidos pode ser definida em uma sentença: foram retirados problemas da agenda ao tornar a mudança constitucional muito difícil. Os principais federalistas, Hamilton e Madison, sustentaram que o processo de emendamento constitucional[3] deveria ser difícil e requeria muito tempo, exigindo aprovação de ambas as casas e de um grande número de Legislativos estaduais (HAMILTON *et al.*, 1961, p. 278). Naquele momento, um debate instrutivo foi travado sobre a correção ou não do processo de vinculação das futuras gerações à Constituição (HOLMES, 1988, p. 122). Alguns críticos da proposta dos "Federalistas", entre eles Thomas Jefferson, argumentaram que o processo de emendamento das Constituições era tão complicado que jamais seria posto em prática (ACKERMAN, 1993, p. 122-123). Em contraste com os primeiros, os defensores dessa posição argumentaram que suspender certos pontos da agenda aumentava a capacidade de decidir da população e a liberava do encargo de decidir questões polêmicas (HOLMES, 1988, p. 223).

Seja como for, o sistema constitucional norte-americano acabou se consolidando como um sistema de baixo processamento de emendas, e a visão mais consolidada entre cientistas sociais é de que esse sistema propiciou a criação de fortes consensos sobre o que está dentro e o que está fora da agenda política (BUCHANAN, 1962). Entre 1789 e 1991 foram incorporadas à Constituição norte-americana 26 emendas, perfazendo uma média de 1,3 emendas a cada 10 anos (LUTZ, 1994, p. 359). No entanto, não é possível fazer uma história constitucional dos Estados Unidos com base apenas na baixa produção de emendas constitucionais. É necessário também analisar a ascensão do método de revisão judicial e analisar a relação entre a revisão constitucional e a produção de soberania política.

A emergência do processo de revisão constitucional tem a sua origem no próprio debate sobre governo misto, que teve lugar durante a convenção constitucional da Filadélfia (ACKERMAN, 1992). Madison chegou a estabelecer a relação entre a forma de governo limitada que ele defendia e a operação da Suprema Corte, mas foi Hamilton quem o fez mais claramente. Para ele, "as

[3] Vale a pena, neste caso, definir o que entendemos por emenda constitucional. Seguindo Jelinek, mudança constitucional é um ato intencional de vontade estabelecido através de uma regra pré-especificada (JELLINEK, 2000, p. 54), ou seja, a emenda é um processo de alteração do texto constitucional que se processa dentro dos procedimentos formais de mudança estabelecidos pela própria Constituição.

Cortes de Justiça devem ser consideradas as guardiãs de uma Constituição limitada contra o prevalecimento do Legislativo. [...] A independência dos juízes constitui igualmente um requisito para resguardar a Constituição e os direitos dos indivíduos dos efeitos dos maus humores que conjunturas particulares desenham sobre homens de influência e disseminam entre os povos" (Hamilton *et al.*, 1961, p. 469). Desse modo, Hamilton e os federalistas entenderam o papel do Judiciário como o de estabelecer um equilíbrio em relação à vontade popular, moderando-a. No entanto, a forma a ser assumida por esse "poder com função moderadora" só foi determinada durante o famoso caso Marbury *versus* Madison.

Marbury foi o primeiro caso no qual a difícil questão de como diferenciar a capacidade legislativa ordinária do Congresso da normatividade constitucional emergiu (Agresto, 1984). O caso não pode ser entendido, como bem apontou Bruce Ackerman (2005), sem relacioná-lo com a disputa das eleições presidenciais de 1800, que terminaram por sagrar Thomas Jefferson presidente dos Estados Unidos. Este caso, no qual a Constituição não funcionou na sua capacidade de prever e arbitrar disputas,[4] acabou deixando uma série de pendências para a solução da Suprema Corte. Ao examinar um conjunto de indicações de juízes de paz e juízes de tribunais superiores no Distrito de Colúmbia, nomeados por John Adams no seu último dia como presidente, a Suprema Corte, em uma decisão escrita pelo juiz John Marshall, estabeleceu o princípio da revisão constitucional. Marshall defendeu, no caso Marbury, a precedência da Constituição em relação a leis e estatutos, relativizando o princípio da soberania popular no sistema norte-americano e, ao mesmo tempo, estabelecendo a diferença entre tradição constitucional e legislação ordinária (Agresto, 1984).

A partir dos debates do processo de convenção constitucional e do caso Marbury, é possível sistematizar a história constitucional dos Estados Unidos de duas formas diferentes: uma primeira interpretação e/ou tradição teórica supõe que os Estados Unidos estabeleceram um processo limitado de mudança constitucional pela via do artigo V da Constituição, que dispõe que "[...] o Congresso, sempre que dois terços dos membros de ambas as

[4] Duas questões dominaram o debate político depois das eleições de 1800, no qual o Colégio Eleitoral atribuiu a cada um dos candidatos, Jefferson e Adams. A primeira delas é que o sistema político norte-americano não estava preparado para votar em candidatos partidários, mas a formação do partido republicano mudou o debate. Ao mover a eleição do presidente para o Congresso, que era um "lame duck Congress", ao invés de deixar a soberania popular prevalecer, quase que a frágil democracia americana se rompeu (ACKERMAN, 2005, p. 30-33).

casas julgarem necessário, poderá propor emendas a esta Constituição; ele poderá também propor emendas através da aprovação de dois terços das legislaturas dos estados [...]" (Tribe, 2000, p. 1). Para a maior parte dos analistas, este é o único princípio de mudança constitucional presente no modelo norte-americano. Para eles, a revisão constitucional preencheu o vazio de mudanças constitucionais muito bem, constituindo também uma forma de expressão da vontade da maioria (Friedrich, 1967; Ely, 1980). Para eles, "os juízes não revisam a vontade popular, quem o faz é a Constituição [...]" (Ely, 1980, p. 8).

Essa concepção não é, no entanto, a única possível acerca da redução do papel da soberania popular no processo constitucional norte-americano. Bruce Ackerman (1992) propõe uma interpretação diferente de acordo com a qual os Estados Unidos têm momentos ordinários e extraordinários de legislação. Nos momentos ordinários, Ackerman está de acordo com os autores analisados acima, de que vigora uma relação entre os princípios do monismo constitucional e da revisão constitucional (Ackerman, 1991, p. 19). Segundo Ackerman, a resposta dos conservadores legais para o conflito entre o monismo e a soberania popular consiste na tentativa de conciliar "[...] a revisão constitucional com as premissas fundamentais da democracia" (Ackerman, 1992, p. 9). No entanto, os Estados Unidos teriam também momentos que Ackerman denomina de extraordinários, nos quais o envolvimento simultâneo de diversos atores de todos os ramos do sistema político repolitiza o processo constitucional. Para Ackerman, as mudanças constitucionais e/ou políticas-chave que ocorreram nos Estados Unidos a partir da segunda metade do século XIX se originaram de um envolvimento de atores institucionais e não institucionais na política (1992, p. 140-144). Assim, tanto a guerra civil e os episódios que resultaram na emenda 14 como as mudanças provocadas pelo *New Deal* podem ser entendidas dentro de uma tradição dualista que renova a política nos Estados Unidos.[5]

O argumento de Ackerman amplia o debate sobre mudança constitucional, mas não altera a análise que está sendo feita aqui, por um motivo principal: seja nos momentos de monismo, seja nos momentos dualistas, a capacidade de promover mudanças constitucionais nos Estados Unidos

[5] As principais políticas econômicas introduzidas pelo *New Deal* foram questionadas e algumas canceladas pela Suprema Corte a partir de 1935. Tal fato gerou forte tensão entre o poder Executivo e o Judiciário nos Estados Unidos. A Suprema Corte acabou por reconhecer a constitucionalidade do salário mínimo no caso West Coast Hotels versus Parrish. Ela também reconheceu a legalidade do *social security act* no caso Helvering *versus* Davis.

permanece muito baixa. Foi necessária uma guerra civil para que a emenda 14 fosse viabilizada e, no caso do *New Deal*, não foi possível transformar a Constituição, ainda que tenha havido um acordo político para a mudança na composição da Corte. O gráfico abaixo mostra a evolução de emendas constitucionais nos Estados Unidos no tempo:

Gráfico 1 – Evolução das emendas constitucionais nos Estados Unidos (1790-2000)

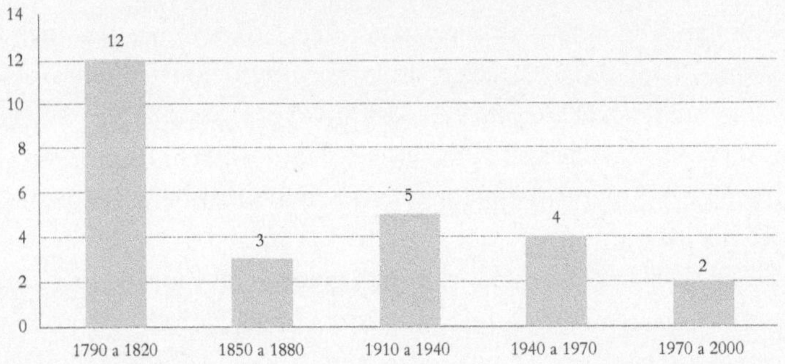

Fonte: elaboração do autor.

Assim, podemos afirmar que o modelo de constitucionalismo que prevaleceu nos Estados Unidos e que podemos denominar de hegemônico é um modelo constitucional em que mudanças no contexto político têm baixo impacto na Constituição. Este não é o modelo latino-americano, em que mudanças políticas sempre tiveram impacto constitucional (Gargarella, 2010). No entanto, esse impacto raramente foi democrático, tendo levado a diversas rupturas constitucionais no século XX. Na próxima seção deste trabalho, irei analisar a tradição constitucional latino-americana e o surgimento do novo constitucionalismo.

O constitucionalismo latino-americano

A tradição constitucional que se consolidou na América Latina pode ser denominada de constitucionalismo mitigado (Motta, 2011). A princípio, o constitucionalismo latino-americano pós-independência pode ser visto de duas maneiras principais: uma primeira corrente, que tem origem em Tocqueville (1966), aponta apenas para o fato de, durante o século XIX, a América Latina ter produzido Constituições liberais inaplicáveis às sociedades existentes. Tocqueville, observando a Constituição americana, indicou que "os mexicanos desejosos de estabelecerem um sistema federal tomaram emprestada a Constituição de seus vizinhos anglo-saxões e a copiaram quase que completamente. Mas, se eles puderam copiar a letra da lei, eles não puderam copiar o espírito que lhe deu vida" (Tocqueville, 1966, p. 165). Tal colocação de Tocqueville, inaugurando uma linha de análise sobre as Constituições liberais latino-americanas, possui, por sua vez, duas limitações: a primeira delas diz respeito ao fato de que a sociedade americana se adaptou mais lentamente do que Tocqueville supôs ao seu arranjo constitucional, tendo tido episódios de disputa de poder que poderiam ter conduzido a experiências parecidas com as latino-americanas (Ackerman, 2005).

A segunda limitação se relaciona com o fato de que a América Latina foi paulatinamente se adaptando aos arranjos constitucionais liberais ao adotar, no final do século XIX, Constituições que expressaram uma mitigação do liberalismo político (Alberdi, 1880). Nesse sentido, esta linha de interpretação afirma que, se a América Latina não foi plenamente liberal no século XIX, tal como diversos autores demonstraram (Veliz, 1980), ela também não foi plenamente antiliberal. De fato, ocorreram golpes e rebeliões centralizantes em quase todos os países latino-americanos (com exceção do Brasil) ao longo do século XIX. Esses golpes e rebeliões estiveram ligados ao fato de que houve, sim, um idealismo constitucional ao longo do processo de independência, no qual foram estabelecidas estruturas de direitos não coincidentes com a realidade social da região (Veliz, 1980). No entanto, é necessário afirmar que todas as reações centralistas que ocorreram em países como o Chile, a Argentina e o Peru não foram capazes de produzir Constituições que rompessem completamente com a herança liberal no século XIX.

Elas apenas mitigaram o constitucionalismo liberal, produzindo uma primazia do liberalismo econômico sobre o liberalismo político e acomodando o constitucionalismo ao poder político local. O primeiro episódio de um constitucionalismo autônomo na América Latina ocorreu durante a revolução mexicana de 1917. A Constituição que resultou da revolução mexicana é frequentemente analisada apenas pela sua incapacidade de produzir um governo democrático no país (Zermeño, 1980). No entanto, é importante observar que, apesar do seu caos inicial, a revolução mexicana foi o primeiro movimento latino-americano de mobilização das classes populares e dos indígenas, e tal mobilização encontrou um formato na Constituição de 1917. Essa Constituição antecipa alguns elementos do novo constitucionalismo, especialmente no que diz respeito à propriedade coletiva da terra através do "ejidos". A Constituição mexicana também atribui aos direitos sociais à dimensão de direitos coletivos, tal como faria a Constituição de Weimar, na Alemanha (Gonçalves, 2009). No entanto, não é possível afirmar que a Constituição mexicana fundou uma tradição alternativa de novo constitucionalismo, uma vez que o capítulo da terra ou dos direitos sociais não foi capaz de gerar uma tradição de direitos garantida por um Judiciário independente. Pelo contrário, a revolução mexicana acabou gerando uma tradição de estabilidade política com mudança constitucional pontual que inviabilizou a própria mudança constitucional quando da democratização mexicana (Negretto, 2013). Apenas depois das democratizações latino-americanas dos anos 1980, é que tal tradição emergiu.[6]

A tradição do novo constitucionalismo na América Latina surgiu de duas necessidades complementares, que apareceram durante as democratizações dos anos 1980 e 1990: a primeira delas foi a necessidade de reformar Constituições nos países que passaram por autoritarismos semi-institucionais,[7] como foi o caso do Brasil. No Brasil, foi elaborada uma nova Constituição pelo regime autoritário em 1967, além dessa mesma Constituição ter sido reformada em 1969 e em 1977, o que impediu qualquer possibilidade de volta à Constituição de 1946. Assim, colocou-se a necessidade de uma assembleia constituinte que, na verdade, foi muito além do expurgo autoritário e reconstituiu completamente a ordem político-legal. O segundo caso latino-americano de reconstitucionalização foi o dos países andinos, em especial da Bolívia e do Equador. Nestes casos, o próprio processo de reimaginação da comunidade política foi realizado, uma vez que a comunidade política imaginada no começo do século XIX havia gerado conflito permanente. Assim, vale a pena analisar quais são as novidades destas Constituições, para depois tentarmos discutir analiticamente o significado do novo constitucionalismo.

O novo constitucionalismo latino-americano: participação e reconhecimento das comunidades tradicionais

O novo constitucionalismo latino-americano é um processo que tem sua origem na elaboração de novas Constituições no Brasil em 1988, na Colômbia

[6] Está além dos objetivos deste trabalho realizar considerações sistemáticas sobre todas as experiências constitucionais latino-americanas, mas vale a pena mencionar que a Bolívia, a partir da revolução de 1952, realizou uma série de avanços constitucionais no que fiz respeito a direitos coletivos e propriedade da terra. Estes avanços foram constitucionalizados em 1961.

[7] Vale a pena neste caso diferenciar o Brasil da Argentina, do Uruguai e do Chile. Nos casos da Argentina e do Uruguai, os regimes autoritários não tiveram nenhuma institucionalidade legal e, durante suas democratizações, a questão que se colocou foi voltar às tradições democráticas anteriores. No caso do Brasil, o autoritarismo assumiu uma feição semilegal que facilitou o argumento pela convocação de uma Assembleia Nacional Constituinte. A Constituinte de 87-88 foi muito além das expectativas na introdução de importantes avanços institucionais.

em 1991, no Paraguai em 1992, no Peru em 1993, na Venezuela em 1999, no Equador em 2008 e na Bolívia em 2009 (Uprimny, 2012). Estas novas Constituições geraram marcos políticos e legais originais em relação ao constitucionalismo tradicional, em especial o anglo-saxão. Nesse sentido, apesar de dialogar com autores importantes desta tradição do novo constitucionalismo, em especial com Boaventura de Sousa Santos, estou aqui diferenciando a minha abordagem daquelas que fundamentam o novo constitucionalismo apenas na questão ou do novo papel das populações originais ou no pluralismo jurídico (Santos, 2010). Como é sabido, Santos argumenta que estes são os elementos centrais do novo constitucionalismo e remete o novo constitucionalismo às Constituições boliviana e equatoriana (Santos, 2010, p. 71-72). Ainda que estes sejam pontos fundamentais do novo constitucionalismo, entendo que eles não têm abrangência política e epistemológica para sustentar o conjunto das ideias e das práticas constitucionais introduzidas pelo novo constitucionalismo. Do ponto de vista político, o novo constitucionalismo implica em diferentes tipos de ampliação dos direitos e da participação. Do ponto de vista legal, ele incorpora diferentes elementos, entre os quais mencionamos o pluralismo legal, mas certamente ele vai muito além do pluralismo e coloca a questão da revisão constitucional e da incorporação de atores sociais nesse processo. Nesse sentido, o novo constitucionalismo vai muito além do estado plurinacional e das práticas de baixo para cima dos movimentos sociais nos países andinos.

Neste artigo, irei sustentar que o novo constitucionalismo tem três características principais: a primeira delas é a forte ampliação de direitos, em especial dos direitos das comunidades tradicionais, o que altera o desenho das comunidades políticas; em segundo lugar, a ampliação das formas de participação existentes ao largo da deliberação pelo Executivo e pelo Legislativo, o que altera o escopo do exercício da soberania; e, em terceiro lugar, um novo papel do Poder Judiciário, o que muda o equilíbrio de poderes tradicional na América Latina. Permitam-me elaborar estas três dimensões.

O primeiro ponto importante a ser destacado é que o novo constitucionalismo amplia os direitos; em especial, os direitos das comunidades tradicionais a partir tanto de uma concepção liberal quanto de uma concepção pós-liberal dos direitos. Este é o caso das Constituições do Brasil, da Colômbia, da Bolívia, do Equador, da Venezuela e das reformas constitucionais mexicanas entre 1992 e 2002 (Baldi, 2012). Estes direitos são reconhecidos de modo diferenciado nos diversos casos. No caso da Colômbia – que foi pioneira neste aspecto –, a Constituição, nos seus artigos 7 e 10, reconheceu a diversidade étnica da nação colombiana, de 1991, e também sua diversidade linguística. A Constituição colombiana também transformou os dialetos locais em oficiais nos seus próprios territórios. Outros países latino-americanos também ampliaram fortemente o reconhecimento das suas comunidades tradicionais, como foi o caso da Bolívia. Neste caso, o artigo 1 da Constituição boliviana de 2008 estabeleceu o princípio do Estado plurinacional, entendendo a pluralidade como jurídica, política, cultural, econômica e linguística. O artigo 256 do mesmo documento constitucional compatibilizou a tradição de direitos plurais com os tratados internacionais firmados pelo país, estabelecendo um marco mais amplo do que o do Estado nacional para a vigência de direitos (Uprimny, 2012).

O Brasil reconheceu, na sua Constituição de 1988, o direito das comunidades tradicionais, mas de forma indireta e incompleta quando comparado com o reconhecimento feito pelos países andinos. A Constituição brasileira de 1988 reconheceu os direitos dos povos indígenas nos artigos 20, 22, 129, 216, 231 e 232. Todos eles constituem, no entanto, formas indiretas de reconhecimento. No artigo 20, as terras indígenas passam a pertencer à União; no artigo 22, a União passa a ter o direito privativo de legislar sobre terras indígenas; no artigo 129, o Ministério Público torna-se defensor dos direitos indígenas; no artigo 216, os indígenas passam a fazer parte dos patrimônios cultural e imaterial brasileiros; no artigo 231, há o reconhecimento dos costumes, línguas, crenças e tradições indígenas, considerando-se nulos e sem efeitos os títulos de propriedade sobre terras indígenas concedidos a particulares; e no artigo 232, aos índios é reconhecida a capacidade para ingressar em juízo para a defesa de seus direitos (Brasil, 1988). Assim, no caso brasileiro são produzidas garantias em relação à posse da terra, um problema recorrente na história do país, mas não são garantidos direitos de autogoverno e autolegislação (Baldi, 2012). O mesmo problema é verdadeiro em relação às comunidades quilombolas: o Brasil reconheceu o direito das comunidades quilombolas à propriedade coletiva das terras por elas ocupadas no artigo 68 do Ato das Disposições Constitucionais Transitórias. No entanto, este direito tem sido pouco garantido devido à necessidade de desapropriação dessas terras pela União, diferentemente do caso da terra indígena (Gomes, 2009).

Assim, no que diz respeito à invenção das comunidades, pode-se afirmar que o novo constitucionalismo iniciou um processo ativo de reinvenção das comunidades, ao reconhecer e redefinir as pluralidades nacionais, ainda que existam variações na forma como ele incorpora os diretos das comunidades tradicionais. Os processos latino-americanos de independência realizaram um processo deficiente de invenção das suas comunidades políticas, na medida em que excluíram do próprio conceito de comunidade grupos relevantes e, muitas vezes, majoritários em termos populacionais (Van Cott, 2008). O novo constitucionalismo corrigiu esse processo. Seja no caso dos países andinos, seja no caso brasileiro, as comunidades que resultaram dos processos de colonização são redefinidas para além dos processos de homogeneização que constituíram os Estados nacionais. Passam a existir, nos países latino-americanos, as comunidades plurais, nas quais os grupos minoritários têm reconhecido o direito à diversidade, à terra e à preservação do seu patrimônio cultural.

O segundo elemento do novo constitucionalismo latino-americano é a ampliação dos direitos de participação. Diversas Constituições no continente sul-americano avançaram fortemente em relação às formas de participação da população nas políticas públicas. Entre elas, vale a pena destacar a Constituição brasileira de 1988, a Constituição Colombiana de 1991, no que diz respeito à participação das comunidades de afrodescendentes, a Constituição equatoriana de 2008, a Constituição boliviana de 2009, e a Constituição venezuelana de 1999, que aqui será tratada como um caso à parte.[8] Permitam-me abordar separadamente os diferentes casos.

No que diz respeito à organização da soberania e da participação, a Constituição brasileira de 1988 buscou romper com uma tradição de baixa participação social existente no país e redefinir a maneira de exercício da soberania na redação do seu artigo primeiro. No parágrafo único, o legislador constituinte deixou claro que "todo o poder emana do povo, que o exerce por meio de representantes eleitos diretamente". Esse postulado geral de cidadania ampliada se manifestou em mais de 10 outros artigos da Constituição, entre os quais os artigos dos direitos sociais e os artigos que tratam da organização dos poderes, em especial, os delimitadores dos poderes das comissões do Congresso Nacional e suas Casas, as quais podem até mesmo convocar audiências públicas com entidades da sociedade civil. Aí reside a origem de uma fortíssima institucionalidade participativa que existe no Brasil hoje.

A Constituição de 1988 gerou cinco formas diferentes de participação: ela gerou o plebiscito, o referendo e a iniciativa popular; gerou

[8] O motivo de tratar o caso venezuelano à parte dos outros está ligado a dois fatos: a origem não democrática do chavismo, que tem elementos evidentes de ruptura política com a democracia; os elementos de politização do constitucionalismo com a associação entre a participação política e a defesa do chavismo. Ainda assim, a Constituição venezuelana tem elementos similares aos das outras Constituições latino-americanas no que diz respeito à participação.

os conselhos de políticas públicas nas áreas de saúde, assistência social e políticas urbanas; gerou os chamados "planos diretores municipais"; gerou ainda a possibilidade de participação no Legislativo, concretizada na participação popular nas comissões parlamentares. Por último, ela gerou a possibilidade de participação nos Legislativos estaduais. Desse modo, ela ampliou fortemente as formas de participação no país. Existem hoje no Brasil, segundo o Instituto de Pesquisa Econômica Aplicada (IPEA), cerca de 1.500.000 conselhos que envolvem, pelo menos, 10 milhões de pessoas, se supusermos 10 membros por conselho de política (Avritzer, 2010). Ressalte-se que também a legislação infraconstitucional foi responsável pela ampliação da participação popular no Brasil. Para exemplificar, podemos citar a Lei nº 9868/99, que possibilitou a realização de audiências públicas pelo Supremo Tribunal Federal (STF), em sede de controle concentrado de constitucionalidade (Marona; Rocha, 2014).

Temos, na América Latina, outros casos de participação tão fortes quanto o brasileiro, como é o caso da Bolívia. A Constituição boliviana define, no seu artigo 11, que a forma de governo na Bolívia é a democracia "participativa, representativa, comunitária". A Constituição boliviana define diversos tipos de participação, entre as quais a assembleia, a consulta prévia, a iniciativa legislativa cidadã, o referendo e a revogabilidade de mandatos. Ainda no seu artigo 26, a Constituição boliviana prevê um conjunto de formas de participação adicionais, entre as quais vale ressaltar processos de democracia comunitária, exercidos através de normas e procedimentos próprios. As consequências da participação na Bolívia são importantes, em especial aquelas ligadas à participação do próprio movimento indígena no interior das comunidades indígenas autônomas, tal como foi o caso recente da construção de uma estrada dentro do Parque Nacional Isidoro Sécure. A partir do protesto contra a passagem da rodovia no interior do parque, o governo boliviano convocou uma consulta popular sobre o assunto, demonstrando a operacionalidade das formas de participação introduzidas pela Constituição, não obstante haver um movimento de questionamento da própria constitucionalidade da lei de consulta, discutindo-se, inclusive, a representatividade do conselho indígena a ser consultado.

Por fim, temos os casos da participação na Venezuela e no Equador. São casos um pouco distintos do Brasil, da Colômbia e da Bolívia, no que diz respeito à origem dos mecanismos de participação, que naqueles países são resultado da interação entre Estado e sociedade, e de fortes reivindicações participativas da sociedade (Avritzer, 2009; Garavito, 2002). Nos casos da Venezuela e do Equador, as formas de participação são *top-down* (Fung; Wright, 2003) e têm origem no próprio processo constituinte. Ainda assim as duas Constituições têm um conjunto de artigos participativos. No caso da Constituição venezuelana, estes artigos são os artigos 6 e 70. O artigo 6 afirma que a república bolivariana da Venezuela terá um governo "[...] democrático, participativo, electivo, descentralizado, alternativo, responsable, pluralista y de mandatos revocables". Ainda que muitos elementos dessa definição não estejam claros, como a ideia de um governo alternativo, a Constituição da Venezuela estabelece uma definição ampliada de democracia, tal como nos casos do Brasil e da Bolívia. Ainda no artigo 70, temos uma série de instrumentos de participação democrática, tais como o referendo, a consulta popular, a revocatória do mandato, as iniciativas legislativas, o *cabildo* aberto e a assembleia de cidadãos. Assim, temos também no caso da Venezuela um amplo repertório participativo, que gerou iniciativas de participação infraconstitucionais, tais como os "conselhos ciudadanos". O que não está claro no caso da Venezuela é se esse repertório não está fortemente vinculado ao chavismo e sua proposta de politização da sociedade civil (Lopes Maia, 2011).

Por fim, temos o caso do Equador, que se assemelha muito ao da Venezuela. Em seu artigo 1, a República do Equador é definida como tendo um governo republicano e descentralizado, com reconhecimento de formas de participação direta previstas na própria Constituição. O Título IV da Constituição, que define a Organização e Participação no Poder, além de elencar os princípios de participação, lança amplo conjunto de outras formas de participação, tal como nos casos da Bolívia e da Venezuela, entre as quais se destacam a consulta popular, o referendo e a revocatória de mandato. O caso do Equador, junto com o da Venezuela, é o mais instrutivo em relação à introdução de formas de participação *top-down*, que têm sido apontadas pela literatura como muito pouco efetivas ou frequentemente antidemocráticas, tal como foi o plebiscito de revisão da Constituição realizado em 2011 (Pachano, 2010).

Assim, podemos afirmar que o novo constitucionalismo latino-americano possui, de fato, uma concepção diferente de participação política que se expressa, em primeiro lugar, em uma definição da soberania e do governo diferente daquela que se encontra nas Constituições das democracias mais consolidadas e também nas Constituições latino-americanas do século XX. Nessa definição, a soberania é ampliada e se desdobra em algumas formas de participação ampliada como conselhos, "consejos comunales", autonomias indígenas, orçamento participativo, planos diretores, entre outras. É verdade que estas formas de participação funcionam diferenciadamente (Seele; Peruzzotti, 2010), mas o princípio de uma maneira diferente de definir soberania política é parte comum da tradição do novo constitucionalismo, o que o diferencia da tradição constitucionalista anterior. No entanto, mais uma vez, vale a pena chamar a atenção para o fato da participação, assim como a tradição de direitos, variar fortemente na tradição do novo constitucionalismo. Enquanto a participação parece se articular de forma produtiva com a representação no caso brasileiro, ela parece ser um fator de desinstitucionalização no caso venezuelano. Os demais casos parecem ser casos intermediários.

Em terceiro lugar, o novo constitucionalismo latino-americano ampliou o papel do Judiciário no sistema de decisão política. Segundo Tate e Vallinder (1995, p. 28), a judicialização possui dois elementos principais: a transferência de decisões sobre políticas públicas, antes tomadas pelo Poder Legislativo, para o Poder Judiciário, e o processo a partir do qual a tomada de decisões na arena política assume elementos quase judiciais. Baseando-nos nesses autores, podemos afirmar que o novo constitucionalismo aumentou as prerrogativas do Judiciário e abriu caminho para o seu crescente protagonismo. Sabemos que a tradição latino-americana, até o final dos anos 1980, era mais orientada para o *gap* entre norma jurídica e descumprimento (Rosenn, 1971; Verner, 1984). A partir das novas Constituições latino-americanas, a questão do *incumplimiento* ou da falta de efetividade se torna menos importante e passa a ser substituída pela questão do novo protagonismo do Poder Judiciário. Vale a pena diferenciar alguns casos.

No caso do Brasil, a Constituição aprimorou o controle de constitucionalidade e ampliou o papel da sociedade civil nesse processo. O artigo 103 da Constituição de 1988 prevê a Ação Direta de Inconstitucionalidade (ADI) e amplia os atores que podem propô-la. Até 1988, era reconhecida a legitimidade apenas do Procurador Geral da República para a propositura da ADI, a qual foi ampliada não apenas para outros atores estatais, como também para atores da sociedade civil. Foi essa modificação que permitiu a ampliação e o aprofundamento do controle concentrado de constitucionalidade e um forte trânsito entre sociedade civil e Estado nesse âmbito. Entre 1988 e 2010 já foram ajuizadas 1.335 ADIs, 877 em relação a medidas do Poder Executivo e 458 em relação a medidas do Poder Legislativo (Sundfeld *et al.*, 2011, p. 26). O ativismo da sociedade civil nestas ADIs é bastante alto, ainda que a taxa de sucesso seja bem mais baixa, tal como mostra a figura abaixo, reproduzida do texto Sundfeld *et al.*, 2011.

Figura 1 – Demandantes em ADI por período presidencial (1988-2010)

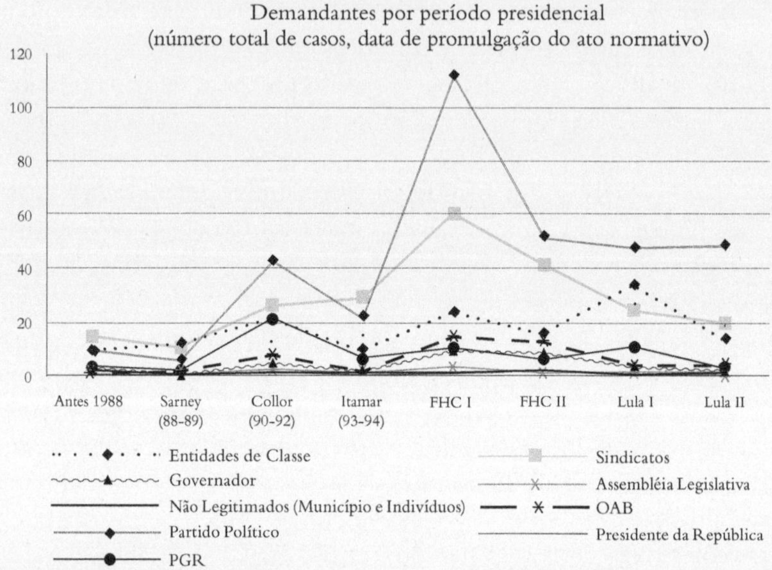

Fonte: SUNDFELF *et al.*, 2011.

O segundo caso importante é o da Suprema Corte colombiana, depois da Constituição de 1991. Tal Constituição outorgou à Suprema Corte um conjunto de funções muito importantes, entre as quais a possibilidade de ouvir ações ou apelos, denominados "ações de tutela", as quais podem ser iniciadas por qualquer indivíduo (Landau; López-Murcia, 2009). Além disso, o artigo 93 judicializou o tratamento dos direitos humanos pela Corte, ao considerar vinculantes os tratados internacionais de direitos humanos. Assim, temos um segundo caso de fortalecimento do Judiciário no contexto latino-americano. A Corte Constitucional colombiana tem declarado a inconstitucionalidade em um conjunto bastante amplo de questões ligadas à cidadania. Uma destas declarações (ou injunções) foi a que declarou inconstitucional a situação da população deslocada pela guerra civil contra as FARC (Landau; Lopes-Murica, 2009, p. 80). A Corte Constitucional colombiana também atuou fortemente em casos ligados a direitos sociais, declarando inconstitucional a cobrança do imposto sobre o valor agregado a produtos de primeira necessidade, ou ordenando a indexação dos salários de funcionários públicos (Uprimny, 2000, p. 59). Por fim, a Corte assumiu uma postura extremamente ativa, ao tomar a importantíssima decisão de declarar a inconstitucionalidade da lei que aprovou um terceiro mandato para o ex-presidente Uribe.

Temos ainda três casos adicionais nos países que estamos tratando neste artigo, que são bastante diferentes. O caso da Venezuela é o mais instrutivo em relação à manutenção de um velho padrão latino-americano de intervenção do Executivo no Judiciário. O presidente Chávez demitiu o presidente da Suprema Corte da Venezuela e a Constituição reestruturou o sistema de equilíbrio de poderes em cinco poderes, retirando algumas das prerrogativas da Suprema Corte (Villa, 2005).

Os outros dois casos, o do Equador e o da Bolívia, parecem bastante diferentes. Ambos estão estruturados em Constituições que ampliaram fortemente a tradição de direitos e a autonomia do Poder Judiciário. Ainda assim, vale a pena diferenciá-los. No caso da Bolívia, temos efetivamente a tentativa de instalação do pluralismo jurídico, com fortes autonomias indígenas, baseadas em uma justiça alternativa. A Constituição boliviana entende o país como "um estado unitário social de direito plurinacional comunitário [...]" (Bolívia, 2009). Assim, na própria definição do direito coloca-se a questão do pluralismo que, especialmente na questão dos povos indígenas, encontra forte pluralização. Esta pluralização se manifestou de forma ambígua em muitos conflitos, mas aguarda decisões importantes da Corte, especialmente no caso recente da suposta inconstitucionalidade da Ley Corta (Lei nº 180, de outubro de 2011) e da Ley de Consulta Prévia (Lei nº 222, de fevereiro de 2012). A lei "Corta", que é fruto da assim chamada "oitava marcha indígena", acabou gerando a necessidade de um plebiscito entre a população indígena, o qual se tornou polêmico, haja vista a suposta violação do caráter prévio da consulta e a parcialidade da representatividade indígena. Há casos, como o da Sentença Constitucional 295/03, nos quais a Corte Constitucional da Bolívia já se pronunciou, reconhecendo os direitos indígenas. Nesta sentença, especificamente, a Corte concedeu o pedido de tutela de um casal de uma comunidade indígena, o qual estava sendo ameaçado de expulsão, afirmando, todavia, que o mencionado casal deveria respeitar as normas comunitárias. Assim, é possível apontar a Bolívia como um caso de pluralização do direito com ativismo judicial.

Por fim, temos o caso do Equador, que se encaixa em um padrão semelhante ao caso Boliviano. No que diz respeito ao texto constitucional, a Constituição equatoriana também reconheceu o direito indígena e ampliou a competência do Judiciário, garantindo, principalmente, fortes direitos de acesso ao Poder Judiciário no seu Capítulo Oitavo, que trata dos direitos de proteção, no artigo 75 e seguintes. Além disso, há no caso equatoriano um forte debate sobre "Consejo de la Judicatura de Transición", o qual está encarregado de reestruturar o Poder Judiciário no país e que, para fazê-lo, tem removido um grande número de juízes. No entanto, o caso equatoriano coloca a questão da baixa efetividade. Apesar de os direitos indígenas estarem fortemente incluídos no texto constitucional, existem importantes ações do Poder Executivo de desempoderamento da representação indígena no país (FEINBERG, WAISMAN; ZAMOSC, 2006). Além disso, existem fortes dúvidas em relação ao processo de revisão da Constituição aprovado em 2011, que colocou uma votação em bloco de diferentes propostas. Assim, o caso equatoriano expressa a tensão entre a implementação do novo constitucionalismo e uma tradição presidencialista/plebiscitária que continua forte no país e que ultrapassa as prerrogativas do Poder Judiciário.

Quadro 1 - Modelo constitucional latino-americano e o novo constitucionalismo

País	Brasil	Colômbia	Bolívia	Equador	Venezuela
Período 1930 fim do autoritarismo	Ruptura constitucional com predomínio do Executivo. Executivo forte com baixas prerrogativas do Poder Judiciário em todos os períodos.	Predomínio do Executivo. Suprema Corte não interferiu na decretação de estado de emergência	Diversas rupturas constitucionais com predominância do Executivo.	Diversas rupturas constitucionais com predominância do Executivo	Predominância do Executivo com gestão democrática pós-Punto Fijo.
1988 a 2009	Poder Judiciário recupera prerrogativa com os artigos 102 e 103, entre outras formas de controle	Suprema Corte ativa com ação de tutela	Suprema Corte ativa do autor, aceitando o pluralismo jurídico.	Suprema Corte ativa, e pluralismo jurídico, mas subordinada ao Executivo.	Predominância do Executivo com intervenção no Judiciário

Fonte: Elaboração do autor.

Assim, é possível mostrar um padrão de mudança na atuação do Poder Judiciário na região, o qual perpassa todos os países, com exceção da Venezuela e, provavelmente, do Equador. Em todos os casos, não só as Constituições ampliaram fortemente a estrutura de direitos, mas foi possível também ampliar o papel do Judiciário na implementação destes mesmos direitos. O Poder Judiciário é hoje mais ativo na América Latina em duas funções: na contenção de ilegalidades cometidas pelo Estado, como fica muito claro nas ações de tutela na Colômbia, como na efetivação da ampliação de direitos, como fica claro nos casos do Brasil, da Colômbia e da Bolívia. O Judiciário constitui também um instrumento de ampliação dos direitos plurinacionais, especialmente no caso da Bolívia e, em alguma medida, no caso do Equador. Assim, temos de fato um constitucionalismo que mudou um padrão histórico de exercício do poder.

Comunidade, participação e judiciário: uma interpretação do novo constitucionalismo

É possível afirmar que está em processo de emergência um novo modelo constitucional na América Latina, formado por direitos ampliados, participação ampliada e fortes prerrogativas do Poder do Judiciário em relação ao próprio executivo. Este modelo é diferente do modelo que vigorou na América Latina desde os anos 1930 até o final do século XX, e também implica fortes correções de rumo no que diz respeito à estrutura do Estado nacional.

Os modelos anteriores de Constituição, seja no século XIX, ou no século XX, implicaram em construções nacionais que negaram os direitos dos povos indígenas e das populações tradicionais. Este é o caso da América Andina e do México pós-independência. Esses modelos demoraram a reimaginar as comunidades políticas com base nos atores sociais reais, cujo processo teve início com a revolução mexicana de 1917. Ainda, ao longo do forte processo de modernização da América Latina, que implicou em experiências autoritárias durante quase todo o século XX, o Executivo foi o poder ativo e praticamente sem nenhum outro poder capaz de checá-lo. Este foi o modelo vigente em países tão diferentes como o Brasil, o México, a Argentina e o Chile. Neste modelo, a ampliação de direitos sempre foi instrumental e subordinada ao Poder Executivo. Assim, mesmo em casos como o mexicano, no qual a Constituição consagrou direitos sociais ainda antes da República de Weimar o fazer (Pou, 2012), a vigência destes direitos, assim como dos direitos civis, sempre foi parcial (O'Donnell; Pinheiro; Mendes, 1999). Por fim, o Judiciário sempre foi um poder muito fragilizado neste modelo. Diversos exemplos poderiam mostrar a fraqueza desse poder. Escolho três significativos: a recusa do STF no Brasil em analisar o desrespeito à Constituição de 1934 pelo governo Vargas (Vianna, 1980); a recusa dos tribunais argentinos em concederem *habeas corpus* às famílias dos presos e desaparecidos (Pereira, 1997); e a recusa do Supremo Tribunal Mexicano de anular a eleição fraudulenta de Salinas de Gortari (Olvera, 1995). Os três episódios, ocorridos em momentos distintos, expressam a forte ausência do Poder Judiciário em momentos-chave da história da América Latina. A vontade do Poder Executivo prevaleceu na América Latina, até o atual processo de reconstitucionalização.

Hoje é possível apontar a efetivação de outro modelo depois da onda de reconstitucionalização. Este modelo, que está fortemente presente no Brasil, na Colômbia, na Bolívia, e parcialmente presente em outros países, como Equador e Argentina, expressa um novo equilíbrio. Este equilíbrio tem como elementos principais a ampliação de direitos e o redesenho das comunidades políticas (Bolívia e Equador), ou o redesenho da relação entre as comunidades políticas e as comunidades tradicionais (Brasil e Colômbia). Este modelo, que é resultado de uma evolução interna do constitucionalismo, está em uma relação de tensão com o constitucionalismo anglo-saxão, por dois motivos: em primeiro lugar, porque o modelo que permitiu tanto a reorganização das comunidades políticas quanto o reconhecimento de direitos de grupos tradicionais é um modelo de documento longo, diferente do modelo anglo-saxão de constitucionalismo. Em segundo lugar, porque a ampliação das prerrogativas do Poder Judiciário ocorre no interior de um processo de judicialização, reconhecido pelo próprio documento constitucional. É ele que permite uma desvinculação entre Judiciário e estruturas oligárquicas de poder local, que na América Latina continuam fortemente presentes no Poder Legislativo. Nesse sentido, na medida em que a América Latina caminha para um novo modelo de democratização, ela também institui um novo modelo de equilíbrio de poderes, que tem se mostrado um importante garantidor de direitos em uma tradição constitucional que, ainda que liberal, tem também fortes traços participativos e comunitários.

Referências

ACKERMAN, B. *We the People: Foundations*. Cambridge: Harvard University Press, 1992.

ACKERMAN, B. *The Failure of the Founding Fathers. Jefferson, Marshall, and the Rise of Presidential Democracy*. Cambridge/London: Cambridge University Press, 2005.

ALBERDI, J. B. *La omnipotencia del Estado en la negación de la libertad individual*. Buenos Aires: La Pampa, 1880.

AGRESTO, J. *The Supreme Court and Constitutional Democracy*. Nova York: Cornell University Press, 1984.

ANDERSON, B. *Imagined Communities*. London: Verso, 1990.

ASSIES, W. La media luna sobre Bolívia. *América Latina Hoy*, Salamanca, n. 43, p. 87-105, 2006.

AVRITZER, L. *Participatory Institutions in Democratic Brazil*. Washington: Wilson Press/Johns Hopkins, 2010.

BALDI, C. A. *Do constitucionalismo moderno ao novo constitucionalismo latino-americano descolonizador: ensaios críticos sobre direitos humanos e constitucionalismo*. Caxias do Sul: Educs, 2012. p. 127-150.

BOLIVIA. *Nueva constitución política del Estado*. Asamblea Constituyente, Ministerio de Justicia, 2008.

BRASIL. *Constituição da República Federativa do Brasil*, 1988. Brasília: Senado Federal, Centro Gráfico, 1988. 292 p.

BUCHANAN, J. M.; TULLOK, G. *The Calculus of Consensus*. Ann Arbour, MI: Michigan University Press, 1962.

COLOMBIA. *Constitución Política*. Bogotá, 1991. Disponível em: <http://wsp.presidencia.gov.co/Normativa/Documents/Constitucion-Politica-Colombia.pdf.>.

CONSTITUCIONAL, Sentença. *0295/2003-R: Julgamento 2002-04940-10-RAC*. Sentença Constitucional, v. 295, 2003.

CONSTITUCIONAL, Tribunal. *Constitución de la República del Ecuador*. Quito-Ecuador: Registro Oficial, v. 449, p. 20-10, 2008.

COUTO, C. G.; ARANTES, R. B. Constituição, governo e democracia no Brasil. *Revista Brasileira de Ciências Sociais*, São Paulo, v. 21, n. 61, p. 41-62, 2006.

DAHL, R. *A Preface to Democracy Theory*. New Haven: New Haven Press, 1956.

ELSTER, J.; SLAGSTAD, R. *Constitutionalism and Democracy*. New York: New York University Press, 1988.

ELY, J. *Democracy and Distrust*. Cambridge: Harvard University Press, 1980.

FEINBERG, R.; WAISMAN, C. H.; ZAMOSC, L. *Civil Society and Democracy in Latin America*. London: Palgrave Macmillan, 2006.

FRIEDRICH, Carl Joachim. *The impact of American constitutionalism abroad*. Boston University Press, 1967.

FUNG, A.; WRIGHT, E. O. *Deepening Democracy*. London: Verso, 2003.

GARGARELLA, R. *La Constitución en el nuevo siglo*. Buenos Aires: Siglo XXI, 2012.

GARGARELLA, R. *Constitutionalism in the Americas 1776-1860*. New York: Cambridge University Press, 2010.

GOMES, Lilian Cristina Bernardo. *Justiça seja feita: direito quilombola ao território*. 2009. 350 f.Tese (Doutorado em Ciências Políticas) – Faculdade de Filosofia e Ciências Humanas, Universidade Federal de Minas Gerais, Belo Horizonte, 2009.

GONÇALVES, L. A. *Origens, conceito e características dos direitos sociais*. São Paulo: MPF, 2009.

HAMILTON, A. *et al. The Federalist Papers*. New York: New American Library, 1961.

HOLMES, S. . Precommitments and the paradoxes of democracy. In: ELSTER, J.; SLAGSTADT, R. *Constitutionalism and Democracy*. New York: New York University Press, 1988.

JELLINEK, G. Constitutional Amendment and Constitutional Transformation. In: JACOBSON, A. *Weimar: a Jurisprudence of Crises*. Berckley: University of California Press, 2000.

JENSEN, Merrill. The idea of a national government during the American Revolution. *Political Science Quarterly*, v. 58, n. 3, p. 356-379, 1943.

LANDAU, David; LÓPEZ-MURCIA, Julián Daniel. Political Institutions and Judicial Role: an approach in context, the case of the Colombian Constitutional Court. *Universitas*, Bogotá, n. 119, p. 55-92, 2009.

LEY CORTA, I. *Modificaciones a la ley DFL N 1*. Ministerio de Economía Fomento y Reconstrucción de Chile, 2004.

LOPES MAIA, Margarida. Hacia el socialismo del siglo XXI. In: CHERESKY, Isidoro. *Ciudadania y legitimidade democrática em America Latinba*. Buenos Aires: Prometeo, 2012

LUTZ, D. S. Toward a Theory of Constitutional Amendment. *American Political Science Review*, v. 88, n. 2, p. 355-370, 1994.

MANIN, B. *The Principles of Representative Government*. Cambridge: Cambridge University Press, 1997.

MARONA, M. C.; ROCHA, M. M. As audiências públicas do Supremo Tribunal Federal: ampliando sua legitimidade democrática? *Teoria & Sociedade*, Belo Horizonte, v. 1, p. 26-58, 2014.

MENDES, C. H. *Direito Fundamentais, Separação de Poderes e Deliberação*. São Paulo: Saraiva, 2011.

MENDES, C. H. *Constitutional Courts and Deliberative Democracy*. Oxford: Oxford University Press, 2013.

MOTTA FERRAZ, O. Harming the Poor Through Social Rights Litigation: Lessons from Brazil. *Texas Law Review*, v. 89, n. 7, p. 1643-1668, 2011.

NEGRETTO, G. L. *Making Constitutions: Presidents, Parties, and Institutional Choice in Latin America*. Cambridge: Cambridge University Press, 2013.

O'DONNELL, G. Another Institutionalization: Latin America and Elsewhere. *Lua Nova, Revista de Cultura e Política*, São Paulo, n. 37, p. 5-31, 1996.

O'DONNELL, G.; PINHEIRO, P.; MENDES, J. *The (Un) Rule of Law and the Underprivileged in Latin America*. Notre Dame: Hellen Kellogg Institute for International Studies, 1999

OLVERA, A. *La sociedad civil: de la teoría a la realidad*. México: Colegio del México, 1995.

PACHANO, S. Ecuador: el nuevo sistema político en funcionamiento. *Revista de Ciencia Política*, v. 30, n. 2, 2010.

PEREIRA, A. *Political Injustice: Autoritarism and the Rule of Law in Brazil, Chile and Argentina*. Pittsburg: Pittsburg University Press, 1997.

POU, F. G. Justicia constitucional y protección de derechos en América Latina: el debate sobre la regionalización del activismo. In: GARAVITO, C. R. (Coord.). *El derecho en América Latina: un mapa para el pensamiento jurídico del siglo XXI*. Buenos Aires: Siglo Veintiuno, 2012. p. 231-250.

REHFELD, A. *The Concept of Constituency*. Cambridge: Cambridge University Press, 2005.

ROSENN, Keith S. The Jeito: Brazil's institutional bypass of the formal legal system and its developmental implications. *The American Journal of Comparative Law*, p. 514-549, 1971.

SANTOS, Boaventura S.; RODRÍGUEZ-GARAVITO, César A. (Ed.). *Law and globalization from below: towards a cosmopolitan legality*. Cambridge University Press, 2005.

SANTOS, B. S. de. *Refundación del estado en America Latina: perspectivas desde una epistemologia del Sur*. Lima: Instituto Internacional de Derecho y Sociedad/RELAJU, 2010.

SEELE, A.; PERUZZOTTI, E. *Participatory Innovation and Representative Democracy in Latin America*. Washington: Wilson Press/Johns Hopkins University Press, 2010.

SUNDFELD, C. A. *et al. Controle de constitucionalidade e judicialização: o STF frente à sociedade e aos Poderes*. Belo Horizonte: FAFICH/UFMG, 2011.

TATE, C.; VALLINDER, T. *The Global Expantion of Judicial Power*. New York: New York University Press, 1995.

TOCQUEVILLE, A. *Democracy in America*. New York: Perennial Library, 1966.

TRIBE, L. H. *American Constitutional Law*. 3 ed. Oxford: Foundation Press, 2000.

UPRIMNY, Rodrigo; GARCÍA-VILLEGAS, Maurício. Tribunal constitucional e emancipação social na Colômbia. *Democratizar a Democracia. Os Caminhos da Democracia participativa*, 2000

UPRIMNY, R. A judicialização da política na Colômbia: casos, potencialidades e riscos. *SUR – Revista Internacional de Direitos Humanos*, São Paulo, n. 6, p. 52-69, 2007.

UPRIMNY, R. Las transformaciones constitucionales recientes en América Latina: tendencias y desafíos. In: GARAVITO, C. R. (Coord.). *El derecho en América Latina: un mapa para el pensamiento jurídico del siglo XXI*. Buenos Aires: Siglo Veintiuno, 2012. p. 109-137.

VAN COTT, D. L. *Radical Democracy in the Andes*. Cambridge: Cambridge University Press, 2008.

VELIZ, C. *The Centralist Tradition in Latin America*. Princeton: Princeton University Press, 1980.

VENEZUELA. *Constitución*. Caracas. Editorial Nación Venezolana, 2003.

VIANNA, O. *Law and the Authoritarian State*. PhD thesis. Harvard, 1980.

VILLE, M. *Constitutionalism and the Separation of Powers*. Oxford: Clarendon Press, 1967.

VILLA, R. Venezuela: Political Changes and the Chávez Era. *Estudos Avançados*, v. 19, p. 153-172, 2005.

ZERMEÑO, S. El retorno del líder. *Revista Mexicana de Sociología*, n. 51, v. 4, 115-150, 1989.

Presidencialismo *versus* direitos no novo constitucionalismo latino-americano[1]

Roberto Gargarella

O constitucionalismo do final do século viu-se impactado pelos dois fatos históricos mais significativos desse período: a crise política e de direitos humanos, derivada da transição das ditaduras e dos governos autoritários nos anos 1970, e a crise econômica relacionada à aplicação dos programas de ajuste estrutural, característicos dos anos 1990.[2] Essa diversidade de fatores convida a uma distinção das diferentes etapas dentro do período analisado. Basicamente, prestaremos atenção ao (i) constitucionalismo que reagiu diante do autoritarismo dos anos 1970, tratando, sobretudo, de deixar para trás a ordem constitucional imposta pelas ditaduras; (ii) constitucionalismo que procurou impor barreiras constitucionais, tanto na área da organização política quanto na área dos direitos, destinadas a impedir a repetição dos trágicos fatos anteriores, manifestados em rupturas institucionais e violações de direitos; (iii) constitucionalismo que se direcionou a facilitar a aplicação dos programas de ajuste econômico estrutural desenhados nos anos 1990, reduzindo, sobretudo, o "intervencionismo econômico" do Estado e fortalecendo as cláusulas relativas aos mercados, à propriedade e aos contratos; (iv) constitucionalismo que reagiu perante a profunda crise social gerada pela aplicação daqueles programas de ajuste estrutural (o qual se expressou, em ocasiões, em ambiciosos processos de reforma constitucional estrutural).

Essas questões sugerem alguns debates importantes. Por um lado, a riqueza que seria própria do constitucionalismo do final do século e, junto a isso, o fato de que os governos autoritários e as políticas neoliberais não fomentaram a reflexão constitucional de igual modo, nem rumo à mesma direção. Como se verá, o brutal autoritarismo dos anos 1970 impulsionou uma renovação do pensamento institucional em, pelo menos, dois aspectos.

[1] Tradução de Flávia de Abreu Oliveira do original espanhol *Presidencialismo vs. Derechos en el Nuevo Constitucionalismo Latinoamericano.*

[2] Ainda que, na maioria de casos, as reformas tenham aparecido motivadas, fundamentalmente, por objetivos de curto prazo e (re)eleitoreiros.

Por um lado, juristas e teóricos do constitucionalismo começaram a cogitar coletivamente, pela primeira vez, a necessidade de se pôr fim ao regime presidencialista de governo – e assim pôr fim ao sistema de autoridade centralizada na figura do Executivo.[3] Por outro lado, os excessos repressivos da época impulsionaram um novo, inédito e amplo compromisso em torno dos direitos individuais básicos. Dessa forma, os direitos humanos entraram com enorme força na agenda das reformas constitucionais.

A crise neoliberal, por sua vez, acarretou uma maior conscientização quanto às implicações e responsabilidades econômicas do constitucionalismo. Sendo assim, após anos de flerte constitucional com o livre mercado e o papel central das iniciativas privadas em matéria econômica, o constitucionalismo

[3] Somente no Brasil a alternativa parlamentarista parecia resultar claramente menos atraente. Não se trata, unicamente, do fato de o país ter conhecido na época do Império uma forma muito pouco atrativa de parlamentarismo, um "parlamentarismo às avessas". Diferentemente do sistema inglês no qual o povo vota nos seus representantes para o Parlamento e esse elege – e destitui – o Primeiro-Ministro, no Brasil era o Imperador quem indicava o Primeiro-Ministro, que, por sua vez, designava seus Ministros ou Membros de Gabinete. Ocorre, também, que o país tinha experimentado uma nova versão de parlamentarismo, desta vez durante a República, porém em circunstâncias politicamente muito graves. O parlamentarismo apareceu como alternativa aceitável (sobretudo para grupos militares golpistas), na ocasião da renúncia de Jânio Quadros ao cargo de presidente, e perante a ascensão obrigatória ao poder do vice-presidente João Goulart, que era identificado como um esquerdista, "subversivo", simpatizante dos comunistas. Nesse contexto, o parlamentarismo foi visto como um modo de abreviar os poderes do presidente, tornando-o menos "temível" ou ameaçador para os grupos de poder mais consolidados. Isso explica por que a via parlamentarista surgiu como uma transação plausível para os militares: tratava-se de uma medida que implicava na contenção e limitação dos poderes de ação do presidente (BADARÓ MATTOS, 2008; BIGGI DE PAIVA, 2008). Também por isto, a saída parlamentar não se apresentou, desde então, como una saída atraente para uma maioria. Finalmente, tratava-se da alternativa que mais favorecia os setores militares. Pior ainda, o sistema parlamentar escolhido parecia estar desenhado para não funcionar (DA SILVA, 1992). Consequentemente, a alternativa parlamentarista no Brasil passou a representar não uma opção imaginável frente ao golpismo (como em outros países da região), mas sim uma opção que evocava o golpismo e, em última instância, uma opção associada aos piores traços dos políticos conhecidos. O acordo a que se chegou diante da ascensão de Goulart incluía um plebiscito no final do seu mandato, destinado a definir se a população desejava manter a alternativa parlamentar ou voltar ao presidencialismo: mais de 80% dos votos solicitaram a reinstauração de sistema presidencialista. Em 1964, pouco depois daquela consulta, entretanto, Goulart foi derrubado por um golpe militar (DA SILVA, 1992). Vale à pena recordar que em 1993 a população brasileira foi novamente chamada a determinar qual forma de governo preferia (monarquia ou república) e qual sistema de governo (presidencialismo ou parlamentarismo). O parlamentarismo obteve o apoio de menos de 25% dos votos.

começou a enfatizar os deveres do Estado, sobretudo em relação aos direitos dos menos favorecidos. De modo notável, nasceram reflexões em torno da propriedade pública dos recursos naturais, diretivas sobre a forma de explorá-los, uma vocação por reconhecer as formas próprias da economia indígena ou, ainda, nos casos mais chamativos e extremos, escritos sobre "os direitos da natureza" Ainda assim, a crise neoliberal impactaria, também, a discussão em torno do lugar do presidencialismo, ajudando a pôr fim, ou ao menos a postergar, as iniciativas antipresidencialistas.

Sustentar a argumentação anterior não implica em dizer, contudo, que as novas Constituições, ditadas no final do século XX, possam ser reconhecidas como "filhas diretas" das graves crises mencionadas. Por razões que, ao menos em parte, se verão em seguida, isso não foi exatamente assim. Aliás, num balanço, as Constituições do final do século terminaram por reafirmar e expandir o legado das Constituições "sociais" do início do século, seguindo bem de perto a inércia daquelas – a marca que as suas antecessoras deixaram no Direito. Não obstante, é coerente prestar atenção à significativa renovação da discussão constitucional, explicitada, sobretudo, em um discurso revitalizado em torno do presidencialismo; um novo discurso sobre os direitos; e certas mudanças relativas à concepção econômica da Constituição. Em seguida, se examinará, brevemente, o surgimento de tais discussões e seu desenvolvimento posterior.

Ditadura, direitos humanos e hiperpresidencialismo: Brasil, 1988; Chile, 1980

A influência das ditaduras no desenvolvimento do constitucionalismo do final do século XX foi, conforme mencionado anteriormente, muito importante. Esse impacto teve consequências diretas em alguns aspectos e indiretas em outros. Casos como o chileno e o brasileiro ilustram de modo notável o que significou a influência direta do constitucionalismo militar sobre a vida política da região.

O Chile, como é sabido, viveu sob uma ditadura militar a partir de 1973, ano em que foi derrubado o presidente socialista, democraticamente eleito, Salvador Allende. Uma vez no poder, o regime militar encabeçado pelo general Augusto Pinochet se propôs a levar a cabo uma radical reorganização jurídica do país, a qual incluía a elaboração de uma nova Constituição, destinada a substituir a vigente, promulgada em 1925. Para tal, Pinochet designou uma comissão, a Comissão Ortúzar, encarregada de desenhar as bases da nova Constituição. Essa nova Constituição, contudo, terminou de ser redigida vários anos depois e, em princípios dos anos 1980, foi submetida à aprovação popular através de um plebiscito celebrado em condições excessivamente restritivas que lhe privavam de qualquer legitimidade, devido aos obstáculos impostos à oposição para fazer campanha contra a Constituição.

O fato é que a Constituição militar de 1980 impôs um pesado legado sobre a vida democrática chilena, que recomeçou a partir das eleições de 1989. Desde o fim da ditadura e durante as duas décadas seguintes, a comunidade democrática deveria ter feito esforços para superar os obstáculos que lhe haviam sido impostos, os chamados "enclaves autoritários" ou antidemocráticos. Tais obstáculos incluíam: (1) a instituição de senadores vitalícios, o que permitiu ao general Pinochet passar a fazer parte do Senado após abandonar seu cargo; (2) senadores "designados", o que permitiu que membros das Forças Armadas e os carabineiros passassem a integrar também o Senado democrático; (3) um (cada vez menos influente) Conselho de Segurança Nacional; (4) o papel tutelar da democracia atribuído às Forças Armadas; (5) um sistema eleitoral fortemente excludente, destinado a dificultar ao máximo a seleção de representantes de grupos políticos minoritários; (6) o papel meramente subsidiário reservado ao Estado; (7) ou a exigência de maiorias qualificadas para reformar aspectos cruciais da vida institucional, referentes aos mais diversos temas, desde a educação à organização do Congresso ou das Forças Armadas.

Tratava-se de limitações claramente inspiradas em uma declarada atitude de desconfiança democrática (Sierra, 2012). O poder democrático foi desprendendo-se de tais limitações muito lentamente, através de sucessivas reformas constitucionais – a mais importante, aquela realizada durante o governo de Ricardo Lagos. Entre tantas modificações, destacam-se as dirigidas a modificar o procedimento de reforma e limitar o peso dos estados de exceção (1989); mudar aspectos da organização geográfica interna (1991); reduzir o período presidencial de oito para seis anos (1994); introduzir mudanças nos modos de seleção de juízes (1997); mudar o funcionamento do poder judicial e os procedimentos para a eleição presidencial para o segundo turno (1999); modificar o mecanismo de reforma constitucional (2000); acabar com a censura cinematográfica (2001); estabelecer o dever do Estado de assegurar a educação gratuita (2003); extinguir os cargos de senadores designados e vitalícios; reduzir o mandato presidencial para quatro anos; permitir que o presidente removesse os comandantes das Forças Armadas e o diretor de carabineiros; modificar o Conselho de Segurança Nacional (2005); introduzir modificações no sistema eleitoral (2009).

O caso do constitucionalismo brasileiro do pós-ditadura – isto é, o caso de uma Constituição que se vê obrigada a confrontar-se, diretamente, com uma Constituição autoritária anterior – reproduz, em certa medida, o exemplo chileno. No Brasil, a Constituição de 1988 pode ser vista como uma forma de reação frente ao constitucionalismo promovido pelos militares. Desse modo, convém relembrar que a ditadura de 1964 – similar ao caso chileno, porém diferenciando-se do sucedido em muitos outros países – decidiu reorganizar a vida do país com a ajuda de uma nova Constituição. De fato, foi durante o governo militar do general Humberto Castelo Branco que se ditou uma nova Constituição. Aprovada em 1967 – e modificada radicalmente, em seguida, por uma duríssima emenda datada de 1969 –, a Constituição contribuiu para restringir de modo extremo o poder dos estados-membros da federação; e a limitar, também de um modo mais estrito, as liberdades políticas e civis da população.[4]

Por tudo isso, pouco depois de recuperada a democracia, os brasileiros elaboraram uma nova Constituição, que tentou reparar os graves retrocessos consagrados constitucionalmente pela ditadura. Assim, a Constituição democrática de 1988 pareceu revisar e corrigir cada um dos problemas da sua antecessora. Nesse sentido, ela proibiu a tortura e as medidas tomadas contra o estado democrático, restabeleceu o voto direto e secreto, reordenou os critérios para o funcionamento dos partidos políticos, fixou penas severas contra as restrições às liberdades civis, dispôs sobre medidas antidiscriminatórias, incluiu mecanismos destinados a alentar a participação política (tais como plebiscito e referendo), reestabeleceu o compromisso federalista e ampliou a autonomia municipal, incorporou medidas de proteção das terras indígenas, consagrou uma longa e detalhada lista de direitos e garantias sindicais e sociais (incluindo os direitos

[4] A Constituição de 1967 foi muita explícita neste aspecto, regulando duramente as manifestações públicas – que deviam ser autorizadas e controladas pelo poder público –, condicionando a existência de partidos políticos (foram autorizados somente o partido oficial, a Aliança Renovadora Nacional – ARENA – e um partido opositor, o Movimento Democrático Brasileiro – MDB); ou cerceado, por razões de "segurança nacional", o voto direto nas cidades e localidades mais importantes. A Constituição da ditadura sofreu mudanças que a radicalizaram, dois anos depois. De fato, em 1969, uma junta militar provisória ditou uma amplíssima emenda, a Emenda de 1969, que basicamente reescreveu a Constituição então vigente e reforçou o caráter já fortemente repressivo da sua antecessora. A emenda incluía a figura da pena de morte, suspendeu o *habeas corpus*, criou tribunais militares especiais, além de vir acompanhada de outras leis restritivas de liberdades, como a Lei de Segurança Nacional, ou a Lei de Imprensa, que veio a consagrar um sistema de censura prévia.

a educação, saúde, trabalho, descanso, segurança, previdência social, maternidade, e criando o significativo Sistema Único de Saúde – SUS).

Entretanto, deve-se ressaltar que a Constituição – talvez fatigada pelo trauma da Constituição de 1946, que havia criado, na opinião de muitos, um presidente extremamente fraco – manteve um sistema presidencialista poderoso, respeitando as competências adicionais que a ditadura transferiu ao Executivo através da Constituição de 1964.[5] Em suma, a nova Constituição democrática se diferenciou significativamente da anterior através de mudanças profundas relacionadas, sobretudo, à organização dos direitos. Concomitantemente, manteve o presidencialismo forte, que havia sido organizado na ditadura (Limongi, 2008).

Em todo caso, pode-se dizer que a Constituição de 1988 surgiu, para muitos, como o "marco zero" de uma "nova história" (Barroso; Barcellos, 2005, p. 273). Tratava-se, como sustentou o jurista Oscar Vilhena, de uma Constituição que se destacava, sobretudo, por estabelecer "un catálogo de derechos fundamentales sin precedentes" na história do país, tendo particularmente em conta não somente "el pasado inmediato" caracterizado pela "arbitrariedad y la violencia del Estado", senão também a "historia más larga", marcada por "la desigualdad y la jerarquización" (Vilhena Vieira, 2006, p. 11; Peixinho *et al.*, 2006).

Os exemplos citados ajudam a reconhecer a pior face da influência do poder militar sobre o novo constitucionalismo. Em todo caso, convém dizer que ainda mais estendida resultou a influência indireta dos governos autoritários sobre os desenvolvimentos constitucionais posteriores. Consequentemente, surge a necessidade – reconhecida pelo novo constitucionalismo democrático – de *reagir frente às causas* que haviam possibilitado tanto as experiências autoritárias quanto os reiterados Golpes de Estado produzidos ao longo do século. Nesse sentido, é necessário frisar que todos os países latino-americanos tenderam a reconhecer, no final do século, a necessidade de agir perante um passado autoritário. Em outros termos, a onda de autoritarismo e ditaduras que atravessou a região nos anos 1970 foi suficientemente brutal em seus efeitos para que o constitucionalismo voltasse a sentir a necessidade de formular algumas perguntas básicas.

Não se tratava, unicamente, de que os países democráticos sentissem a necessidade de se recomporem do "drama" instalado pela chegada de governos não usualmente repressivos. Não se tratava, simplesmente, de

[5] Cabe relembrar que um plebiscito, em 1993, reafirmou o caráter presidencialista – e não parlamentarista republicano e não monárquico – do sistema político.

recuperar-se perante a tragédia ocorrida nos anos imediatamente anteriores. Tratava-se da constatação de que se havia vivido em condições de dramática instabilidade durante quase um século. Este era o "drama" real; esta foi a grande "tragédia" que todos reconheceram. Nesse sentido, as últimas ditaduras, na sua dureza, somente fizeram afirmar a urgência e a dimensão das mudanças que se exigiam. O constitucionalismo da América Latina voltava, desse modo, a reformular algumas questões de fundo.

Foram muitos os juristas, não somente latino-americanos, que se perguntaram sobre quais eram as responsabilidades do constitucionalismo e o que ele podia fazer em relação ao drama da *instabilidade política*. Essa instabilidade estava diretamente vinculada à repetida chegada de regimes militares que, por sua vez, envolviam (repetidas vezes, e cada vez mais gravemente) violações massivas de direitos humanos. O constitucionalismo teria alguma relação com a produção de Golpes de Estado e/ou com a chegada de novos regimes autoritários? O constitucionalismo poderia ter feito algo para evitar a chegada de novos governos autoritários? A resposta para tais perguntas foi afirmativa. Ao menos por um tempo, a academia jurídica e política forjou um amplo consenso em torno da questão. Sustentou-se que o constitucionalismo guardava relação com essa instabilidade e que, portanto, poderia ter feito algo para remediá-la. O presidencialismo – ou, mais precisamente, o hiperpresidencialismo – foi considerado como o fator-chave e mais importante que contribuía para explicar, desde o constitucionalismo, os níveis de instabilidade política registrados durante todo o século na região (Nino, 1987; Linz; Stepan, 1978; Linz; Valenzuela, 1994).

De fato, o sistema hiperpresidencialista foi apontado como corresponsável em alto grau pelos crescentes déficits do sistema institucional prevalecente e, de modo mais significativo, pela grave dificuldade das democracias regionais em se manterem ao longo do tempo – uma das manifestações mais relevantes do mal funcionamento do tradicional sistema de "freios e contrapesos" (Ackerman, 2000). Para Carlos Nino (1992b, p. 38), por exemplo, "el diagnóstico que se hizo es que un factor importante, aunque por cierto no es el único, de la labilidad institucional argentina estuvo constituido por la formación de un presidencialismo hipertrofiado" ao longo da história. O hiperpresidencialismo implicava em concentração de poder e, também, responsabilidades e expectativas em uma única pessoa, com mandato fixo durante anos. Qualquer súbito desencanto com o presidente, qualquer crise política ou econômica, qualquer problema de saúde, qualquer queda na sua popularidade tendia a traduzir-se em uma crise do sistema político, que carecia de válvulas de escape para remediar os desajustes e evitar o início de uma crise em toda a estrutura constitucional. Houve um amplo acordo segundo o qual a forte moderação ou a direta eliminação do sistema hiperpresidencialista permitia amortizar as crises, evitar a sua conversão em crise sistêmica e extinguir, desse modo, a instabilidade recorrente (Ackerman, 2000; Linz; Valenzuela, 1994).

As reflexões constitucionais da época começaram a fomentar uma discussão sobre o sistema político hiperpresidencialista. Conforme se verá, tais discussões não acarretaram as correlatas modificações constitucionais. Por diversos motivos – alguns dos quais serão analisados em seguida – as novas Constituições do fim do século se mostraram resistentes ao embate teórico contra o presidencialismo.

As novas Constituições, contudo, eram muito mais permeáveis e receptivas se comparadas com a outra grande iniciativa reformista da época: a outorga de um *status* supralegal a diferentes compromissos internacionais assumidos pelos países em questão, em matéria de direitos humanos – um fato que veio como consequência de uma crescente litigiosidade destinada a reparar as graves violações aos direitos humanos cometidas pelos governos militares (Sikkink, 2012; Acuña; Smulovitz, 1996). Vários países da região encararam, de diferentes formas, reformas deste tipo: da Argentina à Bolívia, da Costa Rica a El Salvador, Brasil, Chile e Colômbia. Uma vez mais, tratava-se de uma resposta jurídica relevante que pretendia romper com o passado trágico e impossibilitar ou dificultar – desde o constitucionalismo e para o futuro – a repetição dos dramas ocorridos. Neste caso, porém, e à diferença do que sucedeu com o consenso antipresidencialista, tratava-se de respostas legais que não afetavam diretamente a vigente organização dos poderes. A resposta se dirigia à seção dos direitos fundamentais e se pretendia cética em relação aos modos da organização dos poderes.

De qualquer forma, o renascer jurídico dos pactos de direitos humanos estava intimamente vinculado a um legado de recente e crua violência, que se pretendia (ajudar a) frear. O fato de tantos países retomarem e reforçarem, quase simultaneamente, os seus compromissos em matéria de direitos humanos, surgiu como a outra face de um fenômeno prévio, também generalizado: a mais grave e massiva violação de diretos humanos já produzida em toda a região.[6] Tal decisão mostrou-se explicável, a partir

[6] Esse caráter estendido da violação de direitos humanos teve relação com muitos fatores, mas também com a chamada Doutrina da Segurança Nacional, que havia nascido no âmbito da Guerra Fria, e que havia sido promovida pelos Estados

da amplitude e do tipo de violência que a precederam. Porém, não deixava de ser surpreendente, sobretudo tendo em conta a história dos grupos que durante tanto tempo consideraram como irrelevante ou superficial a questão dos diretos e que agora tomavam a dita bandeira como própria e prioritária.

Politicamente, o fato ressaltado resulta de especial interesse. Por um lado, a iniciativa de recepcionar a normativa internacional sobre direitos humanos marcou o reencontro da esquerda com o tema dos diretos, em particular, e com o constitucionalismo, de um modo geral. Por outro lado, a direita jurídica também se viu impactada pela chegada desses compromissos com os direitos humanos a um nível supralegal ou diretamente constitucional. Desde que foi produzida tal recepção pelo direito interno dos tratados internacionais de direitos humanos, muitos juízes de convicções conservadoras mostraram-se sensíveis, como nunca antes, à consideração de argumentos referidos ao valor e à preeminência dos direitos fundamentais. O direito latino-americano se abriu, assim, para uma mudança que teve cruciais ressonâncias na prática jurídica da região.

Programas "neoliberais", crise social e autoridade presidencial

Quando aqui se fala em programas "neoliberais", faz-se referência aos extremos programas de ajuste estrutural aplicados na América Latina desde os anos 1980. Trata-se da continuidade que se deu na região das políticas monetaristas, antiestadistas, de drástica redução do gasto público e, sobretudo, de eliminação dos programas de proteção social iniciados na Europa, em um movimento liderado pela Grã-Bretanha, sob direção da Primeira-Ministra Margaret Thatcher, e nos Estados Unidos, durante

Unidos, através, por exemplo, do treinamento militar realizado entre líderes militares da região pela Escola das Américas, no Panamá. A Doutrina da Segurança Nacional veio para impulsionar uma mudança na orientação das forças armadas nacionais, fazendo com que os exércitos locais concentrassem os seus esforços sobre a segurança interior, frente à ameaça que se associava com uma crescente presença de ideologias de esquerda – do comunismo – na região. Um dos resultados mais importantes, e graves, desta estendida doutrina foi a comum disposição, por parte de uma diversidade de governos latino-americanos, em utilizar os piores recursos da coerção estatal contra as próprias populações, em nome dessa guerra contra o comunismo. De fato, em torno da referida doutrina e graças à intervenção norte-americana, foram muitos os governos autoritários que encontraram o respaldo político que necessitavam para nascer e/ou para consolidar-se no tempo. Videla e seus sucessores na Argentina, Hugo Banzer na Bolívia, Augusto Pinochet no Chile, Turbay Ayala na Colômbia, Anastasio Somoza na Nicarágua, Alfredo Stroessner no Paraguai, o general Bordaberry no Uruguai, etc.

a presidência de Ronald Reagan (Etchemendy, 2011; Cavarozzi *et al.*, 2002; Svampa, 2005).

O impacto dessas políticas de ajuste estrutural sobre o constitucionalismo foi enorme. Por um lado, a chegada de tais programas acompanhou, diretamente, o avanço das mudanças no âmbito constitucional, dirigidos a facilitar a aplicação das reformas. Por outro lado, a crise social gerada pela aplicação daqueles programas também produziu consequências constitucionais fundamentais. Aqui nos concentraremos, fundamentalmente, em duas delas. Sustentaremos, por uma parte, que as situações de crise social geradas pelas reformas fizeram com que muitos voltassem a reclamar o reestabelecimento de uma autoridade presidencial "forte". Por outra parte, veremos de que modo tais crises marcaram o nascimento de um constitucionalismo de caráter popular e social, ambicioso como poucas vezes antes.

Em relação ao impacto constitucional mais direto dos programas de ajuste, podem ser citadas significativas mudanças, impulsionadas pelos textos vigentes, destinados a facilitar a aplicação das novas receitas econômicas. O constitucionalista Gerardo Pisarello, por exemplo, cita os casos das 35 emendas impulsionadas por Fernando Henrique Cardoso sobre a Constituição do Brasil de 1988, destinadas a facilitar o processo privatizador; a reforma do artigo 58 da Constituição da Colômbia de 1991, promovida pelo governo conservador de Andrés Pastrana, destinada a dar um caráter irreversível aos investimentos estrangeiros; a modificação do artigo 27 da Constituição do México, com o objetivo de "acabar com a reforma agrária"; a reforma constitucional peruana de 1993, impulsionada pelo presidente Fujimori, imediatamente após o golpe que eliminou inúmeros compromissos sociais assumidos pela Constituição de 1979; as garantias ao "valor da moeda" asseguradas pela Constituição da Argentina de 1994, elaborada durante a presidência de Carlos Menem (Pisarello, 2011, p. 186-7). Num sentido similar, podem ser mencionadas as vastas iniciativas para a reforma judicial que circularam na região, durante aqueles anos, promovidas pelo Banco Mundial ou outros organismos financeiros multilaterais. Procurou-se assegurar que o Poder Judiciário ajudasse a prover um marco estável às transações econômicas características da época (Domingo; Sieder, 2001).

Essa primeira etapa, que acompanhou a ampla aplicação dos programas de ajustes, foi imediatamente seguida por outra, de profunda crise social. Como resultado das consequências derivadas dos programas monetaristas, os cidadãos latino-americanos começaram a mobilizar-se uma vez mais. O protesto dirigiu-se, principalmente, contra o crescente desemprego. Porém, também se protestou contra a alarmante falta de proteção social, resultante da omissão de um Estado que, se quatro décadas atrás havia se ocupado de tudo, agora havia posto fim, em operações habitualmente pouco transparentes, à boa parte de suas ações. E, ainda que os setores mobilizados pertencessem às classes médias e baixas da população, o fato é que a crise dos programas neoliberais alcançou, praticamente, a totalidade dos cidadãos.

Característicos desse período de protestos foram os levantes e as revoltas contrainstitucionais que começaram a suceder na região. Uma das primeiras e mais notáveis expressões de tais queixas foi a insurreição do chamado Exército Zapatista de Libertação Nacional (EZLN), encabeçado pelo "Subcomandante Marcos", que se produziu no dia 1° de janeiro de 1994 (ano de entrada em vigência do Tratado de Livre Comércio de América do Norte), no estado de Chiapas, no sul do México. O EZLM exigia, em seus reclames, retomando as antigas bandeiras do zapatismo mexicano, democracia, liberdade, terra, pão e justiça para os preteridos grupos indígenas do país. Dessa época destacam-se, igualmente, as mobilizações populares que ocorreram na Argentina, entre o final dos anos 1990 e o começo do novo século; as graves "guerra da Água" (2000) e "guerra do Gás" (2003) na Bolívia, dirigidas contra a privatização de setores básicos da economia local; as crescentes ocupações de terra no Brasil, produzidas pelo Movimento dos Trabalhadores Rurais Sem Terra (MST); as "tomas"[7] levadas a cabo pela população pobre, em Santiago do Chile; as "invasões" produzidas em Lima, por desamparados buscando moradia; os levantes indígenas nas zonas mineradoras do Peru (SVAMPA, 2008; SVAMPA *et al.*, 2010). O que é relevante para o propósito desta análise é que tais crises foram resolvidas de um modo muito custoso do ponto de vista social, mas sem cair – como era a regra nas décadas anteriores – em processos de falência institucional.

Paradoxalmente, a conclusão a que muitos chegaram sobre crises semelhantes foi dupla, e poderíamos acrescentar, duplamente preocupante. Não somente foi dito que: (i) os sistemas políticos latino-americanos haviam aprendido a lidar com tais eventos de modo "exitoso" (sem Golpes de Estado), senão que se considerou (ii) que os processos em questão sinalizavam o quão necessário era – outra vez – recuperar ou reforçar a

[7] Os termos *tomas* ou *tomas de terrenos* é usado para designar a invasão e posterior ocupação de terrenos no Chile, que nasce como opção às dificuldades de encontrar um lugar onde viver. (N.T.)

autoridade presidencial, frente à ameaçadora situação de "vazio de autoridade" ou "caos político" que afetava tantos países da região. Em suma, a mesma crise institucional que podia ter reafirmado o ceticismo existente em torno das benesses do hiperpresidencialismo terminou por se colocar a serviço de um fortalecimento do dito sistema – o que representa uma leitura muito questionável do ocorrido.

A conclusão, evidentemente, era algo precoce e exagerado. Talvez estivesse correta a suposição de que a região teria aprendido a enfrentar crises extremamente profundas sem recorrer ao recurso do Golpe de Estado. Porém, isso não invalidaria o mais importante: que o sistema institucional parecia ser, pelo menos, funcional à produção de tais crises, ao mesmo tempo em que mostrava dificuldades extremas para processá-la de um modo não dramático.[8]

De fato, as crises ocorridas na região, a partir do final dos anos 1990, não acarretaram Golpes de Estado, ainda que em muitos casos tenham desembocado em gravíssimas rupturas institucionais, paralelas a fortes crises políticas, combinadas, em alguns contextos, com amplos processos de rebelião popular. Entre outras consequências, esses protestos e crises forçaram a renúncia (habitual, porém não exclusivamente, através de mecanismos de julgamento político) do presidente Collor de Mello, no Brasil, em 1992; Carlos Andrés Pérez, na Venezuela, em 1993 (ambos destituídos após processos por corrupção); Abdalá Bucaram no Equador, em 1997 (após uma insólita declaração de incapacidade mental); Raúl Cubas, no Paraguai, em 1999 (renunciou após um processo de julgamento político iniciado depois

[8] De todo modo, foram várias as razões pelas quais a tradicional crítica antipresidencialista que havia crescido no pós-ditadura começou a perder peso anos depois. Junto a isso, cabe citar também a enfraquecida fé nos postulados teóricos dos anos 80. De fato, nesse período, gerou-se uma polêmica – que se estende até hoje – sobre as correlações existentes entre o hiperpresidencialismo e a instabilidade democrática. Deixou de ser óbvio, como pôde parecer num determinado momento, que existia uma correlação poderosa entre ambos os termos. A discussão pode ser rastreada em Cheibub; Limongi (2002); Eaton (2000); Linz e Valenzuela (1994); Nino (1987, 1992); O'Donnell (1994); Przeworski e Álvarez *et al.* (2000); Riggs (1987); Samuels e Eaton (2002); Shugart e Carey (1992); Shugart e Mainwaring (1997); Unger (1987). Em um conhecido estudo sobre o tema, por exemplo, Shugart e Carey (1992) procuraram demonstrar que não existia justificativa para a asserção de Linz; Valenzuela (1994) de que o presidencialismo tende inerentemente a sofrer crises que levam a rupturas (SHUGART; CAREY, 1992). Em outro trabalho de similar orientação, Shugart; Mainwaring (1997), sem questionar a relação entre presidencialismo e rupturas institucionais, sustentaram que eram outras as verdadeiras causas da instabilidade do presidencialismo. Discutindo esta literatura, ver Alegre (2009).

da libertação de um militar acusado de conspiração);[9] Alberto Fujimori, no Peru (que decidiu fugir do país em 2000, logo depois de iniciado o seu julgamento político); Lucio Gutiérrez, no Equador (que termina sendo derrubado em 2005); Fernando de la Rúa e seus sucessores imediatos, na Argentina (forçados a renunciar em 2001, posteriormente a uma conturbada série de protestos populares); González Sánchez de Losada e Carlos Mesa, na Bolívia, em 2003 e 2005, respectivamente (ambos levados a renunciar, também, após fortes protestos da população).[10]

Da crise "neoliberal" à reforma constitucional de caráter social: o caso da reforma mexicana de 2011

Situações de aguda crise política, econômica e social como as descritas anteriormente abriram espaço para que, em alguns casos, se pensasse no recurso a processos constituintes mais ambiciosos em matéria social, e menos tradicionais que os habituais. Ou seja, tais crises extremas tiveram como consequência não somente um, talvez inesperado, fortalecimento dos poderes presidenciais, mas também um especial destaque na promoção de mudanças constitucionais de tipo social, normalmente, através de processos, mais inclusivos, de reforma.

De modo distinto, casos como o da Colômbia, da Bolívia, do Equador, da Venezuela e do México, que foram precedidos por crises estruturais especialmente profundas, são os que logo surpreenderam pela novidade e radicalismo de suas propostas constitucionais. No exemplo da Colômbia (que foi o primeiro), tratou-se de uma crise que eclodiu com a tomada do Palácio da Corte, pelas forças do M-19, mas que refletia anos de uma fissura no Estado colombiano, ausente em muitos casos; cooptado por grupos de interesse; posto em cheque pelo narcotráfico; e incapaz de se sobrepor à força dos grupos guerrilheiros. De modo similar, na Bolívia, as rebeliões populares obrigaram, primeiro, ao presidente Sánchez de Losada a propor uma Constituição – a de 1994 – mais inclusiva e consciente do que as anteriores, em matéria de direitos indígenas e multiculturais. Anos mais tarde, levantes como os citados anteriormente levaram o presidente

9 Podem-se agregar casos como os de Ernesto Samper, na Colômbia, em 1996; ou Luis González Macchi, no Equador, em 2001 – ambos os presidentes submetidos também a julgamento político, o que obviamente impactou de modo drástico suas carreiras políticas, apesar de terem sido – ambos – absolvidos.

10 Dados tomados, fundamentalmente, de Pérez Liñán (2009, p. 17-18).

Carlos Mesa a convocar uma Assembleia Constituinte, que culminou com a chegada de Evo Morales ao poder. Esse processo de sucessivos levantes acabou com o que havia sido a forma de organização habitual do país, durante boa parte da sua história: um modelo de democracia pactada, que marginalizava uma porção majoritária, e majoritariamente indígena, da população. No Equador,

> [...] el empeño en mantener las políticas de ajuste financiero y económico desató una sostenida resistencia indígena y de movimientos urbanos que se cobró tres gobiernos: el de Abdalá Bucaram (1952-), en 1997, el de Jamil Mahuad (1949-), en 2000, y el de Lucio Gutiérrez (1957-), en 2005, y facilitó la victoria electoral de Rafael Correa (1963-), por el Movimiento PAIS, en 2006 (Pisarello, 2011, p. 192).

Na Venezuela, no entanto, o processo constituinte levado a cabo, fomentado pelo militar Hugo Chávez, também se originou de uma sucessão de levantes populares. Neste caso, os ditos levantes começaram com a revolta social consequente da aplicação dos programas de ajuste, e à repressiva reação imediata promovida pelo governo, que culminou no "Caracazo". Aqui também, como nos casos anteriores, um fato particular – a repressão governamental – metaforizou a queda da velha ordem criada com o "pacto de ponto fixo" (Martínez Dalmau, 2009; Pisarello, 2011; Svampa *et al.*, 2010; Viciano Pastor; Martínez Dalmau, 2011).

Outro caso notável a ser destacado é o do México que, no início do novo século (no dia 10 de junho de 2011), terminou de plasmar constitucionalmente uma reforma vasta e extensa no tempo, em matéria de direitos humanos (Carbonell; Salazar, 2011). As origens dessa reforma ampla e profunda parecem estar em causas similares àquelas presentes nos casos anteriores. O México também mostrava um passado recente de violações graves e massivas dos direitos humanos; programas de ajuste estrutural; reações sociais de indignação, inclusive violentas, frente a tais fenômenos. O México, como alguns outros (poucos) países da região, não havia atravessado o drama de uma ditadura recente – e, pelo contrário, exibia um surpreendente recorde de estabilidade democrática. Não obstante, afetado por uma extensa prática de partido único, convivia com violações muito sérias em matéria de direitos humanos. Essas violações iam desde casos reiterados de abusos policiais e tortura a abusos levados a cabo em matéria eleitoral, que afetavam a legitimidade da ordem social e política (Saltalamacchia; Covarrubias, 2011, p. 15). Nesse contexto, a elite no poder encontrou cada vez mais dificuldade em dissimular e seguir postergando a adoção de mudanças legais significativas. Essas mudanças ocorreram, particularmente, a partir da sucessão de uma série de acontecimentos que alcançaram uma notável repercussão local e internacional e que incluíram os assassinatos de Luis Donaldo Colosio, candidato do PRI à Presidência, de José Francisco Ruiz Massieu, secretário geral do PRI e, posteriormente, a tremenda explosão que significou o levante zapatista do 1º de janeiro de 1994 (Saltalamacchia; Covarrubias, 2011, p. 17).

As reações originárias do poder, frente a esse cenário angustiante, foram lentas, porém sistemáticas, além de se mostrarem defensivas em uma primeira instância e, posteriormente, mais ativas. Abarcaram desde um tímido convite à Comissão Interamericana de Direitos Humanos, em 1996 (convidada pela primeira vez para que se observasse a situação do país em matéria de direitos humanos), passando pelo reconhecimento da competência da Corte Interamericana em 1998, até a subscrição do Estatuto de Roma, que dava lugar ao funcionamento da Corte Penal Internacional (Saltalamacchia; Covarrubias, 2011, p. 16-21). Além disso, e graças a um gradual – porém nada casual – processo de reabertura política, tais reformas também começaram a tomar forma em mudanças no âmbito constitucional.

As primeiras mudanças significativas no âmbito constitucional incluíram reformas em matéria de acesso à informação e de proteção de dados pessoais. Mais tarde, incorporou-se o direito a não ser discriminado. E, logo, a constitucionalização de direitos sociais como o direito à saúde, à moradia, à alimentação e o direito a um meio ambiente saudável. Posteriormente, veio a proteção de grupos especiais e grupos vulneráveis (desde crianças e adolescentes até os grupos indígenas), e ainda a privação de *status* constitucional à pena de morte. [11]

De todo modo, e conforme antecipamos, a modificação mais substancial e ampla na matéria chegou com a reforma realizada em 2012, que incorporou uma série de novidades de primeira grandeza. Entre essas novidades, encontravam-se algumas como: uma forte abertura da Constituição aos direitos humanos (incluindo uma adesão a princípios como o de interpretação *pro personae*, ou o de progressividade na aplicação dos direitos sociais); um compromisso mais contundente do Estado nacional com a proteção e garantia dos direitos humanos (incluindo a obrigação do Estado de investigar, sancionar e reparar as

[11] Para uma revisão destas medidas, ver Salazar (2012).

violações cometidas nessa área); a proibição da discriminação por preferências sexuais; a constitucionalização do direito ao asilo político; o estabelecimento de limites à expulsão arbitrária de estrangeiros; a decisão de transferir, da Suprema Corte de Justiça para a Comissão Nacional dos Direitos Humanos, a investigação de violações graves de direitos; etc (Carbonell, 2011).

Convém ressaltar que essa ambiciosa reforma constitucional mexicana em matéria de Direitos Humanos não só foi o corolário de uma longa história nacional de violações de direitos – uma história que abarcou boa parte do século XX –; ela foi, ao mesmo tempo, contemporânea de uma situação extremamente grave nessa mesma matéria. De fato, a modificação constitucional se produziu no momento em que o país militarizava a "luta contra o narcotráfico" e comprometia suas forças armadas em tarefas altamente questionáveis. O jurista Miguel Carbonell (2011) referiu-se a tal contexto como um contexto de "exacerbada violência" e "descomedida e ilegal" atuação por parte de "um setor das Forças Armadas", que incluiu "seis sentenças condenatórias da Corte Interamericana de Direitos Humanos". Tudo isso nos obriga a refletir, uma vez mais, sobre as relações do direito constitucional com a vida pública, e na potência e pertinência dos tipos de mudança constitucional que tiveram predomínio na região nas últimas décadas.

Poder e direitos no novo constitucionalismo

A análise realizada nas páginas anteriores nos permite reconhecer que, nas últimas décadas, o constitucionalismo latino-americano se viu submetido a intensas mudanças. Entretanto, qual é o balanço do que foi produzido nestas décadas de reformas profundas e amplas? O cotejo do que efetivamente ocorreu na região, neste último período, não é óbvio, ainda que contemos com certas análises e com alguns fortes dados. Sistematizaremos alguns deles, com a finalidade de nos aproximarmos mais do ocorrido.

Por exemplo, segundo o pesquisador argentino Gabriel Negretto (2009, 2011), entre 1978 e 2008 foram ditadas 15 Constituições (a Bolívia ratificou a sua em 2009).[12] Nesse lapso, 10 países modificaram as regras para a reeleição presidencial, que no total foram modificadas 16 vezes (em 9 ocasiões para flexibilizar as cláusulas da reeleição, em 7 para restringi-las).[13]

[12] Somam 192 na história e 102 no século XX.

[13] Conforme a sua análise, ciclos restritivos em matéria de poderes presidenciais (como o iniciado em 1978) foram seguidos por outros de orientação contrária, destinados a facilitar as reeleições (como aquele iniciado em 1993).

Em 12 países da região, agrega o pesquisador, os poderes presidenciais foram fortalecidos e somente em 6 foram restringidos (Negretto, 2011).[14] Em suma, o autor sugere que houve medidas que tendiam a reforçar os poderes de controle do Congresso e do Poder Judiciário, junto a outras destinadas a "concentrar poder nas mãos do presidente" (Negretto, 2011b).

Em outro exame comparativo sobre as reformas recentes, Uprimny (2011, p. 10) destaca vários traços comuns entre elas. Sustenta que as novas Constituições "tienden a superar ciertos rasgos confesionales"; "amparan especialmente a grupos tradicionalmente discriminados"; se abrem "al derecho internacional de los derechos humanos"; reconhecem "a multiculturalidade", etc. Posteriormente, examina, em particular, o que teve que ser feito em matéria de organização do poder.[15] Com relação a isto, ressalta que as Constituições da região "conservaron para el presidente poderes enormes frente al modelo presidencial clásico", ainda que fizessem "esfuerzos por limitar el poder presidencial", ao mesmo tempo que, de modo generalizado, tenderam a "aprobar la posibilidad de la reelección inmediata del presidente".

Gerardo Pisarello distingue, dentro da última onda de reformas constitucionais, aquelas que ocorreram em um momento de "refluxo

[14] Segundo Negretto (2011), as regras referidas à reeleição presidencial e aos termos do mandato dos presidentes foram as mais instáveis na história da região. Em outro artigo recente, Negretto (2011b) admite, também, que houve reformas que entraram em choque com as primeiras.

[15] É fato que habitualmente, e visando a aprovar reformas autointeressadas, movidas por pretensões de muito curto prazo, agregam-se – seja como escudo para proteger o anterior, seja como oportunidades que a oposição aproveita – reformas mais interessantes, que podem ser valiosas a longo prazo (UPRIMNY, 2011). Como exemplo, a Constituição argentina de 1994, motivada substancialmente pelas ambições reeleitoreiras do presidente, então em exercício, que terminou por consagrar outras modificações importantes, como o reconhecimento de direitos das minorias, a novidade das ações judiciais coletivas, ou a hierarquia constitucional de compromissos relevantes em matéria de direitos humanos. O ocorrido na Argentina representa uma pauta que pode ser generalizada na região. Daí que as reformas compreendidas entre o final do século passado e o início do novo, se bem motivadas por uma indesejável ansiedade, puderam trazer consigo outras mudanças mais atrativas, vinculadas às necessidades do momento: preocupações multiculturais; direitos de grupos; novos direitos ambientais. Essas reformas incluíram respostas destinadas a afrontar alguns dos piores legados da mais dura etapa hiperpresidencial: poderes judiciais profundamente submetidos à política; legislativos anêmicos; um crescente processo de desconfiança na política, e uma ruptura nas relações entre representantes e representados. Em alguns casos, excepcionalmente, reformas aparentemente muito imperfeitas se articularam claramente em torno de problemas constitucionais fundamentais, bem identificados.

conservador", no início dos anos 1990. Entre elas estão as reformas promovidas por Alberto Fujimori no Peru, ou por Carlos Menem na Argentina, porém não as reformas colombianas de 1991 e aquelas que as seguiram e acompanharam o fim das políticas de "ajuste estrutural", incluindo, fundamentalmente, as reformas da Bolívia, do Equador e da Venezuela. Na sua opinião, as primeiras reformas tenderam a fortalecer a figura presidencial e a abrir a "constitución económica a políticas privatizadoras o monetaristas"; porém, ao mesmo tempo que incorporaram "estándares de protección de derechos acuñados por el derecho internacional" que, com o tempo, foram ganhando vida. As segundas, no entanto, as inscreve diretamente dentro de uma "tradición constitucional democrática radical" (Pisarello, 2010, p. 193). Do seu ponto de vista, estas últimas reformas foram mais afins à promoção de "una mayor participación ciudadana" à "atención de colectivos en situación de exclusión"; e chegaram a questionar as anteriores políticas "neoliberais", através da promoção de um Estado mais ativo em matéria econômica (Pisarello, 2010, p. 195-6).

Existem várias questões que merecem ser destacadas nesses estudos. Contudo, há uma que merece mais ênfase do que as demais e que se refere ao modo como as últimas reformas insistiram com uma matriz de poder político centralizado, que passou a ser um elemento distintivo e definidor do constitucionalismo regional. Esta primeira conclusão coaduna com os dados que reporta o importante trabalho comparativo, *Comparative Constitutions Project*, e uma série de outros trabalhos de análise comparativa de Constituições (Cheibub *et al.*, 2011; Elkins *et al.*, 2010; e comentários em Hartlyn, 2011). Nesses estudos, afirma-se que o desenvolvimento mais destacado mostrado pelo constitucionalismo regional se relaciona com o "incremento de cláusulas que conceden poderes legislativos a la rama Ejecutiva" (Cheibub *et al.*, 2011, p. 1718), uma evolução notável em torno da qual todas as Constituições da região tenderam a convergir (Cheibub *et al.*, 2011). Os ditos estudos afirmam a existência de um "modelo de poder presidencial propiamente latinoamericano, que incluye un poderoso papel del presidente en el área legislativa, y a la vez amplios poderes de emergencia" (Cheibub *et al.*, 2011, p. 1730).

Por outro lado, convém dizer que: assim como podemos propor, como conclusão inicial, que as atuais Constituições latino-americanas mantiveram uma matriz distintivamente presidencialista e de poder centralizado – político, geográfico e administrativo –, também pode-se dizer que elas preservam, como marca própria, um notável e robusto compromisso com os direitos individuais e coletivos. O catálogo de direitos que tendeu a se estabelecer nos novos documentos mostra-se extraordinário. Isso se deve tanto ao número dos direitos abarcados quanto ao nível de detalhe a que se chegou, em alguns casos.[16] Além disso, o fenômeno se converteu na regra e não em uma exceção, em toda a região. Um primeiro exame dos textos vigentes, que incluem diferenças relevantes entre os distintos casos, que esta primeira aproximação revela timidamente, nos permite reconhecer as importantes reformas de direitos realizadas nas novas Constituições (Gargarella; Filippini; Cavana, 2011): em meio ambiente; cultura; saúde; educação; alimentação; moradia; trabalho; igualdade de gênero; multiculturalismo; ações afirmativas; iniciativas populares; controle popular; direitos humanos, etc.

Este tipo de estudo chama atenção sobre a riqueza, complexidade e tipo de tensão que os novos textos constitucionais vieram a reforçar. Na próxima seção, refletiremos sobre este fenômeno, ao mesmo tempo em que buscaremos dar algumas explicações sobre ele.

Mais presidencialismo e mais direitos: uma relação contraditória

A descrição apresentada nas páginas anteriores é a de uma Constituição de duas velocidades, com propósitos contraditórios: por um lado, uma Constituição ansiosa por assegurar a imposição da ordem, verticalmente; por outro lado, uma Constituição preocupada com que cada passo dado esteja conforme as garantias e os direitos, cuidadosa e plenamente respeitados. Por um lado, uma Constituição que propicia a democratização da sociedade através de direitos horizontais, mais expandidos; e por outro, uma Constituição que bloqueia os impulsos democratizantes, mantendo uma organização do poder verticalizada e concentrada em poucos.[17]

16 Há uma série de discussões, não obstante, em relação ao sentido e ao impacto da inclusão desses novos direitos. Ver, entre tantos outros trabalhos, Bergallo (2011); Brinks; Forbath (2011); Garavito-Rodríguez (2011); Gargarella *et al.* (2006); Gauri; Brinks (2009); Langford (2008); Motta-Ferraz (2011).

17 Esta imagem nos remete não aos fins e compromissos das Constituições realmente existentes, mas sim à prática efetiva da sua criação. Sugere a presença de dois grupos de técnicos trabalhando ao mesmo tempo sobre a mesma Constituição, ainda que especializados em distintas seções e, portanto, em tarefas diferentes: os primeiros, concentrados sobre a organização das instituições políticas; os segundos, entretanto, centrando a sua tarefa sobre a seção dos direitos. Tal imagem é condizente com o que nos sugere uma aproximação impressionista, em torno dos processos constituintes recentes: grupos de juristas com a chegada direta ao poder dominante, ocupando-se da parte orgânica da Constituição; grupos de juristas "progressistas" (oficialistas ou não) ocupando-se do reforço da seção dos direitos.

Surge a pergunta de por que os constituintes latino-americanos optaram por Constituições desse tipo, quando tais iniciativas – *concentrar o poder através das instituições políticas; diluir o poder através da distribuição de maiores direitos* – parecem orientadas em direções contrárias. Será que não houve advertências quanto aos potenciais conflitos que assim gerariam? No que se segue, examinaremos três possíveis respostas a essas interrogações.

1) *Autonomia e indiferença*

Talvez os constituintes optassem por uma fórmula como a referida – mais presidencialismo, mais direitos – porque simplesmente não consideravam que desse modo provocariam tensões de algum tipo, dada a separação existente entre ambas as esferas: aquela relacionada com a organização do poder, e a outra relacionada com os direitos. Esta conclusão poderia ser uma consequência de certas suposições sobre a *autonomia própria de cada uma das seções da Constituição*. Alguém poderia pensar, em tal sentido, que não existem razões para preocupar-se com o modo em que está estruturada a seção constitucional referente à organização do poder, no momento de trabalhar sobre a seção dos direitos e vice-versa. A ideia seria que se pode agir sobre uma área do território constitucional ignorando o que ocorre com a área restante; como esta está organizada; quais mudanças estão sendo impostas ou não sobre ela – por que cada seção está regida por suas próprias regras e a sua própria lógica, com independência das outras. Essa suposição poderia vir acompanhada de outra sobre a *autoaplicabilidade* de determinadas cláusulas constitucionais. A ideia seria que basta a incorporação de certos artigos à Constituição para que eles cobrem vida, se autoexecutem.

Critérios semelhantes, de todo modo, resultam pouco atraentes. Em primeiro lugar, pode-se dizer que o direito não parece estar composto por esferas autônomas – de modo oposto ao que parece assumir ou propor parte da doutrina liberal; particularmente o liberalismo como "a arte da separação", nos termos de Walzer (1984).[18] Ou seja, se tomamos os direitos como limites ou

[18] Como disse, em 1892, o notável radical peruano González Prada, em sua crítica ao liberalismo: "Infunden muy triste idea de su liberalismo los que segregan las cuestiones sociales o las religiosas y se consagran exclusivamente a los negocios políticos... no cabe separar lo social de lo religioso ni lo político de lo moral. Como se ha dicho muy bien, 'toda cuestión política se resuelve en una cuestión moral, y toda cuestión moral entraña una cuestión religiosa'. El individuo se emancipa a medias, cuando se liberta del pretoriano para someterse al cura, o sale de la sacristía

barreiras perante o poder, a existência de maiores limites – através da criação de mais direitos, ou direitos interpretados de um modo mais amplo – implica em um menor campo de ação para os poderes públicos. O que subjaz aí, definitivamente, é o velho tema sobre as tensões existentes entre democracia e direitos – e, mais habitualmente, entre democracia e constitucionalismo: as tensões parecem inevitáveis por mais que nos empenhemos em não lhes dar atenção. Também não demonstra ser especialmente persuasiva a ideia referida à auto-operacionalidade das cláusulas constitucionais. Isso parece contradito por inúmeras suposições bem embasadas, que sugerem o contrário. Ou seja, que a recepção de certas cláusulas novas por parte do velho direito costuma ser demasiadamente conflitante. Ocorre que, finalmente, qualquer cláusula nova se insere em um contexto político, institucional, constitucional, existente, que pode ser acolhedor ou não às novidades que aparecem recentemente. Em páginas anteriores, vimos de que modo a entrada de direitos sociais foi sistematicamente bloqueada, durante décadas, por uma organização judicial pouco receptiva a eles.

Uma variante um pouco mais sofisticada do argumento anterior poderia partir do reconhecimento da existência de relações entre ambas as seções da Constituição, acrescentando que se trata de uma relação pacífica. Ou, para defini-lo de um modo mais preciso, o que estaria em jogo seria um vínculo de *relativa indiferença* entre uma e outra seção constitucional, salvo, talvez, casos extremos como o de uma ditadura ou uma quase ditadura. Finalmente, alguém poderia dizer que os países latino-americanos tiveram governos de distintos tipos convivendo com Constituições cada vez mais generosas em matéria de direitos, o que parece sugerir que a maquinaria do poder pode acolher, sem maiores problemas, as diferentes mudanças que se operam na seção dos direitos. É possível que essa imagem seja, de fato, a principal responsável pela difundida ideia sobre a "indiferença". Mas a pergunta é se ela resiste a uma análise mais detalhada. Aqui, nos interessa apoiar – e seguiremos apoiando – a ideia contrária que, em todo caso, ressalta que aquela imagem de convivência pacífica encobre, em algumas ocasiões, o não cumprimento ou a indevida indiferença dos poderes políticos com relação às suas obrigações em matéria de direitos; e, em outros casos,

para encerrarse en el cuartel" (SOBREVILLA, 2009, p. 161-2). Foram poucos os que reconheceram, como Murillo Toro (conforme a descrição de Gerardo Molina) que "las reformas políticas no son suficientes, por lo cual hay que ir a las de carácter económico y social" (MOLINA, 1987, p. 124).

simplesmente se nega a reconhecer as implicações do que significa um presidente bloquear a implementação de certos direitos sociais ou o Congresso dilatar indefinidamente a colocação em prática das cláusulas mais participativas. Retomaremos estes temas na seção a seguir.

2) *Compensação*

Uma segunda linha de resposta vem dizer que, ao fortalecer os direitos, ao mesmo tempo em que se potencializava o presidencialismo, o que se fez, na realidade, foi equilibrar uma relação que, de outro modo, tendia a ser excessivamente desigual. Trata-se de um movimento que permite uma *compensação* intersecional, capaz de manter certo balanço interno na Constituição. O argumento assume, por um lado, a existência de vínculos significativos entre as distintas seções da Constituição, contrário ao que sugeriam os argumentos da autonomia e auto-operacionalidade. Porém, ao mesmo tempo nega que tais vínculos sejam de relativa indiferença. O que aqui se afirma é a existência de uma relação de diálogo entre ambas as esferas, que neste caso em particular, favorece certa compensação entre ambas, concretizada desde a seção dos direitos, e em relação com a situação existente em matéria de organização do poder.

Pode-se derivar uma postura semelhante da maioria dos estudos comparativos mencionados no começo deste capítulo. Finalmente, em trabalhos como os de Uprimny (2011) e Pisarello (2010), citados anteriormente, encontram-se referências descritivas sobre as novas Constituições que mostravam processos de concentração de poderes no Executivo, acompanhados de outras mudanças orientadas em direções aparentemente contraditórias, e relacionadas, tipicamente, com o fortalecimento dos direitos, a proteção de grupos previamente desamparados, ou a abertura rumo a maiores oportunidades de participação popular.

De modo similar, a Negretto interessa explicar a "amálgama" que se deu entre "instituciones aparentemente inconsistentes" (Negretto, 2011b, 1792). Isso, reconhecendo que, para um "observador externo", pode ser difícil explicar "reformas que promueven una representación plural y un proceso decisorio consensual, con reformas que restringen la competencia entre partidos y concentran poder en la rama ejecutiva" (Negretto, 2011b, 1792).[19] Conforme a descrição feita pelo especialista Jonathan Hartlyn

[19] Negretto deseja explicar o que vê como uma contradição através da "dupla natureza" das Constituições: dado que funcionam como "estruturas de governo"

sobre o citado texto de Negretto, o trabalho deste último se caracteriza por enfatizar, junto às tendências e à concentração do poder – típica das recentes reformas –, certas contratendências contemporâneas dirigidas a mudar "las reglas electorales, que no han favorecido en todos los casos la concentración en el poder ejecutivo", ou a "introducir elementos de democracia directa, incluyendo en algunos países el derecho de revocatoria de mandatos al presidente" (HARTLYN, 2011, p. 1980). O texto em questão faz referência, ademais, aos "crecientes poderes del Congreso sobre el gabinete; el crecimiento de la descentralización política, y la mayor independencia judicial en relación con el Ejecutivo" (HARTLYN, 2011, p. 1980). Ou seja, nós nos encontramos com um fortalecimento dos poderes presidenciais, de algum modo compensado pela aparição de vários outros contrapoderes. Em outro trabalho, e deixando clara a sua própria posição no assunto, Jonathan Hartlyn destaca "el creciente uso de elecciones para la selección de puestos ejecutivos en el nivel subnacional, y la presencia creciente de elementos de democracia directa en estas nuevas Constituciones" (HARTLYN; LUNA, 2007, p. 7).

Uma ideia que parece derivar desse tipo de estudos é a de que, finalmente, o presidencialismo regional, nos últimos tempos, resultou em parte fortalecido por certas cláusulas constitucionais que lhe transferiram maiores capacidades, ao mesmo tempo limitando-o – ou compensando o seu fortalecimento – através da aparição deste outro tipo de reforma, de sinal contrário. Nos termos de Hartlyn e Luna (2007, p. 6):

> Comparando los poderes ejecutivos formales, tal como aparecían al comienzo del más reciente período democrático... con los poderes formales corrientes (hacia el 2006), encontramos que la tendencia general nos muestra un cierto movimiento de declive en relación con los poderes del ejecutivo.

e como "estruturas de poder" – ressalta – as Constituições concentrariam preocupações relativas tanto à qualidade e à efetividade do regime democrático quanto preocupações partidárias sobre o impacto que a eleição constitucional teria sobre os interesses pessoais e coletivos daqueles que as desenham (NEGRETTO, 2011b, p. 1804). O autor apresenta esta explicação como uma explicação de "dois níveis," e com ela trata de deixar de lado outras explicações mais tradicionais sobre ações e decisões deste tipo: as explicações econômicas, baseadas em teorias cooperativas, que presumem que o desenho constitucional persegue resultados cooperativos; e as explicações baseadas em teorias distribucionais, favorecidas por cientistas políticos, e que estudam as mesmas em relação a seu impacto para ganhar influência e eleições (NEGRETTO, 2011b, p. 1792).

Esse declínio se deve a "la emergencia de mayores (potenciales) limitaciones sobre la concentración del poder presidencial, en otras áreas (no-legislativas)" (Hartlyn; Luna, 2007, p. 6). Algo similar sustenta Pisarello, na sua análise sobre o constitucionalismo moderno, ao afirmar que o "neopresidencialismo" ou presidencialismo fortalecido desta última etapa poderia ser considerado, finalmente, um presidencialismo "mitigado por otros mecanismos de control como el referendo revocatorio, una suerte de moción de censura popular ya utilizada, de hecho, tanto en Venezuela como en Bolivia" (Pisarello, 2011, p. 194).

O olhar "compensatório" proposto por esse tipo de estudo, entretanto, merece ser questionado por várias razões. Primeiro, ele assume uma *relação igualitária entre* as diferentes esferas da Constituição, desconhecendo a dimensão de "poder" presente. A seção relacionada com a organização do poder, pode-se dizer, inclui o "motor" da Constituição e, portanto, mostra um potencial desestabilizador. Segundo, e em relação com o anterior, tais estudos parecem descuidar do *aspecto dinâmico* da Constituição, apoiando-se em uma leitura estática sobre a mesma. Quando se considera esse aspecto dinâmico, a pergunta relevante se refere ao que é esperado que ocorra uma vez posta em marcha a Constituição. Tem-se, em particular, que habitualmente são os poderes estabelecidos os que têm a "chave" capaz de "ativar" os novos mecanismos participativos. Terceiro, e também vinculado estreitamente ao que foi dito anteriormente, os estudos citados parecem desconsiderar a *lógica interna* da Constituição, e em particular, do sistema de "freios e contrapesos". De fato, o dito sistema continha uma interessante lógica, destinada a impedir os abusos de uma esfera do poder sobre a outra. Como sustenta James Madison em *El Federalista* n. 51, era necessário dotar a cada esfera do poder dos "meios constitucionais" e das motivações pessoais para resistir aos certeiros embates das demais. Isto é, parecia muito claro, tanto para Madison quanto para os membros mais lúcidos da sua geração, que uma vez atribuídos poderes adicionais a algumas das esferas do governo – poderes que capacitem alguma delas para impor a sua autoridade sobre as restantes – o abuso tenderá a ocorrer, de um modo, inclusive, necessário: o poder mais forte irá dispor do necessário para assegurar a submissão dos demais. Por que, então, não considerar essa lógica, no momento de pensar sobre o funcionamento possível do nosso imperfeito sistema de "freios e contrapesos"? Em quarto lugar, e finalmente, os trabalhos citados parecem deixar de lado uma visão necessária, sobre a história e o contexto da prática constitucional no qual as reformas foram inscritas. Quando consideramos estas variáveis históricas e contextuais, podemos comprovar que na maioria dos países latino-americanos os Poderes Executivos permaneceram situados em uma posição de privilégio, como *primus inter pares* dentro da estrutura de poder. Primeiramente, se adjudica a este fato o controle de ferramentas institucionais que facilitam o seu predomínio sobre os demais poderes. Pior ainda, na prática, esta relação de predomínio mostrou-se reforçada em virtude das decisões paraconstitucionais que, em muitos casos, minaram a autoridade da Legislatura ou converteram o Poder Judiciário em um poder institucionalmente frágil ou diretamente dependente (Domingo; Sieder, 2001; Gloppen, 2010; Prillaman, 2000). A história dessa prática nos permite reconhecer a posição de privilégio na qual permaneceu o Poder Executivo – uma posição que permite ao presidente exercer o seu domínio sobre as demais ferramentas constitucionais existentes há muito tempo ou recém-incorporadas.

3) Necessidade

Finalmente, também é oportuno citar outra postura mais otimista, que considera que reformas como as descritas anteriormente – ou seja, as que fortaleceram o presidente e ao mesmo tempo reforçam as cláusulas sociais e participativas – são perfeitamente consistentes entre si, e capazes de tornar efetivamente possível a "ativação direta" do poder popular (Viciano Pastor; Martínez Dalmau, 2011, p. 20). Esta seria a grande chave do novo constitucionalismo latino-americano: recompor

> [...] la perdida (o nunca lograda) relación entre soberanía y gobierno. Serían precisamente estas últimas reformas las que habrían venido a posibilitar lo que la Constitución colombiana de 1991 denomina "formas de participación democrática"; en Venezuela y Bolivia recibe el nombre de democracia participativa; y en el Ecuador de 2008 "Participación en democracia" (Viciano Pastor; Martínez Dalmau, 2011, p. 21).

Trata-se de um novo constitucionalismo

> [...] dirigido a romper con los regímenes elitistas, excluyentes del pasado," lo cual quedaría evidenciado por "la celebración de procesos constituyentes amplios y a la incorporación, en las constituciones, de mecanismos republicanos correctivos de la democracia representativa, como la revocatoria de mandatos y otras formas de democracia participativa y comunitaria" (Pisarello, 2011, p. 193).[20]

20 Em sentido similar ver: Criado (2011); de Cabo (2011); Palacios Romero (2011).

Visões desse tipo parecem próximas à afirmação segundo a qual o sistema de poder centralizado é uma *condição necessária* para assegurar uma política de direitos. Como disse o investigador a respeito:

> [...] la consolidación de los avances de derechos sociales se dio en marcos de concentración de poder en el Ejecutivo y de hegemonía parlamentaria, más que en escenarios de presidencias débiles y pluralismo en las legislaturas (Etchemendy, 2012).

Frente a tais considerações, um ponto geral, introdutório, poderia ser o fato de o hiperpresidencialismo que foi se consolidando na América Latina ser, em princípio, compatível com todos os tipos de medida em matéria de direitos constitucionais: a sua consagração constitucional; o seu respeito pleno ou parcial (sempre é possível a aparição do "tirano benevolente"); a violação sistemática desses direitos. Por isso, *prima facie*, não há razões para concluir que a existência de um sistema hiperpresidencialista, *per se*, implica no desrespeito dos direitos constitucionais; ou é incompatível com a promoção de uma política de direitos. De qualquer forma nos interessou enfatizar as tensões existentes, previsíveis, emergentes, entre uma organização centralizadora do poder constitucional e uma seção dos direitos destinada à expansão das bases políticas e sociais do poder popular – tensões que reclamam um exame empírico mais detalhado do que aquele que pudemos propor aqui. Em particular, ao longo do estudo anterior, interessou-nos avançar argumentos como os seguintes – capazes de solapar a ideia do hiperpresidencialismo como precondição para uma política de direitos.

Em primeiro lugar – sendo este o ponto, certamente, menos relevante –, pode-se dizer que o frágil, porém influente, radicalismo político regional tendeu a manter uma posição sistematicamente antipresidencialista, o que era coerente com os seus reclames a favor da democratização do poder. Também foi uma constante, durante todo o século XIX, a defesa feita pelas forças mais conservadoras e reacionárias a favor de uma autoridade centralizada. A questão mudou, em parte, no século XX, quando forças vinculadas ao radicalismo político terminaram por variar as suas posições iniciais, para abraçar, por um lado, uma visão muito próxima ao liberalismo em matéria de direitos, e uma visão afim ao conservadorismo em matéria de organização do poder. As forças conservadoras, no entanto, se mantiveram incólumes, na sua defesa do poder centralizado.

Em uma revisão histórica contemporânea, podem-se reconhecer as relações e as tensões entre sistemas presidencialistas e direitos. Chegar a conclusões históricas precisas exige uma análise mais específica, mas aqui, ao menos, podemos adiantar uma intuição que deriva do estudo histórico mencionado: a história latino-americana do século XX esteve muito marcada pela "oscilação" entre regimes ditatoriais/autoritários e regimes democráticos. A cada vez que se reinstalou a democracia na região, sobretudo quando os regimes anteriores eram mais violentos e autoritários, mais ênfase se deu à recuperação "liberal" das velhas instituições. Consonante a isso, pode-se dizer que os regimes menos presidencialistas ou de maior reação frente aos presidencialismos mais fortes puseram sempre uma ênfase muito especial na criação e implementação de direitos, como forma de "escapar" do passado ou reparar as violações ocorridas.[21] Estas afirmações contradizem, em princípio, a ideia segundo a qual o presidencialismo forte é uma condição necessária para a criação ou manutenção dos direitos.

De todo modo, continuar essa discussão requer um estudo mais pormenorizado sobre os *tipos* de direitos criados em cada oportunidade. É possível esperar que os regimes pós-autoritários se preocupem, primeiro, com a proteção de direitos humanos básicos, como a integridade física e pessoal, e com a trajetória desses direitos. Já regimes autoritários, como o varguismo, criaram direitos e violaram gravemente direitos, algumas vezes do mesmo tipo, outras vezes de tipos diferentes.

Em relação com o anterior, convém retomar o que podemos chamar de uma das "leis de ferro" que enunciou James Madison – os "federalistas" em geral –, em torno à ideia do equilíbrio dos poderes ou dos "freios e contrapesos", e os riscos de fortalecer especialmente o Executivo. Em boa medida, isto foi tendência na América Latina, desde que se optou, muito precocemente, por subscrever o modelo geral dos "freios e contrapesos" ao mesmo tempo em que se convertia o Executivo em um *primus inter pares*. O resultado foi, como esperado, o de esquemas institucionais gravemente imperfeitos, que incluem habitualmente formas de controle institucional muito débeis, juízes extremamente dependentes da política, e legislaturas submetidas à vontade presidencial.[22] Claramente, contextos de desigualdade econômica tanto quanto política como os que existem na região reforçam, da pior forma, tais dinâmicas e tensões.

[21] O anterior é compatível com a afirmação segundo a qual na região houve presidencialismos muito fortes que puseram ênfase na criação de novos direitos (i.e., o varguismo ou o peronismo).

[22] A chamada "lei de ferro" encontra apoio tanto no senso comum quanto no conhecimento histórico, como nos supostos básicos da psicologia política. Este era, finalmente, o tipo de elementos que autores como James Madison consideram para construir seu argumento.

Além disso, é possível robustecer nossa argumentação com algumas reflexões adicionais, mais próprias da teoria constitucional. Pode-se fazer alusão ao estudo dos transplantes e "enxertos" constitucionais. Referimo-nos às dificuldades para gerar impacto sobre a "velha matriz" constitucional vigente – e assim finalmente mudá-la –, meramente através da adição de artigos que supõem e reclamam uma organização institucional totalmente diversa. Pode-se refletir sobre o modo como essas "velhas" Constituições limitam as "novas", na forma de uma organização de poder centralizado. Tende-se a limitar e bloquear o nascimento e o florescimento do "novo": habitualmente, promessas inclusivas e expansivas em matérias de direitos políticos e sociais.

Em direta relação com o anterior, pode-se insistir sobre a necessidade de se pensarem as "influências cruzadas" entre as distintas partes da Constituição, reconhecendo o peso especial que adquire, nesse vínculo, a seção relacionada com a organização dos poderes. As distintas seções da Constituição sempre, de um modo ou de outro, dialogam entre si. Nesse diálogo, espera-se que a organização dos poderes estabelecida seja posta em marcha para frear qualquer desenvolvimento constitucional que apareça, a curto ou médio prazo, como diretamente ameaçador à estrutura existente.

Dito isso, para terminar, pode-se referir a certos problemas próprios do caráter "decisionista" da postura aqui criticada – relacionada com o caráter "necessário" ou decisivo do hiperpresidencialismo, para afirmar ou sustentar uma política de direitos. Relativo a isso, é necessário dizer, em primeiro lugar, que tal postura oculta o fato de que exatamente nessas mesmas condições de máximo poder presidencial foi quando mais se violarem direitos e quando mais graves e massivas foram as violações.[23] Porém – e o que é mais grave para o seu caso –, foi sob essas mesmas condições institucionais que na América Latina se desarticulou o próprio Estado social que pretendia sustentar os direitos sociais, como nos casos de Menem na Argentina, Fujimori no Peru, Collor de Melo no Brasil, entre tantos outros. Ou seja, conforme o nosso critério, o hiperpresidencialismo é coerente com a criação e a aplicação de novos direitos, mas (i) também é coerente com a não aplicação e o solapamento dos mesmos; ao mesmo

[23] Considera-se, por citar somente um exemplo, que casos como o de Vargas, que o autor cita em seu favor, referem-se, por um lado, a uma ditadura que, em sua primeira etapa, reproduziu formas e conteúdos diretamente vinculados com o nazismo (como por exemplo, no referente à discriminação e perseguição de opositores e minorias) na América Latina.

tempo que (ii) manifesta uma tendência rumo a este último resultado, se considerarmos fatores que constituem a própria lógica do sistema, tal como elementos teóricos, históricos e contextuais, e aqueles examinados nas páginas anteriores.

Por tudo isso é que – confrontando a postura "decisionista" e a proposta de uma democracia tutelada que subjaz a ela – defendemos aqui um ordenamento constitucional mais diretamente aberto à decisão e ao controle populares, inscrito na tradição do constitucionalismo radical-republicano da América Latina. A ideia aqui sustentada foi a de que – contrário ao que sugeriam algumas asseverações – os avanços sociais, tal como propunha a tradição radical, necessitam ser sustentados por uma cidadania mobilizada, politicamente autônoma e com capacidade de decisão e controle diretos sobre o sistema institucional – condições que se mostram desafiadas e solapadas em contextos próprios do hiperpresidencialismo, no qual as mobilizações populares e o ativismo cívico ficam subordinados à livre vontade da presidência.[24]

Referências

ACKERMAN, B. The New Separation of Powers. *Harvard L. Rev.*, p. 634-42, 2000.

ACUÑA, C.; SMULOVITZ, C. Adjusting the Armed Forces to Democracy. Successes, Failures and Ambiguities in the Southern Cone. In: JELENE, E.; HERSCHBERG, E. *Constructing Democracy. Human Rights, Citizenship and Society in Latin America*. Boulder, Colorado: Westview Press, 1996.

ALEGRE, M. *Democracy without Presidents*. 2009. Disponível em: <http://www.law.yale.edu/documents/pdf/Democracy_without_Presidents.pdf>. Acesso em: 21 abr. 2016.

[24] Dito isso, convém insistir em, ao menos um ponto fundamental: a crítica ao presidencialismo que aqui se formula não implica numa defesa do sistema parlamentarista, como se esta fosse a única alternativa existente ao presidencialismo (menos ainda à luz da situação atual dos Congressos latino-americanos), nem representa – muito menos – uma maneira de apoiar o atual renascimento do Poder Judiciário como órgão de decisão fundamental nas novas democracias (menos ainda à luz do elitismo que continua distinguindo os Poderes Judiciários latino-americanos). Aliás, o que aqui se defende tem relação com uma alternativa emancipatória, ancorada na tradição radical latino-americana e baseada em formas de democracia ampliada.

BADARÓ MATTOS, M. O governo João Goulart: novos rumos da produção historiográfica. *Revista Brasileira de História,* São Paulo, v. 28, n. 55, p. 245-263, 2008.

BARROSO, R.; BARCELLOS, A. O começo da história: a nova interpretação constitucional e o papel dos princípios no direito brasileiro. In: AFONSO DA SILVA, V. (Org.) *Interpretação Constitucional.* São Paulo: Malheiros, 2005.

BRASIL. *Constituição da República Federativa do Brasil,* de 1967. v. 15, 1967. Disponível em: <http://www. planalto. gov. br/ccivil_03/constituicao/constituicao67. htm>.

CARBONELL, M. *La reforma constitucional en materia de derechos humanos: principales novedades.* 2011. Disponível em: <http://www.miguelcarbonell.com/articulos/novedades.shtml>. Acesso em: 21 abr. 2016.

CARBONELL, M.; SALAZAR, P. (Coords.) *La reforma constitucional de derechos humanos: un nuevo paradigm.* México: Universidad Nacional Autónoma de México: 2011.

CAVAROZZI, M.; ABAL MEDINA, J. (Comps.) *El asedio a la política. Los partidos latinoamericanos en la era neoliberal.* Rosario: Homo Sapiens, 2002.

CHEIBUB, J.; LIMONGI, F. Modes of Government Formation and the Survival of Democratic Regimes: Presidentialism and Parliamentarism Reconsidered. *Annual Review of Political Science,* n. 5, p. 151-179, 2002.

CHEIBUB, J. C.; ELKINS, Z.; GINSBURG, T. Latin American Presidentialism in Comparative and Historical Perspective. *Texas Law Review,* v. 89, n. 7, p. 1701-1741, 2011.

CRIADO, M. El sistema de gobierno en las nuevas constituciones andinas. Distribución horizontal del poder en el régimen constitucional de Venezuela y Ecuador. *Revista General de Derecho Público Comparado,* n. 9, p. 1-44, 2011.

DA SILVA, J. A. Presidencialismo e parlamentarismo no Brasil. *Estudios Doctrinales,* 139. IV Congreso Iberoamericano de Derecho Constitucional, Instituto de Investigaciones Jurídicas, UNAM México, 1992. p. 643-675.

DE CABO, A. Los mecanismos de democracia participativa en el nuevo constitucionalismo latinoamericano. *Revista General de Derecho Público Comparado,* n. 9, p. 1-40, 2011.

DOMINGO, P.; SIEDER, R. *Rule of Law in Latin America.* Londres: Institute of Latin American Studies, 2001.

EATON, K. Parliamentarism versus Presidentialism in the Policy Arena. *Comparative Politics*, p. 355-376, 2000.

ELKINS, Z.; GINSBURG, T.; MELTON, J. *The Comparative Constitutions Project: A Cross-National Historical Database of Written Constitutions*. 2010. Disponível em: <http://www.comparativeconstitutionsproject.org/data.htm>. Acesso em: 21 abr. 2016.

ETCHEMENDY, S. Models of Economic Liberalization: Business, Workers, and Compensation in Latin America, Spain, and Portugal. Cambridge: Cambridge University Press, 2011.

ETCHMENDY, S. Las contradicciones del progresismo liberal. *Le Monde Diplomatique*, Buenos Aires, n. 154, abr. 2012. Disponível em: <http://www.eldiplo.org/154-el-subsuelo-en-disputa/las-contradicciones-del-progresismo-liberal?token=&nID=1>. Acesso em: 21 abr. 2012.

GARGARELLA R.; FILIPPINI L.; CAVANA, A. *Recientes reformas constitucionales en América Latina*. Report UNDP, 2011.

GLOPPEN, S.; WILSON, B. *et al. Courts and Power in Latin America and Africa*. Londres: Palgrave, 2010.

HAMILTON, Alexander *et al. The federalist papers*. Oxford University Press, 2008.

HARTLYN, J. Commentary: Constitutional Structure in Latin America. *Texas Law Review*, v. 89, n. 7, p. 1977-1983, 2011.

HARTLYN, J.; LUNA, J. P. *Constitutional Reform in Latin America*: Intentions and Outcomes. Trabalho apresentado no LASA Congress, Montreal, Canadá, 2007.

LIMONGI, F. O Poder Executivo na Constituição de 1988. In: OLIVEN, R. *et al.* (Org.) *A Constituição de 1988*. São Paulo: Hucitec, 2008. p. 23-56.

LINZ, J.; STEPAN, A. *The Breakdown of Democratic Regimes*. Baltimore: The Johns Hopkins University Press, 1978.

LINZ, J.; VALENZUELA, A. *The Failure of Presidential Democracy*. Baltimore: The Johns Hopkins University Press, 1994.

MARTÍNEZ DALMAU, R. Heterodoxia y dificultades en el proceso constituyente boliviano, 2006-2009. In: ORTÍZ JIMÉNEZ, W. *et al. Refundación del Estado Nacional. Procesos constituyentes y populares en América Latina*. Medellín: Universidad Nacional de Colombia: Universidad de Nariño, 2009. p. 85-105.

MOLINA, G. *Las ideas socialistas en Colombia*. Bogotá: Tercer Mundo, 1987.

NEGRETTO, G. Paradojas de la Reforma Constitucional en América Latina. *Journal of Democracy en Español*, v. 1, n.1, 2009.

NEGRETTO, G. La reforma política en América Latina. *Desarrollo Económico*, v. 198, 2011.

NEGRETTO, G. Shifting Constitutional Designs in Latin America: A Two-Level Explanation. *Texas Law Journal*, v. 89, n. 7, p. 1777-1806, 2011b.

NINO, C. (Ed.) *Presidencialismo vs. Parlamentarismo*. Buenos Aires: Consejo para la Consolidación de la Democracia, 1987.

NINO, C. *Fundamentos de derecho constitucional*. Buenos Aires: Astrea, 1992.

NINO, C. Qué reforma constitucional?. *Propuesta y Control,* v. 21, p. 37-59, 1992b.

O'DONNELL, G. Delegative Democracy?. *Journal of Democracy*, v. 5, 1994.

PEIXINHO, M.; GUERRA, I.; FILHO, F. (Eds.) *Os Princípios da Constituição de 1988*. Rio de Janeiro: Lumen Juris, 2006.

PÉREZ LIÑÁN, A. *Juicio político al presidente y nueva inestabilidad política en América Latina*. México: Fondo de Cultura Económica, 2009.

PISARELLO, G. *El nuevo constitucionalismo latinoamericano y la constitución venezolana de 1999: balance de una década*. 2010. Disponível em: <http://www.sinpermiso.info/articulos/ficheros/venezuela.pdf >. Acesso em: 21 abr. 2016.

PISARELLO, G. *Un largo termidor. Historia y crítica del constitucionalismo antidemocrático*. Quito: Corte Constitucional del Ecuador, 2011.

PRILLAMAN, W. *The Judiciary and Democratic Decay in Latin America*. New York: Praeger, 2000.

PRZEWORSKI, A. *et al. PIPE: Political Institutions and Political Events Data Set. Department of Politics*, New York University, 2011.

RIGGS, F. El presidencialismo en los Estados Unidos. In: NINO, C. (Ed.) *Presidencialismo vs. Parlamentarismo*. Buenos Aires: Consejo para la Consolidación de la Democracia, 1987.

SALAZAR, P. Camino a la democracia constitucional en México. *Revista Isonomía*, México, 2012 (en prensa).

SALTALAMACCHIA, N.; COVARRUBIAS, A. La dimensión internacional de la reforma de derechos humanos. Antecedentes históricos. In: CARBONELL, M., SALAZAR, P. (Coords.) *La reforma constitucional de derechos humanos. Un nuevo paradigma*. México: Universidad Nacional Autónoma de México, 2011.

SAMUELS, D.; EATON, K. *Presidentialism And, Or, and Versus Parliamentarism: The State of the Literature and an Agenda for Future Research.* Paper presentado en la Conference on Consequences of Political Institutions in Democracy, Duke University, Abril 2002.

SHUGART, M.; CAREY, J. *Presidents and Assemblies, Constitutional Design and Electoral Dynamics.* Cambridge: Cambridge University Press, 1992.

SHUGART, M.; MAINWARING, S. Presidentialism and Democracy in Latin America: Rethinking the Terms of the Debate. In: SHUGART, M.; MAINWARING, S. (Eds.) *Presidentialism and Democracy in Latin America.* Cambridge: Cambridge University Press, 1997.

SIEDER, R. Renegotiating Law and Order: Judicial Reform and Citizens Responses in Post-war Guatemala. In: GLOPPEN, Siri; GARGARELLA, Roberto; SKAAR, Elin. *Democratization and the Judiciary. The aswerability function of courts in new democracies.* London, Portland: Frank Cass, 2004. p. 137-160.

SIERRA, L. Supermajority Legislative Requirements and the Constitutional Court in Chile. Working Paper, SELA, Mexico, 2012.

SIKKINK, K. *The Justice Cascade. How Human Rights Prosecutions are Changing World Politics.* New York: Norton & Company, 2012.

SOBREVILLA, D. Introducción. In: ____. (Ed.) *Manuel González Prada. Textos Esenciales.* Lima: Fondo Editorial del Congreso del Perú, 2009.

SVAMPA, M. La Sociedad Excluyente. La Argentina Bajo el Signo del Neoliberalismo. Madrid: Taurus, 2005.

SVAMPA, M. *Cambio de época. Movimientos sociales y poder político.* Buenos Aires: Siglo XXI, 2008.

SVAMPA, M.; STEFANONI, P.; FORNILLO, B. *Debatir Bolivia. Perspectivas de un proyecto de descolonización.* Montevideo: Taurus, 2010.

UNGER, R. El sistema de gobierno que le conviene a Brasil. In: ____. *Presidencialismo vs. Parlamentarismo.* Buenos Aires: Consejo para la Consolidación de la Democracia, 1987.

UPRIMNY, R. The Recent Transformation of Constitutional Law in Latin America: Trends and Challenges. *Texas Law Review*, v. 89, n. 7, p. 1587-1610, 2011.

VICIANO PASTOR, R.; MARTÍNEZ DALMAU, R. El nuevo constitucionalismo latinoamericano: fundamentos para una construcción doctrinal. *Revista General de Derecho Público Comparado*, n. 9, p. 1-24, 2011.

VILHENA VIEIRA, O. *Direitos fundamentais.* São Paulo: Malheiros, 2006.

O constitucionalismo democrático latino-americano em perspectiva histórica

Aurea Mota[1]

A América Latina contemporânea passa por um processo tão marcante de redefinição dos princípios que devem preponderar nas Constituições de seus países que só se compara a outros dois momentos prévios de sua história: a fundação dos estados independentes na região durante o século XIX e a promulgação de novas Constituições que incluíram os direitos coletivos relacionados ao mundo do trabalho e que incorporaram a ideia de "função social" durante a primeira metade do século XX. Esses momentos compõem a chave histórica que dá o tom principal da análise que propomos neste capítulo. Nosso argumento sociológico-histórico versa sobre o processo de transformação da proposta constitucional em desenvolvimento no subcontinente. Argumentamos que o constitucionalismo liberal implementado no século XIX na América tem passado por um processo de atenuação de seu conteúdo moral, social e político guiado por dois movimentos principais: o processo de legitimação dos estados e a transformação das categorias de pessoas admitidas como sujeitos.

As primeiras Cartas Magnas implementadas na América Latina no século XIX demonstravam que o "dever ser" do Estado – que é a razão que justifica e tenta legitimar a ordem (Heller, 1983) – naquele momento estava mais centrado em uma necessidade de se criarem estruturas sólidas para o funcionamento dessa instituição do que na forma de garantir que ela estivesse em sintonia com o objeto legislado, qual seja, a sociedade nacional também forjada naquele período. Ao contrário desse impulso inicial, os processos de reformas constitucionais do final do século XX e a incorporação dos direitos dos trabalhadores na primeira metade desse mesmo século trazem para o debate uma nova compreensão da forma como as Constituições e o Estado devem ser percebidos. Nessa nova

[1] A pesquisa que conduziu a este artigo recebeu apoio do Conselho Europeu de Pesquisa no marco do Sétimo Programa Estrutural da União Europeia (FP7/2007-2013 – ERC, acordo de bolsa número 249438 TRAMOD).

configuração, para além de garantir uma estrutura sólida para o funcionamento do Estado, existe um movimento em prol da sua legitimidade.

As reformas e as "refundações" em curso na América Latina contemporânea podem ser analisadas à luz desse processo que chamamos de atenuação do liberalismo constitucional (Mota, 2012). Com essa ideia sustentamos que, por um lado, as mudanças levadas a cabo historicamente na região demonstram a capacidade da proposta liberal de abarcar demandas que não fazem parte de sua proposta original, mas que, nem por isso, chegam a atingir a sua estrutura vertebral. O que explicaria tal processo seria, por um lado, o que, inspirados no trabalho de Mauss (1985), chamamos de transformação da noção de pessoa, que se reflete na percepção jurídica de quem (ou o que) deve ser o signatário da estrutura de direitos. E, por outro lado, esse processo de atenuação, que tem acontecido principalmente devido às pressões sociais de grupos excluídos tem, também, deixado os Estados mais legítimos e democráticos.

O aspecto mais importante que nos permite falar de atenuação e não substituição do modelo liberal e sua corporificação nos estados da região seria a persistência de uma forte hierarquia e impermeabilidade de algumas esferas que são vitais para a preservação do modelo, quais sejam: o Exército, a economia e, também, o Judiciário. Na América Latina, como em outros lugares onde o liberalismo foi implementado em suas Constituições, observamos que essa impermeabilidade também se concretizou de outros modos. Eles ocorreram através de uma maior valorização de uma visão abstrata e universal das pessoas individuais dentro da estrutura direitos/deveres. De uma divisão de poderes que visa, ademais, oferecer a imagem de equilíbrio e controle entre as estruturas constituídas para assegurar a proteção dos direitos naturais inalienáveis desses indivíduos. E, também, de uma importância de se criarem mecanismos que possibilitem a representação política em detrimento do envolvimento direto das pessoas na preservação constante da coisa pública (Mota, 2009).

O liberalismo se atenua e, paralelamente, tem alterado a discussão sobre o tipo de democracia que é possível ser consolidada. A retomada de um debate sobre a "qualidade" da democracia que nem durante os anos esperançosos da chamada "transição democrática" ocorreu com tamanha intensidade e de maneira tão disseminada por todo o subcontinente corrobora essa ideia de que o processo de atenuação do liberalismo está relacionado com movimentos que indicam uma mudança no "dever ser" do Estado rumo à sua legitimação social (Avritzer; Costa, 2004; Yashar, 1997, 2005; Santos, 2010).

Podemos dizer que essa perspectiva crítica logrou incorporar ao debate político a ideia de que a construção democrática tinha movimento e dinâmica que demandava um debate sobre formas de "autodeterminação política da comunidade" (Avritzer, 1996, p. 47). Isso se deu, em parte, devido ao fato de que as sociedades passaram a redefinir como as relações com os Estados se dariam. Por esse motivo, questionamos as explicações sobre as mudanças constitucionais contemporâneas observadas na América Latina como se fosse uma resposta ao movimento de uma avalanche externa causada, por exemplo, pela Convenção 169 da Organização Internacional do Trabalho (OIT), como no trabalho de Curtis (2009). Argumentamos que é como resposta às pressões sociais que estão relacionadas com a forma como a história dos países da região foi traçada que encontramos as explicações mais pujantes para entender os processos de democratização das Constituições na América Latina e de legitimação dos Estados.

Contemporaneamente, emergem práticas que podem ser englobadas como pertencentes ao chamado "constitucionalismo democrático latino-americano", que tem como uma de suas marcas a adoção de direitos coletivos dos povos indígenas e afrodescendentes, para além de formas de se trabalhar com a questão do direito à autodeterminação dos povos. Propostas variadas emergiram nesse contexto. Movimentos reformistas que incidiram sobre as Constituições de diversos países latino-americanos (ver Quadro 1) e também os processos de "refundação" de alguns Estados (Bolívia e Equador) têm recebido atenção especial e ganhado mais relevo nos debates acadêmicos. Discussões que tentam ressaltar os aspectos mais normativos e críticos do processo têm se consolidado em torno das reflexões sobre o "constitucionalismo democrático" (Avritzer, 2011). Mas, também, caracterizações com outra semântica, que ressaltam mais a dimensão plural e cultural do fenômeno, como o "constitucionalismo multicultural" (Van Cott *apud* Walsh, 2002) e "intercultural" (Walsh, 2002) também aparecem nesse cenário.

Os elementos de continuidade desse momento contemporâneo são menos ressaltados do que os aspectos "revolucionários" e de ruptura – como nos trabalhos de Sieder (2002); Walsh (2002); Santos (2007, 2010); Prada Alcoreza (2008). Esses estudos têm se mostrado extremamente fecundos por apresentarem contribuições para a discussão sobre os impactos que os movimentos de grupos sociais específicos têm logrado sobre as instituições políticas na América Latina contemporânea. Ademais, eles demonstram que a democracia não é um fenômeno cujas práticas se resumem a uma suposta invenção helenocêntrica (Dussel, 2007) e que novos experimentos de "demodiversidade" (Santos, 2007) encontrados na região ampliam o escopo democrático e demonstram que o processo de legitimidade do Estado não pode ser reduzido à discussão sobre procedimentos de escolha e organização burocrática. Contudo, salvaguardando a riqueza e a importância do debate que esses estudos trouxeram, enfocando de maneira muito frutífera a relação entre a concessão de novos tipos de direito e a possibilidade de reposicionamento positivo de grupos tradicionalmente excluídos na sociedade e o fortalecimento da democracia, observamos que eles acabam ficando presos ao momento específico, sem fazer uma reflexão histórica sobre como as mudanças podem estar relacionadas a movimentos prévios. E é justamente nesse sentido que pretendemos oferecer alguma contribuição.

O liberalismo constitucional moderno e processos históricos da América Latina do século XIX

Para Taylor (1997), o que há de mais específico na modernidade é que neste momento, mais do que em qualquer outro, o princípio da atribuição do respeito aos seres humanos adquiriu uma objetivação em forma de direitos que não encontra precedente na história. A proeminência do campo do direito apontada por Taylor é também ressaltada na análise de Domingues (2002), que coloca o direito e a justiça como elementos centrais para pensarmos nos pilares do imaginário e das instituições modernas. Dentro do modelo liberal constitucional, foi por meio da afirmação de uma determinada noção de pessoa individual autocentrada que essa objetivação se processou.

Apesar dos termos fortemente positivistas, na obra *En pos de la quimera: reflexiones sobre el experimento constitucional atlántico*, de Aguilar Rivera (2000), encontramos uma análise instigante sobre o que o momento das independências latino-americanas poderia ter representado para a concretização desse momento de ruptura e a formação do constitucionalismo moderno, com seus conteúdos morais e éticos. Para o autor, a América Latina do século XIX teria desempenhado um papel fundamental na definição dos contornos que o liberalismo constitucional assumiu nas sociedades modernas. Segundo Aguilar Rivera (2000), o continente teria sido servido como uma espécie de "laboratório" que ajudou a "testar" a capacidade de vigência do liberalismo, pois as reformas liberais ocidentais que ocorreram entre os séculos XVIII e XIX necessitavam de uma espécie de "campo" no qual as inovações propostas pudessem ser aplicadas. A "América Latina representa el gran experimento constitucional posrevolucionario", contudo, "[...] rara vez se reflexiona sobre su importancia para la teoría liberal" (Aguilar Rivera, 2000, p. 24). E, portanto, para a própria efetivação de uma ideia de Estado de Direito.

É bem aceita a tese de que a matriz liberal constitucional chegou à América Latina por meio da incorporação do modelo implementado na Espanha de Cádiz em 1812 (Safford, 2001). O que também vale para o Brasil, pois, como Bonavides (2000, p. 158) aponta, "[...] o constitucionalismo brasileiro não tem um ponto de partida autônomo. [...]". Suas origens podem ser encontradas nos tensos processos constitucionais peninsulares do princípio do século XIX. Os debates constitucionais em Portugal não foram resolvidos facilmente (Slemian; Pimenta, 2003). E teria sido, inclusive, a não aceitação da posição periférica que o Brasil ocupava no pacto constitucional peninsular de 1821 que seria uma das principais raízes dos processos políticos que levou ao rompimento da Corte e à Independência do país. Aqueles que defendiam a independência brasileira promoviam, igualmente, o advento de uma ordem constitucional que atendesse de maneira mais clara aos interesses de liberalização do Reino do Brasil (Slemian; Pimenta, 2003, p. 97).

O que guiou a adoção da matriz de Cádiz na Espanha e, também, em Portugal foi uma tentativa de introduzir os ideais liberais anglo-franceses na política, que é o mesmo fator que baseou a adoção desse modelo pela maioria dos países recém-emancipados da América Latina. Nessa parte do mundo, o modelo constitucional que travou disputa com a predominante matriz anglo-francesa foi o napoleônico-bolivariano. Simón Bolívar (1783-1830) demonstrava uma desconfiança muito grande em relação à matriz liberal-republicana por acreditar que ela dependia de virtudes que não estavam plenamente desenvolvidas em solo latino-americano. Para ele, uma matriz monárquica adaptada às idiossincrasias locais era a mais viável. Pois, para Bolívar, a saída constitucional para o continente deveria ser "[...] não a melhor, mas a que seja mais viável. [...] uma grande monarquia não será fácil consolidar, uma grande república, impossível" (Belloto; Martinez Corrêa, 1983, p. 86-88). Suas ideias estavam baseadas na ausência do que ele considerava um aprendizado político fundamental, pois, ao comparar a forma como o colonialismo se deu na América do Sul com o que teria acontecido no norte do continente, Bolívar afirma que, "Se nos vejaba con una conducta que además de privarnos de los derechos que nos correspondían, nos dejaba en una especie de infancia permanente con respecto a las transacciones públicas" (Bolívar, 2007, p. 14-15). Nessa passagem, extraída da primeira das duas "Cartas de Jamaica" de 1815, o autor também deixa claro que um sistema misto de monarquia e república poderia ser melhor para a região, não devido à inaptidão dos povos latino-americanos para o exercício da "liberdade ativa" (Bolívar, 2007), mas pela forma como o sistema político colonial tinha sido levado a cabo na região. Ao contrário de análises mais conversadoras, como a do liberal mexicano do princípio do século XIX José María Luis Mora (1794-1850), não se tratava de um problema estrutural, mas de consequências de atos históricos que poderiam ser remediados com o exercício do poder autônomo e contínuo.

Embora o modelo napoleônico-bolivariano admitisse de forma mais explícita as "limitações" locais para a consolidação do modelo ideal de organização social predominante no período, ele também não colocou o tema da pluralidade cultural, ética e a dimensão do conflito social em discussão. Sua característica pode ser vista como fruto de uma das obsessões da filosofia política dos séculos XVIII e XIX, que, extremamente centrada na questão da ordem, deixou de lado a dimensão dos conflitos como constitutivos da vida social (Honneth, 2007). Alguns poucos países optaram pelo modelo bolivariano nas suas Cartas Constitucionais do princípio do século XIX, como na atual Bolívia e no Peru, mas, mesmo nesses casos, aos poucos a matriz liberal foi sendo incorporada.[2] Embora outras formas possíveis de vida tenham sido descobertas com a expansão europeia, não existiu uma incorporação da ideia de que estas formas de vida também estivessem assentadas sobre modelos organizativos igualmente válidos (Anderson, 1989).[3]

A crença mais disseminada no século XIX era de que o liberalismo se constituía enquanto um modelo que havia se "impermeabilizado" contra erros. Para Mora (1837), por exemplo, esse formato que havia se objetivado em termos constitucionais não padecia de problemas internos relacionados a seus princípios teóricos-morais. Porém, ao contrário do que de Mora (1837)

[2] Segundo Safford (2001), a matriz de Cádiz é visível nas Cartas Constitucionais da Gran Colombia (1821), Nova Granada (1830; 1832), Venezuela (1830), Peru (1823 e 1828), Argentina (1826), Chile (1828) e Uruguai (1830). Somente na Bolívia e no Peru em 1826 o modelo bolivariano foi implementado, porém nos dois países a sua duração foi bem curta.

[3] Inclusive, se pensarmos na tese emancipatória de Marx, ela foi baseada na construção da ideia de que somente uma forma de coletividade teria sido subjugada historicamente e que, por isso, seria o portador legítimo das chaves que abririam a porta para a realização das promessas de liberdade humana (MARX; ENGELS, 2008). Coube a Mariátegui (2008) abrir pela primeira vez o esquema marxista para o "indigenismo" agregando outra dimensão para pensar na maneira como coletividades são incluídas e excluídas no mundo moderno. Refletindo sobre o problema em termos de consolidação constitucional e democrática, talvez pudéssemos dizer que passamos de um momento no qual a ideia-chave da luta de classes de que "sem burgueses não há democracia" (MOORE JR., 1975, p. 483) para um momento no qual sem pensar nas categorias de pessoas através das quais sujeitos concretos são incluídos e excluídos, os projetos sociais-emancipatórios ficam capengues de sentido.

acreditava, estamos de acordo com Nicolocapoulos (2008) quando ela nos diz que uma contradição fundamental do liberalismo é que ele exige uma grande valorização do individualismo autocontido moderno de maneira justaposta a uma afirmação de virtudes coletivas, "pré-modernas", que, na maioria dos casos, chocam-se com valores centrados na afirmação do poder dos átomos sociais de serem autossuficientes. Na mesma direção, para Aguilar Rivera (2000, p. 22), na construção dessa matriz prevaleceu a ideia de que "[...] todos los hombres son creados iguales y que, por lo tanto, tienen el poder racional para gobernarse a sí mismos, individual y colectivamente", porém, a definição de quais seriam as "configurações" (Taylor, 1997) que dariam conteúdo ao movimento desses átomos acabou sendo resolvida por uma via que não dialogava com as práticas sociais concretas das pessoas envolvidas.

Assim, na América Latina do século XIX e também em outras realidades em que o modelo liberal foi implementado, podemos dizer que a preocupação inicial das primeiras Cartas Constitucionais pode ser resumida pela tendência de que os Estados independentes lograssem ser estáveis e autônomos. Assim, para que tal projeto fosse possível, a proposta de atomização dos indivíduos, da homogeneização social e da necessidade de se fundar uma só nação que dirimiria toda a diversidade social existente foi sendo processada em todas as nações recém-criadas. Nesse processo, o monismo jurídico liberal (Taylor, 1994) e suas formas de objetivação institucional deram o tom do processo. Porém, mesmo no momento que poderíamos considerar da formação ortodoxa – ainda que quiméricas – das instituições liberais no século XIX, o liberalismo nunca conseguiu se consolidar em estado puro como "pensamento único" (Touraine, 1989) que resolveria os problemas da criação da formação de tipos de solidariedade social modernas. As diversas "revoltas" que ocorreram durante todo o período em toda a América Latina seriam prova disso.

O experimento constitucional latino-americano do século XIX pode ser lido como um processo que marcou decisivamente as possibilidades de construção de um Estado liberal que nascia na Europa, e também nos Estados Unidos, no mesmo período. As duas formas principais de atenuação da proposta liberal no mundo moderno, como desenvolvemos neste capítulo, também tiveram a América Latina ocupando lugar central. Assim, na nossa proposta, da mesma maneira que o "experimento constitucional atlântico" (Aguilar Rivera, 2000) do princípio do século XIX, a concomitância da forma, do tempo e do conteúdo das reformas das Constituições que incorporaram diferentes noções de pessoa como sendo moralmente legítimas processadas ao longo do século XX na América Latina não aconteceu de forma fortuita.

Na hipótese aqui construída, situamos o debate sobre os direitos coletivos do trabalho e as chamadas "reformas multiculturais" do final do século XX, que seriam as duas formas principais de atenuação do liberalismo nesse período, dentro de uma mesma matriz que pode nos ajudar a analisar as transformações que nos permitem falar do fortalecimento de um "constitucionalismo democrático" contemporâneo (Avritzer, 2011; Souza Filho, 2003; Viciano Pastor *et al.*, 2005). Com base nas transformações que vão ocorrer devido às pressões sociais que demonstram que "noções de pessoa" não restritas à individual liberal, as Constituições mudaram de maneira substantiva na América Latina nesses momentos-chave – no princípio do e no final do século XX. Nesse processo, observamos uma *démarche* que transmite a imagem de que os Estados latino-americanos também estariam se tornando mais legítimos.

Noção de pessoa, o liberalismo e processos de atenuação na América Latina

O processo de construção de uma ideia moderna de indivíduo (Taylor, 1997; Giddens, 2002) encontrou expressão máxima na efetivação do projeto liberal moderno. Uma noção individual de pessoa foi santificada na modernidade e assumida como um dado inquebrantável (Taylor, 1997; Durkheim, 1912 *apud* Collins, 1985). Mauss (1985) realizou o que pode ser considerado uma antropologia histórica sobre como a noção de pessoa foi construída diferentemente em distintos tempos e sociedades. Na sua análise, a "noção individual" de pessoa pode ter sido originada na Roma Antiga, na qual os "personagens", ou o papel desempenhado pelos indivíduos na cena pública, tornou-se signatário do sistema de direitos e deveres. Essa mesma noção foi, posteriormente, acompanhada pela atribuição cristã de consciência humana, para, nos tempos modernos, através da sustentação de uma ideia de "identidade cívica", tornar-se o elemento básico de fundamentação de instituições sociais e políticas (Mauss, 1985). Para Durkheim e Mauss, "[...] o caráter sagrado da pessoa, com seus direitos e deveres, tornou-se a religião dos tempos modernos, uma religião na qual o homem é, ao mesmo tempo, tanto o crente quanto Deus" (Collins, 1985, p. 63, tradução nossa).

No texto *Reflexions sur les Constitutions et les Garanties dans une Monarchie Constitutionnelle* (1814), de Benjamin Constant, que pode ser considerado um dos principais documentos para se pensar no processo de objetivação da pessoa individual no modelo liberal constitucional, observamos uma proclamação da necessidade de se manterem garantias individuais para que uma condição de liberdade diferenciada fosse possível. Posteriormente, em 1819, quando Constant publica o seu *De La Liberté des Anciens Comparée à celle des Modernes*, o autor proclamará as virtudes da liberdade moderna dos indivíduos em relação ao Estado contra a liberdade dos antigos, que era uma liberdade no Estado (Constant, 1985). Na forma de liberdade exercida pelos antigos, diz o autor, "todas as ações privadas estão sujeitas à severa vigilância" (Constant, 1985, p. 11). Estas duas noções de liberdade discutidas pelo autor – a dos antigos (dentro da coletividade, soberana em termos políticos, porém limitada ao garantir que o indivíduo pudesse agir privada e autonomamente) e a dos modernos (baseada no comércio, na liberdade de autodeterminação individual, na garantia dos direitos políticos e da presença "leve" do Estado) – influenciaram profundamente a orientação e a fundamentação dos princípios políticos liberais constitucionais.[4]

Apesar de o Brasil ter sido o único país que instaurou uma monarquia não republicana no momento pós-independência na América Latina, mais do que esse país e sua Constituição de 1824, a Constituição mexicana do mesmo ano pode ser considerada uma exceção no quadro geral regional. O espírito de liberdade moderna aliado ao federalismo foi implementado nesse documento de uma forma sem igual no subcontinente (Mota, 2012). As fortes tendências republicanas anticentralistas, federalistas e liberais ganharam corpo na Constituição do México de 1824. Essas tendências foram imiscuídas com outras medidas que podem ser vistas como restritivas da ideia de liberdade do homem, como o impedimento de outros cultos religiosos públicos que não fossem o estatal católico (Rabasa, 2000). Como Rojas (2009) argumenta, seria interessante olhar para a adoção desse "republicanismo cristão" (Schmitt, 2006) como sendo algo que fazia parte de uma tentativa de preservar uma "história sentimental" dos países latino-americanos. Nesse sentido, não é uma contradição nem uma surpresa saber que Túpac Amaru, que foi uma das principais lideranças da *General Sublevación* de (1780-1782), aceitava a imposição da religião católica como sendo algo que não iria contra o projeto de restauração de uma ordem autóctone não colonial (Silles Salinas, 1992).

Ao analisarmos a Constituição mexicana de 1824, percebemos que as pessoas que são incluídas nesse texto são os indivíduos da nação. O termo

[4] Mesmo sob o signo de uma monarquia, a Constituição de 1824 brasileira é alcunhada como "Constituição Benjaminiana" justamente para ressaltar a inspiração do documento e dar mostras dos motivos que estão por trás de sua implementação.

"índios" aparece somente para falar que um órgão do Estado deveria ser responsável por organizar o comércio com as nações estrangeiras e com as tribos indígenas. Para dar um exemplo de como a busca de afirmação de uma categoria de pessoa individual acontecia, no Documento de 1824 o Estado assume a função de premiar e reconhecer as produções individuais que contribuam para a construção de um "país iluminado". A liberdade de imprensa é reafirmada em mais de um momento e a tortura humana é proibida no documento. Para Taylor (1997), Durkheim (1912 *apud* Collins, 1985) e Mauss (1985), essa seria uma marca da modernidade que sacralizou o indivíduo como unidade elementar que pode ser sentida nessa tentativa de afirmação de sua integridade e da eliminação do sofrimento ou dor dessas unidades como meta moral mínima a ser alcançada pelas sociedades (Rorty, 1989).

Embora esses valores liberais estivessem alinhados com uma forma de federalismo na Constituição de 1824, a corrente centralista não tinha desaparecido nesse momento chamado de "designo constitucional" (Marichal, 1978; Rojas, 2009). O movimento centralista conseguiu aglutinar forças e fazer uma temporária transição do federalismo para o centralismo, especialmente nas décadas de 1830 e 1840. As "Leis Constitucionais" de 1836 representam o alcance normativo máximo que os centralistas conseguiram alcançar. Em 1847 uma reforma que retomava o federalismo no México foi realizada e nesse texto é afirmado que a única constituição que havia vigorado no país era a de 1824. Como Rabasa (2000) ressalta, com essas reformas de 1847 eram buscadas a conservação do regime federal e a reafirmação dos valores liberais do princípio do século XIX. Os direitos de reunião, petição e a liberdade de imprensa, todos compreendidos com as promessas de como liberar os indivíduos, atomizados, e fazê-los ter voz e mecanismos institucionalizados para agir contra os abusos do Estado são reafirmados no documento. Dessa forma, o caráter mais geral dessa reforma foi fortificar o federalismo aliado às práticas liberais que ficaram obscurecidas nas Leis de 1836 e não tinham sido apresentadas com a mesma força em 1824.

A promulgação de uma nova Constituição em 1856 deu ainda mais força para o processo de formalização e afirmação da ortodoxia liberal no país. Nesse Documento de 1856, são expostos trinta artigos que afirmam os direitos dos homens e transmitem a ideia de que os direitos concedidos às pessoas individuais são a base das instituições políticas. O caráter patriarcal de concessão da cidadania aos filhos de mexicanos nascidos em outros países vigora desde a Constituição de 1824 e é mantido na Constituição de 1857. Ressaltamos esse aspecto para deixar claro que, embora encontremos no Documento de 1857 uma ampliação substantiva dos critérios de definição de cidadania e da valorização de uma ideia de liberdade individual, sentido, inclusive através da secularização do Estado, devemos sempre contextualizar os momentos. Deixando claro que as demandas que foram se desenvolvendo no decorrer do século XX não podem servir como baliza para avaliação valorativa dos desenvolvimentos pregressos. Os critérios para que os cidadãos possam participar dos processos eleitorais são dois: idade e uma "vida honesta". O último critério visaria a incluir somente os indivíduos que não exerciam nenhum tipo de trabalho "degradante" e "alienante", ou seja, que exercessem atividades "produtivas" e "ilustradas", e que não se envolvessem com atividades contrárias a formação do "bem público".

O processo de concentração de riquezas durante os mais de trinta anos de governo de Porfírio Díaz (1884-1911), que fez reformas à Constituição 1857 para conseguir se manter no poder, será a principal marca do período que ficou conhecido como "Porfirismo". Áreas vitais da economia mexicana, como da extração de hidrocarbonetos e produtos petrolíferos em geral, estavam sendo controladas por uma minoria absoluta que tinha apoio no governo central para a perseguição de seus interesses (Silva Herzog, 1960). Ademais, uma das explicações para a Revolução Mexicana que começou em 1910 e que só terminou quando da proclamação de uma nova Constituição em 1917 foi o processo de expropriação de terras das comunidades indígenas e camponesas. Foi designado nesse período que a posse de territórios só poderia ocorrer de maneira privada. Isso faz dos povos indígenas um grupo ainda mais vulnerável, pois não sabiam o que significava ter uma propriedade "privadamente" (Souza Filho, 2003). O resultado imediato de tal política foi que as populações originárias ficaram sem o direito ao uso e fruto de seus territórios e o processo que levou a uma concentração de terras incomum. Estima-se que em meados de 1910 menos de 1% das famílias controlava, aproximadamente, 85% das terras cultiváveis do país (Silva Herzog, 1960). É nesse contexto que uma mudança sem precedentes acontecerá na história mexicana e, também, mundial. Estamos falando do que seria a primeira forma disseminada de atenuação do liberalismo constitucional.

Essa forma de atenuação do liberalismo se dará, sobretudo, pela via da inclusão da "questão de classe" e da ideia de "função social", que passará a fazer parte da caracterização do Estado, e a Constituição mexicana de 1917, nesse caso, é exemplar. Esse documento está na vanguarda de um processo que pode ser observado na grande maioria dos países do Ocidente moderno, a saber, a inclusão dos chamados "direitos coletivos" relacionados ao mundo do trabalho. No nosso argumento, poderíamos dizer que é a primeira vez que uma nova categoria de pessoa, mais substancializada do que a presente no modelo individual ortodoxo liberal do século XIX, será admitida como moralmente válida e que conduzirá a formas específicas de transformação do modelo vigente.

O liberalismo que prevalecia nas Constituições mexicanas até aquele momento sofreu uma forma de atenuação que se manifestou de diversas maneiras, sobretudo, pela (a) limitação ao empreendedorismo individual, através, por exemplo, de uma nacionalização expressiva dos bens considerados nacionais; (b) introdução da reforma agrária e do direito dos povos camponeses tradicionais (indígenas) ao uso e fruto das terras que ocupavam originalmente; (c) introdução de direitos menos sexistas que, mesmo de forma incipiente, tentavam afirmar positivamente o lugar da mulher na sociedade; (d) introdução dos direitos sociais e do trabalho, entre outros (Mota, 2012).

Para Vianna (1978, p. 21), nesse momento ocorreu um "Corte Institucional" que demonstra uma "ruptura" do liberalismo e que foi caracterizado, sobretudo, por uma descentralização do "liberalismo da perspectiva mercantil". Com a introdução do direito do trabalho, uma ruptura com a forma mais ortodoxa de liberalismo teria ocorrido. O Estado passou a ser o principal agente interventor das relações sociais ao assumir a imagem de que deveria cumprir "função social" e regular em prol dos menos favorecidos, os conflitos entre capital e trabalho. Assim, foi, principalmente, como resposta às pressões sociais que se tornaram cada vez mais potentes, que a Constituição mexicana de 1917 foi proclamada. Esse documento esteve na vanguarda de um processo mais amplo de reformas que tentou oferecer respostas à crise do liberalismo naquele período que culminou com a introdução dos chamados "direitos de segunda geração", sobretudo relativos ao mundo do trabalho, da previdência, da educação, e com a definição do Estado como sendo um ente que cumpre uma função social. O Estado, a partir daquele momento, passou a ser visto como instituição cujos critérios de legitimidade não poderiam mais ficar restritos à incorporação elitista de determinados grupos.

Nas últimas décadas do século XX e no princípio do século XXI, observamos o processamento de uma nova forma principal de atenuação do liberalismo. No caso latino-americano, e mexicano em particular, os direitos de coletividades específicas passaram a fazer parte das reformas constitucionais que o ocorrem no país nas últimas décadas. Embora uma nova Constituição não tenha sido proclamada, reformas foram feitas na Constituição de 1917 e várias leis foram criadas para garantir que os direitos de participação política ampliada, educação intercultural bilíngue, de reconhecimento dos direitos consuetudinários e coletivos com relação à posse de determinados territórios, de autodeterminação dos povos, autogoverno, etc. caminhassem rumo à concretização de práticas sociais diferenciadas. Na reforma que aconteceu em 2011, por exemplo, observamos que os direitos humanos passaram a figurar no primeiro capítulo da Constituição. Originalmente, o título desse capítulo era "De las Garantías Individuales". Com a reforma, a redação passou a ser "De los Derechos Humanos y sus Garantías". Novamente na história, essas reformas podem ser vistas como respostas às pressões sociais vindas de grupos que não se sentiam plenamente reconhecidos dentro do modelo vigente.

A introdução dos direitos coletivos relacionados ao mundo do trabalho teve a Constituição mexicana de 1917 na vanguarda do processo e essa transformação ocorreu ali devido às pressões internas de grupos que continuamente se viam espoliados e excluídos dentro do modelo vigente. Atualmente, as pessoas que se autoidentificam como indígenas e camponesas no México chega a quase 30% da população. As lutas desses grupos por autonomia, pela aceitação da diferença étnica, e a afirmação da nação mexicana enquanto "pluriétnica" culminaram nas várias formas de manifestações no decorrer do século XX. No caso dos Zapatistas de Chiapas, as demandas por autonomia, que não significa negação da existência do Estado, foram proclamadas de maneira ainda mais expressiva (Díaz-Polanco, 1998).

De maneira geral, as transformações constitucionais contemporâneas, que trazem para baila novamente a dimensão da legitimidade estatal e a incorporação das categorias de pessoas "abstraídas" no momento de formação do Estado-nação (Das, 2007; Mills, 1997; Pateman, 1988), assim como havia ocorrido durante o primeiro processo marcante de atenuação do liberalismo, estão ocorrendo devido a pressões por mudanças que vêm *desde abajo* (Klein, 1991; Yashar, 1997, 2005; Lucas, 2006; Viciano Pastor *et al.*, 2005; Mota, 2009, 2012; Santos, 2010). Embora os convênios, convenções internacionais e trocas de experiências institucionais sejam importantes para pensar na concomitância de alguns processos, podemos dizer que seriam as lutas de "pessoas" não plenamente incluídas que têm dado o tom da transformação.

O México ratificou o convênio 169 da OIT em 1989 e, desde 1992, reconhece que a nação é "pluricultural". Embora a ratificação dessa convenção da OIT seja tomada como uma das explicações para pensar no processo de reconhecimento dos direitos coletivos de populações tradicionais (Curtis, 2009), temos motivos suficientes para afirmar que é nas pressões sociais, assim como havia ocorrido com a primeira forma de atenuação do liberalismo no princípio do século XX, que transformações devem ser pensadas. Analisemos o Quadro 1.

Quadro 1 – Incorporação de direitos coletivos dos povos indígenas e/ou afrodescendentes e ratificação da Convenção 169 da OIT na América Latina

País	**Constituições**	**Convenção OIT**
Argentina	1994	2000
Bolívia	**1994, 2009***	**1991**
Brasil	1988	2002
Chile	1993	2008
Colômbia	1991	1991
Costa Rica	Não aconteceu	1993
El Salvador	1992	Não ratificou
Equador	1994, 1998, 2008*	1998
Guatemala	1992	1996
Honduras	Não aconteceu	1995
México	**1992, 2001**	**1990**
Nicarágua	1986	2010
Panamá	1971	Não ratificou
Paraguai	1992	1993
Peru	1993	1994
República Dominicana	Não aconteceu	2002
Venezuela	1999	2002

Fonte: elaboração da autora.
* A Bolívia e o Equador são países que passaram, primeiramente, por reformas que incluíram alguns direitos coletivos dos grupos analisados, mas, posteriormente, proclamaram novas Constituições que almejavam refundar o Estado.

Via de regra, a ratificação da Convenção 169 da OIT ocorreu posteriormente às reformas que incluíram direitos coletivos das comunidades indígenas e/ou afrodescendentes. Dos 17 países que incorporam direitos coletivos indígenas nas Constituições e/ou assinaram a Convenção 169 da OIT: doze reformaram e/ou promulgaram novas Constituições incorporando direitos coletivos indígenas e/ou afrodescendentes e assinaram a Convenção 169 da OIT; três assinaram a Convenção 169, mas não incorporaram os direitos nas Constituições; dois fizeram reformas às suas Constituições, mas não assinaram a Convenção. E, o que é mais importante, somente no caso boliviano e mexicano a Convenção 169 foi assinada antes da incorporação constitucional dos direitos dessas coletividades na Colômbia os dois processos ocorreram no mesmo ano. E, mesmo nesses casos, não é possível fazer uma relação entre assinatura da convenção vinculante e as reformas processadas, pois, com as pressões sociais exercidas internamente, em especial pelos grupos indígenas que compõem esses países, a assinatura é datada muito anteriormente à criação do convênio.

No processo de atenuação do liberalismo e legitimação do Estado que observamos na América Latina, verificamos que o liberalismo constitucional mostrou-se capaz de metamorfosear-se para admitir noções de outras de pessoas que não estavam presentes no seu arcabouço liberal do século XIX. As formas de atenuação do liberalismo observadas durante o século XX demonstram que, do ponto de vista das práticas sociais existentes, o processo de consolidação do Estado na América Latina nunca pode ser reduzida à afirmação de uma visão liberal única (Touraine, 1989). Tampouco, ao contrário do que Véliz (1984) propõe, não é uma tradição centralista o que mais caracteriza o Estado latino-americano. É o liberalismo que foi se atenuando e, ao mesmo tempo, deixando transparecer uma ideia de Estados mais legítimos e democráticos como demandas sociais. As Constituições proclamadas no subcontinente e as mudanças observadas nesses documentos podem ser lidas como parte dessa dinâmica.

Em conclusão, o constitucionalismo democrático latino-americano pode ser lido pela dimensão do "resgate" daquilo que foi negligenciado na formação das primeiras Cartas Constitucionais do subcontinente, quando um movimento de construção de Estados sólidos e duráveis se deu à custa de uma reflexão sobre a legitimidade do mesmo. As metamorfoses do liberalismo, que vieram acompanhadas de uma nova concepção no "dever ser" dos Estados, podem ser percebidas em diferentes momentos da história de adaptação desta matriz, tanto na Europa quanto em outras partes do mundo onde ela preponderou (Gurr, 2000; Blokker, 2010). Ao olhar para a história desses processos paralelamente com a própria discussão sobre o Estado na América Latina, floresce a ideia de que não estamos vivendo um processo completamente revolucionário em termos de abandono do passado. Os acontecimentos, quando postos em perspectiva histórica, demonstram que o liberalismo tem se mostrado muito resistente às mudanças. Isso se aplica, inclusive, para a NCPE Boliviana de 2009 cujas mudanças não alteraram de maneira incisiva a ossatura liberal que foi implementada no país (Mota, 2009). As reformas e as refundações colocadas em curso contemporaneamente, embora tenham um impacto social e democrático expressivos, são também provas da vitalidade do liberalismo. Com seus aspectos positivos e negativos. Ao invés de "ruir" (Vianna, 1978), o liberalismo tem conseguido sobreviver, justamente devido às metamorfoses e às adaptações que se mostra apto a conceder em seus pontos e seus extremos.

Assim, concluindo, podemos dizer que o liberalismo constitucional implementado, transformado e sintetizado na América Latina desde o século XIX foi se atenuando no decorrer desses 200 anos desde as independências.

O principal movimento que nos ajuda a entender esse processo estaria nas formas de se perceber a relação entre Estado e sociedade que se manifesta na transformação e ampliação das noções de pessoas que o sistema moral mais amplo é capaz de processar. Só é possível pensar que os Estados latino-americanos conseguiram conquistar estabilidade se diferenciarmos os objetivos e a razão de ser dessa instituição em diferentes momentos; esse seria o caminho mais frutífero para pensarmos no desenvolvimento dessa instituição em tal contexto. Reafirmamos, nesse sentido, que no século XIX a ideia central era fundar instituições políticas autônomas e estáveis, o que refletiu a própria forma de organização política daquele período. Já no decorrer do século XX a ideia de legitimidade dessas estruturas políticas passou a dar o tom dos processos analisados. Pensar nas transformações do Estado na América Latina é pensar no que cada uma dessas características, autonomia e estabilidade, por um lado, e legitimidade e aceitação da pluralidade social, por outro, representaram e ainda representam nesses momentos distintos, em conexão com outras regiões do Ocidente moderno (Mota, 2012). Mesmo que por outras vias, esperamos que este capítulo tenha ajudado a compor o coro daqueles que analisam os "experimentos" constitucionais mais diversificados que acontecem contemporaneamente na América Latina, que tentam abarcar uma pluralidade de noções de pessoa, éticas e morais com suas demandas de reconhecimento específicas, que têm contribuído para a legitimação dos Estados região, pela via democrática, perante grande parte da população tradicionalmente excluída.

Referências

AGUILAR RIVERA, J. A. *En Pos de la Quimera: reflexiones sobre el experimento constitucional atlántico.* Ciudad de México: CIDE/Fondo de Cultura Económica, 2000.

ANDERSON, B. *Nação e consciência nacional.* São Paulo: Ática, 1989.

AVRITZER, L. *A moralidade da democracia: ensaios em teoria habermasiana e teoria democrática.* Belo Horizonte: Ed. da UFMG, 1996.

AVRITZER, L. *A Refundação do Estado na América Latina.* In: Seminário de Pesquisa Constitucionalismo Democrático Latino-Americano, 2011, Manaus. *Anais...* Manaus: Centro Cultural Palácio da Justiça, 2011.

AVRITZER, L.; COSTA, S. Teoria crítica, democracia e esfera pública: concepções e usos na América Latina. *Dados*, Rio de Janeiro, v. 47, n. 4, p. 703-728, 2004.

BELLOTO, L. M.; MARTINEZ CORRÊA, A. M (Org.). *Simón Bolívar: política*. São Paulo: Ática, 1983.

BLOKKER, P. *Multiple Democracies in Europe: Political Culture in New Member States*. Londres: Routledge, 2010.

BOLÍVAR, S. Carta de Jamaica. In: ROZO ACUÑA, E. *La Obra Política y Constitucional de Simón Bolívar*. Madrid: Thecnos, 2007.

BONAVIDES, P. A revolução do direito constitucional no Brasil. *Estudos Avançados*, São Paulo, v. 14, n. 40, set./dez. 2000.

COLLINS, S. Categories, Concepts or Predicaments? Remarks on Mauss's Use of Philosophical Terminology. In: CARRITHERS, M.; COLLINS, S.; LUKAS, S. *The Category of the Person*. Cambridge: Cambridge University Press, 1985.

CONSTANT, B. Da liberdade dos antigos comparada à dos modernos. *Filosofia Política*, Porto Alegre: L&PM, 1985.

CURTIS, C. Anotações sobre a aplicação da Convenção 169 da OIT sobre povos indígenas por tribunais da América Latina. *Sur – Revista Internacional de Direitos Humanos*, São Paulo, v. 6, n. 10, jun. 2009.

DAS, V. *Life and Words: Violence and the Decent into the Ordinary*. Berkeley: University of California Press, 2007.

DÍAZ-POLANCO, H. *La Rebelión Zapatista y la Autonomía*. Ciudad de México: Siglo XXI, 1998.

DOMINGUES, J. M. *Interpretando a Modernidade: imaginário e instituições*. Rio de Janeiro: Ed. da FGV, 2002.

DUSSEL, E. *Política de la Liberación: história mundial y crítica*. Madrid: Trotta, 2007.

GIDDENS, A. *Modernidade e Identidade*. Rio de Janeiro: Zahar, 2002.

GURR, T. R. *People* Versus *States: Minorities At Risk in the New Century*. Washington: United States Institute for Peace, 2000.

HELLER, H. A Teoria do Estado. CARDOSO, F. H., MARTINS, C. E. (Org.). *Política e Sociedade*. 2. ed. São Paulo: Nacional, 1983. v. 1.

HONNETH, A. *Disrespect: the Normative Foundation of Critical Theory*. Cambridge: Polity Press, 2007.

KLEIN, H. S. *Bolívia: do período pré-incaico à independência*. São Paulo: Brasiliense, 1991. (Coleção Tudo é História). v. 137.

LUCAS, E. C. El Etnocentrismo Político-Jurídico y el Estado Multinacional: nuevos desafíos para la democracia en Bolivia. *America Latina Hoy*, Salamanca, v. 43, p. 131-152, 2006.

MARIÁTEGUI, J. C. *Sete ensaios de interpretação da realidade peruana*. São Paulo: Expressão Popular/CLACSO, 2008.

MARICHAL, J. *Cuatro Fases de la Historia Intelectual de Latinoamerica: 1810-1970*. Madrid: Fundación Juan March/Cátedra, 1978.

MARX, K.; ENGELS, F. *Manifesto do Partido Comunista*. São Paulo: Vozes, 2008.

MAUSS, M. A Category of Human Mind: the Notion of Person; the Notion of Self. In: CARRITHERS, M.; COLLINS, S.; LUKAS, S. *The Category of the Person*. Cambridge: Cambridge University Press, 1985.

MILLS, C. W. *The Racial Contract*. Ithaca: Cornwell University Press, 1997.

MOORE JR., B. *As origens sociais da ditadura e da democracia: senhores e camponeses na construção do mundo moderno*. Lisboa: Cosmos, 1975.

MORA, J. M. L. *Obras Sueltas*. Paris: Librería de la Rosa, 1837.

MOTA, A. A nova constituição política do Estado boliviano: antecedentes históricos, conteúdo e proposta analítica. In: DOMINGUES, J. M.; MOTA, A.; SILVA, F. P.; GUIMARÃES, A. S. *A Bolívia no Espelho do Futuro*. Belo Horizonte: Ed. da UFMG, 2009.

MOTA, A. *Sobre Metamorfoses e Transformações: um exercício de sociologia histórica a propósito do liberalismo constitucional atenuado latino-americano*. Rio de Janeiro: UERJ, 2012. Tese (Doutorado em Sociologia e Ciência Política) - Instituto de Estudos Sociais e Políticos, Universidade Estadual do Rio de Janeiro, 2012.

NICOLACOPOULOS, T. *The Radical Critique of Liberalism: in Memory of a Vision*. Melbourne: Re.Press, 2008.

PATEMAN, C. *The Social Contract*. Londres: Polity Press, 1988.

PIMENTA, J. P. *Brasil y las Independencias de Hispanoamérica*. Castelló de la Plana: Univesitat Jaume I, 2007.

PRADA ALCOREZA, R. Análisis de la Nueva Constitución Política del Estado: crítica y emancipación. CLACSO – *Revista Latinoamericana de Ciencias Sociales*, Buenos Aires, año 1, n. 1, 2008.

RABASA, E. O. *Historia de las Constituciones Mexicanas*. Ciudad de México: Universidad Nacional Autónoma de México, 2000.

ROJAS, R. *Las Repúblicas de Aire: utopía y desencanto en la revolución de hispanoamérica*. México, DF: Taurus, 2009.

RORTY, Richard. *Contingency, Irony, and Solidarity*. Cambridge: Cambridge University Press, 1989.

SAFFORD, F. Política, Ideologia e Sociedade na América Espanhola do Pós-Independência. In: BETHELL, L. (Org.) *História da América Latina: da independência até 1870*. São Paulo: Ed. da USP, 2001. v. III.

SANTOS, B. S. La reinvención del Estado y el Estado plurinacinal. OSAL – *Revista del Observatorio Social de América Latina*, año VIII, n. 22, 2007.

SANTOS, B. S. *Refundación del Estado en América Latina: perspectivas desde una epistemología del Sur*. Lima: Instituto Internacional de Derecho y Sociedad, 2010.

SCHMITT, C. *The Nomos of the Earth: in the International Law of the* Jus Publicum Europaeum. Nova York: Telos Press, 2006.

SIEDER, R. (Org.) *Multiculturalism in Latin America: Indigenous Rights, Diversity and Democracy*. Nova York: Palgrave Macmillan, 2002.

SILES SALINAS, J. *La independencia de Bolivia*. Nova York: Palmagrave Macmillan, 1992. (Collección Independencia de Iberoamérica). v. 14.

SILVA HERZOG, J. *Breve historia de la Revolución Mexicana*. Ciudad de México: Fondo de Cultura Económica, 1960.

SLEMIAN, A.; PIMENTA, J. P. G. *O "Nascimento Político" do Brasil: as origens do Estado e da Nação (1808-1825)*. Rio de janeiro: DP&A, 2003.

SOUZA FILHO, C. F. M. Multiculturalismo e Direitos Coletivos. In: SANTOS, B. S. (Org.) *Reconhecer para Libertar: os caminhos do cosmopolitismo multicultural*. Rio de Janeiro: Civilização Brasileira, 2003.

TAYLOR, C. The Politics of Recognition. In: TAYLOR, C. (Org.). *Multiculturalism: Examining the Politics of Recognition*. Princetorn: Princeton University Press, 1994.

TAYLOR, C. *As Fontes do Self: a construção da identidade moderna*. São Paulo: Loyola, 1997.

TOURAINE, A. *América Latina: política y sociedad*. Madrid: Espasa Calpe, 1989.

VÉLIZ, C. *La Tradición Centralista de América Latina*. Barcelona: Ariel, 1984.

VIANNA, L. W. *Liberalismo e sindicato no Brasil*. Rio de Janeiro: Paz e Terra, 1978.

VICIANO PASTOR, R.; TRUJILLO, J. C.; ANDRADE U., S. (Org.) *Estudios sobre la Constitución Ecuatoriana de 1998*. Valencia: Tirant lo Blanch, 2005.

YASHAR, D. *Demanding Democracy: Reform and Reaction in Costa Rica and Guatemala (1870-1950)*. California: Stanford University Press, 1997.

YASHAR, D. *Contesting Citizenship: the Rise of Indigenous Movements and the Postliberal Challenge*. Cambridge: Cambridge University Press, 2005.

WALSH, C. Interculturalidad, reformas constitucionales y pluralismo jurídico. *Yachaykuna, Revista do Instituto Científico de Culturas Indígenas*, Quito, año 4, n. 36, mar. 2002.

Novo constitucionalismo democrático latino-americano: paradigma jurídico emergente em tempos de crise paradigmática

Maria Cristina Vidotte Blanco Tarrega

Vitor Sousa Freitas

O presente artigo visa a analisar a questão da crise paradigmática no direito e pretende responder ao questionamento sobre o potencial dos movimentos de transformações constitucionais recentes na América Latina os quais vêm sendo denominados "novo constitucionalismo democrático latino-americano", caracterizam, no campo jurídico, a ascensão de um novo paradigma, tendo em vista a propalada crise do direito moderno e do constitucionalismo. Parte-se dos estudos de Thomas Kuhn, considerando-se a paulatina recepção daquele conceito no âmbito das ciências sociais e do direito. Busca-se em Boaventura de Sousa Santos uma discussão do direito sob o ponto de vista paradigmático que aponte para a atual crise dos modelos de juridicidade que sustentaram a concepção atual e declinante de direito. A partir dessa discussão, investiga-se o novo constitucionalismo democrático latino-americano, para descrever as características fundamentais do direito constitucional vigente e do direito constitucional ascendente a partir das novas Constituições latino-americanas para verificar se o novo movimento constitucional caracteriza uma mudança paradigmática no direito, tendo em vista uma crise paradigmática societal mais ampla.

Ponto de partida: a filosofia da ciência de Thomas Kuhn, os paradigmas e suas crises

A filosofia e a história das ciências devem ao físico estadunidense Thomas Kuhn (1922-1996) um pensamento crítico do desenvolvimento científico que estabelece a centralidade do conceito de paradigma na explicação do funcionamento do labor científico. Seu conteúdo, ao revelar as influências de fatores socioculturais ocultados pelo positivismo no estabelecimento de modelos comumente utilizados pelos cientistas, bem como a importância de fatores externos na geração de crises agudas nas teorias dominantes, passou a servir de referência não só para o estudo das chamadas *hard sciences* (cuja atribuída exatidão e neutralidade também são colocadas em jogo), mas também para as denominadas ciências humanas. O autor, ademais, realça o protagonismo das ciências humanas e toma seu desenvolvimento como objeto de estudos. A ciência normal, para Kuhn, tende a ver a atividade científica como um processo linear de evolução, que agrega as contribuições anteriores, sem enxergar as novas teorias como revoluções científicas, mas como melhoria das antigas teorias. Para fazer isso, essas antigas teorias são distorcidas, para que se adequem aos padrões da ciência normal atual. A atividade científica não é linear. Ela se desenvolve de forma não cumulativa. Desenvolve-se por rupturas (Kuhn, 1998, p. 173-181).

Uma das constatações de Kuhn que será especialmente relevante neste trabalho é o que se denominou ciência é um fenômeno europeu e seu ponto de partida é possível de ser localizado na história. Para o autor, "a massa dos conhecimentos científicos existentes é um produto europeu, gerado nos últimos quatro séculos", assim como "nenhuma outra civilização ou época manteve essas comunidades muito especiais [de cientistas] das quais provêm a produtividade científica" (Kuhn, 1998, p. 210). Consideramos que a teoria de Kuhn enseja perguntas fundamentais para o estudo da cientificidade do direito, uma vez que a questão ainda não foi totalmente esclarecida nessa área, tendo já mobilizado vários pensadores e muitos anos de trabalho e discussão. Pensamos que, para um estudo mais amplo, a investigação poderia incluir um conjunto inicial de questões, acompanhando de perto a proposta kuhniana: se partirmos do pressuposto de que é possível afirmar a existência de uma ciência jurídica, como essa afirmativa é sustentada? Quem são seus formuladores? Quando e onde surgiu, ou qual o início primitivo do direito como ciência? Como foram formulados e quais os seus cânones? É possível afirmar haver um paradigma dominante no direito? Como se deu sua especialização? Quais suas categorias fundamentais? Como elas interagem entre si? Que questões podem ser legitimamente postas a respeito de tais categorias e que técnicas podem ser empregadas na busca de soluções? Como a ciência jurídica realiza suas operações de limpeza? Como a ciência do direito tem estabelecido seus fatos significativos, como os harmoniza com as teorias existentes e de que forma tem sido articulada a teoria fundante? Podemos identificar no direito um conjunto de crenças e um conjunto de soluções modelares partilhadas? Podemos identificar anomalias em sua história e os meios utilizados para ajustar o paradigma em buscas das respostas a tais anomalias? Entretanto, ainda persiste um conjunto de anomalias para as quais o paradigma existente não dá solução e que demanda troca de instrumentos? Em que medida o paradigma dominante no direito deixou de funcionar adequadamente? Se as anomalias persistem, temos uma teoria ou conjunto de teorias para substituir a teoria dominante existente?

Uma discussão paradigmática sobre o direito: o direito e sua crise

A discussão acima proposta encontra a justificação de sua importância na afirmação de que o direito do século XX desenvolve pretensões científicas já em desenvolvimento desde o século XIX. Boaventura de Sousa Santos chega mesmo a afirmar que "O cientificismo e o estatismo são as principais características do direito moderno" (SANTOS, 2009, p. 141). A modernidade, como paradigma sociologicamente considerado calcado num conjunto de crenças e práticas, representa a ascensão do sujeito racional como centro do pensar, do homem como centro do mundo, que deve se apropriar da natureza em nome do progresso, que utiliza suas certezas científico-matemáticas para criar métodos exatos de apreensão do real, considerando possível explicá-lo com o rigor das *hard sciences* (matemática, física, química, mas essencialmente a primeira). A régua moderna produz igualmente um direito que se pretende universal, geral, abstrato, que contenha em si todos os conteúdos possíveis da vida concreta, aplicando-se a todos os conflitos, exigindo dele controlar a realidade humana, e seus conflitos, valendo-se da força estatal se preciso para garantir seu império. O positivismo jurídico, melhor expressão desse modo de pensar moderno, reflexo do Estado moderno, Estado de Direito, ainda busca se legitimar, mesmo admitindo que hoje se apresente com um pós-positivismo, adicionando às exatas regras os difusos princípios, mas todos direcionados à unidade, à afirmação da completude do sistema jurídico, à legitimação do poder que se impõe e a uma certa forma de ser no mundo que se pretende universal e que não admite a diferença.

Para Boaventura de Sousa Santos (2009) o paradigma da modernidade está assentado em dois pilares fundamentais: o da regulação e o da emancipação, cada um deles constituído por três princípios ou lógicas. O pilar da regulação é constituído pelo princípio do Estado, pelo princípio do mercado e pelo princípio da comunidade, formulados, fundamentalmente, e respectivamente, por Hobbes, Locke e Adam Smith, e também por Rousseau, consistindo na obrigação política vertical entre cidadãos e Estado, na obrigação política horizontal individualista e antagônica entre os parceiros do mercado e na obrigação política horizontal solidária entre membros da comunidade e entre associações. O pilar da emancipação, por sua vez, é constituído pelas três lógicas de racionalidade definidas por Max Weber: racionalidade estético-expressiva das artes e da literatura, racionalidade cognitivo-instrumental da ciência e da tecnologia e racionalidade moral-prática da ética e do direito (Santos, 2009, p. 50). O paradigma da modernidade, portanto, pretende um desenvolvimento harmonioso e recíproco do pilar da regulação e do pilar da emancipação, com a consequência de que esse desenvolvimento se traduza na completa racionalização da vida coletiva e individual. A dupla vinculação entre os dois pilares, e entre eles e a *práxis* social, vai garantir a harmonização de valores sociais potencialmente incompatíveis, tais como justiça e autonomia, solidariedade e identidade, igualdade e liberdade (Santos, 2009, p. 50-51). Entretanto, o desenvolvimento desses dois pilares se deu de forma desigual, resultando na submissão daquele da emancipação àquele da regulação, com a especial subordinação regulatória da racionalidade cognitivo-instrumental da ciência e da tecnologia e a subordinação da racionalidade moral-prática da ética e do direito à racionalidade científica. Os critérios científicos de eficiência e eficácia se tornaram hegemônicos, promovidos pela rápida conversão da ciência em força produtiva, e colonizaram os critérios racionais de outras lógicas emancipatórias. A ciência moderna se converteu numa "instância moral suprema", para além do bem e do mal, e a gestão científica da sociedade é haurido como o critério de valorização da microética individual e do formalismo jurídico. A política, por sua vez, "se transformou num campo social de caráter provisório com soluções insatisfatórias para problemas que só poderiam ser convenientemente resolvidos se fossem convertidos em problemas científicos ou técnicos" (Santos, 2009, p. 51).

Uma das características fundamentais da modernidade, portanto, é a relação de cooperação e circulação de sentido entre a ciência e o direito, sob a égide da ciência. O direito é um *alter ego* da ciência e "a apresentação de afirmações normativas como afirmações científicas e de afirmações científicas como afirmações normativas é um fato endêmico no paradigma da modernidade". A lei enquanto norma é lei enquanto ciência e a ideia de criar uma ordem social assentada na ciência significa uma ordem social onde as determinações do direito sejam resultado das descobertas científicas sobre o comportamento social (Santos, 2009, p. 52-54).

Do ponto de vista filosófico, a dominância do pilar da regulação por meio da ciência encontra sua fundamentação no positivismo, cujos cânones sustentam as bases da ciência e do direito modernos (Santos, 2009, p. 141). A racionalidade jurídica moderna foi igualmente subordinada pelo princípio do Estado, e o direito foi se tornando, ao mesmo tempo, estatal e científico. O direito foi politizado enquanto direito estatal, contribuindo para a reconstrução científica do Estado e para a despolitização desse mesmo Estado, de forma a transformar a dominação política em dominação técnico-jurídica. (Santos, 2009, p. 143). O direito agora exclusivamente estatal e nacional nega juridicidade a ordens jurídicas não estabelecidas dentro desses marcos. Ao lado do princípio do Estado, o direito moderno foi subordinado ao princípio do Mercado, de forma a ajustar os ideais éticos e as promessas políticas às necessidades regulatórias do capitalismo liberal.

O paradigma jurídico está em crise; a modernidade está em crise. Esse modelo, na cotidianidade, não se converteu nas promessas de liberdade, igualdade e fraternidade prometidas pela modernidade e suas pretensões universalistas, racionais instrumentais, que só admite soluções a partir do próprio modelo. Tais pretensões não geraram um universo terreno igualitário, fraterno e livre, mas sim a disseminação da miséria, a assimilação de todos ao universo capitalista, tornando o homem um cidadão que se afirma pelo consumo, deixando-se assim vítimas no meio do caminho. Culturas excêntricas caminham para o desaparecimento, em direção à vala comum das demais culturas já destruídas pela colonização europeia, e, dentro da própria Europa, pelo modo capitalista de vida. A ciência, antes tão exata, que muitas vezes precisa matar o objeto para dissecá-lo e conhecê-lo, armou a humanidade com todos os artefatos possíveis que podem levar à sua própria destruição, ao mesmo tempo em que descobrimos a insignificância humana no universo; a física quântica aponta que as ciências, longe da propalada certeza, trabalham sobre um terreno dominado por juízos de probabilidade, que não levam necessariamente a previsões certas, seguras e exatas.

Se os tempos ora vividos são tempos de crise e de transição, o futuro que se anuncia não é, por certo, previsível, mas as soluções que se buscam construir para a crise já podem prenunciar caminhos por onde podemos nos guiar. Muitas são as nuances da crise da modernidade, enquanto paradigma considerado em sentido amplo. No plano do direito, também diversas têm sido as críticas formuladas ao positivismo enquanto paradigma do direito moderno e as soluções que se apresentam oscilam entre tentativas de rearranjos do paradigma, buscando corrigir excessos e déficits do positivismo, mas mantendo seus cânones, – tal como as teorias principiológicas do direito – e propostas mais ousadas de negação do positivismo-normativismo caracterizadores do direito moderno, que se fazem acompanhar da denúncia do exclusivismo estatal do direito, de seu caráter excludente e da necessidade de reconhecimento de outras formas de juridicidade e de abertura da construção do direito para os povos, de forma a combater seu caráter elitista, burocrático e a serviço de minorias governantes e privilegiadas. A partir da análise acima desenvolvida, passaremos a tratar de uma das experiências políticas que tem desafiado os modelos com os quais o direito vinha se construindo até os tempos de hoje. Essas experiências se fazem acompanhar de perspectivas teóricas igualmente desafiadoras e contestadoras do paradigma moderno do direito. A seguir, buscaremos visualizar até que ponto o novo constitucionalismo latino-americano se mostra com uma experiência típica da transição paradigmática e até que ponto sua construção teórico-político-jurídica aponta para a correção de excessos e déficits ou para a emergência de um novo paradigma no direito, como um novo conjunto de modelos partilhados pelos profissionais do direito no contexto de emergência de um novo paradigma societal, no sentido amplo de superação da modernidade.

A dimensão constitucional do paradigma moderno: o constitucionalismo e sua crise

A crítica acima articulada nos conduz agora à possibilidade de mostrar a presença dos elementos do paradigma moderno do direito no âmbito do direito constitucional. Ao direito moderno corresponde um constitucionalismo moderno, entendido como movimento teórico-doutrinário, como movimento político e como construção normativa. O discurso majoritário presente nos manuais de direito constitucional dão conta de que a essência do constitucionalismo e o problema fundamental do direito constitucional é sempre limitar o Príncipe, controlar o poder, para permitir a liberdade política dos cidadãos e o gozo de seus direitos fundamentais. Esses cidadãos, como povo, são a origem e o fundamento do poder do Estado. O Estado de Direito em que esse constitucionalismo opera é assim salvaguardado para que nele operem, dentro de seus limites, a soberania popular e o princípio democrático.

Para José Joaquim Gomes Canotilho, a acepção histórico-descritiva do constitucionalismo moderno o designa como um movimento político, social e cultural que, a partir de meados do século XVIII, questiona política, filosófica e juridicamente os esquemas tradicionais de domínio político, sugerindo a invenção de uma nova forma de ordenação e fundamentação do poder político. Ele opõe-se ao chamado "constitucionalismo antigo", entendido como um conjunto de princípios escritos ou consuetudinários que sustentavam direitos estamentais perante o monarca e simultaneamente limitavam seu poder (Canotilho, 2003, p. 52). Esse mesmo autor nos conduz, entretanto, a um entendimento multidimensional do constitucionalismo moderno e que nos será útil para a compreensão de seus elementos constitutivos e modeladores de sua construção paradigmática. Mais do que um movimento de direção única, a consolidação do paradigma do constitucionalismo moderno se deu por movimentos nem sempre coordenados e nem sempre ausentes de contradições (Canotilho, 2003, p. 51). Para o autor, portanto, os temas centrais do constitucionalismo são a "fundação e legitimação do poder político" e a "constitucionalização das liberdades", sendo que a captação de seu sentido comporta, ao menos, três modelos de compreensão: o modelo historicista, o modelo individualista e o modelo estadualista, cada qual correspondendo à contribuição, respectivamente, dos constitucionalismos inglês, francês e estadunidense, para a consolidação do paradigma constitucional de que se trata e que hoje é submetido à crítica. A contribuição do modelo historicista do constitucionalismo inglês centra-se na garantia de direitos adquiridos, especialmente do "binômio subjetivo" *liberty and property*. Por sua vez, o modelo individualista do constitucionalismo revolucionário francês, haurido num contexto de rompimento com o *Ancien Régime* (rompimento não observável no constitucionalismo inglês que mantinha privilégios estamentais típicos do medievo), edifica uma ordem fundada em direitos individuais. São direitos de homens naturalmente livres e iguais, que legitimam e fundam o poder político, o inventam e reinventam, dando a si próprios uma lei fundamental. Uma lei fundamental de uma ordem por eles querida, conformada por acordo entre eles, ou seja, um contrato social assente nas vontades individuais e documentado em uma Constituição escrita que garantia direitos e era conforme o poder político estabelecido. Por fim, o modelo estadualista do constitucionalismo estadunidense nos legou a possibilidade de limitação normativa do governo e do parlamento por meio de uma lei escrita superior que condensa os princípios fundamentais da comunidade e os direitos dos particulares, elaborada através de tomadas de decisão pelo povo, em raros "momentos constitucionais" e sob condições especiais (Canotilho, 2003, p. 55-60).

À estatização do direito corresponde a cooptação da democracia pelo Estado, a separação entre Constituição e povo, e a redução da constituição política a uma mera norma formal, com a consequente apropriação do lugar do poder constituinte pelo poder constituído (juiz constitucional), implicando na usurpação do lugar de enunciação da linguagem política. Nesse contexto, os juristas protagonizaram uma marcha frenética rumo à sofisticação e à complicação dos conteúdos constitucionais, que se tornaram um material completamente desligado da experiência democrática. Os juristas se tornaram pontífices, donos das chaves dos textos, e bloquearam o conteúdo da Constituição, de forma a obrigar o povo a ter que dela se reaproximar por outras vias (Sanín Restrepo, 2009, p. 27). Nesse processo, o direito para conseguir cumprir com sua pretensão de sistematicidade, completude e coerência se converteu no lugar do absoluto, no lugar onde nasce a ordem simbólica que cria as fantasias que vivemos como realidade, desde a fantasia de uma sociedade transparente até a do sujeito de direito autônomo e universal dos direitos humanos. Essa aparição totalitária do direito impediu que existissem sujeitos, política ou linguagem fora do direito (Sanín Restrepo, 2009, p. 28).

As Constituições oriundas desse constitucionalismo somente cumpriram os objetivos determinados pelas elites: a organização do poder do Estado e a manutenção de elementos básicos de um sistema democrático formal. O controle do poder dos representantes do povo, portanto representantes da soberania popular, se converteu em controle da própria soberania popular, transformando em conteúdo vazio qualquer discurso no sentido de dizer que o poder emana do povo. A essência do constitucionalismo é controlar o poder de rebelião e a criação normativa do povo por meio da política, mantendo o direito em sua clausura técnica e a serviço da burocracia e do mercado. O poder constituinte, assim, foi esvaziado de seu conteúdo político mais radical. Seu fundamento deixou de ser a potência do povo para se reduzir a mero elemento de um aparato lógico formal de legitimação de processos constituintes realizados sem a efetiva participação popular e para afastá-la do controle das funções do Estado moderno. Além dos procedimentos, em termos de conteúdo, esse constitucionalismo se baseou na defesa dos direitos individuais, desenvolvidos em torno da liberdade e da propriedade, cuja realização plena não se pode observar senão em relação a elites dirigentes e detentoras do poder econômico. Ainda que a plasticidade do direito moderno tenha suportado a emergência do que se denominou "constitucionalismo social", os direitos humanos de segunda ou terceira dimensão (direitos sociais, ambientais, etc.) ainda têm seu eixo lógico e ideológico baseado e/ou subordinado aos direitos de primeira dimensão (direito individuais), uma vez que o fundamento do direito continua o mesmo desde a consolidação do direito moderno.

Não obstante, ainda na Europa, nas últimas décadas do século XX, uma reação garantidora dos conteúdos que o constitucionalismo social exigiu para a Constituição, um difuso movimento denominado "neoconstitucionalismo", insistiu na diferença entre o conceito formal e material de Estado constitucional, ao defender que este não é apenas o que conta com um texto que se autodenomina Constituição, mas sim o que conta com uma Constituição fruto da legitimidade democrática e dotada de instrumentos garantidores da limitação do poder e da efetividade dos direitos contemplados no texto constitucional. Mas tal posição, embora acuse os limites do constitucionalismo moderno e seu déficit democrático, não logrou influência decisiva no contexto histórico e social onde foi desenvolvida. Para Roberto Viciano Pastor e Rubén Martínez Dalmau, foi na América Latina, a partir da década de 1990, que as ditas teorias garantidoras foram assumidas por um novo constitucionalismo nascente e que assumiu uma radical aplicação da teoria democrática da Constituição, de forma a superar o conceito de Constituição como limitadora do poder constituído e avançar na definição da Constituição como fórmula democrática onde o poder constituinte – a soberania popular – expressa sua vontade sobre a configuração e a limitação do Estado e da própria sociedade (Viciano Pastor; Martínez Dalmau, 2010, p. 16).

Dessa forma, pode-se afirmar que os conflitos gerados pela dinâmica da sociedade e do direito moderno ensejaram levantes contestadores de sua lógica. Mais recentemente, como já afirmado acima, na América Latina têm-se vivido movimentos de organização política de forte conotação popular, o que logrou elaborar Constituições com um perfil diferenciado e que apontam para mudanças na forma e no conteúdo do direito que conhecemos. As Constituições surgidas desses movimentos serviram de documentos basilares para o que se tem denominado "novo constitucionalismo latino-americano", que, desde a última década do século XX, está se desenvolvendo em diferentes lugares e tem se inspirado e servido de inspiração para diferentes desenvolvimentos teóricos e diferentes práticas políticas, todos apontando para um momento de transição paradigmática no direito moderno e no seu constitucionalismo. A seguir, analisaremos alguns traços dessas mudanças e dessa transição.

O constitucionalismo moderno na América Latina

Não consideramos ser possível tratar do novo constitucionalismo latino-americano sem ao menos tecer considerações sobre a maneira como se desenvolveu o constitucionalismo na América Latina. A delimitação geográfica e histórica do fenômeno, por si só, aponta para o fato de que estamos tratando, antes de tudo, de uma realidade marcada pelo colonialismo e pela dependência. A independência formal das antigas colônias de Portugal e da

Espanha no continente americano não significou sua emancipação cultural, política e econômica. Internamente, os novos países independentes não conseguiram modificar sua estrutura social, econômica e política. Já estavam nelas internalizados os ideários do capitalismo, do liberalismo e do positivismo tão criticados acima. O processo de dominação cultural colonial repercutiu também no plano jusfilosófico, e a fundamentação e a concretização do direito nacional dos países latino-americanos reproduziram, acriticamente, os modelos trazidos da Europa, sem considerar que tais modelos estavam associados a contextos locais e a interesses que não se aproximavam de nossa realidade. Operou-se um verdadeiro processo de alienação em relação a esse direito importado, que não interessava senão às elites que se locupletaram de seu caráter excludente e mistificador da realidade, de forma que essa importação serviu aos propósitos de dominação das elites nacionais e de garantia de seus negócios com as metrópoles. Deles emanam as diretrizes do sistema capitalista em ascensão, especialmente contra as comunidades originárias do continente, bem como contra a população pobre de origem escrava ou imigrante (Wolkmer, 2010, p. 147).

Se consideramos que o constitucionalismo moderno se consolidou com uma "teoria normativa da política", essa teoria política hoje, especialmente em nosso continente, se encontra extremamente distanciada da prática política. Nesse sentido, Boaventura de Sousa Santos considera que esse distanciamento, e a ausência de claridade conceitual que ele gera para quem pretende compreender a realidade latino-americana, se deve a quatro fatores. Em primeiro lugar, a teoria política foi desenvolvida no Norte global – basicamente, na França, na Inglaterra, na Alemanha, na Itália e nos Estados Unidos –, onde, desde meados do século XIX, se consolidou um marco teórico pretensamente universal e aplicável a todas as sociedades e cujos conceitos temos dificuldades de aplicar em nossas sociedades latino-americanas, em virtude de sua inadequação. Em segundo lugar, a teoria política desenvolveu teorias da transformação social tal como ela ocorreu no Norte, muito distantes das práticas transformadoras em geral, porque, nos últimos trinta anos, as grandes práticas transformadoras vêm do Sul e são frequentemente invisibilizadas ou marginalizadas pelos grandes teóricos, que sequer entendem português, espanhol, ou as várias línguas dos povos originários. O terceiro fator diz do fato de que a teoria política é monocultural e tem como marco histórico a cultura eurocêntrica que se adapta mal a contextos onde tem que conviver com culturas e religiões de outro tipo, não ocidentais, como as culturas indígenas. Por fim, o quarto fator se refere ao fato de que a teoria crítica ignorou o fenômeno do colonialismo, pressupondo que a independência dos países da América Latina tinha lhe posto termo e, por isso mesmo, desconsiderando suas outras formas, como a do colonialismo social ou colonialismo interno. Por essa razão, frequentemente, o colonialismo não é considerado um tema da antropologia ou da sociologia jurídica, tendo sido relegado à história (Santos, 2007, p. 12-13).

Os conflitos daí surgidos e a organização de setores populares em torno de partidos de esquerda lograram fortalecer propostas de um novo constitucionalismo, como expressão de um novo direito que se articulasse com um projeto político voltado à solução dos "excessos e déficits" da modernidade, a partir do conhecimento da realidade social específica da América Latina, de forma a se concretizar um almejado direito democrático, autêntico e com o objetivo de sanar a desigualdade e os problemas sociais e ambientais sofridos pela população do continente.

O novo constitucionalismo democrático latino-americano: emergência de um novo paradigma em tempos de transição paradigmática

O movimento de construção de um novo constitucionalismo na América Latina como expressão de uma luta ampla de negação dos efeitos perversos do direito moderno no continente não caminhou em uma única direção e não se deu de uma vez. Ele ainda está em desenvolvimento, experimentando diferentes soluções, e sobre ele incidem abordagens diversas.

Antônio Carlos Wolkmer defende que vivemos a terceira fase de desenvolvimento desse novo constitucionalismo na América Latina. A primeira fase teria tido por resultado as Constituições do Brasil (1988) e da Colômbia (1991), ambas com forte caráter socializante e reconhecedor de direitos coletivos e plurais. O segundo ciclo, representado pela Constituição da Venezuela (1999), caracteriza-se por um constitucionalismo participativo e pluralista. Por fim, o terceiro ciclo desse novo constitucionalismo é representado pelas recentes e vanguardistas Constituições do Equador (2008) e da Bolívia (2009), cujas novidades incluem um constitucionalismo plurinacional comunitários identificado com um paradigma não universal e único de Estado de Direito, reconhecedor da coexistência de experiências de sociedades interculturais (sejam indígenas, comunais, urbanas, e camponesas) e com práticas de pluralismo igualitário jurisdicional, de forma a conviverem instâncias legais diversas em igual hierarquia – jurisdição ordinária estatal e jurisdição indígena/camponesa. Essas mudanças políticas e constitucionais e os processos sociais de luta que as engendram materializam novos atores sociais, realidades plurais e práticas desafiadoras, reconhecem a diversidade cultural e culturas minoritárias, com especial ênfase do protagonismo dos povos indígenas. Daí que Wolkmer denomine esse constitucionalismo de "constitucionalismo pluralista intercultural" (andino ou indígena) (Wolkmer, 2010, p. 153-154). Por certo, estas três Constituições documentam os traços fundamentais da construção do novo paradigma constitucional de que se trata. Contra os efeitos indesejados do direito e de seu constitucionalismo moderno, elas contêm um conjunto de características comuns, especialmente alicerçados na ativação direta do poder constituinte e na necessidade de romper com o sistema anterior. Essas características comuns, por certo, não escondem diferenças próprias oriundas de histórias constitucionais diferentes, questões nacionais próprias e típicas da experimentação necessária à gestação de um novo modelo.

Ao tratar dos fundamentos do novo constitucionalismo democrático latino-americano, Roberto Viciano Pastor e Rubén Martínez Dalmau, juristas espanhóis que assessoram os três processos constituintes de que resultaram as cartas constitucionais analisadas, defendem que a principal aposta desse novo constitucionalismo é a busca de instrumentos que reponham a perdida relação entre soberania popular e governo, por meio do estabelecimento de mecanismos de legitimidade e controle sobre o poder constituído mediante novas formas de participação vinculantes, que, por sua vez, constitucionalizam vários instrumentos de participação e as ânsias democráticas do continente. O segundo aspecto sobrelevado por esses autores é a profusa carta de direitos das novas Constituições, não mais limitadas a estabelecer direitos de forma genérica, sem se preocupar com sua individualização ou coletivização. Estas Constituições, pelo contrário, identificam grupos débeis – tais como mulheres, crianças e jovens, deficientes, idosos – e ampliam os beneficiários dos direitos. Na busca da máxima efetividade dos direitos sociais, essas Constituições recepcionam os documentos internacionais de direitos humanos, buscam critérios mais favoráveis às pessoas, buscam ações diretas de amparo e reconfiguram a nomenclatura tradicional do direito (Viciano Pastor; Martínez Dalmau, 2010, p. 35-37; Villabella Armengol, 2010, p. 61-62).

Além da dimensão política, é de suma relevância para o novo constitucionalismo a normatividade constitucional, uma vez que as novas Constituições negam o nominalismo anterior e proclamam o caráter normativo e superior da Constituição frente ao resto do ordenamento jurídico, aprofundando o controle concentrado de constitucionalidade, ao lado do já existente controle difuso (Viciano Pastor; Martínez Dalmau,

2010, p. 37). Nas Constituições de que tratamos, verifica-se a presença de preâmbulos que as dotam de espiritualidade, ao conectar o texto com a história do país e dotá-lo de conteúdo programático, em conjunto com capítulos que estabelecem conceitos e princípios que se consideram bases do pacto constitucional (Villabella Armengol, 2010, p. 58). Por fim, essas Constituições contam com amplos capítulos de conteúdo econômico, pois visam superar as desigualdades econômicas e sociais e promover constitucionalmente o novo papel do Estado na economia. Além disso, no plano internacional, o novo constitucionalismo latino-americano estabelece um compromisso com uma integração latino-americana, mais ampla que a puramente econômica, e que considera a possibilidade real de integração dos povos e pretende compatibilizar a necessidade de integração com um conceito recuperado de soberania (Viciano Pastor; Martínez Dalmau, 2010, p. 37-38). Enfatiza-se a função social e ambiental com a qual se delineia a propriedade privada e sua convivência com outros tipos de propriedade, como a individual, a coletiva pública, a estatal, a comunitária, a associativa e a mista. Ao Estado também cabe reafirmar e consolidar a unidade do país, preservar a diversidade plurinacional na diversidade, promover e garantir o aproveitamento responsável e planificado dos recursos naturais, desenvolver o exercício democrático da vontade popular, promover a prosperidade e bem-estar do povo, garantir e defender a soberania nacional, planificar o desenvolvimento nacional, erradicar a pobreza, promover o desenvolvimento sustentável e a redistribuição equitativa dos recursos, proteger o patrimônio natural e cultural do país, garantir o direito a uma cultura de paz, a segurança integral e a viver em uma sociedade democrática e livre de corrupção (Villabella Armengol, 2010, p. 59; 62).

Resguardadas por esses fundamentos, as Constituições de que se trata aqui buscam o máximo de legitimidade para atender a necessidades reais da população e a um anseio de ruptura com a ordem anterior e, diante desses objetivos, apresentam algumas características formais que caracterizam o novo constitucionalismo: originalidade, amplitude, complexidade e rigidez. Isso se deve ao seu conteúdo inovador, à extensão dessas Constituições, à capacidade de conjugar elementos tecnicamente complexos com linguagem acessível, e ao fato de que se aposta na ativação do poder constituinte do povo ante qualquer mudança constitucional.

Sob essa orientação, as Constituições da Venezuela, do Equador e da Bolívia apresentaram, ao direito moderno em crise e ao seu direito constitucional, uma série de novidades, com efeitos sobre todas as disciplinas do direito e que desafiam nosso modelo de racionalidade jurídica. A proximidade desse novo constitucionalismo com o constitucionalismo social e sua doutrina, o neoconstitucionalismo, pode fazer parecer crer que se trata de mera importação do modelo em nosso continente e que não estaríamos tratando de uma mudança paradigmática em termos de direito e de direito constitucional, uma vez que o modelo seria o mesmo já consolidado no pensamento europeu e testado nas Constituições do Brasil (1988) e da Colômbia (1991). Esta proximidade revela um desafio ao novo constitucionalismo, que é o de se colocar entre dois caminhos: o da manutenção do paradigma do direito e do constitucionalismo moderno, acrescidos de mecanismos de correção de déficits e excessos, ou o rompimento com esse direito e com esse constitucionalismo naquilo que os estruturam fundamentalmente. Nesse sentido, e buscando fazer uma síntese conclusiva dos elementos que permitem afirmar a emergência de um novo paradigma e não apenas o ajeitamento do paradigma em crise, reunimos alguns elementos que nos guiarão rumo a uma contraposição entre os paradigmas em disputa.

Antes de tudo, entretanto, é preciso que se diga que os tempos vividos são tempos de transição paradigmática, tempos de crise. Crise do capitalismo, crise do Estado moderno, crise do direito moderno. Talvez o retorno a uma busca frenética dos juristas pela filosofia do direito seja um indício desta crise. Buscam-se novas soluções, digladiam-se perspectivas e somos desafiados a ousar. Diante disso, no plano geral do paradigma jurídico, os movimentos de transformação institucional na América Latina, especialmente nos países que tomamos por modelo na nova discussão constitucional, desafiam a inteligência jurídica que presidiu as práticas das comunidades de juristas até aqui.

Contra um direito com pretensões científicas (ainda que de científico não tenha nada), apresenta-se um direito experimental, aberto a mudanças e ao incerto, cuja racionalidade não é técnica, mas emancipatória, projetiva, descobridora de culturas silenciadas e de juridicidades ocultadas. Em busca da transcendência, esse direito desafia o que está estabelecido crendo na mudança, muito menos do que fundamentando em termos racionais matemáticos, mas buscando minimizar os efeitos perversos de resultados indesejados. Nesse sentido, convém relembrar que, para Kuhn (1998), os paradigmas se sustentam mais pela fé que a comunidade tem neles do que por provas irrefutáveis de sua eficácia. Vivemos um tempo dessa fé na mudança do direito. Contra o estatismo caracterizador do direito moderno, o pluralismo jurídico ascende como perspectiva de reconhecimento e legitimação de juridicidades não estatais perfeitamente eficazes socialmente e aptas a se engrenarem na dinâmica das comunidades, regendo suas relações.

Contra o capitalismo e seu mercado, as novas perspectivas do direito buscam se articular com projetos políticos anticapitalistas defensores de mercados alternativos ao capitalismo, baseados numa economia solidária e comunitária. Por consequência, onde prevaleciam direitos burgueses, as perspectivas novas de que tratamos fazem ascender direitos de quem vive do trabalho, dos povos. Este fato implica no conhecimento desses povos, no conhecimento da sociedade, um conhecimento que se converta em racionalidade jurídica adequada à realidade do pluralismo jurídico que aqui se defende.

Tal defesa, contra o princípio do Estado, destaca a ascensão da comunidade e do poder local, de uma ética comunitária oposta à aeticidade do capitalismo. Essas comunidades e o conhecimento que delas se busca ter são consideradas em sua especificidade social, histórica e geográfica, ou seja, trata-se de comunidades e de uma realidade negadores da colonialidade que caracterizou a formação da América Latina e da dominação de seu direito importado e inadequado às demandas das vítimas da colonização. Contra a colonialidade, ascende o pós-colonialidade, a anticolonialidade, enquanto processos emancipatórios. E se estamos falando de emancipação, significa que a revolução, veementemente negada pelo direito moderno, retorna à cena, e a reabertura da possibilidade da revolução não nega sua dimensão de reconhecimento de direitos, como esfera formal de legitimidade da institucionalidade política. O direito moderno, despolitizado e técnico, é negado pela reabertura ao reconhecimento das origens políticas do direito e na necessidade de legitimação popular do direito, negando sua face dominadora. E é este ponto que nos conduz às possibilidades de emergência paradigmática do novo constitucionalismo democrático latino-americano como novidade.

No que diz respeito à complexa relação entre o campo da política e o campo do direito, e a função do constitucionalismo como teoria normativa da política, a grande força propulsora do novo constitucionalismo democrático latino-americano é mostrar o esgotamento de legitimação do direito moderno em virtude da ausência de participação popular em sua elaboração. A teoria democrática do direito moderno é uma ideologia que mascarou, por séculos, o caráter elitista desse direito e tal fato se revelou especialmente sobressalente em nosso continente.

Contra esse modelo esgotado, o novo constitucionalismo latino-americano sustenta seu caráter inovador no fato concreto da participação popular na elaboração e na legitimação do direito e das instituições que o compõem e o garantem. Assim, mais do que técnica de controle do poder constituído, especialmente do Poder Executivo e do Poder Legislativo – o que veio historicamente acompanhado do controle da soberania popular, ou seja, do controle do poder de insurgência popular –, esse novo constitucionalismo funda e legitima o poder político ao promover a participação popular e materializa, sem hipocrisia, o fundamento do poder no povo, garantindo mecanismos de exercício do poder popular e de atendimento de necessidades desse povo que necessita participar e que para tanto necessita ter as condições concretas para o exercício democrático. Isso implica o controle do Executivo, do Legislativo e do Judiciário, especialmente quanto a seu poder de interpretar a Constituição em sentidos opostos ao da vontade popular, o que, na Venezuela, exigiu a criação de um Poder Eleitoral para selecionar os membros dos três poderes clássicos, e de um Poder Popular, formalmente reconhecido na Constituição, com poder de revogar mandatos e de controlar os três poderes clássicos. Isso acarretou, portanto, a reinvenção da teoria das funções do poder, que antes eram três e agora são cinco, subordinadas a um poder principal, o Popular.

Assim, contra o modelo de soberania parlamentar (*rule of law*), emerge o modelo de soberania popular, que subordina as deliberações das assembleias constituintes ao referendo popular. Contra o modelo de poder constituinte formal, raramente convocado, o novo modelo torna o poder constituinte originário o protagonista do processo democrático, fazendo com que a legitimidade – e a própria normatividade da Constituição e das leis, da ordem jurídica, portanto – dependa da regular, oportuna, necessária e periódica atuação desse poder. Contra o sentido negativo de Constituição, como controle formal do poder constituído, a Constituição passa a ter sentido positivo, ao representar um projeto a ser realizado, como consequência da repolitização do direito e do impedimento de que o poder constituído usurpe o poder constituinte e inverta a relação segundo a qual é o povo que cria a norma. Portanto, contra um modelo de democracia meramente representativa, o modelo que surge conjuga democracia representativa com democracia semidireta e direta, destacando-se a força que os referendos passam a ter.

Mas a força do novo constitucionalismo latino-americano calcada na radicalização da democracia não se realiza e se sustenta sem outro fator estruturante que é o reconhecimento da realidade para o qual ele foi pensado e onde ele é gestado. O adjetivo "latino-americano" não se agrega ao adjetivo "novo" apenas pelo fato de que o fenômeno em questão se processa no espaço geográfico definido convencionalmente como América Latina. Não se trata apenas de deslocar o eixo do constitucionalismo de Inglaterra-Estados Unidos-França para Venezuela-Equador-Bolívia, mas considerar que esse deslocamento significa, de maneira mais profunda, a

Constituição de uma teoria política elaborada no Sul global, de uma teoria política de transformação pensada para este Sul global, portanto uma teoria contextualizada, autêntica, muito mais preocupada em ser adequada à sua realidade local do que em ser pretensamente universal.

Trata-se, como já dito, de negar o colonialismo e seus efeitos perversos em nosso continente e reconhecer nossa realidade pluricultural, plurinacional, pluriétnica e denunciar a falsa identidade entre Estado, Povo e Nação que sustentou o constitucionalismo moderno e monocultural. Assim, contra o monismo jurídico-estatal, ascende o pluralismo jurídico-constitucional, reconhecedor de constitucionalismos antigos e silenciados nas comunidades originárias. Trata-se igualmente de denunciar a pobreza, a dependência econômica, a destruição ambiental e os privilégios promovidos pelos direitos meramente individuais-burgueses, formulados em torno dos direitos de liberdade e propriedade, para afirmar os direitos da natureza, os direitos coletivos, sociais, étnicos, e uma igualdade material verdadeiramente complexa e que inclua o reconhecimento das diferenças, promovendo-as na medida em que garantem o convívio harmonioso com aqueles que não podem ser reduzidos a uma igualdade deformadora e opressora.

Dessa forma, acabam por ser reconhecidos, mais além do sujeito individual de direito antropocêntrico moderno, novos sujeitos de direito, sujeitos plurais, incluindo a natureza (biocentrismo). Esse reconhecimento amplo de direito acaba por exigir outro modo de abordar os tratados internacionais de direitos humanos, que deixam de se subordinar ao direito interno para com ele estabelecer coordenação, com vistas à garantia dos direitos realizadores do "buen vivir". Com isso, rompe-se com o mito de que o sistema jurídico necessita ser unificado e uniforme; mantém-se a unificação, enquanto possível for, mas sem a uniformidade redutora da realidade. Por fim, contra um direito que objetivava a sua continuidade, emerge um direito calcado na ruptura.

Em conclusão, se a ciência jurídica não é ciência mas mera técnica de palavras, porque nada observa e nada experimenta, e, segundo Boaventura de Sousa Santos, fragilizada, resta a legitimidade do direito, conseguida na modernidade por meio de sua absorção pela ciência, que a transformou em uma jurisprudência dogmática (Santos, 2007, p. 40). Entretanto, há que se ponderar que, se a ciência jurídica não é ciência propriamente dita, no modelo das ciências experimentais, resulta em um saber desenvolvido (reconhecido e aceito) por uma comunidade de juristas, que consolidou uma forma de pensamento e de legitimação do pensamento que ainda hoje sustenta essa comunidade: o pensamento dogmático do direito. Isso nos remete a refletir sobre a crise de legitimidade e sobre as bases sociais que engendraram esse modelo, o que nos conduz a reflexões sobre a crise de paradigmas do direito e do constitucionalismo. Ao final deste trabalho, consideramos que a crítica do modelo de sociedade que conhecemos e os fundamentos de sua crise em curso permitem igualmente lançar as bases para a crítica do direito moderno e de suas disciplinas.

No âmbito do direito constitucional, essa crise melhor se expressa na crise da despolitização pretendida pelo direito moderno. Essa despolitização acarretou o afastamento, por diversos meios, da participação popular das instâncias de decisão estatais, consolidando um Estado, um direito e um constitucionalismo de elites. Nem mesmo as tentativas mais recentes de abertura da teoria constitucional deram conta de tal questão. Do ponto de vista teórico-constitucional, o denominado "neoconstitucionalismo" é um indicativo da crise dogmática do direito constitucional hegemônico, mas nem mesmo esse novo movimento teórico responde aos anseios de uma mudança paradigmática, porque não ataca o cerne da estruturação paradigmática do direito constitucional moderno.

Nesse quadro, o novo constitucionalismo latino-americano, como movimento de diversas dimensões, repercute no plano jurídico como uma nova teoria normativa da política, fundamentadora de um novo direito constitucional, que ataca a questão da ausência de participação popular na elaboração do direito e na dicção dos rumos do Estado. As novas Constituições da Venezuela, do Equador e da Bolívia se preocupam fundamentalmente com a legitimação do sistema jurídico por meio da máxima participação popular e elabora diversos mecanismos para que tal ocorra, sem esquecer os fatores materiais que permitem a participação popular, avançando onde o constitucionalismo social e o neoconstitucionalismo se esgotaram. Dessa forma, no contexto de uma crise paradigmática mais ampla, o novo constitucionalismo democrático latino-americano desponta como paradigma jurídico emergente, uma vez que rompe com elementos constitutivos do direito moderno e de seu direito constitucional, com especial centralidade da questão da participação popular.

Referências

BOLÍVIA. Nueva Constitución Política del Estado. La Paz: Congreso Nacional, 2009.

CANOTILHO, J. J. G. *Direito Constitucional e Teoria da Constituição*. 7. ed. Coimbra: Almedina, 2003.

CARBONELL, M. *Desafíos del nuevo constitucionalismo en América Latina*. Santiago de Cali: Universidad Icesi, 2011. p. 207-225.

DUSSEL, E. *20 Teses de Política*. São Paulo: Expressão Popular, 2007.

ECUADOR. Constitución de la República del Ecuador. Quito: Asamblea Nacional, 2008.

FERRAZ JÚNIOR, T. S. *Introdução ao Estudo do Direito: técnica, decisão, dominação*. 5. ed. São Paulo: Atlas, 2007.

GARGARELLA, R.; COURTIS, C. *El nuevo constitucionalismo latinoamericano: promesas e interrogantes*. Santiago de Chile: CEPAL, 2009.

GARGARELLA, R. El nuevo constitucionalismo latinoamericano. Algunas reflexiones preliminares. *Crítica y Emancipación*, Buenos Aires: CLACSO, ano II, n. 3, jan-jun. 2010.

EL DERECHO CONSTITUCIONAL DEL SIGLO XXI: problemáticas y retos. *Revista del Instituto de Ciencias Jurídicas de Puebla*, Puebla: ICIPuebla, año II, n. 21, primavera 2008.

EL NUEVO CONSTITUCIONALISMO LATINOAMERICANO. *Revista del Instituto de Ciencias Jurídicas de Puebla*, Puebla: ICIPuebla, año IV, n. 25, verano 2010.

KUHN, T. S. *A estrutura das revoluções científicas*. 5. ed. São Paulo: Perspectiva, 1998.

MARTÍNEZ DALMAU, R. El proyecto de Constitución de Ecuador, ejemplo del nuevo constitucionalismo latinoamericano. *Revista del Instituto de Ciencias Jurídicas de Puebla*, Puebla: ICIPuebla, año III, n. 23, verano 2009.

MASCARO, A. L. B. *Crítica da legalidade e do direito brasileiro*. 2. ed. São Paulo: Quartier Latin, 2008.

SANÍN RESTREPO, R. *Teoría Crítica Constitucional: rescatando la democracia del liberalismo*. Bogotá: Pontificia Universidad Javeriana, Facultad de Ciencias Jurídicas/Ibáñez, 2009.

SANTOS, B. de S. *Crítica da razão indolente: contra o desperdício da experiência*. 7. ed. São Paulo: Cortez, 2009.

SANTOS, B. de S. *La Reinvención del Estado y el Estado Plurinacional*. Santa Cruz de la Sierra: Alianza Interinstitucional CENDA-CEJIS-CEDIB. 2007. Disponível em: <http://www.ces.uc.pt/publicacoes/outras/200317/estado_plurinacional.pdf>. Acesso em: out. 2011.

TÁRREGA, M. C. V. B.; DUARTE JR, D. P. Constituição e concretização da democracia: direitos das coletividades e devires minoritários. In:

NETO, Tavares; QUERINO, José. *A construção de uma ordem constitucional fundamentada nos direitos coletivos.* SJRP: Lemos e Cruz, 2011.

VENEZUELA. Constitución de la República Bolivariana de Venezuela. Publicada en Gaceta Oficial, Caracas, 30 de diciembre de 1999, nº 36.860.

VICIANO PASTOR, R.; MARTÍNEZ DALMAU, R. Aspectos generales del nuevo constitucionalismo latinoamericano. Quito: Corte Constitucional del Ecuador, 2010. p. 13-43.

VICIANO PASTOR, R.; MARTÍNEZ DALMAU, R. ¿Se puede hablar de un nuevo constitucionalismo latinoamericano como corriente doctrinal sistematizada? In: VIII Congreso Mundial de la Asociación Internacional de Derecho Constitucional: Constituciones Y Principios. Disponível em: <http://www.juridicas.unam.mx/wccl/ponencias/13/245.pdf>. Acesso em: 2 nov. 2011.

VILLABELLA ARMENGOL, C. M. Constitución y democracia en el nuevo constitucionalismo latinoamericano. *Revista del Instituto de Ciencias Jurídicas de Puebla*, Puebla: ICIPuebla, año IV, n. 25, p. 49-76, verano 2010.

WOLKMER, A. C. Pluralismo e crítica do constitucionalismo na América Latina. In: SIMPÓSIO NACIONAL DE DIREITO CONSTITUCIONAL, 9., 2010, Curitiba. *Anais...* Curitiba: Academia Brasileira de Direito Constitucional, 2010.

RELAÇÕES ENTRE CONSTITUCIONALISMO E SOBERANIA

Novo constitucionalismo, ativismo e independência judicial[1]

Agustín Grijalva

No presente ensaio articulam-se reflexões relativas à democracia, aos direitos humanos e à independência judicial no novo constitucionalismo latino-americano. A primeira parte desta análise é, principalmente, conceitual e busca incentivar que a discussão acadêmica apoie a elaboração de uma teoria constitucional latino-americana. Na segunda parte, e com base nestes postulados conceituais, faço referência à experiência política recente do Equador, da Argentina e da Colômbia em relação às reformas constitucionais ou legais, aos procedimentos de integração dos Conselhos da Judicatura, como exemplos da problemática sobre a independência judicial que hoje confronta a região.

Novo constitucionalismo

O neoconstitucionalismo,[2] como se sabe, é uma categoria teórica de origem europeia que se relaciona com as Constituições densas em direitos e garantias (Ahumada, 2009). Este é o traço fundamental que esta tendência constitucional compartilha com o novo constitucionalismo latino-americano e que traz específicas e necessárias consequências institucionais como o fortalecimento da justiça constitucional, ou desenvolvimentos hermenêuticos, como a valorização dos princípios.

Contudo, há outros aspectos que constituem preocupações próprias e importantes do novo constitucionalismo latino-americano, tais como o fortalecimento da participação política; a preocupação pela igualdade e a diversidade; os direitos sociais e coletivos; a regulação constitucional da

1 Tradução de Flávia de Abreu Oliveira do original espanhol *Nuevo Constitucionalismo, Activismo e Independencia Judicial.*

2 Em realidade, este é um termo algo equivocado porque se refere a assuntos e enfoques muito díspares e, às vezes, até mesmo contraditórios. Pode ser melhor compreendido como um conjunto de críticas e debates oriundos da teoria do Direito em relação ao positivismo jurídico e o constitucionalismo clássicos.

economia; a abertura dos Direitos Humanos ao Direito Internacional; e o laicismo (Uprimny, 2011).

Em casos como os do Equador e da Bolívia, essas particularidades se acentuam em vista da inclusão, nos textos constitucionais, de princípios como o Estado Plurinacional, a democracia comunitária ou os direitos da Natureza, e o bom viver – ou *sumak kawsay* e *sumak kamaña*. Entre estas preocupações do novo constitucionalismo latino-americano, deve-se, também, incluir a independência judicial, a qual, se não for exclusiva da nossa região, tem condições particulares.

Essas diferenças entre neoconstitucionalismo europeu e novo constitucionalismo latino-americano não são casuais. O novo constitucionalismo latino-americano tem raízes próprias nas correntes constitucionais de democracia radical que se desenvolveram no continente (Gargarella, 2004). Assim, o interesse pela democracia tem sido uma constante em sociedades marcadas fortemente pela exclusão e pela desigualdade. A preocupação com direitos sociais nos remete a múltiplas Constituições latino-americanas que se desenvolveram nas primeiras décadas do século XX, entre as quais se destaca a Constituição mexicana. A necessidade de pensar novos modelos de constituição econômica e um Estado plurinacional expressam nossa experiência histórica colonial, e a luta dos povos indígenas.

Entre os traços que definem este novo constitucionalismo, como foi dito, deve-se incluir a atenção à independência dos juízes. Esta, vista abstrata e isoladamente, não é uma das temáticas mais originais do novo constitucionalismo latino-americano, posto que o neoconstitucionalismo e o garantismo europeus também dão grande importância ao fortalecimento e à independência dos juízes. Não obstante, se relacionamos esta orientação sobre os juízes nas Constituições latino-americanas com as demais orientações antes mencionadas e a contextualizamos historicamente, veremos que se adquire uma dimensão particular na nossa região.

De fato, a busca de mais independência para os juízes na América Latina, na presente etapa, se produz em sistemas políticos e jurídicos que contêm desenhos institucionais que pretendem aprofundar a democracia e compaginar a igualdade e a diversidade mediante o efetivo exercício de uma ampla gama de direitos, não somente individuais, como também sociais e coletivos.

Por outra parte, no caso latino-americano, destaca-se o fato de que o tratamento dessa independência se refere a todos os juízes: os ordinários, os constitucionais e os eleitorais. Contudo, na experiência dos Conselhos da Judicatura na região, não raro são confundidas as funções disciplinares e administrativas, que lhes são próprias, com as de ordem jurisdicional, que lhes são alheias. Este não é um tema menor numa região caracterizada por uma forte dependência dos juízes em relação ao Executivo e/ou ao Legislativo, aos juízes de maior hierarquia e aos grupos de pressão econômica, política e mediática.

São tais os desafios que este constitucionalismo latino-americano apresenta aos juízes na região, que se faz necessário uma reflexão sobre o tipo ou paradigma de juiz que corresponderia a este horizonte. Também é necessário, para não cair no formalismo, contrastar e entender este paradigma a partir das condições históricas e atuais que afrontam estes juízes. Finalmente, haverá que se identificar quais são os caminhos a seguir para transitar desde o presente até este paradigma. Neste ensaio nos propomos a oferecer alguns elementos, ainda que bastante iniciais, nesta tarefa.

Democracia

Se o novo constitucionalismo latino-americano se caracteriza, ao menos formalmente, por uma alta densidade em direitos, operando em uma democracia mais profunda, o desafio para os juízes latino-americanos certamente é redimensionar o seu labor neste novo contexto constitucional. Porém, o problema inicial é definir de que tipo de democracia estamos falando, posto que, por sua própria natureza, este é um conceito definido de diversas formas dependendo da posição política que se adote.

É claro, em todo caso, que a democracia definida nas novas Constituições latino-americanas vai além da democracia representativa, apesar de incluí-la. Além disso, a própria democracia representativa vem, desde as reformas constitucionais dos anos 1990, a ser redefinida na região mediante a incorporação de formas de democracia direta e semidireta ou outros mecanismos de participação que incluem o referendo, o plebiscito, a revogação do mandato ou a iniciativa legislativa.

Esses mecanismos, ainda que potencialmente possam enriquecer a democracia representativa, não devem ser tomados acriticamente. Nuria Cunill (1997)[3] analisou inúmeros casos na América Latina e em outras

[3] Sobre as reformas constitucionais nos anos noventa na América Latina, Cunill destaca que: "las reformas recurrentes se orientan a la introducção de las figuras de la iniciativa popular en la formação de las leyes y del referéndum en el nivel nacional, concebidos como direitos políticos de participação ciudadana. La Constitución de Argentina, reformada en agosto de 1994, incluye ambas figuras como derechos, y así también ocurre en las nuevas Constituciones de Perú (Septiembre de 1993), y de Colombia (Octubre de 1991). Previamente habían sido incorporadas en la Constitución de Brasil, promulgada en Octubre de 1988" (p. 83).

partes do mundo, naqueles em que as expressões supostamente majoritárias ou participativas serviram não para transformar relações de poder e redistribuir recursos mais igualitariamente, mas sim para legitimar o *status quo* e, inclusive, facilitar reformas conservadoras.

De fato, durante os anos 1990, as reformas constitucionais que na América Latina introduzem mecanismos de participação direta coincidem com os processos de redução do Estado e a transferência dos seus recursos e competências ao setor privado. Em muitas ocasiões a participação cidadã foi reduzida a um mecanismo puramente funcional às necessidades de informação e gestão da burocracia ou de acordo com as necessidades de controle corporativista de governos populistas e autoritários, e inclusive de ditaduras.[4] Trata-se, em todos estes casos, dos riscos de uma democracia plebiscitária ou da manipulação da democracia.

Em todo caso, o desenvolvimento constitucional dessa gama mais ampla e complexa de mecanismos democráticos tem consequências para os juízes da região. Uma das consequências, examinadas mais adiante, é o desenvolvimento de juízes especializados em matéria eleitoral.

Por outra parte, se o novo papel dos juízes latino-americanos é fundamentalmente garantir os direitos constitucionais, cabe perguntar se isso possível e desejável, e que consequências pode e deve ter para uma democracia mais radical na região. Finalmente, se a Constituição é levada a sério, isso pode – e, nesses casos, deve – ter consequências no decurso dos litígios ordinários. Dessa forma, a justiça comum se vê também transformada pelas pautas interpretativas, os direitos e os princípios constitucionais.

Talvez uma forma provocadora de iniciar o debate sobre a relação entre democracia e juízes é perguntando quão pertinente resulta para nós o problema contramajoritário que aflige a legitimidade dos juízes constitucionais e, às vezes, dos ordinários. Lembremos que o problema contramajoritário tem relação com o questionamento da legitimidade de juízes que não foram eleitos e que, em certas ocasiões, em nome da Constituição e argumentando defender direitos, decidem contrariamente ao que foi determinado na lei ou expresso de outra forma pela maioria.

Essa discussão seria mais relevante ou ao menos mais prática em sistemas nos quais os juízes têm mais poder. Porém, na América Latina,

4 Um exemplo muito claro do primeiro é o caso do governo de Fujimori, enquanto a segunda situação é bem exemplificada pelo governo de Pinochet. Ambos, em maior ou menor medida, apelaram para a participação da sociedade civil como uma justificativa de processos de privatização e desmantelamento do Estado.

ou pelo menos na maioria dos países da região – onde a independência dos juízes é mais limitada em virtude da pressão das outras funções do Estado –, cogitar os riscos de um governo de juízes parece ser um exercício puramente acadêmico.

Contudo, essa discussão é relevante por outras razões e para outros propósitos. É um debate que pode-nos ajudar a imaginar novos tipos de juízes, novas formas de ser juiz na América Latina. Para começar, talvez seja necessário polir a pergunta que serve de base ao debate, posto que quando se questiona como é possível que autoridades não eleitas, como os juízes, invalidem decisões da maioria democrática, sugere-se que entre os juízes e a maioria democrática ou seus representantes há um conflito insolúvel, e que alguém deve ter a última palavra. Não obstante, estimamos que o inerente a uma concepção dinâmica e deliberativa de democracia é que nela ninguém tem a última palavra, pois democracia é debate permanente. Inclusive, o que é decidido por uma maioria conjuntural – por exemplo, a reforma de uma lei mediante um plebiscito – pode e deve ser discutido, pois desde o próprio ponto de vista democrático, o que fora votado pode ser contrário ao que anteriormente fora decidido por uma maioria constituinte ao ditar uma Constituição.

Além disso, as decisões da maioria, ao expressar-se em leis ou Constituições, devem inevitavelmente ser interpretadas. Este é um trabalho que não pode ser ignorado por juízes, advogados e, o que é mais importante, pelos próprios cidadãos e as suas organizações quando entram em conflito entre si ou com o Estado e, consequentemente, recorrem aos juízes. Em um processo judicial há interpretações distintas entre as partes que reclamam seu direito, e é o juiz quem deve examinar o debate para elucidar a solução. A interpretação jurídica, portanto, é ou deve ser uma continuação da discussão sobre o sentido desejado pela maioria, expressa em uma lei. É por esta razão que o processo judicial deve também ser deliberativo. Notemos que o devido processo constitucional que deve conduzir todo processo judicial é, finalmente, uma estrutura deliberativa que procura apoiar a busca por uma interpretação jurídica baseada nas melhores razões e valores para tomar uma decisão (Bernal Pulido, 2005).

Justamente por esse motivo não se admite a suposição de Ferrajoli (2011), com respeito à conceituação dos direitos constitucionais como limites estáticos da democracia. Os direitos, como as leis, são objeto permanente de interpretação, ainda que existam consensos básicos ou interpretações predominantes sobre parte do seu conteúdo, ao que a teoria constitucional denominou "núcleo" ou "conteúdo mínimo dos direitos".

De fato, a argumentação de Ferrajoli (2011) sobre os direitos como algo que não se discute sugere um tipo de clausura ou congelamento do conteúdo do direito no momento constituinte. Ou seja, uma vez positivado o direito, ele não seria ou não poderia ser objeto de ulteriores definições, para que pudesse atuar efetivamente como um limite à eventual arbitrariedade de uma maioria.

Entretanto, supomos que isso não é o que se observa na prática. Uma vez estabelecido o direito, este é objeto de regulação e prévia interpretação, mediante a tarefa legislativa. É também objeto de interpretação por parte das autoridades públicas que, segundo o próprio Ferrajoli (2011), devem ser as garantias primárias da Constituição, além do fato de que os cidadãos, ao exigirem ou reclamarem este direito, devem precisar o alcance do seu sentido. Finalmente, se as garantias primárias não funcionam, o direito deverá ser interpretado pelos juízes ordinários e, posteriormente, pelos constitucionais. Em outras palavras, legisladores, autoridades públicas, juízes, advogados e, o que é mais importante, os próprios cidadãos titulares desses direitos continuam realizando interpretações dos mesmos.

Obviamente, tais interpretações não têm igual valor ou influência. Assim, por exemplo, o legislador tratará de diminuir a margem de interpretação da autoridade pública. A interpretação da Corte Constitucional resguardará, a seu critério, o sentido correto da Constituição frente à legislação e frente às decisões judiciais. As interpretações doutrinais somente terão a força da sua razoabilidade, enquanto que as interpretações dos cidadãos dependerão de como são processadas pelos canais institucionais ou diretamente da sua força política.

Em suma, o postulado que proponho para o debate é o de que um juiz democrático é aquele que no seu trabalho interpretativo respeita e faz respeitar as condições de igualdade da discussão, aquele que escuta e dialoga com as partes envolvidas, e estende o diálogo a uma série de discussões produzidas na doutrina, à jurisprudência, à opinião pública e a outros discursos relevantes para a adoção de uma decisão. Inclusive a própria sentença pode ser objeto de novas deliberações mediante recursos de apelação ou revisão da constitucionalidade.

Em outras palavras, há um processo permanente de construção dos sentidos da lei que se inicia uma vez que esta é promulgada. Nesse processo, os juízes desempenham um papel crucial. Contudo, isso não implica, ou ao menos não deve implicar, na clausura da construção democrática desses sentidos. Pelo contrário, os juízes devem atender, na sua interpretação, aos sentidos democráticos (Nino, 2005).

Ativismo judicial

Ativismo judicial é um termo de uso frequente, mas geralmente indefinido. Porém, é importante ao menos caracterizá-lo com o objetivo de não confundir ativismo do juiz com a sua posição política, com a sua eventual subordinação ou simplesmente com incompetência profissional. Fala-se habitualmente de ativismo no caso de juízes que, por própria iniciativa, constroem, nas suas sentenças, interpretações extensivas ou ao menos inovadoras da norma jurídica. Por esta mesma razão, não é de se estranhar que os juízes ativistas sejam acusados de se arrogarem faculdades que a Constituição ou a lei designam ao Legislativo ou ao Executivo. Entretanto, a determinação da inconstitucionalidade ou a ilegitimidade de tais atuações judiciais é questionada com frequência porque depende do conceito de Direito, da forma como o juiz se vê e dos métodos de interpretação que ele utiliza na sua atividade.

Não se deve confundir com ativismo judicial qualquer atuação desorbitada de juízes subordinados ou instrumentalizados pelo governo vigente, posto que o juiz ativista é aquele que busca impor a sua própria interpretação jurídica e não a que lhe foi imposta. A independência judicial é uma condição prévia do ativismo. Dada a predominância da falta de independência judicial em nossa região, pode-se, então, sustentar a hipótese de que o ativismo tem sido a exceção que confirma a regra da dependência dos juízes. Vimos essas exceções, talvez em maior grau, em países como a Colômbia, o Brasil e a Costa Rica. Em geral, em todos os países e em diversos períodos, encontram-se mais ou menos juízes ativistas, mas o fundamental é determinar como reage o sistema judiciário e a comunidade jurídica perante esses juízes. Por esta razão, uma forma de se aproximar do ativismo é analisar a sua condição *sine qua non*: a independência judicial.

A independência judicial como paradigma e como prática política

Geralmente se conceitua a independência judicial desde um ponto de vista normativo ou desde um enfoque empírico. No que se segue, desenvolvem-se alguns elementos próprios de cada enfoque, posto que uma visão mais integral e integrada da independência judicial requer justamente a confluência de ambas as perspectivas (Linares, 2003).

A independência judicial normativa

A importância dos juízes em geral, e dos juízes constitucionais em particular, não pode ser examinada sem se considerarem as suas relações com as demais funções do Estado. De fato, uma maior presença política dos juízes não significa necessariamente maior independência. É correto afirmar que na América Latina os juízes vêm adquirindo maior protagonismo político durante os últimos anos. Apesar disso, ou talvez justamente por isso, assistimos, também, ao que se denomina uma "politização da justiça".

A politização da justiça não significa que a justiça ou os juízes anteriormente não eram políticos e agora o são, uma vez que por sua própria natureza os juízes sempre foram e serão atores políticos, tanto de expressão quanto de exercício de poder. O que se pretende dizer quando se fala em politização da justiça é que o governo vigente ou certos partidos políticos ou setores políticos vêm manipulando ou instrumentalizando a justiça e que, ao menos de um ponto de vista normativo, considera-se que este processo é negativo, pois distorce gravemente as funções que são próprias dos juízes.

Em suma, os juízes são e podem ser atores políticos, mas esta qualidade de ator implica na capacidade de adotar autonomamente as suas próprias decisões, especialmente decisões de como interpretar e aplicar a lei e analisar os fatos em um caso concreto. Esta autonomia, logicamente, não significa autarquia. Não implica que os juízes estejam alheios aos processos e inclusive às pressões políticas, ou que eles próprios não tenham posições políticas. Significa, simplesmente, que o seu cargo ou a sua carreira não deve depender primária e imediatamente do sentido das suas sentenças, e que justamente por isso as suas próprias posições políticas podem ser expressas legitimamente na sua interpretação profissional da lei.

É a essa condição de ator político por próprio direito – o qual pode interpretar a lei conforme as suas próprias opções hermenêuticas sem sofrer retaliações políticas – que se denomina *independência judicial* a partir de um constitucionalismo crítico. Em outras palavras, os juízes são independentes porque são atores políticos que podem decidir por si mesmos, e a politização da justiça é contrária à sua independência porque implica em que outros decidam por eles. Este esclarecimento das noções de independência judicial e politização da justiça é importante porque, de outro modo, ao usar estas noções, podem-se inconscientemente adotar premissas positivistas, segundo as quais os juízes devem ou podem ser totalmente assépticos a partir do ponto de vista político. Em tal sentido, a independência consiste em tal assepsia.

A independência judicial empírica

Os estudos empíricos de políticas judiciais revelam que, se do ponto de vista normativo podemos distinguir de forma dicotômica entre independência e dependência judicial, na prática institucional encontramos inúmeros tipos de juízes, e inclusive distintas formas de atuação de um mesmo juiz. De fato, há juízes alinhados em termos político-partidários que superpõem as necessidades e as estratégias partidárias à lógica do Direito. Há juízes profissionais que privilegiam a institucionalização da Função Judicial e a interpretação profissional da lei. Há outros juízes que privilegiam o avanço das suas carreiras e põem as suas decisões em função de tal avanço (Helmke, 2002).

Contudo, todos esses são, em alguma medida, tipos ideais de juiz, que dão conta do predomínio de certa lógica, posto que o mesmo juiz pode atuar de diversas formas frente a diversos casos e em diversos momentos políticos. O mesmo juiz pode, por exemplo, atuar como um juiz profissional em um caso não submetido à pressão política ou mediática, e assumir uma posição politicamente estratégica em outro caso submetido a tais pressões. A mesma variabilidade pode ser predicada no âmbito agregado de uma Corte ou Tribunal, instituição que em realidade pode funcionar em diversos níveis, desde aqueles em que predominam as considerações técnico-jurídicas até aqueles em que predominam as considerações políticas, inclusive conjunturais e partidárias (Grijalva, 2010).

Tal complexidade empírica nos leva necessariamente a uma concepção gradual de independência judicial. Sob tal perspectiva, os juízes não são independentes ou dependentes, e sim independentes ou dependentes em maior ou menor grau. Os juízes mais independentes serão aqueles que com maior frequência e intensidade se aproximem do referente normativo de independência, exposto anteriormente. Os juízes menos independentes serão aqueles que se encontrem mais distantes desse horizonte normativo.

Dessa forma, o enfoque normativo e o empírico se complementam. Por uma parte, o enfoque normativo opera como parâmetro ou horizonte da condição empírica, provendo-lhe de sentido ou orientação. Por outra parte, o enfoque empírico agrega complexidade ao normativo, evidenciando o binômio de polaridades situadas aos extremos de um *continuum*, que conformam este último.

Importância para a teoria constitucional

A teoria constitucional, evidentemente, encontra-se na dimensão normativa em relação à independência judicial, mas não deve estar alheia à dinâmica e à complexidade empírica, revelada pelos estudos políticos, pois, sem tais considerações, pode ser reduzida a um formalismo purista. De fato, na América Latina, um problema frequente na maioria dos países é a distância ou contraste entre o que, por um lado, normativamente entendemos por independência judicial e, por outro lado, a realidade dos juízes e o sistema judiciário.

Por um lado, as Constituições garantem a independência dos juízes. Por outro lado, os desenhos institucionais para a sua designação, promoção e remoção e a própria prática política tendem a restringir tal independência. Os Conselhos da Judicatura constituem uma instância institucional onde habitualmente aprecia-se com clareza esta contradição. Historicamente, os Conselhos da Judicatura surgem como um mecanismo para libertar os juízes das tarefas administrativas. Ao mesmo tempo, ao integrar estes Conselhos ao interior da própria função judicial, pretende-se atribuir a esta uma administração própria, diferenciada e autônoma daquela do Executivo. A razão desta separação reside justamente na preservação da independência judicial.

Não obstante, na prática política apreciamos reiteradas intervenções do Executivo ou do Legislativo sobre os Conselhos da Judicatura. Estas intervenções se baseiam especialmente no desenho institucional e na designação concreta para a integração de tais Conselhos. Dessa forma, produz-se uma grave distorção dos Conselhos da Judicatura, visto que, de mecanismos de descarga e independência administrativa sem funções jurisdicionais, transformam-se em instrumentos de controle sobre os juízes.

Enquanto o desenho constitucional compreende os Conselhos da Judicatura como ferramentas de administração e controle disciplinar da própria função judicial que asseguram a sua independência, na prática, os ditos Conselhos transformam-se em um tipo de colonização do Executivo – no interior do Judiciário – para invadir funções jurisdicionais sob o pretexto de considerações supostamente disciplinares ou administrativas.

O alcance de tal intervenção pode variar, limitando-se a casos politicamente sensíveis ou estendendo-se a outros processos judiciais. Em todo caso, os juízes começam a decidir não de acordo com a sua genuína convicção na interpretação da lei, mas em relação à possibilidade de retaliações ou prêmios por parte do Conselho da Judicatura, o qual atua de forma sistematicamente diferente com relação às preferências do Executivo. Evidentemente, esta instrumentalização do Conselho da Judicatura é um incentivo para que outras forças político-partidárias tratem também de captar espaços nessa instituição. Dessa forma, o controle disciplinar da justiça se converteu em objeto de disputa político-partidária.

Casos nacionais: Conselhos de Judicatura no Equador e na Argentina

Neste tópico apresento os casos do Equador e da Argentina em relação a recentes reformas constitucionais ou legais no que se refere à integração do Conselho da Judicatura. Ainda que cada um desses países tenha as suas particularidades, um padrão comum é dado pela intervenção do Executivo ou do Legislativo nas normas que regulam a integração do organismo. Esta intervenção tende a aumentar a interferência externa no Conselho da Judicatura e, por essa via, na função judicial.

O caso do Equador

Em fevereiro de 2011, o Presidente Rafael Correa convocou uma Consulta Popular. Apesar de esta consulta conter 10 perguntas, algumas com complexos anexos, o fundamental se encontrava em uma reforma constitucional relativa à forma de integração do Conselho da Judicatura e ao poder dos juízes para ditar medidas cautelares.

Efetivamente, as perguntas 4 e 5 dessa consulta abordavam a reforma dos artigos 179 e 181 da Constituição, assim como de vários artigos do Código Orgânico da Função Judicial. A principal mudança proposta implicava em dissolver o Conselho da Judicatura em funcionamento e nomear, por um prazo de 18 meses, um Conselho de Judicatura de Transição, composto por três membros: um designado pela Função Executiva, outro pela Função Legislativa, e outro pela Função de Transparência e Controle Social. Após esse período, devia-se nomear o Conselho da Judicatura definitivo, o qual passaria a ser composto por cinco delegados e os seus suplentes, eleitos pelo Conselho de Participação Cidadã e Controle Social e de três representantes enviados pelo presidente da Corte Nacional de Justiça, pelo Fiscal Geral do Estado, pelo Defensor Público, pela Função Executiva e pela Assembleia Nacional.

A reforma incluía, além disso, várias mudanças na estrutura funcional e atribuições das instâncias internas do Conselho da Judicatura.

Fundamentalmente, essa reforma desmantelava o desenho institucional concebido na Constituição equatoriana para a integração do Conselho da Judicatura. Nessa Constituição, o Conselho da Judicatura era um órgão que se integrava e funcionava de forma autônoma em relação às demais funções do Estado, sem a participação de delegados de nenhuma delas. A Constituição previa a designação dos membros do Conselho da Judicatura mediante concurso público de méritos, com paridade entre homens e mulheres, no qual se combinavam profissionais de Direito e da Administração. Esse concurso devia ser organizado pelo Conselho de Participação Cidadã e Controle Social.

A Constituição equatoriana havia adotado esse modelo devido à crônica intervenção tanto do Executivo quanto do Legislativo no Judiciário. Pensou-se então que, a partir da integração do máximo órgão de administração do Judiciário sem nenhuma intervenção legislativa ou executiva, se propenderia a uma maior independência.

A reforma proposta pelo Presidente Correa implicava em uma reforma constitucional de ordem orgânica, sujeita a controle constitucional. Por tal razão, a Corte Constitucional examinou as perguntas para determinar se o procedimento adotado era o adequado. Conforme o artigo 441 da Constituição, o presidente somente pôde submeter a referendo reformas constitucionais que não alterassem a estrutura fundamental ou o caráter e os elementos constitutivos do Estado. Como consequência, produziu-se um debate entre os opositores à consulta – alegando que a reforma alterava a estrutura do Estado – e o Executivo, que afirmava que a reforma não tinha este caráter.

É também necessário ressaltar que as perguntas 1 e 2 da consulta, propostas pelo presidente, se referiam a restrições ao poder dos juízes para a outorga de medidas cautelares. Para este tipo de reforma, a Constituição no seu artigo 442, também limita a iniciativa do presidente, pois indica que não poderá propor reformas constitucionais que restrinjam direitos ou garantias constitucionais.

Apesar dessas expressas limitações da Constituição, a Corte Constitucional aprovou por maioria as perguntas do presidente, deixando assim o caminho aberto para a Consulta. O voto de minoria articula de forma muito mais sólida as razões de ordem propriamente jurídica, que a Corte deveria ter considerado para impedir a consulta nos termos propostos.

Finalmente, a consulta impulsionada por Correa aconteceu no dia 7 de maio de 2011. Os resultados favoreceram o governo em todas as perguntas, ainda que a margem com a qual o presidente ganhou no caso das perguntas sobre o Conselho da Judicatura e as medidas cautelares tenha sido pequena.

O caso do Equador mostra como a democracia plebiscitária pode corroer a independência judicial. De fato, o governo de Correa apresentou ao país essa reforma em um momento de crise de legitimidade, sete meses depois do 20 de setembro de 2010, quando o presidente enfrentou uma grave rebelião da polícia. De igual modo, na opinião pública notava-se o crescimento da delinquência e da insegurança, acompanhadas dá deterioração do sistema judiciário.

Frente a essa situação, o regime de Correa ofereceu uma reforma judicial, a qual, até a presente data tem gerado resultados profundamente contraditórios. Por um lado, tem produzido uma importante renovação da infraestrutura física e tecnológica dos tribunais. Por outro lado, há graves questionamentos e preocupações com relação à independência dos juízes. De fato, as análises internacionais sobre a designação de novos juízes no Equador formularam observações que confirmam a existência de tais problemas.

As dúvidas sobre a independência de certos juízes cresceram à sombra de processos politicamente muito sensíveis. Efetivamente, são internacionalmente conhecidos os processos por injúria que o Presidente Correa moveu contra os meios de comunicação e jornalistas específicos, em alguns casos reclamando indenizações exorbitantes e em meio a processos judiciais nos que se violou o devido processo legal.

O caso da Argentina

A Presidente Cristina Fernández de Kirchner apresentou ao Congresso no dia 8 de abril do 2013 uma série de projetos de lei orientados para a reforma da justiça. Uma das leis enviadas pela presidente pretende reformar a integração e o funcionamento do Conselho da Magistratura. Atualmente, os juízes que integram o Conselho são designados pelos próprios juízes, e os advogados, pelos próprios advogados.

Mediante essa reforma, amplia-se de 13 para 19 o número de membros do Conselho da Judicatura, passando a acrescentar um advogado e cinco representantes do universo acadêmico ou científico postulados por partidos políticos e eleitos mediante votação popular durante as eleições presidenciais.

A crítica fundamental que se faz ao projeto é o fato de ele permitir que o Executivo controle a maioria do Conselho, posto que, ao ser eleito, o/a presidente/a obterá, possivelmente, também os votos para designar, mediante eleição popular, até oito membros do Conselho. A estes poderão somar-se dois senadores e dois deputados, no caso de o governo ter a maioria no Congresso, além de um representante direto.

O argumento principal do governo argentino é o de que é necessário superar a integração corporativista do Conselho e desenvolver a participação democrática em sua integração. Nessa lógica, considera-se mais democrático que os próprios cidadãos elejam a maioria dos integrantes desse órgão. Semelhantemente ao caso do Equador, apela-se à democracia para transformar o desenho constitucionalmente previsto para o Conselho de Magistratura, mas neste processo coloca-se em risco a independência judicial. De fato, um dos cartazes mais relevantes daqueles que protestaram frente ao parlamento argentino quando a lei foi aprovada dizia: "No a la mentirosa democratización de la justicia".

O caso argentino tem vários aspectos comuns com o equatoriano. Em ambos os casos, a iniciativa da reforma surge do Executivo, e este apela à decisão eleitoral majoritária como justificativa das reformas constitucionalmente questionáveis que limitam a independência judicial mediante um importante aumento da ingerência do Executivo na integração do Conselho.

Contudo, o paralelismo com o caso equatoriano não termina aí. A Presidenta Cristina Fernández, como fizera o Presidente Correa no Equador, apresentou um projeto para restringir o alcance das medidas cautelares. Esta restrição se refere a limitações na discricionariedade dos juízes, aos prazos máximos de duração que se limitam a seis meses, passíveis de uma renovação.

O que se aprecia, tanto no caso equatoriano quanto no argentino, é uma restrição na proteção jurisdicional dos direitos constitucionais. Em outras palavras: limita-se o grau de discricionariedade dos juízes para adotar medidas urgentes e provisórias que permitam evitar ou cessar atos violadores de um direito constitucional.

Consequentemente, as reformas referentes à integração do Conselho da Judicatura ou Conselho da Magistratura em ambos os países não respondem a uma lógica distinta daquela que promove as restrições de medidas cautelares também em ambos os casos. Trata-se, fundamentalmente, de uma limitação do poder próprio dos juízes para interpretar a lei e decidir mediante as suas sentenças e resoluções como atores políticos independentes, inclusive relativos à proteção de direitos constitucionais.

Tais reformas são tremendamente paradoxais, visto que nos novos desenhos constitucionais na região, os juízes são, sobretudo, garantidores de direitos. De fato, o esquema de garantias presente nas Constituições latino-americanas dos últimos dois decênios se orienta teoricamente para fortalecer o Poder Judiciário e a justiça constitucional, assim como para ampliar, não somente os direitos, como também as garantias constitucionais de todo tipo, e abrir a possibilidade de uma pluralidade de novas fontes de Direito.

Essa clara linha de independência normativa, no entanto, contrasta com os decrescentes níveis de independência empírica. Revela-se, assim, uma profunda contradição no âmago dos próprios regimes constitucionais. Uma contradição entre a declaração dogmática de direitos e a estruturação orgânica do poder. Mais especificamente, tal contradição se produz entre os esquemas e as práticas hiperpresidencialistas que vêm sendo desenvolvidos em alguns países latino-americanos e o constante esquema de garantias em suas Constituições.

Referências

AHUMADA, M. de los Á. *Neoconstitucionalismo y Constitucionalismo en Paolo Comanducci, Maria de los Angeles Ahumada y Daniel González, Positivismo Jurídico y Neoconstitucionalismo*. Madrid: Fundación Coloquio Jurídico Europeo, 2009.

BERNAL PULIDO, C. *El derecho de los derechos*. Bogotá: Universidad Externado de Colombia, 2005.

CONSTITUCIONAL, Tribunal. *Constitución de la República del Ecuador*. Quito-Ecuador: Registro Oficial, v. 449, p. 20-10, 2008.

CUNILL, N. *Repensando lo público a través de la sociedad*. Caracas: Nueva Sociedad, 1997.

FERRAJOLI, L. *Principia Iuris. Teoría del derecho y de la democracia*. Madrid: Trotta, 2011.

FERRAJOLI, L. *Poderes Salvajes. La crisis de la democracia constitucional*. Madrid: Trotta, 2011.

GARGARELLA, R. *et al. Constitución y democracia en Albanese. Derecho constitucional*. Buenos Aires: Editorial Universidad, 2004.

GRIJALVA, A. *Courts and Political Parties – The Politics of Constitutional Review in Ecuador*, 2010. Tese (Doutorado em Ciência Política) – Graduate Faculty of Arts and Sciences, University of Pittsburgh, 2010

HELMKE, G. The Logic of Strategic Defection: Court-Executive Relations in Argentina under Dictatorship and Democracy. *American Political Science Review*, v. 96, n. 2, p. 291-303, 2002.

JUDICIAL, Código Orgánico de La Función. Corporación de estudios y Publicaciones. Quito, Ecuador, 2011.

LINARES, S. La Independencia Judicial: Conceptualización y Medición. In: BURGOS, G. (Ed.). *Independencia Judicial en América Latina ¿de quién? ¿para qué? ¿cómo?* Bogotá: ILSA, 2003.

NINO, C. *Fundamentos de Derecho Constitucional.* Buenos Aires: Astrea, 2005.

UPRIMNY, R. Las transformaciones constitucionales recientes en América Latina: tendencias y desafíos. In: GARAVITO, C. R. (Org.). *El derecho en América Latina: un mapa para el pensamiento jurídico del siglo XXI.* Buenos Aires: Siglo Veintiuno, 2011. p. 109-137.

Soberania popular e direitos no novo constitucionalismo latino-americano

Ana Paula Repolês Torres

Soberania popular é uma expressão que nos vem à mente quando pensamos o novo constitucionalismo latino-americano. Isso porque passamos a ouvir "vozes" emudecidas pela história. Índios, afrodescendentes e outras identidades socioculturais aparecem na arena pública como sujeitos de direito, não somente participando da refundação da comunidade política, com a adoção de novas Constituições, como também ganhando representatividade nos órgãos constituídos e passando a ser reconhecidos em suas específicas normatividades e formas de resolução de conflitos.

Percebemos, assim, que há um processo de ruptura de toda uma história de ocultamento das diferenças, de violência para com as diversas identidades étnico-culturais existentes no continente. Tal processo representa, nas palavras de Walter Benjamin na Tese VII, uma "leitura da história a contrapelo" (Benjamin, 1969). É, portanto, conferindo um novo significado ao passado que os excluídos passaram a demandar o seu lugar no conceito de "povo soberano", diríamos que os "fantasmas de todas as revoluções estranguladas ou traídas, ao longo da torturada história latino-americana, ressurgem nas novas experiências [...]" (Galeano, 2011, p. 25). Nessa linha, quando pensamos em soberania popular, a primeira referência a que podemos nos remeter é a Revolução Francesa, haja vista que nela também houve uma ruptura com uma tradição excludente. Ocorre, todavia, que o terror implantado pelos jacobinos faz-nos ficar em alerta e levantar alguns questionamentos. O que fazer para que a luta por emancipação não descambe no reino da violência e arbitrariedade? Por outro lado, se o povo surge na arena pública reivindicando a liberdade e a igualdade a todos prometida pelo constitucionalismo moderno, resta-nos perguntar, com Friedrich Müller (2000), *"quem é o povo"?* Será que soberania popular implica unidade substancial, homogeneidade? Se a ideia de unidade política é imprescindível para a formação de um estado, como conciliar essa necessária identidade com a diversidade de modos de vida, com a pluralidade que, como nos lembra Arendt (1958), é inerente à condição humana?

Desse modo, o que nos dispomos a fazer é refletir sobre o novo constitucionalismo latino-americano a partir da experiência francesa, enfatizando qual o papel da Constituição, das emendas constitucionais e até mesmo do controle judicial de constitucionalidade para configuração da soberania popular, para que então possamos compreender qual ruptura o novo constitucionalismo latino-americano apresenta com relação ao legado francês. Essa ruptura também será evidenciada pela filiação do constitucionalismo latino-americano à tradição norte-americana, a qual deu origem à Constituição no sentido formal do termo, estruturando-a como uma mediação necessária para a soberania popular. Assim, como desenvolveremos a seguir, é justamente a simultânea aproximação e o distanciamento com relação a essas duas tradições que nos permite visualizar algo de novo nessa experiência político-jurídica latino-americana.

Não obstante entendermos, ao contrário de Maurizio Fioravanti (2001, p. 12), que não existem constitucionalismos, mas constitucionalismo, na medida em que este é compreendido como a exigência moderna de reconhecimento de que somos seres livres e iguais, autores das leis que regem nosso viver em comum (Carvalho Netto, 2001, p. 12), devemos sempre relembrar que existem diversas leituras contextuais dessas exigências de liberdade e igualdade, como aquela realizada pelo Estado Liberal, pelo Estado de Bem-Estar Social ou pelo mais atual Estado Democrático de Direito. São leituras estas assumem os mais diversos desenhos institucionais em situações históricas específicas. Resta compreendermos então qual a novidade do novo constitucionalismo latino-americano, bem como os ganhos e os riscos que essa experiência apresenta.

Ressalte-se, ainda, a importância do debate sobre tais inovações, pois o que estamos a fazer é ajudar na escrita de um testamento para as gerações vindouras, inaugurando, talvez, uma nova tradição. Ao se referir à experiência da resistência francesa durante a Segunda Guerra Mundial, Arendt citou a seguinte frase de René Char: "Notre heritage n'est precede d'aucun testament" [Nossa herança nos foi deixada sem nenhum testamento] (Arendt, 2001, p. 28), a qual enfatiza a relevância das narrativas para o não esquecimento do passado, ou do presente que um dia não mais será, diríamos, portanto, com Boaventura de Sousa Santos (2010), que temos de não mais desperdiçar as experiências.

Em um segundo momento de nosso texto, procuramos entender em que medida a afirmação das identidades, o reconhecimento das diferenças antes ocultadas, o que autores contemporâneos, como Axel Honneth (2009), compreendem como o retorno da esfera eticidade, é compatível com a busca de igualdade em termos materiais, isto é, com a redistribuição dos bens, de acordo com a concepção de justiça desenvolvida por Nancy Fraser (1996, 2007). Ressoa aqui a velha disputa entre particular e universal, entre Hegel e Kant, entre as concepções de vida boa e as normas abstratas e incondicionadas. Resta pensarmos se o que temos são opostos que se excluem mutuamente, ou antes polaridades que devem ser compreendidas de uma forma complementar.

Por fim, cabe indagarmos se a atual relevância dos tribunais, fortemente presente no Brasil e demais países latino-americanos, apresenta-se como um empecilho ou um elemento de consolidação da democracia. Será que os tribunais só estão bem cumprindo sua função institucional ou estão usurpando um poder que não lhes pertence? Desse modo, estariam sendo antidemocráticos ou contribuindo para o aperfeiçoamento da democracia? É necessário esclarecer que tais perguntas são outras maneiras de dizer a mesma tensa relação entre soberania popular e direitos. Por fim, como consequência lógica de nossa argumentação, questionamos se a denominada "judicialização da política" (Tate; Vallinder, 1995) é somente uma transferência de questões da política para o direito, ou aponta também para essa necessária inter-relação entre o "governo do povo e pelo povo" e o "governo de leis, e não de homens" (Michelman, 1988, p. 1493), o que nos faz repensar tanto o que seja o direito, quanto o significado da política.

Soberania popular e Constituição

O primeiro foco de nossa análise será, por conseguinte, a inter-relação entre soberania popular e constitucionalismo na experiência francesa, a partir da própria dinâmica da Revolução de 1789. Ressalte-se, já de início, que na França houve um predomínio da perspectiva democrática, da soberania popular, sobre a dimensão constitutiva de vínculos com o futuro, haja vista que a criação de uma Constituição era considerada o término do processo revolucionário, como um limite inadmissível a uma soberania que se apresentava como absoluta.

A crítica, crise e derrocada do absolutismo, como nos lembra Reinhart Koselleck (1999), efetuadas por meio do amplo processo subjacente à Revolução Francesa, podem ser entendidas como uma continuidade da trajetória de secularização que caracteriza os primórdios da modernidade. É claro que com Weber poderíamos ampliar nosso enfoque e ver que a secularização remete-nos para além da moralidade burguesa analisada por Koselleck, estando atrelada à racionalização das diversas dimensões sociais, como a própria esfera religiosa, a qual sofreu um processo de desencantamento ao expurgar os efeitos mágicos da busca de salvação. Todavia, o que nos interessa no presente estudo é que a secularização, que levou à busca de fundamentos imanentes para o poder político, remete-nos a uma progressiva diferenciação funcional da sociedade (Luhmann, 1982), em que o direito não mais consegue encontrar sua base de legitimidade na religião. Teríamos, então, uma sociedade descentrada, onde não haveria nenhum ponto de "Arquimedes" capaz de gerar a harmonia do todo. Nessa linha, o fato importante a ser ressaltado é que, no transcorrer desse processo, o lugar do transcendente e do sobrenatural, antes ocupado pela religião, foi deslocado para o poder secular, mais especificamente para a figura "santificada" do soberano.

Assim, se o absolutismo anterior à Revolução Francesa não se baseava mais no primado da religião, como entendia Hobbes, na medida em que o poder não era justificado pela divindade ou pelo ideal do *bom governo*, já que "auctoritas, non veritas, facit legem" (Hobbes, 2008), ou seja, se a autoridade do monarca não tinha mais alicerce em aspectos metafísicos ou sobre-humanos, o que podemos perceber é que certa aura de divindade continuou atrelada à figura do monarca. A famosa frase de Luís XIV, "L'État c'est moi", expressa muito bem a inquestionabilidade do soberano, o que nos aparenta um resquício de transcendentalidade. O que perguntamos então é se o processo de mudança em desenvolvimento na França de 1789 significou uma ruptura com suas tradições imemoriais. Podemos dizer que a nova ordem política e jurídica instalada significou realmente o fim do poder ilimitado? "Que outra coisa fez o próprio Sieyès senão colocar simplesmente a soberania da nação no lugar antes ocupado por um rei soberano?" (Arendt, 1988, p. 124). Nesse sentido, se há descontinuidades com a configuração institucional anterior, a ideia de que o soberano não poderia limitar-se a si mesmo, ou seja, de que o poder constituinte da nação seria perpétuo se caracteriza como uma continuidade do conceito de poder absoluto da história monárquica francesa.

Cabe aprofundarmos um pouco a análise sobre Sieyès, a fim de que possamos compreender qual a resistência apresentada ao conceito de Constituição no cenário revolucionário francês. A questão que nos interessa é que Sieyès, por situar a Nação como anterior a qualquer forma de organização política, entendia como impossível a limitação ao poder da mesma, pois "seria ridículo supor a nação ligada pelas formalidades ou pela Constituição a que ela sujeitou seus mandatários" (Sieyès, 2001, p. 49).

Ou seja, apesar de ter criado a distinção entre poder constituinte e poderes constituídos, tal pensador acabou por defender uma revolução permanente. Ressalte-se que Sieyès não chegou a conceber a ideia de poder constituinte derivado, isto é, do poder de reforma da Constituição, haja vista que, em caso de necessidade, como quando há invasão de um dos poderes na esfera de competências de outro, se entendia como viável a instauração de um novo poder constituinte originário pela Nação Soberana. Em outras palavras, podemos dizer que Sieyès entendia que o povo seria o único tribunal capaz de zelar pela observância da Constituição, mais especificamente, pelo cumprimento por cada poder constituído de suas prerrogativas constitucionais (Sieyès, 1993, p. 447-448). Assim, para tal pensador, qualquer alteração na Constituição configuraria então uma nova fundação, uma nova ordem a ser implementada pelos titulares da soberania, ou seja, pelo povo em sua unidade.

Nessa perspectiva adotada por Sieyès (1993), há então uma preponderância da ideia de soberania popular em detrimento da noção de Constituição, haja vista que esta não é dotada de supremacia e rigidez, que são mecanismos destinados a controlar o poder revolucionário do povo. A Constituição, assim, não é vista por Sieyès como algo que deve durar, como algo estável, por conter as decisões fundamentais de constituição de um corpo político, da *polity*, como se diz em ciência política (Arantes; Couto, 2006, p. 46), mas sim como um instrumento à disposição da vontade da Nação. Ocorre que foi nesse contexto de ausência de limitação aos poderes – já que o único parâmetro a guiar a Nação em Sieyès era o direito natural – que um governo de maioria propiciou um ambiente atroz, uma situação de eliminação de qualquer um que discordasse da vontade de todos manifestada por meio dos chefes do movimento jacobino.

Aqui é interessante lembrarmos a distinção realizada por Hannah Arendt entre governo e princípio da maioria. Este último existe em qualquer procedimento de tomada de decisão, seja qual for a forma de governo adotada, com exceção, é claro, da tirania, porquanto o tirano concentra em si todas as decisões a serem tomadas, sem necessidade de referência a qualquer lei ou de participação de quem quer que seja. Para tal pensadora, somente quando a maioria começa a liquidar politicamente ou até fisicamente a minoria é que a regra da maioria como técnica de decisão se degenera em governo da maioria (Arendt, 1988, p. 131).

O governo dos jacobinos, nesse sentido, caracterizou-se como um típico "governo da maioria", sendo que a ausência da Constituição significou a falta de um mecanismo contramajoritário, de um mecanismo que resguardasse os direitos das minorias oponentes. A falha que vários autores, como a própria Hannah Arendt (Arendt, 1988, p. 113-143), atribuem à Revolução Francesa, foi justamente a de não conseguir estancar a revolução, ou seja, não conseguir fundar uma nova ordem jurídica e política estável que funcionasse como um empecilho ao pleno domínio das maiorias apaixonadas.

Quando falamos então em soberania popular, na unanimidade da vontade geral, como nos diz Rousseau, não podemos interpretá-la, como o fez Robespierre e vários outros intérpretes do citado pensador genebrino, como a eliminação das diferenças individuais em nome do coletivo. Se a vontade geral nos remete para a necessidade de uma vida em comum para nos constituirmos enquanto comunidade política, essa unidade não pode ser conquistada aniquilando-se a diversidade que nos constitui, sendo essa tensão, presente no pensamento de Rousseau, entre o cidadão e o indivíduo, algo que não pode ser eliminado por qualquer instituição política (Bignotto, 2010, p. 134).

Seguindo a posição de Fröebel (*apud* Habermas, 1990, p. 104), talvez tenhamos que realizar uma leitura não concretizante do princípio da soberania popular, diríamos, uma leitura não substancialista da noção de unidade política, ainda mais quando nos deparamos, atualmente, com a existência de vários Estados assumidamente multiculturais ou, até mesmo, plurinacionais. O grande desafio, portanto, não é a construção de uma unidade política por meio da eliminação dos inimigos, por meio de um "consenso por exclusão" (Ferreira, 2004, p. 117), como o entendia Carl Schmitt (1956), mas sim o estabelecimento de uma unidade na diferença.

Nessa linha, o que se percebe, a partir da experiência francesa, é que a soberania popular não diz respeito unicamente à política, pois é necessária uma mediação jurídica para que o exercício da soberania popular não leve à violência e à opressão. Desse modo, entendemos a "aquisição evolutiva" (Luhmann, 1996) que é a Constituição em termos formais, tal como pensada pelos norte-americanos de 1789, como um documento escrito dotado de supremacia em relação às leis ordinárias, capaz de imunizar o domínio político contra a instabilidade das facções momentâneas e passageiras, tão receadas por Madison no artigo 10 de *O Federalista* (Hamilton; Madison; Jay, 1984).

Todavia, ousamos ir além, e dizer que não é somente a Constituição em termos formais que se caracteriza como uma mediação necessária para a soberania popular. A própria ideia de constitucionalismo já nos faz pensar nesses limites, que são condições de possibilidade para o governo do povo. Nesse sentido, discordamos da teoria constitucional clássica e até mesmo de pensadores contemporâneos, como Antonio Negri (2002), quando se define o poder constituinte do povo, o poder constituinte originário, como um mero poder de fato, como o predomínio da política sobre o direito. A questão é que qualquer constituição de uma comunidade política na modernidade, esteja ela ancorada ou não em um texto constitucional único, está impregnada pelas exigências normativas de liberdade e igualdade. Assim, ao contrário do que entendia Schmitt (1956), o poder constituinte não é uma decisão unicamente política, pelo menos se partimos do pressuposto de que estamos a nos referir a um regime verdadeiramente democrático. O que estamos afirmando é que o exercício do poder político, para constituição de um regime de liberdade, implica em si mesmo limites, para que todos possam participar, a fim de que o poder seja plural e não de titularidade de poucos, enfim, para que não se estabeleça um regime de mando, de sujeição de uns sobre outros, pois a democracia somente pode ser estabelecida num espaço de não soberania.

Quando falamos do poder constituinte derivado, da possibilidade de os titulares do poder constituinte reverem a Constituição partindo dos parâmetros e procedimentos por ela estabelecidos, estamos tratando de mais um mecanismo de conciliação entre soberania popular e a Constituição; na verdade, trata-se de uma tentativa de conter, e não eliminar, o poder do povo soberano (Holmes, 1998). Nesse sentido, o poder constituinte derivado, que aparece já na primeira Constituição revolucionária de 1971, apresenta-se como um meio de buscar barrar a soberania popular, sendo a alteração formal da Constituição vista como um mecanismo que gera estabilidade ao permitir mudanças somente através dos procedimentos constitucionalmente estabelecidos. Desse modo, questões ordinárias da política, como aquelas referentes às políticas públicas ou ocupações dos postos de poder, questões referentes à *policy* ou *politics* (Arantes; Couto, 2006, p. 46-47) – algumas das quais não precisariam sequer estar presentes no texto constitucional por não caracterizarem típica matéria constitucional –, poderiam ser alteradas sem que se rompesse o quadro institucional vigente.

Antes de adentrarmos a análise do constitucionalismo latino-americano e de situá-lo na intercessão das tradições francesa e norte-americana, cabe ainda dizer que um elemento de reforço da ideia de que na França sempre foi difícil sustentar a supremacia constitucional com a limitação do Poder Legislativo é o fato de tal país não possuir, até hoje, um controle jurisdicional dos atos normativos; o que existe na França é um controle político, realizado pelo Conseil Constitutionnel. Constatamos, portanto, que não obstante a França ter uma tradição constitucional, a tensão entre constitucionalismo e democracia sempre se mostrou por demais problemática na tradição jurídico-política francesa, possuindo a soberania popular mais força nessa disputa do que os vínculos constitucionais.

Do exposto, já passando à análise do constitucionalismo latino-americano, podemos visualizar que a ruptura operada com relação à tradição francesa está justamente no fato de tais países terem recorrido à Constituição, às vias institucionalizadas de reforma constitucional e ao controle jurisdicional de constitucionalidade, ao mesmo tempo em que buscaram uma revitalização da ideia de soberania popular. Assim, os latino-americanos possuem uma posição peculiar entre essas duas tradições, na medida em que buscam uma relação mais dinâmica entre o governo do povo e um governo de leis, pois deixam mais espaço para o "governo dos vivos", como o defendia Jefferson (1964, p. 120) e Paine (2003) no contexto revolucionário norte-americano, seja pela via da reforma constitucional ou pela manifestação do poder constituinte originário, resultando em novos pactos constitucionais, sem, contudo, olvidar a essencialidade da própria Constituição em termos formais.

A ideia da Constituição como forma une o constitucionalismo latino-americano com a tradição norte-americana. De fato, os países latino-americanos apresentam textos constitucionais materializados em um documento único, estabelecendo procedimentos específicos para a reforma constitucional e até mesmo prevendo instrumentos para o controle de constitucionalidade,[1] sendo que tais textos, em determinados casos, como o do próprio Brasil, chegam a ser por demais detalhistas e longos, o que talvez represente uma crença ingênua de que podemos controlar a vida por meio de um texto.[2] Ocorre, todavia, que, se os norte-americanos possuem

[1] Ressalte-se que nos Estados Unidos da América o controle de constitucionalidade surgiu em decisão da Suprema Corte, no caso *Marbury vs. Madison*, em 1803, ou seja, não há previsão na Constituição dessa atribuição do Poder Judiciário norte-americano.

[2] Exemplo de como texto algum é capaz de conter o contexto nos é dado pela infrutífera pretensão das Constituições do Peru de 1979 (art. 307), do México de 1917 (art. 136) e da Venezuela de 1961 (art. 250), as quais, apesar de expressamente proibirem a sua substituição, afirmando sua própria intangibilidade mesmo que houvesse interrupção de sua vigência por qualquer forma de imposição violenta, foram deturpadas, senão aniquiladas, seja através de Golpes de Estado, como o ocorrido no Peru em 1992, seja por meio de um grande número de reformas do texto original, como no caso do México, tendo havido mais de 400 manifestações do poder constituinte derivado nesses mais de 90 anos de vigência de sua Constituição. Sobre o tema, conferir: Horta (1995, p. 107-108) e Laborde (2002).

ainda hoje praticamente o mesmo texto constitucional, tendo ele sofrido apenas 27 emendas desde sua aprovação, os países latino-americanos são caracterizados pela adoção de várias Constituições durante sua história e até mesmo pela manifestação recorrente do poder constituinte derivado de reforma.[3]

É claro que não estamos falando que a Constituição dos Estados Unidos da América é hoje idêntica à de 1789, pois se lá não houve o ressurgimento de um novo poder constituinte originário, e se o poder de reforma foi pouco utilizado (até mesmo pelas exigências muito difíceis de serem alcançadas, estabelecidas no artigo V da mencionada Constituição), houve uma mutação constitucional. Significa dizer que foram realizadas alterações interpretativas que fazem com que as normas constitucionais não sejam as mesmas pensadas pelos pais fundadores. Além disso, houve mudanças de conteúdo constitucional realizado por meio de leis ordinárias, como ocorreu com o movimento de direitos civis.

Todavia, o que vários autores pontuam com relação à tradição norte-americana é que a manutenção da "mesma" Constituição, mesmo diante de graves crises políticas, pode indicar certa resistência à soberania popular (Ackerman, 2005), ou seja, se a França pende para uma valorização da soberania popular, os Estados Unidos da América tenderiam a privilegiar a dimensão da estabilidade, dos vínculos constitucionais, tornando mais difíceis e lentas as alterações substanciais da própria Constituição. Zachary Elkins, Tom Ginsburg e James Melton (2009) exemplificam esse déficit da Constituição norte-americana em termos de flexibilidade, com a permanência nela de uma igual representação dos entes federativos no Senado, sem qualquer proporção com a população, sendo esta uma questão que já deveria ter sido atualizada em vários países pela adoção de novas Constituições, como ocorreu na Venezuela. Outro exemplo dado é o direito de portar armas, que foi objeto de uma adaptação evolutiva por meio de alterações constitucionais em certos países e que permanece na Constituição dos EUA, com consequências prejudiciais à sociedade.

Cabe advertir, todavia, que nem sempre a alteração constitucional é positiva em termos de maior liberdade e igualdade. Basta olharmos para a história latino-americana que veremos exemplos de várias "Constituições" que foram criadas em regimes ditatoriais e que, mesmo falando em nome

3 No Brasil, foram promulgadas até o momento 92 emendas à Constituição promulgada em 1988.

do "povo", representaram uma restrição drástica de direitos.[4] Entretanto, é necessário frisar que o exercício da soberania popular, que é um exercício de liberdade, por mais arriscado que seja, ainda é um caminho mais seguro do que o governo de poucos, ou até mesmo, um governo de especialistas. Ressalte-se que aqui estamos nos distanciando da concepção dualista de democracia de Bruce Ackerman,[5] pois entendemos que a política ordinária não diz respeito somente aos *experts*. Assim, mesmo quando não estamos diante de momentos extraordinários, em que há toda uma movimentação popular para a mudança constitucional, estamos aplicando a Constituição e contribuindo como intérpretes para a delimitação do sentido de suas normas. A política não é só o que decidem os nossos representantes no Parlamento, nem o direito se restringe às leis positivadas. Ocorre que a mediação do constitucionalismo e da Constituição é essencial para que essa soberania difusa não leve ao reinado da violência. Dessa forma, se em momentos extraordinários e com relação às questões mais fundamentais justifica-se o ultrapassar da Constituição estabelecida em nome dos princípios a ela subjacentes, como nos diria até mesmo Maquiavel (BIGNOTTO, 2005, p. 165), nos momentos ordinários da vida política a existência de uma ordem constitucional é fundamental para o exercício de direitos, e entre eles, o direito de participação na esfera pública.

Nessa linha, diríamos que a grande novidade do constitucionalismo latino-americano é que esse resgate revitalizador da ideia de soberania popular (chegando algumas Constituições, como a da Bolívia, a considerar a mesma soberania como ilimitada e indisponível) vem acompanhado da

[4] É interessante lembrar que o Ato Institucional n. 1, que resultou de um Golpe militar em 1964 no Brasil, fez referência, em seu preâmbulo, à eclosão de uma Revolução. Dizia tratar-se de uma Revolução por ser diferente de outros movimentos armados "pelo fato de que nela se traduz não o interesse e a vontade de um grupo, mas o interesse e a vontade da Nação". Disponível em: <www.senado.gov.br/sf/legislacao/legisla/>. Acesso em: 28 maio 2016.

[5] "Acima de tudo, uma Constituição dualista busca distinguir entre dois tipos diferentes de decisões que podem ser tomadas numa democracia. A primeira é a decisão pelo povo americano; a segunda, por seu governo. Decisões pelo povo ocorrem em raros momentos, e sob condições constitucionais especiais. [...] Decisões tomadas pelo governo ocorrem diariamente, e também pressupõem condições especiais. [...] Mesmo quando esse sistema de 'produção legislativa normal' está operando bem, de qualquer modo a Constituição dualista evita que os políticos eleitos exorbitem de sua autoridade. Eles não podem afirmar que uma simples vitória eleitoral deu a eles um mandato para aprovar uma lei ordinária que subverta os ponderados julgamentos previamente alcançados pelo Povo" (ACKERMAN, 1993, p. 6).

também indisponibilidade dos direitos humanos. Na verdade, se a soberania popular é colocada, algumas vezes, acima da própria Constituição, podendo a forma ser desprezada em nome da vontade do povo, também os direitos humanos recebem tratamento prioritário. Como nos diz o princípio *pro homine* – implicitamente reconhecido na Constituição da Bolívia e recentemente incorporado ao ordenamento *constitucional* brasileiro por meio da ratificação da Convenção para Proteção das Pessoas com Deficiência e seu Protocolo Facultativo, nos termos do art. 5°, §3°, da Constituição Federal –, aplicam-se as normas de proteção internacional dos direitos humanos quando forem mais favoráveis do que a Constituição do país.

Ressalte-se que essa importância que os direitos humanos assumem no novo constitucionalismo latino-americano pode ser percebida pela admissão, realizada por via constitucional, da jurisdição dos tribunais internacionais, como a Corte Interamericana de Direitos Humanos ou o Tribunal Penal Internacional. Dá-se também pela incorporação, aos ordenamentos jurídicos internos, dos tratados internacionais de proteção dos direitos humanos, não obstante a diversidade de hierarquia que se atribui a esses tratados, de acordo com a interpretação de cada país.

Nessa linha, se o novo constitucionalismo latino-americano aproxima-se da tradição inaugurada pela Revolução Francesa (na medida em que se preocupa com a emancipação dos excluídos, rompendo com toda uma história oficial de menosprezo de identidades até então consideradas como inferiores e marginais), dela se distancia ao valorizar, paralelamente à soberania popular, os direitos humanos e a criação de uma Constituição no sentido formal do termo. É reconhecida, assim, a necessidade de se colocarem alguns direitos acima das disputas majoritárias cotidianas, haja vista que é esclarecido, como nos diz Ferrajoli (2009, p. 7), o "nexo entre democracia política e direitos de liberdade". Nessa perspectiva, os direitos não são vistos como obstáculos à soberania popular, sendo antes condições de possibilidade desta, o que nos leva a afirmar que "a democracia está intrinsecamente vinculada à forma como os direitos humanos são exercidos" (Piovesan, 2000, p. 102).

Realizando uma tipologia das democracias constitucionais inspirada nos modelos teóricos sistematizados por Gargarella, resta dizer que Uprimny (2011, p. 133-134) localiza o novo constitucionalismo latino-americano justamente no cruzamento onde os dois parâmetros selecionados, quais sejam, a participação e a deliberação democráticas e o reconhecimento e a proteção dos direitos fundamentais, aparecem fortalecidos. Se essa articulação é difícil, como o reconhece Uprimny, ousamos dizer que se encontra aqui o grande desafio e a maior riqueza do novo constitucionalismo latino-americano.

Efetivação de direitos: uma judicialização da política?

Procurando realizar essa mediação entre soberania popular e direitos humanos, entre democracia e constitucionalismo, podemos dizer que, se as Constituições latino-americanas institucionalizam novos canais para participação democrática, prevendo, por exemplo, a consulta prévia a comunidades indígenas, iniciativas populares de lei ou a possibilidade de revogação popular de mandatos, são essas mesmas Constituições que estabelecem a necessidade da busca de concretização efetiva da democracia, como nos diria Ferrajoli (2009, p. 5), uma democracia que se importa não somente com "quem" decide, mas também com o conteúdo das decisões.

Dessa maneira, reconhece-se a interdependência, nas expressões de Benjamin Constant (1988), entre a liberdade dos antigos e a liberdade dos modernos. Em termos mais atuais, em que os direitos ultrapassam a visão liberal, diríamos que se reconhece a indivisibilidade entre os direitos de participação política e os direitos civis, sociais, econômicos e culturais. Ressalte-se, todavia, que a ainda importante implementação de um Estado Social não significa necessariamente uma colonização do mundo da vida, como se os meios de garantir a liberdade ameaçassem a própria liberdade (Habermas, 1987, p. 398), pois o próprio ressurgimento dos excluídos e sua busca por igualdade substancial pode ser fruto de uma luta por direitos, uma luta por reconhecimento.

Desse modo, ao contrário daqueles que entendem que a igualdade social, que a distribuição equitativa de direitos diria respeito a uma justiça de classe que teria sido superada ou colocada em um segundo plano em nome das políticas de identidade, concordamos com Nancy Fraser (1996, p. 6) quando afirma que a justiça hoje significa tanto reconhecimento das diferenças quanto redistribuição, realização de uma justiça em termos materiais.

Na verdade, o que Fraser (2007) ressalta é que a justiça, entendida como "paridade participativa", como a possibilidade de todos possuírem o *status* de parceiros integrais na interação social, implica não só o exame dos padrões institucionalizados de valoração cultural, para deles buscar extirpar os obstáculos baseados em características distintivas dos indivíduos, a uma participação em condições de igualdade, mas também que haja distribuição dos recursos materiais para que os participantes possam ter "independência e voz". De que adianta prever espaços para participação política se os potenciais, novos destinatários dessas arenas, não se encontrarem em condições de falar e agir? Ao nos lembrar das históricas e profundas desigualdades sociais e econômicas presentes nos países latino-americanos, podemos ver que não há como dissociar essa possibilidade de participação política e a efetivação dos direitos humanos como um todo.

Ressalte-se, todavia, que não estamos aqui a propugnar pela existência de pré-requisitos para a democracia. Sabemos que na história do pensamento político já houve quem defendesse o fechamento do espaço público para aqueles privados de recursos materiais e esclarecimento, os quais, quando muito, poderiam escolher através do voto seus líderes, como se a política dissesse respeito somente ao governo de uma elite ilustrada. Como exemplos, podemos nos lembrar do elitismo democrático de Schumpeter (1942), de seu decisionismo deliberativo, o qual significava a "rejeição das formas públicas de discussão e argumentação e a identificação das práticas decisórias com o processo de escolha de governantes" (Avritzer, 2000, p. 30), e também de James Madison (Hamilton; Madison; Jay, 1984), para quem as decisões políticas deveriam ser tomadas pelos poucos capacitados para tanto. O problema de tal fechamento é a negação *a priori* do direito fundamental de ser cidadão aos excluídos e a redução da política ao governo, sendo também um mecanismo de perpetuação de um regime de desigualdade substancial, na medida em que se diminui a possibilidade de crítica e de mudança com o silenciamento dos injustiçados.

Cabe dizer que, nesse modelo de *status* desenvolvido por Fraser, o não reconhecimento não diz respeito a uma questão privada de "subjetividade prejudicada", a uma questão de recusa de estima social a determinadas concepções de vida boa, como ocorre no modelo de reconhecimento desenvolvido por Axel Honneth (2009), haja vista que nem todas as concepções de bem podem ser aceitas, como as racistas, sendo tal restrição ainda um eco dos ensinamentos de Kant (1984) e Rawls (2002) sobre a prioridade do justo sobre o bem. Dessa forma, o reconhecimento das diferenças em Fraser é pensado, juntamente com a noção de distribuição, a partir de uma concepção de justiça, a qual nos remete aos impedimentos publicamente verificáveis que impossibilitam os indivíduos de participar plenamente da vida social, os quais poderiam se configurar tanto por meio da institucionalização de práticas discriminatórias quanto pela exclusão em termos materiais.

Nesse sentido, podemos situar o novo constitucionalismo latino-americano nesse contexto de luta por reconhecimento, de desobstrução dos canais de participação, seja por meio da possibilidade conferida às diversas identidades de buscar uma valoração positiva no espaço público, seja pela redistribuição, pela tentativa de se concretizarem os direitos sociais, econômicos e culturais acrescidos ao rol tradicional de direitos fundamentais.

Podemos, por conseguinte, compreender outra tendência do constitucionalismo latino-americano, qual seja, o de conferir força normativa às Constituições (Uprimny, 2011, p. 124), o de buscar fazer com que os direitos expressamente reconhecidos no texto constitucional sejam de fato aplicados, superando, assim, a visão de que as Constituições estariam repletas de normas programáticas ou que se configurariam como meras cartas de intenções. Assumindo então a importante tarefa de preservação da supremacia constitucional, mais especificamente, de implementação dos direitos implícita ou explicitamente positivados no texto constitucional, o Poder Judiciário vem adquirindo uma posição central no novo constitucionalismo. O fato é que na modernidade não há esferas da sociedade onde o direito constitucional não possa se imiscuir. Na verdade, como nos lembra Boaventura de Souza Santos (1996), o que presenciamos hoje é uma constitucionalização do direito ordinário, haja vista que espaços privados, como a família, não são mais considerados como imunes à incidência dos direitos fundamentais – supostamente em nome da liberdade. Podemos citar a violência doméstica como exemplo de um caso que demanda intervenção jurídica na esfera privada. Na verdade, a própria distinção entre público e privado encontra-se esvaziada quando pensamos que não há mais autonomia da vontade absoluta. Falamos agora em autonomia privada, a qual não se sobrepõe, nem é negada pela autonomia pública

É claro que a ideia da Constituição regulando todo o ordenamento jurídico, como fundamento de validade dele, é algo inerente à própria noção de supremacia constitucional relacionada com a Constituição em termos formais. Ocorre, todavia, que nem sempre o direito foi pensado e aplicado nesses termos, e podemos dizer que há esferas do ordenamento jurídico que são até hoje resistentes a uma leitura constitucional, como acontece com o direito penal e seu dogma da legalidade. O grande avanço que presenciamos é então a irradiação da Constituição pelos diversos ramos do direito, com aplicação dos princípios constitucionais a casos concretos. É uma aplicação que muitas vezes se dá mesmo diante da ausência de uma norma infraconstitucional ou até mesmo de uma política pública regulando a matéria eventualmente em questão.

Tudo isso nos leva a refletir sobre o que Vallinder (1994) denomina de "judicialização da política", pois, se algumas vezes o que vemos é de fato a transferência de decisões políticas para o Judiciário (quando, por exemplo, o Legislativo deixa de decidir questões polêmicas receando os custos de uma tomada de posição nas eleições por vir, ou até mesmo um uso estratégico deste poder, como ocorre quando os partidos buscam fazer pressão ao recorrer ao Judiciário, ou até mesmo quando alcançam decisões favoráveis a seus interesses), a correlação entre soberania popular e direitos humanos, entre constitucionalismo e democracia, faz-nos pensar *também* numa redefinição da própria política.

O fato é que a política, como a esfera privada antes mencionada, não está imune à Constituição e aos direitos fundamentais. Nessa linha, o que antes poderia ser tratado como questão *interna corporis,* como as questões referentes à regularidade regimental das casas parlamentares (CATTONI, 2000) – o que afastava a ingerência do Poder Judiciário, por dizer respeito somente à dinâmica interna do Poder Legislativo –, talvez não mais se sustente nessa nova configuração de nossa ordem jurídico-constitucional. Nessa linha, as próprias políticas públicas, antes tidas como escolhas de governo, passam a ser objeto de demandas judiciais, não se aceitando mais que a lógica do custo/benefício seja argumento único e suficiente para se negar a concessão de direitos.

Nesse sentido, não se trata de menos política, menos administração e mais direito, como o fala Vallinder (1994), ou do Judiciário ser uma continuidade da política por outros meios, parafraseando aqui Clausewitz (1984), mas sim de reconhecer a inter-relação entre direito e política, na medida em que ambos se submetem à Constituição e aos direitos fundamentais. Tal inter-relação pode ser percebida pelo próprio fato de a linguagem do direito estar impregnando a política, como o reconhece Vallinder (1994, p. 91) ao afirmar a expansão do método de decisão judicial para fora do espaço propriamente jurídico, cujos exemplos mais recentes seriam as *agencies*.

Ressalte-se que essa correlação entre direito e política por meio da Constituição e dos direitos fundamentais faz-nos repensar a nossa compreensão de política, não sendo mais possível que esta seja concebida unicamente como domínio de uns sobre outros, como violência e opressão. A questão é que talvez a política, ao contrário do que pensava Dworkin (2000), não seja somente uma questão de barganha, envolvendo também argumentos de princípio. Mesmo Jon Elster (2000, p. 409), ao falar de um uso estratégico dos argumentos racionais como um fato da política, ressalta a presença de pessoas na vida política que não são movidas por motivos egoísticos, pois "não haveria razão para persuadir outros com argumentos imparciais se alguém acreditasse que todos são movidos o tempo todo por autointeresse". Talvez tenhamos, portanto, que desenvolver uma concepção democrática da política, concebendo-a não somente como mando, como governo, mas também como espaço de liberdade.

Com relação à posição central dos tribunais, cabe ainda dizer que eles precisam aprender a distinguir a linha tênue entre uma interpretação construtiva, baseada em uma hermenêutica que reconhece que o contexto de aplicação é doador de sentido às normas, como nos diria Gadamer (1999), e uma encarnação da figura do legislador positivo, o qual os tornaria usurpadores do espaço reservado aos representantes do povo. Assim, não podemos nos esquecer das lições de Montesquieu (1982), o qual nos advertiu sobre o fato de os homens com poder serem tentados ao abuso, não obstante devamos reconhecer e aplaudir o cumprimento, pelo Judiciário, de seu papel institucional.

Para finalizar, diríamos que pensar a soberania popular como uma unidade que não implica homogeneidade, como possibilidade de uma ampla participação na vida social, não obstante as diversas concepções de vida boa, implica reconhecer que os direitos humanos não se colocam como obstáculos à democracia, mas, antes, como sua condição de possibilidade. Se, como nos diz Claude Lefort (1987, p. 76), ninguém é proprietário legítimo do poder; o exercício cotidiano e pulverizado da ação política pode ser realizado por qualquer um, sendo tal luta política, por reconhecimento ou por redistribuição, também uma luta por direitos. Concluímos dizendo que é justamente essa revitalização dos direitos pela via da soberania popular que marca a experiência latino-americana dos dias atuais, o que faz com que os países envolvidos sejam protagonistas de uma peculiar aproximação/distanciamento das tradições constitucionalistas francesa e norte-americana.

Referências

ACKERMAN, B. *The Failure of the Founding Fathers*. Cambridge: Harvard University Press, 2005.

ACKERMAN, B. *We the People. Foundations*. 4. ed. Cambridge: The Belknap Press of Harvard University Press, 1993.

ARANTES, R. B.; COUTO, C. G. Constituição, Governo e Democracia no Brasil. *Revista Brasileira de Ciências Sociais*, São Paulo, v. 21, n. 61, p. 41-62, 2006.

ARENDT, H. *Da Revolução*. Tradução de Fernando Dídimo. São Paulo: Ática, 1988.

ARENDT, H. *Entre o passado e o futuro*. Tradução de Mauro W. B. de Almeida. São Paulo: Perspectiva, 2001.

ARENDT, H. *The Human Condition*. Chicago: University of Chicago Press, 1958.

AVRITZER, L. Teoria democrática e deliberação pública. *Lua Nova,* São Paulo, n. 49, 2000.

BENJAMIN, W. *Theses on the Philosophy of History*. New York: Illuminations, 1969.

BIGNOTTO, N. *As Aventuras da Virtude: as ideias republicanas na França do século XVIII*. São Paulo: Companhia das Letras, 2010.

BIGNOTTO, N. *Maquiavel republicano*. 2. ed. São Paulo: Loyola, 2005.

BRASIL. *Constituição da República Federativa do Brasil, 1988*. Brasília: Senado Federal, Centro Gráfico, 1988. Disponível em: <http://www.senado.gov.br/atividade/const/con1988/con1988_18.02.2016/ind.asp>. Acesso em: 14 jul. 2016.

CARVALHO NETTO, M. de. A contribuição do Direito Administrativo enfocado da ótica do administrado para uma reflexão acerca dos fundamentos do controle de constitucionalidade das leis no Brasil: pequeno exercício de Teoria da Constituição. *Revista Fórum Administrativo*, Belo Horizonte, p. 11-20, mar. 2001.

CATTONI, M. A. *Devido Processo Legislativo: uma justificação democrática do controle jurisdicional de constitucionalidade das leis e do processo legislativo*. Mandamento: Belo Horizonte, 2000.

CLAUSEWITZ, C. Von. *On War*. Princeton: Princeton University Press, 1984.

CONSTANT, Benjamin. *The Liberty of the Ancients Compared with That of the Moderns*. Cambridge: Cambridge University Press, 1988.

DWORKIN, R. *O Império do Direito*. São Paulo: Martins Fontes, 1999.

ELKINS, Z.; GINSBURG, T.; MELTON, J. *The Endurance of National Constitutions*. Cambridge: Cambridge University Press, 2009.

ELSTER, J. Arguing and Bargaining in Two Constituent Assemblies. *Journal of Constitutional Law*, v. 2, n. 2, p. 345-421, 2000.

FERRAJOLI, L. *Principia Iuris. Teoria del diritto e della democrazia*. Roma: Laterza, 2009. v. 2.

FERREIRA, B. *O risco do político*. Rio de Janeiro; Belo Horizonte: IUPERJ/Ed. da UFMG, 2004.

FIORAVANTI, M. *Constitución de la Antigüedad a nuestros días*. Madrid: Trotta, 2001.

FRASER, N. Social Justice in the Age of Identity Politics: Redistribution, Recognition and Participation. *The Tanner Lectures of Human Values*, Stanford, p. 1-67, 1996.

FRASER, N. Reconhecimento sem ética? *Lua Nova,* São Paulo, n. 70, p. 101-138, 2007.

GADAMER, H.-G. *Verdade e Método; traços fundamentais de uma hermenêutica filosófica*. Tradução de Flávio P. Meurer. 3. ed. Petrópolis: Vozes, 1999.

GALEANO, E. *As veias abertas da América Latina*. Tradução de Sérgio Faraco. Porto Alegre: L&PM, 2011.

HABERMAS, J. *Théorie de l'agir communicationnel. Tome second: critique de la raison fonctionnaliste*. Paris: Fayard, 1987.

HABERMAS, J. Soberania popular como procedimento. *Novos Estudos CEBRAP*, Rio de Janeiro, n. 26, p.100-113, 1990.

HAMILTON, A.; MADISON, J.; JAY, J. *O Federalista*. Tradução de Heitor Almeida Herrera. Brasília: Ed. da UNB, 1984.

HOBBES, T. *Leviatã*. São Paulo: Martins Fontes, 2008.

HOLMES, S. L'assunzione di impegni per il futuro e il paradosso della democrazi. In: ____. *Passioni e Vincoli; i fondamenti della democrazia liberale*. Torino: Comunità, 1998. p. 192-255.

HONNETH, A. *Luta por reconhecimento: a gramática moral dos conflitos sociais*. Tradução de Luiz Repa. 2. ed. São Paulo: Ed. 34, 2009.

HORTA, R. M. *Estudos de Direito Constitucional*. Belo Horizonte: Del Rey, 1995.

JEFFERSON, T. *Escritos Políticos*. São Paulo: IBRASA, 1964.

KANT, I. *Fundamentação da metafísica dos costumes. Textos Selecionados*. CIVITA, V. (Ed.). São Paulo: Cortez, 1984.

KOSELLECK, R. *Crítica e Crise. Uma contribuição à patogênese do mundo burguês*. Rio de Janeiro: EDUERJ/Contraponto, 1999.

LABORDE, M. *Constitución y Legitimidad; los límites del reformismo en México*. 2000. Disponível em: <http://www.metapolitica.com.mx/meta/metapass/15/marvan.html>. Acesso em: 7 fev. 2002.

LEFORT, C. *A invenção democrática: os limites da dominação totalitária*. 2. ed. Tradução de Isabel Marva Loureiro. São Paulo: Brasiliense, 1987.

LUHMANN, N. La Costituzione come acquisizione evolutiva. In: ZAGREBELSKY, G.; PORTINARO, P. P.; LUTHER, J. *Il futuro della Costituzione.* Torino: Einaudi, 1996. p. 83-128.

LUHMANN, N. *The Differentiation of Society.* Nova York: Columbia University Press, 1982.

MICHELMAN, F. Law's Republic. *The Yale Law Journal*, v. 97, n. 8, p. 1493-1537, July 1988.

MONTESQUIEU. *Do Espírito das Leis.* 2. ed. Brasília: Ed. da UNB, 1982.

MÜLLER, F. *Quem é o povo? A questão fundamental da democracia.* Tradução de Peter Naumann. 2. ed. São Paulo: Max Limonad, 2000.

NEGRI, A. *O Poder Constituinte: ensaio sobre as alternativas da modernidade.* Tradução de Adriano Pilatti. Rio de Janeiro: DP&A, 2002.

PAINE, T. *Rights of Man. Being an Answer to Mr. Burke's Attack on the French Revolution.* The Project Gutenberg Etext of The Writings of Thomas Paine. 2003. v. II. Disponível em: <http://gutenberg.net>. Acesso em: 2 mar. 2004.

PIOVESAN, F. Direitos Humanos Globais, Justiça Internacional e o Brasil. *Rev. Fund. Esc. Super. Ministério Público Distrito Federal Territ.*, Brasília, ano 8, v. 15, p. 93-110, 2000.

RAWLS, J. *Uma teoria da justiça.* São Paulo: Martins Fontes, 2002.

SANTOS, B. de S. *A gramática do tempo: para uma nova cultura política.* 3. ed. São Paulo: Cortez, 2010. v. 4.

SANTOS, B. de S; MARQUES, M. M. L.; PEDROSO, J.; FERREIRA, P. L. *Os Tribunais nas sociedades contemporâneas: o caso português.* Porto: Afrontamento, 1996.

SCHMITT, C. Teoría de la Constitución. *Editorial Revista de Derecho Privado*, Madrid, 1956.

SCHUMPETER, J. A. *Capitalism, Socialism, and Democracy.* New York: Harper & Brothers, 1942.

SIEYÈS, E. J. *A Constituinte Burguesa. Qu'est-ce que le Tiers État?* Tradução de Norma Azevedo. 4. ed. Rio de Janeiro: Lumen Juris, 2001.

SIEYÈS, E. J. Discorso dell'abate Sieyes sulla questione del Veto regio alla seduta del 7 settembre 1789. *Opere e Testimonianze Politiche.* Tradução de Giovanna Troisi Spagnoli. Milano: Giuffrè, 1993. v. I.

TATE, C.; VALLINDER, T. *The Global Expansion of Judicial Power.* New York: New York University Press, 1995.

UPRIMNY, R. Las transformaciones constitucionales recientes en América Latina: tendencias y desafíos. In: GARAVITO, C. R. (Org.). *El derecho en América Latina: un mapa para el pensamiento jurídico del siglo XXI*. Buenos Aires: Siglo Veintiuno, 2011. p. 109-137.

VALLINDER, T. The Judicialization of Politics – A World-Wide Phenomenon: Introduction. *International Political Science Review*, v. 15, n. 2, p. 91-99, 1994.

WEBER, M. *A ética protestante e o "espírito" do capitalismo*. São Paulo: Companhia das Letras, 2004.

Que magistrados para o século XXI? Desafios do processo de seleção da magistratura brasileira em tempos de novo constitucionalismo latino-americano

Marjorie Corrêa Marona

A relação entre o perfil da magistratura e as recentes inovações no campo do constitucionalismo não é evidente. Passa por compreender o lugar que o Judiciário ocupa no interior do sistema político, especialmente, pelo exercício da jurisdição constitucional, considerando a releitura de muitos dos pressupostos que são caros à tradição constitucional. Passa, ainda, pela percepção da necessidade de reformas que conformem um arcabouço institucional adequado aos parâmetros teóricos e às experiências sociais que emergem daquela releitura, particularmente de reformas judiciárias.

Esses desafios apontam o caminho teórico que se pretende percorrer neste trabalho. Inicia-se pelos esforços de desvelamento das reduções que a tradição liberal operou no campo do constitucionalismo e da democracia (Avritzer; Marona, 2014), com consequências para o entendimento acerca do lugar que o Poder Judiciário deve ocupar no interior do sistema político, especialmente após o surgimento e a proliferação da jurisdição constitucional nas democracias ocidentais (Tate; Vallinder, 1995), mas também a consolidação de um modelo de Estado que assumiu a função de guiar a sociedade em direção de um determinado fim (Comparato, 1997).

Segue-se na diligência de reconstrução dos parâmetros sobre os quais o constitucionalismo se ergueu, particularmente em função das experiências recentes em alguns países da América Latina, lastreadas em perspectivas que operam para além dos limites que a tradição liberal impõe no campo das teorias da justiça (Mendonça; Marona, 2015), do constitucionalismo e da democracia. Por fim, enfrenta-se a problemática que envolve a questão da representação política no âmbito dos tribunais, diante dos novos desafios que se lhes apresentam às lutas de cidadania em contextos que não espelham a realidade no âmbito da qual a tradição teórica liberal foi construída. Considerações críticas serão apresentadas, à guisa de conclusão, acerca do atual modelo de seleção e formação da magistratura brasileira em face dos desafios que se colocam em tempos de novo constitucionalismo latino-americano.

Tradição liberal: reduções no campo do constitucionalismo e da teoria democrática

A tradição liberal[1] relaciona o constitucionalismo à estabilidade. Nesses termos, o constitucionalismo expressa aquele conjunto de regras elaborado contra a discricionariedade, a negociação de interesses, que é típica da política. A pressuposição óbvia é a que opõe o reino do direito, da razão e dos princípios ao da política, das paixões, dos particularismos. Uma das funções mais importantes daqueles limites de inspiração constitucional é, portanto, constituir obstáculos à construção de decisões majoritárias (Elster; Slagstadt, 1988).

A disputa acerca da relação entre constitucionalismo e democracia pode retroceder, pelo menos, até o século XVIII, e está intimamente ligada às posições assumidas pelos Federalistas diante dos desafios que lhes impunha a Revolução Americana. A Constituição despontava, então, como uma estratégia procedimental de diluição do poder com vista ao seu autocontrole, sob a suposição de que é improdutivo e frequentemente conflituoso permitir a revisão permanente daqueles elementos consensuais estabelecidos pelas gerações anteriores como fatores limitadores da democracia. Ademais, o estabelecimento de um processo de adequação constitucional da legislação ordinária, em face da relação de subordinação que aquela ideia de Constituição impunha, colocou, desde logo, a possibilidade de revisão da constitucionalidade das leis.[2]

1 São muitos os autores e inúmeras as contribuições teóricas que podem ser situados no campo do liberalismo. Entre os liberais clássicos, frequentemente são invocados os nomes de John Locke, Montesquieu, Kant, Adam Smith, Benjamin Constant, Madison, Tocqueville, Mill, entre outros. Contemporaneamente, é possível identificar pelo menos duas vertentes teóricas do liberalismo: o libertarianismo, associado a Friedrich Von Hayek e Robert Nozick; e o liberalismo igualitário, vinculado especialmente a John Rawls, mas também, a Ronald Dworkin, Brian Barry, Thomas Nagel, Joshua Cohen, Philippe Van Parijs e outros. Não obstante os inúmeros contrastes e as variadas nuances que possam ser apontadas no interior da tradição liberal, pelo menos duas convergências a atravessam: o individualismo ético (que envolve uma peculiar percepção acerca da constituição do *self*) e a neutralidade (de justificação) do Estado. É nessa perspectiva que aqui será tratada a questão. Para mais: Eunice Ostrensky (2013, p. 47-54); Álvaro de Vita (2013, p. 55-65).

2 O *judicial review* (ou a revisão judicial da constitucionalidade das leis) só veio a se consolidar, no entanto, nos primeiros anos do século XIX nos Estados Unidos da América, durante a gestão de Marshall na Suprema Corte, como

Nesses termos, a experiência constitucional original dos Estados Unidos da América legou ao Ocidente um modelo de "soberania autoextinguível", que só veio a ser tensionado em face da Guerra de Secessão. A decisão da Suprema Corte dos Estados Unidos, conhecida como *Dred Scott*,[3] expressou todos os problemas da soberania limitada, e não por acaso é considerada um fator precipitador da Guerra Civil nos Estados Unidos, ao final da qual foi promulgada a Emenda 14, que consagrou a cláusula da *equal protection of law* (igualdade perante a lei),[4] anulando as legislações estaduais e as precedentes decisões da Suprema Corte, e universalizando a cidadania no território (Avritzer; Marona, 2014).

Foi, portanto, um movimento da Suprema Corte que desencadeou o processo de generalização da igualdade formal nos Estados Unidos, mas a jurisdição constitucional não se prestou, ela mesma, a promover um avanço na *proteção material* dos direitos fundamentais, senão que operou, nos estreitos limites do *judicial review*, evidenciando o fato de que uma nova e fundamental questão política estava posta para aquela geração de cidadãos.

Os parâmetros da relação entre constitucionalismo e democracia só seriam refeitos a partir da experiência constitucional que se desenrolou no âmbito da reconstrução dos países derrotados na Segunda Guerra (Japão, Itália e Alemanha). O primeiro tribunal constitucional em território europeu foi previsto pela Constituição austríaca de 1920, por obra e influência de Hans Kelsen (1881-1973), tendo gerado enorme polêmica no continente

consequência direta do conhecido caso Marbury *versus* Madison. Nesse caso, relatado pelo próprio Marshall, a petição de William Marbury foi negada pela Suprema Corte, que considerou inconstitucional o estatuto no qual ele se baseava. Esse foi o primeiro caso em que uma ação julgada pela Suprema Corte declarou inconstitucional um ato normativo e com isso estabeleceu um princípio de revisão dos atos do governo pelo Poder Judiciário (ELY, 1980, p. 8).

3 No âmbito desse processo, a Suprema Corte negou o pedido do demandante de origem negra de ter liberdade em estados onde não havia escravidão – refutando, portanto, a ideia de que indivíduos da raça negra tivessem direitos de cidadania assegurados em todo o território nacional; e declarou inconstitucional a legislação do Congresso, conhecida como *Missouri Compromise*, que diferenciava estados escravocratas e não escravocratas.

4 Segundo a Cláusula da Igual Proteção perante a Lei: "Todas as pessoas nascidas ou naturalizadas nos Estados Unidos e sujeitas a sua jurisdição são cidadãos dos Estados Unidos e do Estado onde tiver residência. Nenhum Estado poderá fazer ou executar leis restringindo os privilégios ou as imunidades dos cidadãos dos Estados Unidos, nem poderá privar qualquer pessoa de sua vida, liberdade ou bens sem o devido processo legal, ou negar a qualquer pessoa sob sua jurisdição igual proteção das leis" (tradução nossa).

(HERRERA, 1994). A ênfase na natureza jurídica – e, portanto, na força normativa – da Constituição e dos direitos fundamentais – tomados como princípios morais positivados – reposicionou a Constituição como portadora de um *conteúdo* que expressa as condições de possibilidade da democracia.

A Constituição avança, nesse quadrante, limites *substantivos* às decisões políticas majoritárias, sob o argumento da "proteção dos direitos das minorias", além de impor deveres de atuação ao Estado, reconfigurado nos termos de um dirigismo que adjudica responsabilidade aos poderes públicos, no sentido de conduzir a coletividade para o alcance de metas predeterminadas (COMPARATO, 1997). Consequentemente, as discussões no campo do constitucionalismo democrático aproximaram-se das questões que envolvem os princípios de justiça e a generalização da experiência de igualdade proporcionada pela universalização da cidadania.[5]

Não por acaso, contemporaneamente, a aproximação entre o constitucionalismo e as teorias da justiça organiza o debate no campo do constitucionalismo democrático, nos termos que conformam a vertente igualitária do liberalismo,[6] particularmente atenta aos fundamentos teóricos aportados por John Rawls (1995, 1997) e Ronald Dworkin (1986, 2000, 2002, 2010, 2012). O constitucionalismo é tomado como condição de possibilidade da democracia – em consonância com a experiência europeia de constitucionalização dos regimes democráticos, caracterizada pela "positivação de valores morais nos textos constitucionais e na aposta nas potencialidades da jurisdição – e dos tribunais constitucionais – para a garantia do acordo firmado" (LIMA, 2013, p. 21).

A ordem constitucional opera, ela mesma, como fundamento moral da ordem jurídica, pressupondo que a democracia envolve requisitos substantivos que são atendidos pela *resposta certa* em termos de direitos fundamentais

5 O Poder Judiciário, instituição fundamentalmente vinculada à garantia do "direito a ter direitos" (MARSHALL, 1967), é chamado a demonstrar toda sua *eficiência* não apenas na reversão de um quadro de ineficácia da lei, mas também de baixa efetividade das políticas públicas. Via o controle de constitucionalidade das leis, o Judiciário e, especialmente, as Cortes Constitucionais, passam a oferecer interpretações acerca do direito, desde uma certa hermenêutica que opera a partir daqueles princípios morais positivados.

6 O liberalismo igualitário renova a tradição contratualista ao assumir como pressuposto a capacidade dos indivíduos de construírem um consenso sobre princípios de justiça, os quais são procedimentais e devem ser incorporados pela ordem constitucional. Ancorada nos princípios de justiça, a ordem constitucional funda a ordem pública, situando-se acima das variadas concepções de bem características de uma sociedade plural (RAWLS, 1997).

(Dworkin, 1986, 2000, 2002, 2010, 2012).[7] As Cortes Constitucionais – os tribunais e os magistrados/as – operam a partir de um elemento epistêmico que qualifica a *decision making* mas não os torna, necessariamente, atores políticos.

A tradição teórica que se estabeleceu no campo de disputa entre constitucionalismo e democracia segue, portanto, um modelo dicotômico que conforma os debates nos termos de quem, em uma democracia constitucional, deve ter a "última palavra" (Mendes, 2011, 2013) sobre decisões políticas fundamentais. A distinção central no vasto campo do liberalismo político, em que se desdobra a disputa entre constitucionalismo e democracia, remete à oposição entre liberdade negativa e liberdade positiva. O constitucionalismo é reduzido ao âmbito dos direitos fundamentais, ao reino dos princípios. A democracia opera no campo das políticas públicas (*policies*), como um método de agregação legítima de interesses individuais até que esses se imponham, com recurso ao princípio majoritário, como interesse geral (Habermas, 1997).

Em síntese: a tradição liberal, pelo menos em sua versão igualitária, contemporânea, resulta na antecipação da justiça (encarnada no constitucionalismo) à democracia. O desafio que se coloca para o constitucionalismo refere-se à sua capacidade de compatibilizar universalismo e particularismo de um modo que a defesa de particularidades e o reconhecimento de especificidades não impliquem na supressão das premissas igualitárias que a justiça liberal forjou. Isso demanda, contudo, que se conformem novos parâmetros de tratamento da questão constitucional, os quais avancem criticamente sobre a narrativa da fundação contratual moderna, que alicerça a racionalidade social e política ocidental (Santos, 2011).

Eis o pressuposto fundamental da tradição constitucional que deve ser questionado: o contratualismo. E com ele a ideia de razão pública,

[7] É a introdução desse *elemento epistêmico* que possibilita afirmar que, inspirado em um ideal de igual consideração e respeito, o constitucionalismo avança à filiação moral de cada pessoa à comunidade política, sem a qual os procedimentos majoritários não teriam valor. A democracia – um conjunto de regras para a construção de decisões coletivas, fundado no princípio majoritário e método agregativo – pressupõe um laço moral entre os participantes da comunidade política, que se forma por meio de requisitos substantivos, derivados do princípio de igual consideração e respeito. A democracia diz respeito ao bem/interesse geral, à *policy*, às decisões que se legitimam pelos critérios do *quem* decide (órgãos representativos) e *como* se decide (regra da maioria). As Constituições representam, por outro lado, o campo dos princípios; dizem respeito àquelas decisões que se legitimam pelo seu *conteúdo* (a resposta certa, o princípio de justiça). O reconhecimento dessa dimensão argumentativa, racional, que não se limita aos procedimentos agregativos e ao princípio majoritário, faz depender também da atuação das Cortes Constitucionais, em particular, e do Poder Judiciário, de um modo geral, o padrão de legitimidade das democracias liberais ocidentais (DWORKIN, 1986, 2000, 2002, 2010, 2012).

encarnada na institucionalidade. E o arranjo institucional forjado sobre a tripartição dos poderes, assente em um modelo de estado de supremacia legal e que encerra o Judiciário nos limites de uma atuação retrospectiva e reparadora, cujo correlato modelo de seleção de formação das magistraturas não oportuniza, no âmbito do Judiciário, a expressão da diversidade sociocultural da comunidade política, nem, tampouco, o diálogo entre as diversas formas de conhecimento e o seu enriquecimento mútuo.

As experiências constitucionais regionais: um passo adiante

O processo de independência da grande maioria dos países latino-americanos, ao longo do século XIX, deu continuidade àquela tradição constitucional liberal estabelecida a partir das experiências ocorridas na América do Norte e na Europa (Gargarella, 2013), mas com resultados bastante diferentes. Rupturas constitucionais foram comuns na região, ainda que não tenham sido capazes de subverter completamente os princípios liberais (Mota, 2012). Recentemente uma nova onda de reformas constitucionais emergiu – especialmente pelo reconhecimento das especificidades históricas do continente e o declínio de regimes autoritários na América Latina –, resultando na adjudicação de novos contornos ao constitucionalismo regional, o que culminou com a promulgação das Constituições do Brasil (1988), da Colômbia (1991), do Paraguai (1992), do Peru (1993), da Venezuela (1999), do Equador (2008) e da Bolívia (2009).

Podem-se identificar, nesse processo, pelo menos três ciclos de reformas constitucionais que revelam a passagem de uma disposição para o reconhecimento dos direitos de minorias (Brasil, 1988) à admissão da identidade multicultural e do pluralismo social, político e jurídico dos estados latino-americanos (Colômbia, 1991), até o enfrentamento do caráter unitário da nação com a formulação do conceito de Estado Plurinacional (Equador, 2008; Bolívia, 2009) (Yrigoyen Fajardo, 2006). Bastante diversas entre si, as referidas experiências constitucionais partilham o esforço de redefinição crítica da teoria constitucional hegemônica, particularmente pela crítica que dirigem ao *contratualismo* que a sustenta.

O "novo constitucionalismo latino-americano" (NCLA)[8] põe atenção na questão da legitimidade democrática e da transformação da vontade

[8] Enquanto Viciano e Martinez (2005) defendem, na perspectiva de um constitucionalismo em evolução, a distinção de uma corrente doutrinária (em configuração), a que denominam *novo constitucionalismo latino-americano,*

constituinte em vontade constituída, buscando recuperar a origem radicalmente democrática do constitucionalismo jacobino para desenhar seu projeto de identificação entre vontade popular (soberania) e Constituição (Viciano; Martinez, 2010, p.18).

Ao reintroduzir o elemento democrático, o NCLA questiona a função limitadora da Constituição, borrando as fronteiras entre o direito e a política, categorias construídas como antagônicas pela tradição liberal. A pressuposição normativa da complicação entre justiça e democracia, também defendida por Nancy Fraser (2008), assenta na crítica à dimensão de dominação do *contrato social* (fundacional da comunidade política), que estabelece hierarquias e está permeado por assimetrias. O NCLA está alinhado à afirmação da natureza contingente da fundação política, "que deve ser vista como passagem, sempre temporária, de um processo ininterrupto, em que se estabelecem as balizas das interações sociais, as quais podem ser institucionalizadas ou assumir a forma de padrões interpretativos, normas intersubjetivas e valores éticos" (Mendonça; Marona, 2015, p. 262-3).

A assimetria inerente ao *contrato social* impõe a necessidade de abertura para a sua permanente contestação, via conflitos sociais, considerando, particularmente, o fato de que os princípios de justiça são socialmente inscritos e transformam-se, portanto, historicamente (Honneth, 2003; Fraser, 2003), por meio de um processo que não caminha para um fim predefinido, mas que se transforma desde seu interior. Nesses termos, a Constituição passa a ser percebida como uma forma de atividade social, um campo de lutas, que buscam afirmar parâmetros de justiça vinculados à condição da cidadania (Alexander, 1998), necessariamente dependente da democracia, ao mesmo tempo em que a alimenta (Tully, 2004). Sob a batuta do NCLA, portanto, o movimento constitucional soma-se à democracia, internaliza parte da sua instabilidade, do risco, mas também do seu potencial transformador, de sua capacidade emancipatória (Mendonça; Marona, 2015).

Gargarella (2013) tem dificuldades para visualizar os traços específicos das novas experiências constitucionais latino-americanas, desenvolvendo o tema em termos de *transplantes* ou *enxertos* de Constituições anteriores. Ainda Patiño e Cardona (2009), exemplarmente, denunciam o encobrimento de processos neopopulistas pelos processos sociais que originaram os postulados do *novo constitucionalismo latino-americano*. Por outro lado, dentro do horizonte do constitucionalismo pluralista, Raquel Yrigoyen (2009) distingue o constitucionalismo multicultural (1982-1988), o constitucionalismo pluricultural (1989-2005) e o constitucionalismo plurinacional (2006-2009), definidos pela aprovação dos textos constitucionais do Equador e da Bolívia, e pela Declaração das Nações Unidas sobre os direitos dos povos indígenas (2006-2007).

A possibilidade permanente de revisão democrática, ampla e plural da Constituição surge como uma oportunidade de reconstrução dos *frames* da comunidade política,[9] o que implica em esforços institucionais de democratização da jurisdição constitucional. Em primeiro lugar, porque os países da América Latina em que as recentes experiências constitucionais são aqui mencionadas se organizaram como estados dirigentes (COMPARATO, 1997), o que significa que do Judiciário se espera que assuma, no mínimo, a função de *policy execution* (LOEWENSTEIN, 1957), com evidentes implicações para a dinâmica de relação entre os poderes.

Ademais, o exercício da jurisdição constitucional alçou o Poder Judiciário à condição de protagonista no campo dos embates acerca dos parâmetros de justiça e contornos da cidadania. Em ambos os casos, se reconhece o viés político da atuação do Poder Judiciário e, consequentemente, dos magistrados, autorizando que se avancem reflexões acerca da natureza (política) da função que desempenham, ou, particularmente, da representação política que exercem por meio do exercício da função jurisdicional.

Especificamente no caso brasileiro, a Constituição de 1988 impulsionou a criação de vários canais de interlocução continuada entre Estado e sociedade, induzindo à releitura da ideia de representação política (AVRITZER, 2002, 2009). Por um lado, colocou-se a questão da criação de mecanismos que permitissem assegurar a pluralização de representantes políticos tradicionais, contestando-se a sub-representação histórica de grupos excluídos e/ou minoritários. Por outro lado, ampliou-se a própria dimensão representativa, que passou a ser exercida também por atores cuja legitimidade não reside na autorização eleitoral do conjunto de cidadãos (URBINATI, 2000; MANSBRIDGE, 1999, LAVALLE *et al.*, 2006; Avritzer, 2007).

[9] Na medida em que a ideia de nação (cívica) constituiu-se no princípio moderno de legitimidade política, ganharam força mecanismos redutores das diferenças (étnico-culturais) e a identidade cultural viu-se, progressivamente, reduzida à identidade cívica. O conceito de nação (cívica) permitiu que se promovesse, por meio de um processo de uniformização das diferenças, via direitos, a integração das populações, com vistas à constituição de uma base de legitimidade e fundação dos laços sociais na modernidade (LAVALLE, 2003). O constitucionalismo, em sua matriz liberal, edificou-se sobre esse alicerce da cidadania igualitária e universal, prescrevendo a impessoalidade da lei como forma de garantir que o Estado fosse cego às diferenças e, portanto, justo. Está claro, porém, que essas premissas universais contribuíram para favorecer certos grupos sociais. Os direitos liberais foram, simultaneamente, instrumentos de promoção de um ideário igualitário e um mecanismo de opressão das diferenças relegadas à esfera privada (GALEOTTI, 2002).

O envolvimento da sociedade civil nas políticas públicas e o surgimento de instituições participativas induziram ao advento de novas formas de representação, as quais diferem daquela exercida na instituição representativa por excelência (o Parlamento), pois se desenvolvem como um processo de superposição de representações sem autorização e/ou monopólio para o exercício da soberania. Nesse campo articulam-se importantes contribuições (Abers; Keck, 2008; Mansbridge, 1999; Urbinati, 2006; Warren; Castiglioni, 2006; Dryzek; Niemeyer, 2006; Avritzer, 2007; Lavalle, Houtzager; Castello, 2006) sob o pressuposto de que o congelamento do debate nas questões do governo representativo e na centralidade do consentimento implicou na redução do representante ao eleito, do objeto da representação aos interesses do representado, nas arenas estatais como *lócus* da representação, que se dá de maneira independente, mas responsiva e *accountable*. A fim de adaptar a representação a contextos mais amplos e plurais é que se questiona se a representação admite diferentes atores, temporalidades, arenas e relacionamentos.

A reflexão crítica acerca de conceitos políticos fundamentais, que as recentes experiências constitucionais latino-americanas proporcionam, induz a reformas institucionais em muitos desses países, vinculados a esse domínio. O fortalecimento da ideia de participação política torna-se inevitável, na medida em que o *direito a ter direitos* (Fraser, 2008) dos *demoi* (Bohman, 2007)[10] depende da refundação permanente da comunidade

[10] A narrativa moderna de um povo que se funda por meio de um contrato, por meio do qual se estabelecem os padrões aceitáveis de interação social, negligencia o fato de que o povo (*demos*) contém, na verdade, múltiplos povos (*demoi*). A multiplicidade e a dinamicidade que a noção de *demoi* (BOHMAN, 2007) implica exige que se supere a ideia de um coletivo estável, cuja vontade geral revelaria o bem comum, o que significa reconhecer que a identidade do *demos* altera-se no decorrer dos processos sociais em que diferentes concepções de *povo* se chocam (MARKELL, 2003; TULLY, 2004). A percepção acerca das contradições internas daquilo que é geralmente chamado de *povo*, a consideração das imbricações e mútuas afetações entre os vários grupos que se percebem como povos, induz ao reconhecimento da descentralização e relativização da soberania, tomando-a não como um atributo possuído por um ator específico (incluindo *o povo*), mas como um processo que depende da luta permanente entre vários atores em torno de concepções de justiça e com vistas à transformação moral da sociedade (MARKELL, 2003; GALEOTTI, 2002; HONNETH, 2003; TAYLOR, 1994). É preciso repensar a soberania por uma nova lógica, fluida, diferida no tempo e difusa no espaço. As recentes constituições de muitos dos países latino-americanos propõem, portanto, o alargamento das formas de participação e o reconhecimento das comunidades tradicionais e

política. As tradicionais fronteiras entre direito e política, liberdades individuais e soberania popular – ou liberdade negativa e positiva – são mitigadas, particularmente em prol da compreensão da representação política que a magistratura exerce.

Essa é uma questão particularmente sensível para a democracia brasileira, considerando as peculiaridades do desenho constitucional, legado do processo de redemocratização, que ampliou o conjunto de temas de natureza constitucional passíveis de serem judicializados e adjudicou competências superlativas ao Supremo Tribunal Federal (STF), conformando uma espécie de *compromisso maximizador* (VIEIRA, 2008), que reorganizou o sistema político estatal e estabeleceu um novo padrão de relação entre a Corte Constitucional e as tradicionais esferas representativas (Presidência da República e Congresso Nacional), mas também entre ela e a sociedade.

Não por acaso o STF tem se manifestado sobre questões de máxima relevância política, social e econômica, tanto em matéria de direitos humanos (quotas raciais nas universidades, desarmamento, aborto no caso de anencefalia, demarcação de terras indígenas, sistema público de saúde, lei de imprensa) quanto em relação às discussões no campo da representação política (sub-representação na Câmara dos Deputados, cláusula de barreira, fidelidade partidária, proibição de doação de empresas a campanhas eleitorais) e delimitação de atribuições das demais esferas do Estado (restrição à atuação das CPIs, limitação do poder de edição de medidas provisórias pela Presidência, restrição aos poderes de investigação do Ministério Público) (VIEIRA, 2008). Por fim, na esfera político-criminal, o STF tem sido constantemente mobilizado para o julgamento de altas autoridades políticas, inserindo-se na sistemática de desvelamento e combate à corrupção no Brasil (FILGUEIRAS; MARONA, 2012; ARANTES, 2010, 2011).

Esse é um cenário que coloca fortemente a questão da legitimidade democrática do STF, atrelada ao reconhecimento da representação política que exerce, particularmente no âmbito dos debates constitucionais. É notável, nesse tocante, a ampliação dos mecanismos de participação de atores sociais no âmbito do controle judicial de constitucionalidade, com destaque para a ampliação do rol de legitimados para a propositura das ações constitucionais no Brasil (art. 103 da CRFB/88), mas, especialmente,

povos originários. Tais iniciativas contestam a ideia de *povo como totalidade do corpo político*, a qual ocultaria seu avesso: o não povo excluído da comunidade política (AGAMBEN, 1998; SANIN RESTREPO, 2009).

para a criação da figura do *amicus curiae* e a previsão e a realização das audiências públicas no STF (Marona; Rocha, 2014).

Em face dos desafios assumidos pelo Poder Judiciário no âmbito de sociedades complexas e multiculturais, reconfiguram-se as bases de sua legitimidade em parâmetros democráticos. O debate acerca do processo de seleção e da formação dos magistrados, capaz de viabilizar a constituição de uma instituição que espelhe a diversidade de conhecimento e a própria diversidade da sociedade (Santos, 2001, 2006), ganha relevo, avançando, inclusive, reformas institucionais no campo. Exemplarmente, a constituição política boliviana de 2009 previu que os magistrados e magistradas do Tribunal Supremo de Justiça seriam eleitos mediante sufrágio universal a partir de uma seleção prévia dos candidatos, realizada pela Assembleia Legislativa Plurinacional.[11]

O NCLA induz, portanto, uma configuração mais plural e representativa da magistratura, em atenção à representação política exercida no âmbito do Judiciário, o que demanda especial atenção ao processo de recrutamento da magistratura, que tradicionalmente confronta dois modelos – o profissional e o burocrático –, nada adequados às exigências e aos desafios propostos pelo novo quadro constitucional.[12] Daí a necessidade de se proceder a um diagnóstico do modelo de seleção dos magistrados brasileiros, em atenção às exigências de superação de um prisma tecnocrático de conformação de políticas judiciárias, que aposta exclusivamente nos ganhos de eficiência processual, com total ausência de referências à importância da conformação de um corpo de magistrados mais plural e representativo da diversidade da sociedade brasileira.

[11] Por ocasião das eleições judiciais de 2011, 35,6% dos candidatos a uma das posições no âmbito da administração estatal de justiça, da qual o Tribunal Supremo de Justiça é órgão supremo, representavam povos indígenas originários, campesinos, do país, dos quais 18,6% eram mulheres e 16,9%, homens. Das mulheres que se candidataram, a maioria era de origem indígena. Especificamente para o Conselho da Magistratura, 57% das mulheres candidatas eram indígenas. Entre os homens, 28,6% eram indígenas. Assim, 42,9% dos candidatos a conselheiro se autoidentificaram como indígena. Para o Tribunal Agroambiental, entre as mulheres, 64% são indígenas, e entre os homens, a metade assim se autoidentifica. Em conjunto, 57% dos candidatos à magistratura agrária se declaram, assim, indígenas. Dados informados em entrevista pela senadora Nélida Sifuentes Cueto, em julho de 2011 (Disponível em: <http://www.elpotosi.net/2011/0731/14.php>. Acesso em: 21 maio 2016).

[12] O mesmo se diga em relação ao modelo de indicação dos Ministros dos Tribunais Superiores – particularmente daqueles que exercem jurisdição constitucional concentrada – pouco transparente ou participativo e muito vinculado aos modelos europeu e norte-americano.

O perfil dos magistrados brasileiros e os desafios de reforma dos modelos de seleção para um judiciário mais diverso, plural e heterogêneo

Os modelos de seleção dos magistrados variam tendo em vista um conjunto de peculiaridades ligadas, entre outras questões, à tradição jurídica hegemônica no país e à formação histórica das instituições que integram o sistema estatal de justiça (Sadek *et al.*, 1994). São métodos ordinários e mais ou menos generalizados de seleção da magistratura no Ocidente: eleição popular; nomeação pelo Executivo, livre ou condicionada à proposta ou aprovação dos outros poderes; livre nomeação pelo Judiciário; e concurso público.

A literatura especializada (Guarnieri, 2001; Pederzoli, 2001; Oberto, 2003) aponta para dois grandes modelos de seleção: burocrático e profissional – adotados, respectivamente, nos países de tradição romanista (*civil law*) e naqueles de tradição anglo-saxônica (*common law*). O primeiro é adotado nos países da Europa continental, onde a função judicial incorporou-se historicamente ao aparato estatal e acabou tornando-se parte da administração pública. Já o modelo profissional vigora na Inglaterra e em outros países de *common law,* onde a função jurisdicional nunca foi completamente absorvida pelo aparato estatal. Nos Estados Unidos da América, dada a precoce democratização do sistema político, ocorrida antes da profissionalização das instituições públicas, há uma maior difusão dos métodos de eleição direita e um maior papel das instituições políticas na escolha dos membros do Judiciário (Guarnieri, 2001).

Na América Latina, segundo Zaffaroni (1995, p. 19), observa-se um verdadeiro "caos de estructuras judiciales con instituciones copiadas a los Estado Unidos y a Europa en muy diferentes momentos históricos y generalmente deformadas por incoherentes y fatales invenciones vernáculas, al ritmo que les marcaron los intereses sectoriales y corporativos que más cerca han estado de los constituyentes y legisladores de turno".

No Brasil, com a promulgação da Constituição de 1988, generalizou-se o modelo técnico-burocrático de seleção da magistratura, embora se tenha mantido a possibilidade de acesso direto à carreira, em carácter excepcional. Trata-se do *quinto constitucional*, mecanismo por meio do qual os advogados e os membros do Ministério Público podem aceder diretamente aos Tribunais (estaduais, federais e da justiça especializada do trabalho).

Nesse quadro, que segue em tudo associado à tradição liberal, a qual confina o poder judiciário a uma atuação reativa, fazendo derivar sua legitimidade de sua suposta neutralidade política, a preocupação do legislador com a definição do universo de candidatos oscilou entre a necessidade de aferição de conhecimentos jurídico-dogmáticos e a valorização da experiência. Desde a Reforma do Judiciário brasileiro (EC 45/04), entretanto, o processo de seleção da magistratura vem sofrendo uma enorme restruturação, marcada por: (a) introdução da exigência de no mínimo três anos de atividade jurídica para ingresso na carreira; (b) interligação da seleção à formação inicial; (c) transformação da seleção continuada em critério para a progressão na carreira; (d) criação das escolas nacionais de formação e aperfeiçoamento das magistraturas, ENFAM[13] e ENAMAT, esta última ligada à justiça especializada do trabalho.

Para Zaffaroni (1995), a seleção por concurso público, com forte prevalência do critério técnico, indica que o país alcançou um grau considerável de consolidação institucional, embora pondere que a organização da magistratura de forma muito hierarquizada e burocrática pode comprometer a independência interna dos magistrados. De fato, a alta arbitrariedade seletiva aliada à baixa garantia de exigência de um nível técnico mínimo para ingressar na carreira é pouco democrática, não favorece a heterogeneidade do corpo profissional e pode comprometer a imagem pública do Judiciário, pelo personalismo que engendra em certas condições.

Contudo, a adoção de um modelo técnico-burocrático, designadamente pela introdução do concurso público como principal método de recrutamento, não é a única medida capaz de reverter esse quadro, possuindo ela própria um conjunto de consequências indesejáveis associadas. A seleção baseada em provas, escritas ou orais, que avaliam conhecimentos técnicos, pode levar à escolha dos mais capacitados tecnicamente para a função e até reduzir o nível de ingerência externa de carácter político – ou abertamente clientelistas. No entanto, o modelo de recrutamento

13 A ENFAM foi criada em 2006 para regulamentar, autorizar e fiscalizar os cursos (agora oficiais) para ingresso e promoção na magistratura. Ela integra o Sistema Nacional de Capacitação Judicial, criado pelo Conselho Nacional de Justiça, desde 2011, quando se instalou um Plano Nacional de Capacitação Judicial dos Magistrados. Em 2009 o Conselho Nacional de Justiça (CNJ) já havia buscado uniformizar os procedimentos de seleção e formação da magistratura brasileira – que até então eram muito diversos, pois organizados autonomamente pelos próprios tribunais. Em 2011, através desse plano, o CNJ deu mais um passo, buscando instituir um conjunto de diretrizes norteadoras das ações promovidas pelas escolas judiciais brasileiras na formação e aperfeiçoamento de magistrados. A ENFAM coordena atualmente as 94 escolas judiciais no país.

burocrático diz muito pouco acerca da real capacidade do selecionado para o exercício da atividade judicial – a qual envolve alta responsabilidade política e social –, pois privilegia um conhecimento superficial e generalista, altamente conceitual, especializado, técnico, dogmático.

Ademais, o fato de o modelo pressupor um perfil generalista de juiz, capaz de desempenhar muitas funções e conhecer bem todos os ramos do direito, acaba por induzir, ou pelo menos reforçar, a formação técnico-dogmática, altamente legalista, que marca o sistema de ensino do direito nos países que o adotam. Isso pode ser particularmente problemático quando o desenho constitucional exige um perfil diferenciado da magistratura, pelas funções que reserva ao Poder Judiciário, como é o caso brasileiro. Os modelos técnico-burocráticos de organização da magistratura se fundam em uma concepção teórica que assenta a legitimidade do Judiciário na neutralidade política (apoliticidade) de suas decisões e elege um paradigma de atuação do magistrado em tudo mecânico e subordinado à legalidade estrita.

Por outro lado, a alternativa oferecida pelo modelo profissional de seleção, em que o recrutamento se dá entre profissionais experimentados, favorecendo uma avaliação mais duradoura das capacidades profissionais e das características psicológicas dos candidatos, traz o risco de ampliação da interferência do carácter clientelista da avaliação. Ademais, o bom funcionamento de um sistema dessa natureza depende, em larga medida, da presença abundante de bons candidatos, dispostos a integrar os quadros da magistratura em detrimento de carreiras nas quais já consolidaram suas trajetórias profissionais. O maior inconveniente, no entanto, está no fato de que, em países cuja estrutura socioeconômica é marcada pela desigualdade e pela exclusão, dá-se a reprodução dessa clivagem, com o risco de resultar um corpo judicial cujo perfil se distancie enormemente do perfil médio da população – o que, de resto, o modelo técnico-dogmático é também incapaz de afastar.

No caso brasileiro, mantido o concurso público como o principal mecanismo de seleção, a "Reforma do Judiciário" apostou e investiu na formação (inicial e continuada) dos magistrados, como instrumento de mitigação das insuficiências do modelo técnico-burocrático. A partir da criação do CNJ[14] e das Escolas Nacionais de Formação e Aperfeiçoamento

[14] Os efeitos da instalação do CNJ quanto ao controle público do Poder Judiciário merecem um estudo à parte, dada sua relevância e considerando que a questão toca, apenas, pontualmente, o objeto deste trabalho. As consequências de sua instalação no que toca à mitigação da hierarquização e rigidez da carreira da magistratura serão aqui abordadas, ainda que secundariamente.

das Magistraturas (ENFAM e ENAMAT) o tema da seleção e da formação dos magistrados passou, na qualidade de vetores de uma mesma política pública de justiça, a ser objeto de atenção desses órgãos.[15]

O CNJ apostou na formação (inicial e continuada) dos magistrados para a qualificação do corpo profissional em consonância com as exigências políticas e funcionais que lhe dirige a sociedade brasileira e lhe faculta o desenho institucional constitucional. As escolas judiciais são as instituições a quem cumpre executar essa política pública de justiça, sob coordenação das ENFAM e ENAMAT. A nova política *prevê* que a seleção envolva o curso de formação inicial de magistrados, prevendo curso teórico e prático, com duração mínima de um mês e caráter avaliativo, como etapa final do concurso para provimento dos cargos na magistratura.

Contudo, não obstante os esforços de coordenação do processo de seleção dos magistrados brasileiros, levados a cabo pelo CNJ, não se pode

[15] Até 2006, quando da instalação da ENFAM, as escolas judiciais dos tribunais brasileiros eram responsáveis pela seleção e pela formação (inicial e continuada) dos magistrados, atuando, muitas vezes, também, na organização de cursos preparatórios para os exames de seleção (concursos públicos). Nesse sentido, a criação da ENFAM foi um importante passo no processo de coordenação unificada da seleção e formação dos magistrados em todo o país. A Resolução 03/06 do STJ, que instituiu e regulamentou a ENFAM, o fez com o objetivo de regulamentar, autorizar e fiscalizar os cursos oficiais para ingresso e promoção na carreira da Magistratura. De modo correlato, a ENAMAT foi instituída pela Resolução 01/07 do TST com o fim de promover a seleção, a formação e o aperfeiçoamento dos magistrados do trabalho. Em 2009, em um primeiro esforço de uniformização dos procedimentos de seleção e formação da magistratura brasileira, o CNJ, via Resolução 75/09, *recomendava* que os concursos públicos para provimento dos cargos da magistratura deviam contar com seis etapas distintas, todas com carácter eliminatório, sugerindo, ainda, que, ao final, tendo em conta a orientação de cada tribunal, os candidatos *frequentassem* um curso de formação inicial, em regra, de um mês. Nota-se que, naquele momento, o CNJ ainda não havia definido, claramente, o cerne da sua política de seleção e formação da magistratura: ao mesmo tempo em que apostava na introdução de matérias propedêuticas ao longo do processo de seleção, *sugeria* que, ao final, fosse introduzido um curso de formação, com etapa do concurso. Mais recentemente, contudo, por meio da Resolução 126/2011, o CNJ criou o Plano Nacional de Capacitação Judicial dos Magistrados (PNCJ), que comporta um Sistema Nacional de Capacitação Judicial (SNCJ), do qual fazem parte a ENFAM e a ENAMAT, e envolve a formação inicial e continuada dos juízes, desembargadores e ministros. Através da implantação do Plano, o CNJ buscou instituir um conjunto de diretrizes norteadoras das ações promovidas pelas escolas judiciais brasileiras na formação e aperfeiçoamento de magistrados, integrando-as em um sistema harmônico e conjugando os esforços de cada uma, na busca do ideal comum de excelência técnica e ética da Magistratura Nacional. O Plano, no entanto, inclui apenas os aspectos comuns aos distintos ramos do Judiciário, cabendo a cada escola judicial desenvolver programas específicos, de acordo com suas características e necessidades próprias.

olvidar que, entre as suas atribuições constitucionais, não consta a conformação do processo de seleção e formação da magistratura, razão pela qual suas determinações possuem valor relativo, de natureza indicativa.[16] Ademais, tais iniciativas legitimam o formato dos concursos de ingresso à carreira da magistratura, baseados em uma adulterada meritocracia que desconsidera as estruturas de desigualdade etnorracial, de gênero e classe que marca a nossa sociedade.

De fato, do modo como estão estruturados, os concursos públicos reafirmam a discriminação, subalternização e desumanização com base em atributos étnicos, raciais, de gênero e classe. De um modo geral, o processo de seleção conta com estruturas metodológicas e técnicas de avaliação que se resumem à aplicação de provas escritas (combinando questões objetivas com dissertativas e/ ou práticas), somada à realização de entrevistas e arguição oral, além de minuciosa avaliação social e psicológica das condições dos candidatos. O conteúdo avaliado apresenta um forte carácter dogmático que faz com que as provas gravitem em torno de menos de dez disciplinas: direito civil, processo civil, direito penal, processo penal, direito constitucional, administrativo, tributário e empresarial.

Desse modo, parece que o que se busca é um conhecimento genérico, amplo, da normatividade jurídica, dos conceitos construídos pela dogmática jurídica, privilegiando-se a capacidade de memorização dos candidatos em detrimento de outras habilidades e competências, como a sua capacidade de gerenciar conflitos ou crises. O curso de formação inicial, que gradativamente foi sendo introduzido como etapa da seleção, embora tenha um forte componente de socialização, tem respondido, apenas relativamente, pela superação da cultura jurídica posivitista, assentada na já desgastada imagem do juiz como o técnico, conhecedor profundo das leis vigentes no país. O processo de seleção não apenas continua reproduzindo um padrão de magistrados com pouca competência analítica social ampla, como também não favorece a formação de um corpo profissional heterogêneo.

[16] De fato, o enquadramento legal do sistema de ingresso nas magistraturas é matéria constitucional: o art. 93, I, determina que o ingresso na carreira, cujo cargo inicial será o de juiz substituto, dar-se-á mediante concurso público de provas e títulos, garantida a participação da Ordem dos Advogados do Brasil em todas as fases, exigindo-se a comprovação de, no mínimo, três anos de atividade jurídica por parte do candidato. O art. 96, I, c, determina, entretanto, que o procedimento de abertura do concurso para ingresso na carreira da magistratura é de competência dos respectivos tribunais, assim, no caso da magistratura estadual, compete ao Tribunal de Justiça do respectivo estado-membro da federação prover, na forma prevista na Constituição, os cargos de juiz de carreira da respectiva jurisdição.

Recentemente, o CNJ mapeou, pela primeira vez, o perfil dos magistrados do Poder Judiciário brasileiro,[17] trazendo ao conhecimento público um conjunto de dados estatísticos com as principais características pessoais e profissionais, e com as opiniões dos magistrados brasileiros, excetuados os ministros de tribunais superiores. O Censo foi realizado com o objetivo de subsidiar futuras decisões vinculadas a demandas pela fixação de políticas públicas para preenchimento de cargos no Poder Judiciário, fixando percentuais para negros e indígenas.[18]

Observa-se (Gráfico 1) que o ingresso de homens é superior ao de mulheres ao longo de todo o período (1980-2013). Atualmente, existem quase 30% mais juízes do sexo masculino em atividade.

Gráfico 1 – Número de magistrados segundo o ano de ingresso, por sexo (Brasil, 2013)

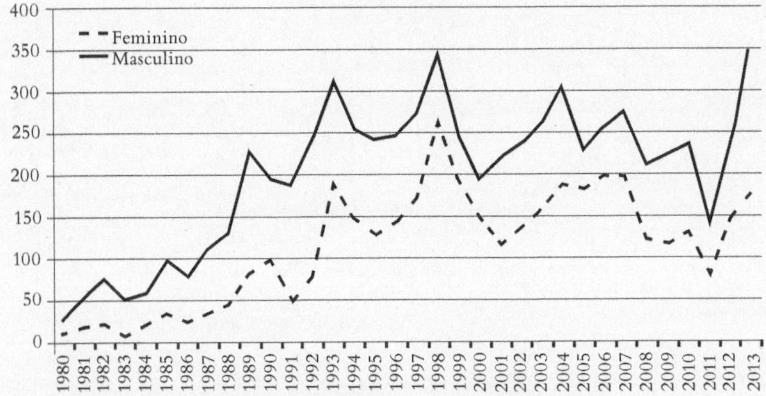

Fonte: Relatório Geral do Censo da Magistratura (CNJ, 2014).

Ademais, a distribuição da presença de homens e mulheres é desigual quando considerados os tipos de carreira (Gráfico 2).

[17] A pesquisa, realizada pelo Departamento de Pesquisas Judiciárias (DPJ) no CNJ, ocorreu ao longo do segundo semestre do ano 2013 e contou com a participação de 64% (10.796) dos 16.812 magistrados em atividade no país. Disponível em: <http://www.cnj.jus.br/images/dpj/CensoJudiciario.final.pdf>. Acesso em: 08/05/15. Acesso em: 8 maio 2016.

[18] Atualmente tramita no CNJ o Pedido de Providências nº 0002248-46.2012.2.00.0000, cujo conteúdo versa, justamente, sobre políticas afirmativas etnorraciais no âmbito da seleção dos magistrados. Ademais, a Resolução 548/2015 do STF e a Instrução Normativa 63/2015 do CNJ determinam a reserva, para negros e negras, de 20% (vinte por cento) das vagas dos concursos públicos para provimento de cargos efetivos nesses órgãos.

Gráfico 2 – Percentual de magistrados segundo tipo de carreira, por sexo (Brasil, 2013)

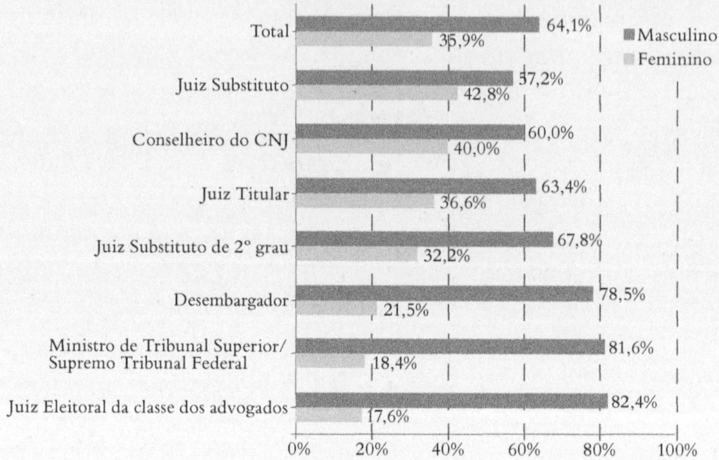

Fonte: Relatório Geral do Censo do Poder Judiciário (CNJ, 2014).

Gráfico 3 – Percentual de magistradas segundo a concordância ou discordância com a afirmação "Os concursos públicos para a magistratura são imparciais em relação às candidatas mulheres", por ramos de justiça (Brasil, 2013)

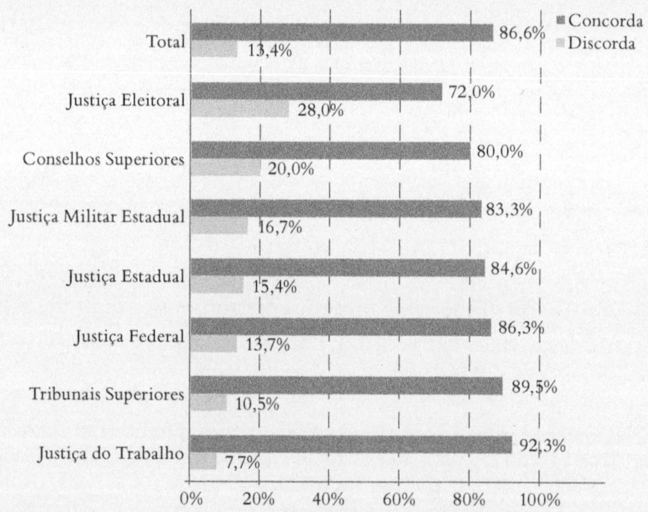

Fonte: Relatório Geral do Censo do Poder Judiciário. (CNJ, 2014).

Conforme se observa no Gráfico 2, nos Tribunais Superiores (STF, STJ, TST, TSE), onde o recrutamento não segue o modelo técnico-burocrático, a presença dos homens é cerca de quatro vezes maior do que a de mulheres, entre os ministros. A diferença entre a presença de homens e de mulheres se amplia, em favor do grupo masculino, na medida em que se progride nas escalas da carreira.

No primeiro nível de jurisdição, a diferença é de pouco mais de 4% em favor dos homens, quando são considerados apenas os juízes e juízas substitutos, mas se amplia para mais de 25% entre os titulares. No segundo nível de jurisdição (tribunais), a diferença é ainda mais evidente: 35,6% entre os substitutos e 57% entre os desembargadores, em favor do grupo masculino.

Os dados parecem indicar que, se não há um claro viés de gênero no âmbito do processo de seleção, certamente existem filtros consideráveis relacionados à progressão na carreira da magistratura. Os dados dos Gráficos 3 a 8, sobre a percepção das magistradas acerca do viés de gênero no processo de seleção e na realização de suas atividades, podem auxiliar na qualificação dessa assertiva.

De fato, o Gráfico 3 aponta para o fato de que a percepção geral das magistradas é de uma ausência de viés de gênero ínsita aos processos de seleção.

Também parece haver uma percepção geral de que não existe viés de gênero vinculado à progressão na carreira (Gráfico 4), excetuando-se o caso da Justiça Militar Estadual, onde 50% das magistradas apontaram para a presença de dificuldades relacionadas à sua condição de gênero na progressão na carreira.

Gráfico 4 – Percentual de magistradas segundo o grau de dificuldade nos processos de remoção e promoção na carreira em comparação com os magistrados, por ramo de justiça (Brasil, 2013)

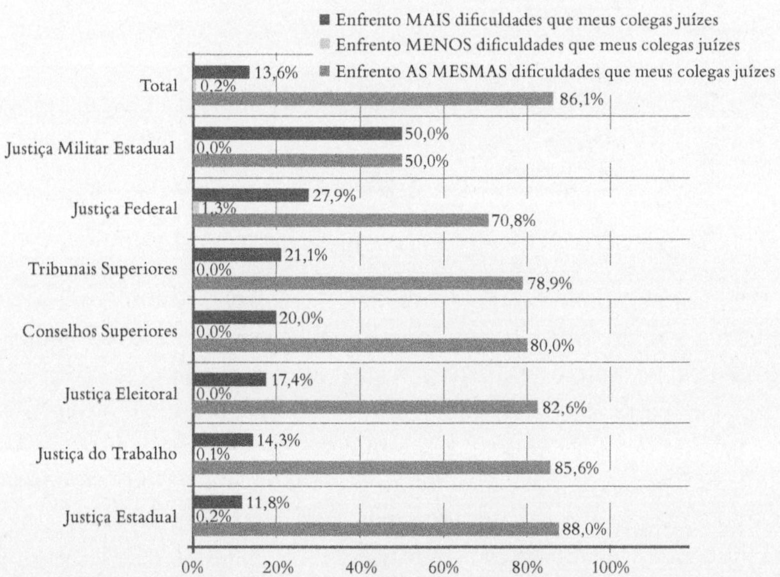

Fonte: Relatório do Censo do Poder Judiciário (CNJ, 2014).

Na mesma linha, a percepção geral das magistradas sobre as dificuldades que enfrentam no exercício da profissão, em comparação com seus colegas homens, não corrobora com eventual existência de um contexto de desigualdade de gênero.

Conforme se observa do Gráfico 5, 71% das magistradas julgam que enfrentam as mesmas dificuldades que seus colegas homens de profissão. Exceção feita, mais uma vez, ao grupo de magistradas que atuam na Justiça Militar.

Gráfico 5 – Percentual de magistradas segundo identificação de dificuldades no exercício da magistratura em comparação com os magistrados, por ramo de justiça (BRASIL, 2013)

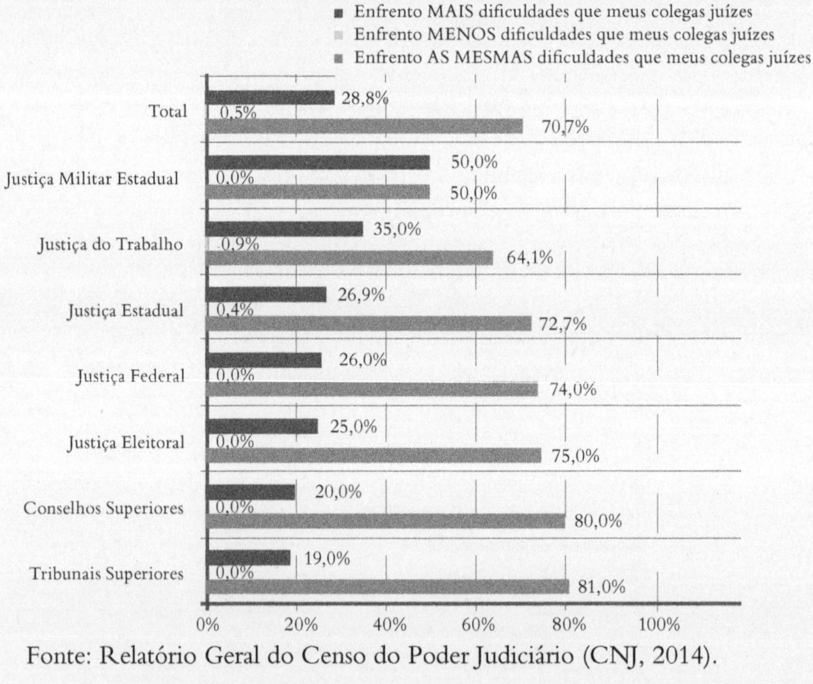

Fonte: Relatório Geral do Censo do Poder Judiciário (CNJ, 2014).

Contudo, quando questionadas acerca dos efeitos que a carreira opera sobre sua vida pessoal, os dados apontam para a percepção de alguma desigualdade de gênero. O Gráfico 6 (abaixo) revela que quase 65% das magistradas brasileiras consideram que sua vida pessoal é mais fortemente impactada do que a de seus colegas homens, em razão da profissão.

Esse é um dado importante, pois pode indicar a medida do desestímulo das magistradas para progredirem na carreira, especialmente considerando que a idade média de ingresso das magistradas na carreira tem variado de 32 a 35 anos, e o percentual das que indicam impacto desigual na vida pessoal em razão da carreira, comparativamente aos colegas homem, é superior à média na faixa dos 30 aos 45 anos.

Gráfico 6 – Percentual de magistradas segundo a identificação de efeitos da carreira sobre a vida pessoal em comparação com os magistrados, faixas de idade (Brasil, 2013)

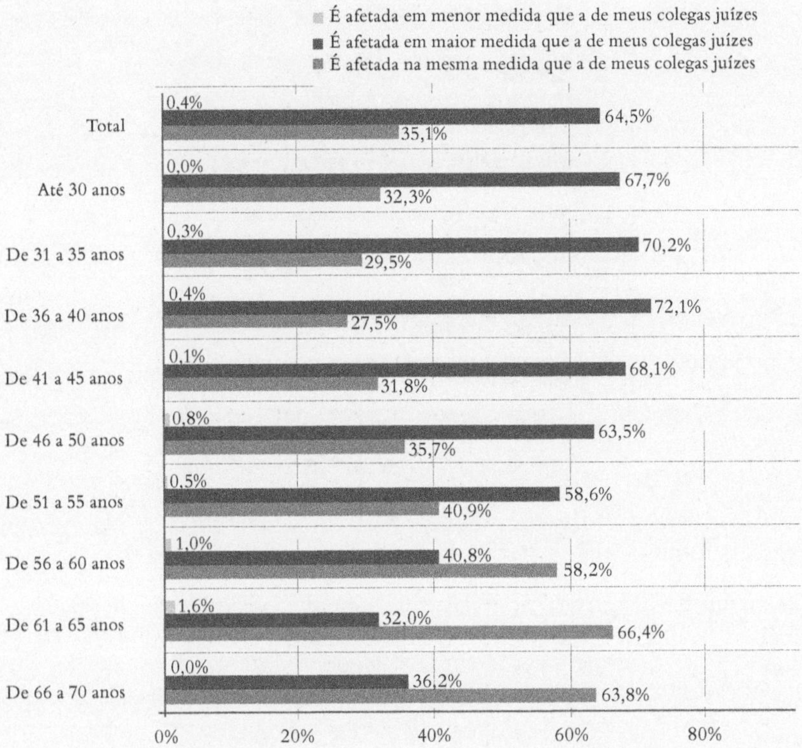

Fonte: Relatório Geral do Censo do Poder Judiciário (CNJ, 2014).

Embora as magistradas, de um modo, geral, entendam que não há preconceito de gênero entre seus pares, essa percepção não se distribui de forma homogênea quando se considera a variável etária e o cargo que ocupam (Gráficos 7 e 8).

Quase 70% das magistradas, em média, não identificam preconceito de gênero entre os seus pares. Contudo, 57,1% das ministras do STF identificam reações negativas por parte de seus pares e servidores do sistema de justiça pelo fato de serem mulheres, assim como 66,7% das juízas eleitorais da classe dos advogados. Ademais, o percentual de magistradas que aponta discriminação de gênero está acima da média geral (69,8%) entre as magistradas que têm entre 51 e 65 anos de idade. Esses dados podem indicar que a discriminação de gênero é mais acentuada no interior dos mais altos escalões do Poder Judiciário do que nas instâncias inferiores.

Gráfico 7 – Percentual de magistradas segundo a identificação de reações negativas por parte de outros profissionais do sistema de justiça, por ser mulher, segundo tipo de cargo da magistrada (Brasil, 2013)

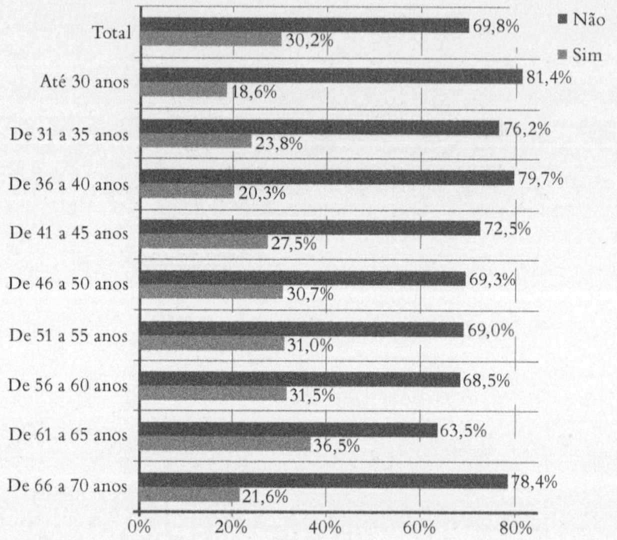

Fonte: Relatório Geral do Censo do Poder Judiciário (CNJ, 2014).

Gráfico 8 – Percentual de magistradas segundo a identificação de reações negativas por parte de outros profissionais do sistema de justiça, por ser mulher, por faixa etária (Brasil, 2013)

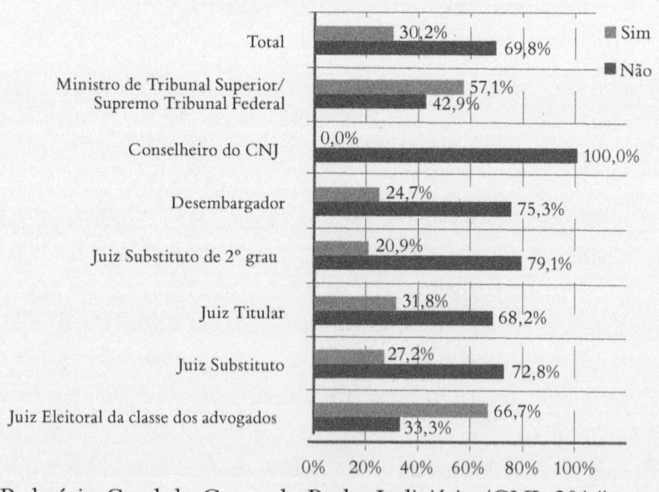

Fonte: Relatório Geral do Censo do Poder Judiciário (CNJ, 2014).

Todos esses dados parecem indicar a existência de um viés de gênero menos relacionado com o processo de seleção, mas profundamente vinculado ao modelo de progressão na carreira da magistratura.

Quando se considera, por outro lado, as estruturas de desigualdade etnicorraciais, resta evidenciada a barreira ao acesso à magistratura que se impõe à população não branca (Gráficos, 9, 10 e 11).

Gráfico 9 – Número de magistrados segundo ano de ingresso, por cor/raça (Brasil, 2013)

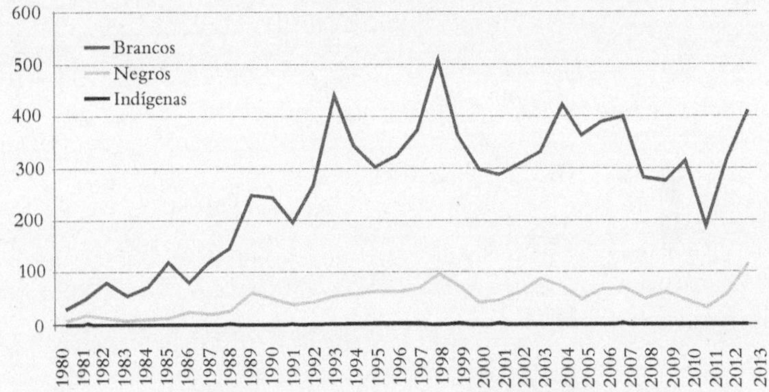

Fonte: Relatório Geral do Censo do Poder Judiciário (CNJ, 2014).

A evolução do ingresso na magistratura, segundo cor/raça, evidencia a hegemonia da população branca sobre negros/as e indígenas. Ainda que seja possível observar o aumento da entrada de negros/as na magistratura, nos últimos anos (Gráfico 10), a diferença em favor dos brancos ainda é avassaladora.

Gráfico 10 – Percentual de magistrados segundo ano de ingresso, por cor/raça (Brasil, 2013)

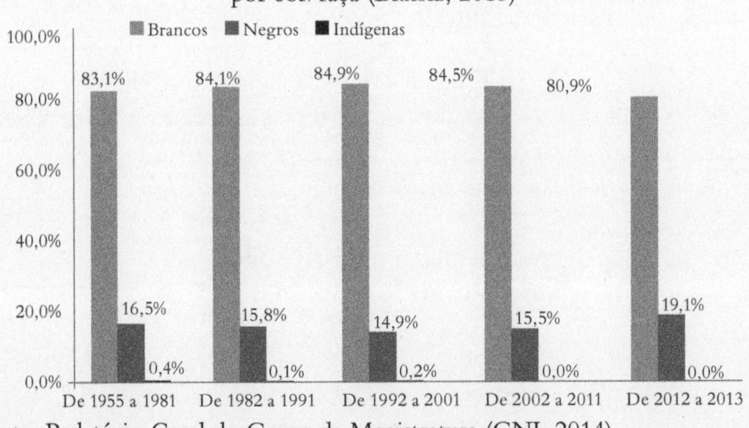

Fonte: Relatório Geral do Censo da Magistratura (CNJ, 2014).

A presença majoritária de branco entre os magistrados evidencia-se ainda mais na medida em que se sobe da estrutura hierárquica do Judiciário (Gráfico 11). Nos Tribunais Superiores registra-se o pior índice de presença de negros/as: apenas 8,9% dos magistrados. Os indígenas estão quase completamente excluídos da magistratura brasileira, tendo a sua maior incidência na Justiça do Trabalho, onde representam apenas 0,2% do total de magistrados.

Gráfico 11 – Percentual de magistrados segundo cor/raça, por ramos de justiça (Brasil, 2013)

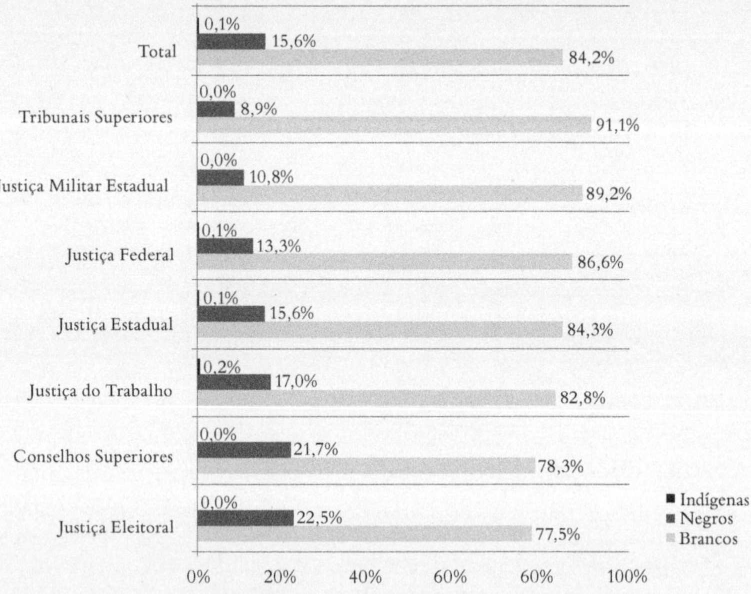

Fonte: Relatório Geral do Censo da Magistratura (CNJ, 2014).

A desigualdade etnorracial está plasmada no modelo de seleção da magistratura brasileira e também nas regras de progressão na carreira, mutilando a jurisdição brasileira, míope de perspectivas e juízos morais, restritos aos adquiridos pelos homens brancos.

Considerações finais: desafios da representatividade no âmbito judicial

O debate acerca do modelo de seleção dos magistrados não deve ser deixado à literatura especializada, mas, ao contrário, possui uma dimensão pública a que se deve dar relevo. No entanto, a baixa expressividade no debate público, que se traduz, em alguma medida, pela fraca repercussão midiática, é, também, visível no domínio político-parlamentar, que padece de um *déficit* de reflexão acerca do papel dos magistrados nas sociedades contemporâneas e da importância da renovação e ampliação das metodologias, dos conteúdos e das estratégias de seleção – e também formação e aperfeiçoamento –, que contribuam para a consolidação de novos perfis de magistrados.

Não surpreende, portanto, que grande parte das alterações que o processo de seleção e formação dos magistrados vem sofrendo tenha sido gestada no interior do próprio Judiciário, com nenhuma ou quase nenhuma participação da sociedade civil e nem mesmo das instâncias políticas tradicionais. Urge que a agenda de reforma do Judiciário incorpore a reorganização dos sistemas de seleção dos magistrados a partir da nova posição que os tribunais ocupam no cenário político e social brasileiro.

Faz-se necessária e urgente a construção de um modelo de seleção que, sem deixar de lado a preocupação com a excelência, possa dotar de conhecimentos culturais, sociológicos e econômicos os nossos magistrados, a fim de que sejam esclarecidos sobre as suas próprias opções pessoais e sobre o significado político do quadro a que pertencem, possibilitando-lhes certo distanciamento crítico e uma atitude de prudente vigilância pessoal no exercício das suas funções, em uma sociedade cada vez mais complexa e dinâmica. Portanto, é necessário que se encare o sistema de seleção da magistratura como política de frente na construção de um Judiciário facilitador tanto do desenvolvimento econômico e social como da defesa dos direitos humanos e da cidadania, em uma perspectiva complexa.

No Brasil, de um modo geral, o sistema de recrutamento assenta no concurso público, muito embora o acesso aos tribunais superiores se dê a despeito de aprovação em processos seletivos, mantendo-se, nesses casos, o mecanismo de nomeação pelo Executivo (com aprovação do Legislativo). É verdade que o processo de seleção (e formação) de magistrados, no Brasil, vem sofrendo uma grande reestruturação, desde a Emenda Constitucional nº 45/04, que interligou a seleção à formação inicial e fez do aperfeiçoamento dos magistrados um requisito necessário para a promoção na carreira, criando, ademais, as Escolas Nacionais de Formação e Aperfeiçoamento de Magistratura, com competência para regulamentar os cursos oficiais para o ingresso e a promoção na carreira da magistratura na justiça comum e trabalhista.

Contudo, parece que continuamos oscilando entre o mérito e a experiência profissional como critérios para a reorganização do modelo de seleção da magistratura. O *quinto constitucional*, a obrigatoriedade da fase de títulos, da comprovada experiência profissional, todos são mecanismos que apontam para a preocupação com a experiência profissional dos futuros magistrados, mas em nada favorecem a formação de um corpo profissional mais heterogêneo, capaz de expressar a diversidade de saberes e culturas da sociedade brasileira.

Diante dos dados apresentados pelo Conselho Nacional de Justiça em atenção à realização de um inédito Censo do Poder Judiciário, é necessário evoluir para a implementação de ações afirmativas no âmbito do processo de seleção dos magistrados brasileiros. É desejável, ademais, que se flexibilize a estrutura do poder judiciário, em sua primeira instância, ampliando os mecanismos de proximidade (conciliatórios, em grande medida), os quais têm potencial para absorver, de modo muito mais democrático, representantes das comunidades, introduzindo no sistema de justiça a pluralidade da cultura brasileira. A adoção de mecanismos mais democráticos de progressão na carreira e de nomeação para os tribunais superiores é outra medida urgente.

Pode ser uma alternativa a reserva de vagas para representantes das minorias etnorraciais ou grupos historicamente excluídos, que pudessem atuar como auxiliares em julgamentos, com mandatos determinados. Tudo isso depende, fundamentalmente, de repensar toda a política pública de justiça a partir das funções requeridas do Poder Judiciário no início deste século. A prevalência de brancos nas atividades-fim do Poder Judiciário produz efeitos particularmente perversos em sociedades que sofrem com o colonialismo, tal como a brasileira. A interpretação e a aplicação do direito envolvem juízos morais que dividem profundamente a sociedade, de modo que a consequência imediata da prevalência de brancos na conformação da jurisdição nacional se traduz na *invisibilização* da visão de mundo (modos de ser, fazer e viver) de segmentos da sociedade historicamente oprimidos e excluídos, como a população negra.

A observação da realidade atual, no que diz respeito ao modelo de seleção da magistratura brasileira, traz evidências significativas de sua inadequação, em todos os níveis. O número de candidatos inscritos no concurso público é historicamente muito superior ao número de vagas a serem preenchidas, mas a maioria dos candidatos nem sequer consegue ser aprovada na primeira prova do concurso. A prova objetiva, de caráter genérico e conteúdo dogmático, constituiu um fator preponderante de seletividade. Em consequência, o índice final de aprovação é, também, muito baixo. Isso demonstra, em alguma medida, a inadequação do modelo de seleção, mas não pode constituir óbice para a implantação de políticas afirmativas de gênero e etnorraciais. O concurso é uma construção humana, e não um dado da natureza, podendo – e devendo – sofrer adequações em face das exigências impostas ao Poder Judiciário no âmbito de sociedades marcadas por clivagens socioculturais, como a brasileira.

Os recentes esforços do Conselho Nacional de Justiça são louváveis, porém, ainda são pontuais. A superação do modelo vigente de seleção não prescinde do avanço de uma política pública de justiça para a introdução de novos mecanismos de uma justiça de proximidade, que possa absorver uma representação mais democrática da sociedade brasileira, e para adoção do sistema de quotas no âmbito dos concursos públicos para a magistratura brasileira.

Referências

ABERS, Rebecca; KECK, Margaret. Representando a diversidade? Estado, sociedade e "relações fecundas" nos conselhos gestores. *Cadernos do CRH*, Salvador, v. 21, n. 52, p. 99-112, 2008.

AGAMBEN, G. *Homo Sacer: Sovereign Power and Bare Life*. Stanford, CA: Stanford University Press, 1998.

ALEXANDER, J. Ação coletiva, cultura e sociedade civil – Secularização, atualização, inversão, revisão e deslocamento do modelo clássico dos movimentos sociais. *RBCS*, v. 13, n. 37, p. 5-31, jun. 1998.

ARANTES, Rogério Bastos. *Corrupção e instituições políticas: uma análise conceitual e empírica*. Trabalho apresentado no VII Encontro da Associação Brasileira de Ciência Política. Recife, p. 4-7, 2010.

ARANTES, Rogério B. *Polícia Federal e construção institucional. Corrupção e sistema político no Brasil*, p. 99-132, 2011.

AVRITZER, L. *Democracy and the Public Space in Latin America*. Princeton: Princeton University Press, 2002.

AVRITZER, Leonardo. Sociedade civil, instituições participativas e representação: da autorização à legitimidade da ação. *Dados*, Rio de Janeiro, v. 50, n. 3, p. 443-464, 2007.

AVRITZER, L. *Participatory Institutions in Democratic Brazil*. Baltimore: The Johns Hopkins University Press, 2009.

AVRITZER, L; MARONA, M. C. Judicialização da Política no Brasil: ver além da perspectiva liberal para ver melhor. *Revista Brasileira de Ciência Política*, n. 15, p. 69-94, 2014.

BOHMAN, J. *Democracy Across Borders: from* Dêmos *to* Dêmoi. Cambridge: MIT, 2007.

BRASIL. Superior Tribunal de Justiça. Secretaria de Documentação. *Subsídios à implantação da Escola Nacional de Formação e Aperfeiçoamento de Magistrados/ ENFAM no Superior Tribunal de Justiça.* Brasília, DF, 2006.

BRASIL. Conselho Nacional de Justiça. Censo do Poder Judiciário. *VIDE: vetores iniciais e dados estatísticos.* Brasília, DF, 2014.

COMPARATO, Fabio Konder. Ensaio sobre o juízo de constitucionalidade de políticas públicas. *Revista RT*, São Paulo, v. 737, mar. de 1997.

DE VITA, Alvaro. Liberalismo contemporâneo. In: AVRITZER, Leonardo, FILGUEIRAS, Fernando, BIGNOTO, Newton, STARLING, Heloísa, GUIMARÃES, Juarez. *Dimensões políticas da justiça.* Rio de Janeiro: Civilização Brasileira, 2013.

DRYZEK, John; NIEMEYER, Simon. Discursive representation. Trabalho apresentado no workshop Rethinking Democratic Representation, 2006. *Anais...* University of British Columbia, 18-19 de maio de 2006.

DWORKIN, Ronald. *Law's empire.* Harvard University Press, 1986.

DWORKIN, Ronald. *Uma questão de princípio.* São Paulo: Martins Fontes, 2000.

DWORKIN, Ronald. *Levando os direitos a sério.* São Paulos: Martins fontes, 2002.

DWORKIN, Ronald. *A justiça de toga.* São Paulo: Martins Fontes, 2010.

DWORKIN, Ronald. *Justiça para ouriços.* Coimbra: Almedina, 2012.

ELY, John Hart. *Democracy and distrust: a theory of judicial review.* Harvard University Press, 1980.

FILGUEIRAS, Fernando; MARONA, Marjorie. A corrupção, o judiciário e a cultura política no Brasil democrático. In: BIASON, Rita de Cássia (Org.). *Temas de corrupção política.* São Paulo: Balão Editorial, 2012.

FRASER, N. Social Justice in the Age of Identity Politics: Redistribution, Recognition, and Participation. In: FRASER, N; HONNETH, A. *Redistribution or Recognition*? A Political-Philosophical Exchange. Londres/Nova York: Verso, 2003. p. 7-109.

FRASER, N. *Scales of Justice: Reimagining Political Space in a Globalizing World.* New York: Columbia University Press, 2008.

GALEOTTI, A. E. *Toleration as Recognition*. Cambridge/New York: Cambridge University Press, 2002.

GARGARELLA, R. *Latin American Constitutionalism, 1810-2010: the Engine Room of the Constitution*. Oxford: Oxford University Press, 2013.

GRIJALVA, A. El Estado Plurinacional e Intercultural en la Constitución Ecuatoriana del 2008. *Equador Debate*, Quito, n. 75, p. 49-62, 2008.

GUARNIERI, C. El acceso a la magistratura: problemas teóricos y análisis comparado. In: JIMÉNEZ ASCENCIO, R. (Coord.) *El acceso a la función judicial: estudio comparado*. Madrid: Consejo General del Poder Judicial, 2001.

HERRERA, Carlos Miguel. La polémica Schmitt-Kelsen sobre el guardián de la Constitución. *Revista de Estudios Políticos*, n. 86, p. 195-228, 1994.

HONNETH, A. *Luta por reconhecimento: a gramática moral dos conflitos sociais*. São Paulo: Ed. 34, 2003. 291p.

HONNETH, A. Redistribution as Recognition: a Response to Nancy Fraser. In: FRASER, N; HONNETH, A. *Redistribution or Recognition?* A Political-Philosophical Exchange. Londres/Nova York: Verso, 2003. p. 110-197.

LAVALLE, Adrián Gurza. Cidadania, igualdade e diferença. *Lua Nova*, São Paulo, v. 59, p. 75-93, 2003.

LAVALLE, Adrian G.; HOUTZAGER, Peter P.; CASTELLO, Graziela. Democracia, pluralização da representação e sociedade civil. *Lua Nova*, São Paulo, n. 67, p. 49-103, 2006.

LIMA, Flávia Danielle Santiago. Ativismo e autocontenção no Supremo Tribunal Federal: uma proposta de delimitação do debate. 2013. Tese (Doutorado em Direito) – Universidade Federal de Pernambuco, 2013.

LOEWENSTEIN, K. *Political Power and the Governmental Process*. Chicago: University of Chicago Press, 1957.

MANSBRIDGE, J. Everyday Talk in Deliberative System. In: MACEDO, S. (Ed.). *Deliberative Politics: Essays on Democracy and Disagreement*. Nova York: Oxford University Press, 1999. p. 211-239.

MARKELL, P. *Bound by Recognition*. Princeton: Princeton University Press, 2003.

MARSHALL, T. H. *Cidadania, classe social e* status. Rio de Janeiro: Zahar, 1967.

MARONA, M. C. O novo constitucionalismo e a teoria do reconhecimento: aproximações possíveis. In: LAVALLE, A. G.; DE VITA, A.; ARAUJO, C. (Orgs.). *O papel da teoria política contemporânea: justiça, Constituição, democracia e representação*. São Paulo: Alameda, 2015.

MOTA, A. *Sobre Metamorfoses e Transformações: um exercício de sociologia histórica a propósito do liberalismo constitucional atenuado latino-americano*. 2012. Tese (Doutorado em Sociologia e Ciência Política) - Instituto de Estudos Sociais e Políticos, Universidade Estadual do Rio de Janeiro, Rio de Janeiro, 2012.

OBERTO, G. *Recrutement et formation des magistrats en Europe: étude comparative*. Strasbourg: Conseil de l'Europe, 2003.

OSTRENSKY, Eunice. Liberalismo clássico. In: AVRITZER, Leonardo, FILGUEIRAS, Fernando, BIGNOTO, Newton, STARLING, Heloísa, GUIMARÃES, Juarez. *Dimensões políticas da justiça*. Rio de Janeiro: Civilização Brasileira, 2013.

PEDERZOLI, P. El acceso a las profesiones legales en la República Federal de Alemania. In: JIMÉNEZ ASCENCIO, R. (Coord.) *El acceso a la función judicial: estudio comparado*. Madrid: Consejo General del Poder Judicial, 2001.

RAWLS, J. *Liberalismo político*. México, DF: UNAM, 1995.

RAWLS, J. *Uma teoria da justiça*. São Paulo: Martins Fontes, 1997.

SADEK, Maria Tereza; ARANTES, Rogério Bastos. A crise do Judiciário e a visão dos juízes. *Revista Usp*, n. 21, p. 34-45, 1994.

SANIN RESTREPO, R. *Teoria crítica constitucional. Rescatando la democracia del liberalismo*. Bogotá: Ibañez, 2009.

SANTOS, B. de S. *A crítica da razão indolente: contra o desperdício da experiência*. São Paulo: Cortez, 2001.

SANTOS, B. de S. *A gramática do tempo: para uma nova cultura política*. São Paulo: Cortez, 2006.

SANTOS, B. de S.; GOMES, C. *O sistema judicial e os desafios da complexidade social: novos caminhos para o recrutamento e a formação dos magistrados*. Coimbra: Observatório Permanente da Justiça Portuguesa/Centro de Estudos Sociais da Faculdade de Economia da Universidade de Coimbra, 2011.

TATE, C. Neal; VALLINDER, Torbjorn. *The Global Expansion of Judicial Power*. NYU Press, 1995

TAYLOR, C. The Politics of Recognition. In: GUTMANN, A. (Ed.) *Multiculturalism: Examining the Politics of Recognition*. Princeton: Princeton University Press, 1994. p. 25-73.

TULLY, J. Recognition and Dialogue: the Emergence of a New Field. *Critical Review of International Social and Political Philosophy*, v. 7, n. 3, p. 84-106, autumn 2004.

URBINATI, Nadia. Representation as advocacy: a study of democratic deliberation. *Political theory*, v. 28, n. 6, p. 758-786, 2000.

URBINATI, N. *Representative Democracy: Principles and Genealogy*. Chicago/Londres: The University of Chicago Press, 2006.

VICIANO PASTOR, Roberto & MARTINEZ DALMAU, Rubén. El proceso constituyente venezolano en el marco del nuevo constitucionalismo latino-americano. *Agora*, n. 13, p. 55-68, 2005.

VICIANO PASTOR, R., MARTINEZ DALMAU, R. *Aspectos Generales del Nuevo Constitucionalismo Latinoamericano. Corte Constitucional del Ecuador para el período de transición. El nuevo constitucionalismo latinoamericano*. Quito: Corte Constitucional del Ecuador, 2010. p. 13-43.

VIEIRA, Oscar Vilhena. Supremocracy. *Revista Direito GV*, v. 4, n. 2, p. 441-63, 2008.

WARREN, Mark E.; CASTIGLIONE, Dario. *Rethinking democratic representation: eight theoretical issues*. Trabalho apresentado no Workshop Rethinking Democratic Representation. University of British Columbia. 2006. p. 18-19.

YRIGOYEN FAJARDO, R. Hitos del reconocimiento del pluralismo jurídico y el derecho indígena en las políticas indigenistas y el constitucionalismo andino. In: BERRAONDO, M. (Coord.). *Pueblos indígenas y derechos humanos*. Bilbao: Universidad de Deusto, 2006.

YRIGOYEN FAJARDO, R. Aos 20 anos do convênio da OIT: balanço e desafios da implementação dos direitos dos povos indígenas na América Latina. In: VERDUM, Ricardo. *Povos indígenas: constituições e reformas políticas na América Latina*. Brasília: Instituto de Estudos Socioeconômicos, 2009.

ZAFFARONI, E. R. Poder Judiciário: crise, acertos e desacertos. *Revista dos Tribunais*, São Paulo, 1995.

Constitucionalismo contemporâneo latino-americano e justiça eletrônica

Marcus Abílio G. Pereira

Dayane Nayara Conceição de Assis

Nas últimas décadas, alguns países latino-americanos promoveram mudanças substantivas em suas Constituições através de processos constituintes onde a participação popular foi elemento fundamental para o reconhecimento de sociedades interculturais e fortemente desiguais. Trata-se de um paradigma emergente que busca conectar as Constituições às mudanças sociais e às aspirações, mesmo que a princípio utópicas, por uma sociedade mais igualitária. O presente texto busca conectar estas discussões à apropriação de tecnologias de informação e comunicação pelas Cortes Supremas da Bolívia, do Brasil, da Colômbia e do Equador, através de um estudo comparativo dos seus sites e de suas funcionalidades, que poderiam colaborar para o aprofundamento de práticas mais democratizantes no Judiciário desses países.

O constitucionalismo contemporâneo latino-americano

Desde os meados da década de 1980, alguns países da América Latina têm passado por substantivas transformações constitucionais através da mobilização de classes populares. Estas transformações buscam a expansão da noção do político para além da visão liberal (Santos, 2011). As mudanças constitucionais em países como Brasil, Colômbia, Equador e Bolívia têm sido analisadas por diferentes autores com interpretações distintas, mas todas convergindo para uma percepção comum de que há o surgimento e o desenvolvimento de um novo paradigma constitucional denominado das mais distintas maneiras, tais como "novo constitucionalismo" (Pastor; Dalmau, 2010), "constitucionalismo transformador ou de baixo" (Santos, 2010) ou ainda um "constitucionalismo pluralista intercultural" (Wolkmer, 2009).

Assim como observamos diferenças entre as definições sobre esse processo constitucional latino-americano, com vistas ao reconhecimento da importância da participação popular na elaboração de sua carta magna e na busca pela diminuição das desigualdades gritantes no continente, observa-se também uma discordância entre alguns autores sobre quais desses processos constitucionais deveriam ser definidos como parte do assim chamado "constitucionalismo contemporâneo latino-americano". Dos quatro países a serem analisados neste artigo, dois deles são plenamente reconhecidos como parte do novo paradigma por todos os autores analisados: Bolívia e Equador. Em compensação, não há unanimidade entre os autores do campo em relação ao lugar que os casos brasileiro e colombiano deveriam ocupar.

Para Antônio Carlos Wolkmer (2009), por exemplo, Brasil e Colômbia fariam parte do primeiro ciclo de desenvolvimento do constitucionalismo pluralista intercultural, ocorrido no final dos anos 80 e início dos anos 90, com o advento de Constituições com forte apelo social e descentralizador, enquanto que Bolívia e Equador comporiam o último ciclo (baseado em textos constitucionais plurinacionais comunitários), no qual o paradigma liberal de Estado de Direito é superado por um paradigma não universal, sustentado a partir do reconhecimento da interculturalidade de suas sociedades e que busca legitimar outras instâncias legais para além da estatal, tais como a jurisdição indígena e camponesa, todas em igual hierarquia (WOLKMER, 2009, p. 11).

Já para o autor português Boaventura de Sousa Santos (2010), o continente americano teria passado por três ciclos de reformas constitucionais. Um primeiro baseado na emergência do multiculturalismo e no reconhecimento de direitos coletivos (caso brasileiro de 1988); um segundo que reconhece formas de pluralismo jurídico e amplia direitos indígenas, tais como direitos de consulta e participação (Colômbia 1991; Equador 1996 e 1998; Bolívia 1994) e, por último, um terceiro ciclo que seria restrito a Equador e Bolívia, que adotam e promovem o desenvolvimento de um "Estado plurinacional", através do aprofundamento do elemento igualitário do pluralismo jurídico e a criação de novos direitos.

De acordo com Santos (2010, p. 72), o constitucionalismo transformador ou "de baixo" se basearia em uma nova institucionalidade (plurinacionalidade), uma nova territorialidade (autonomias assimétricas), uma nova legalidade (pluralismo jurídico), um novo regime político (democracia intercultural) e novas subjetividades individuais e coletivas (indivíduos, comunidades, nações, povos, nacionalidades). Santos (2010) afirma que o Brasil tem sido o país mais lento na implementação desse novo paradigma constitucional, tendo promovido o reconhecimento de direitos coletivos em sua Constituição de 1988, enquanto que nos casos de Colômbia, Bolívia e Equador há um reconhecimento de fato do pluralismo jurídico. Por fim, Santos (2010) também afirma que Bolívia e

Equador se destacam dos demais países em razão do reconhecimento do caráter plurinacional e pluriétnico do Estado.

Uma terceira análise desse processo de constituição de um novo paradigma constitucional latino-americano é proposta por Pastor e Dalmau (2010), que também promovem uma diferenciação entre os países aqui analisados. Para os autores, o caso brasileiro se encaixaria na proposta neoconstitucionalista, que busca promover, sem ruptura, a transformação do Estado de Direito em Estado Constitucional de Direito, através da busca pela centralidade da Constituição no ordenamento jurídico. Nessa corrente, os textos constitucionais

> [...] no se limitan a establecer competencias o a separar a los poderes públicos, sino que contienen altos niveles de normas materiales o substantivas que condicionan la actuación del Estado por medio de la ordenación de ciertos fines y objetivos (Pastor; Dalmau, 2010, p. 17).

O novo constitucionalismo, por sua vez, teria como elemento-chave de análise a legitimidade democrática da Constituição, sem abrir mão do reconhecimento da importância da centralidade da Constituição no ordenamento jurídico, avanço promovido pelos neoconstitucionalistas. Dessa forma, a Constituição se legitimaria pela natureza de suas assembleias constituintes. Para os autores,

> [...] el primer problema del constitucionalismo debe ser garantizar la traslación fiel de la voluntad del poder constituyente y certificar que solo la soberanía popular, directamente ejercida, puede determinar la generación o la alteración de las normas constitucionales (Pastor; Dalmau, 2010, p. 18).

Para Pastor e Dalmau (2010), há características formais e materiais do novo constitucionalismo latino-americano. Do ponto de vista formal, as características são: a) seu conteúdo inovador baseado na ruptura com o sistema anterior; b) a sua amplitude com buscas à integração nacional e uma nova institucionalidade; c) a busca por uma linguagem acessível; d) um maior grau de rigidez baseado na limitação da mudança constitucional somente através de novo processo constituinte. Do ponto de vista material, temos como características: a) compromisso constitucional de promover a participação através de formas diretas sem abrir mão do sistema representativo; b) amplo catálogo de direitos principalmente em relação a grupos historicamente excluídos; c) passagem de um controle difuso para um controle concentrado da constitucionalidade; d) o desenvolvimento de Constituições econômicas, assim chamadas pela existência de amplos capítulos econômicos, com o objetivo de superação das desigualdades econômicas e sociais, além de definirem o papel do Estado frente à economia.

Tomando como base essa definição de novo constitucionalismo proposta por Pastor e Dalmau (2010), a Colômbia seria o primeiro país a promover tais avanços a partir dos anos 1990. O Equador, com seu texto constitucional de 2008, promoveu inovações não apenas em relação aos direitos, mas também através da definição do seu Estado como Estado Constitucional. Por último, a Bolívia promoveu a concepção de Estado plurinacional, através de uma relação entre valores pós-coloniais e indígenas, além de promover também a criação de um Tribunal Constitucional Plurinacional.

Como podemos constatar, não há uma visão única entre os autores aqui analisados sobre o que vem a ser e quais países latino-americanos se encaixariam dentro do termo "novo constitucionalismo".[1] Mas apesar de todas as divergências em relação à sua caracterização ou periodização, o ponto em comum em todos os quatro países aqui analisados é o reconhecimento da importância da ampliação dos espaços de participação popular, através do aprofundamento da democracia participativa como complemento ao sistema representativo.

Nesses casos, o aprofundamento democrático passa pelo reconhecimento do processo de construção relacional entre o Estado Democrático e a sociedade civil, num jogo de espelhos em que o que está em disputa é a própria definição da democracia, tanto em espaços institucionais quanto em espaços sociais mais amplos.

Portanto, podemos afirmar que há momentos distintos de aprofundamento de um novo marco constitucional latino-americano, sendo que Brasil e Colômbia estariam em um nível mais embrionário, enquanto que Bolívia e Equador estariam em um nível mais avançado, em função do reconhecimento e da constituição de um Estado Plurinacional.

Como já afirmado por Santos (2011), as lutas contra-hegemônicas muitas vezes ocorrem em contextos de hegemonia consolidada, podendo ocorrer por meio de mudanças paulatinas (Brasil e Colômbia) ou por meio de processos de ruptura ou refundação do Estado (casos equatoriano e boliviano). Em ambos os casos, os objetivos traçados a partir dos processos constitucionais de diminuição das desigualdades, do reconhecimento da

[1] Por isso decidimos utilizar neste trabalho o conceito de "Constitucionalismo Contemporâneo Latino-Americano".

plurinacionalidade e do pluralismo jurídico, poderão ser aprofundados através da democratização do direito e da justiça.

Na verdade, quanto mais inovadoras e democráticas forem as novas Constituições, mais espaços poderão ser encontrados na busca pela democratização do direito e da justiça, que por sua vez também poderão alavancar os processos de construção de uma nova sociedade e de uma nova ordem política proposta por essas Constituições.

Interessante observar que, apesar do processo de construção emancipatória de uma nova ordem política e social na América Latina através de um novo paradigma constitucional, a insatisfação dos cidadãos com alguns elementos dos regimes democráticos implementados continua presente, como demonstra a pesquisa realizada em 2011 pelo Latinobarômetro[2]:

Gráfico 1 – Informe LB 2011 – O que falta à democracia em seu país?

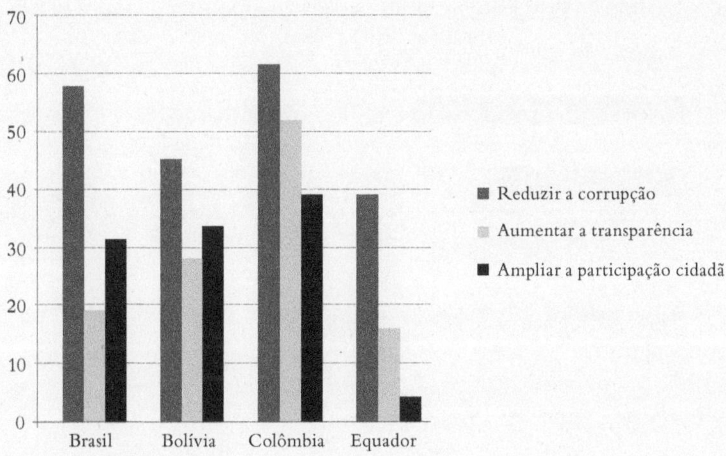

Fonte: Latinobarômetro.

Como podemos observar no gráfico acima, quando questionados sobre o que falta à democracia nesses países, as principais preocupações dos cidadãos são a corrupção, a transparência e a ampliação da participação cidadã. A democratização da justiça pode colaborar para a diminuição dos casos de corrupção, o aumento da transparência e a participação cidadã. Este será o tema que iremos discutir na próxima seção do trabalho. Iremos explorar a importância da democratização da justiça para o aprofundamento do projeto emancipatório do constitucionalismo contemporâneo latino-americano.

2 http://www.latinobarometro.org/latino/LATContenidos.jsp

A revolução democrática da justiça e o governo eletrônico

A possibilidade de transformação democrática da justiça depende da ordem constitucional vigente. No paradigma emergente do constitucionalismo latino-americano existe uma maior margem de manobra por parte dos agentes estatais, pois os constituintes buscam lidar com uma questão fundamental que é a ampliação do espaço da política para além do modelo liberal constitucional. De acordo com Santos, "a revolução democrática do direito e da justiça só faz verdadeiramente sentido no âmbito de uma revolução mais ampla que inclua a democratização do Estado e da sociedade" (2011, p. 16). Mesmo com os avanços promovidos pelas novas Constituições dos países analisados, a satisfação dos cidadãos com o sistema judicial ainda é baixa, como demonstra o gráfico 2:

Gráfico 2 – Informe LB 2011 – Muito satisfeito ou satisfeito com o sistema judicial de seu país

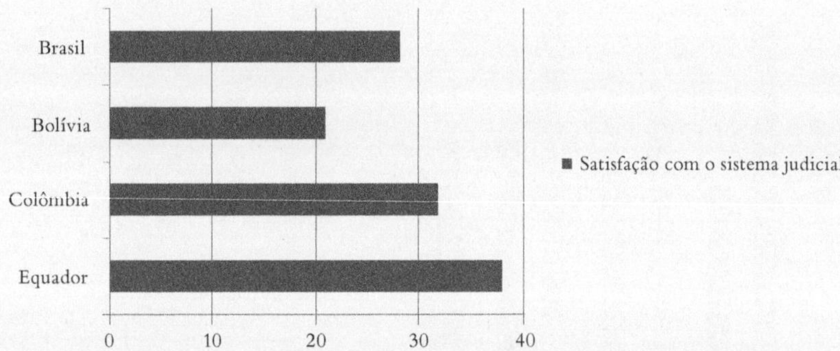

Fonte: Latinobarômetro.

É importante reforçar que mesmo com a gradual implementação (em ritmos distintos entre os países analisados) desse novo paradigma constitucional, em nenhum dos países em tela o sistema judicial alcançou mais de 50% de satisfação por parte dos entrevistados.

Ao discorrer sobre a revolução democrática da justiça, Santos (2011) reafirma a importância do papel das Constituições, que podem garantir a centralidade e a credibilidade do uso da via judicial como alternativa para alcançarmos direitos. O novo paradigma constitucional latino-americano coloca o sistema judicial (os tribunais) em evidência através da busca pela constitucionalização do direito ordinário. Dessa forma, as normas constitucionais podem servir de referência para decisões judiciais, mesmo que estejam em conflito com leis ordinárias.

Nesse contexto, três elementos conectados ao paradigma emergente do constitucionalismo latino-americano passam a ser fundamentais para que possamos ter uma revolução democrática da justiça: *a publicidade, o acesso à justiça e o pluralismo jurídico.*

O governo eletrônico pode colaborar sobremaneira para que esses elementos se façam presentes para a democratização da justiça. Desde os anos 1990, temos observado, em diferentes países, o desenvolvimento do governo eletrônico.[3] Robertson e Vatrapu o definem como:

> Digital government, often called e-government (with no standardized use of hyphens or capitals), encompasses the use of information and communication Technologies to enable citizens, politicians, government agencies, and other organizations to work with each other and to carry out activities that support civic life (ROBERTSON; VATRAPU, 2010, p. 319)

Ainda em relação à conceituação de governo eletrônico, Jane Fountain (2009) distingue dois momentos de seu desenvolvimento. Segundo a autora, o primeiro momento estaria relacionado à disponibilização de informação governamental e à realização de alguns serviços públicos através da internet. Num segundo momento, mais complexo, teríamos agentes governamentais se apropriando das tecnologias de informação e comunicação, TICs, com o objetivo de reestruturar as agências governamentais, operações e relações entre governo e Organizações Não Governamentais (ONGs).

As relações desenvolvidas entre o Estado e diferentes atores através das TICs podem ser Government to Government (G2G), Government to Business (G2B) e Government to Citizen (G2C)). É importante ressaltar que tais relações são pensadas em ambos os sentidos e se desenvolvem na expectativa de promover, a partir do governo eletrônico, a melhoria dos serviços governamentais e fortalecer a *accountability*, buscando maior eficiência na prestação de serviços através da diminuição de custos administrativos e tempo gasto na realização de atividades, facilitando a transparência da administração pública, promovendo maior acesso a serviços 24 horas e aumentando os espaços de participação popular.

[3] Vide: Fountain, 2001; Everard, 2000; Castells, 1999; Whilhelm, 2000; Frey, 2002, 2003; Ferguson, 2002; Cass Sunstein, 2002; Coglianese, 2004, 2008; Fugini *et alli*, 2005; Pinho, 2008; UN E-gov survey, 2008. Para uma análise sobre o desenvolvimento do governo eletrônico no Brasil, ver Chain *et alli*, 2004; Eisenberg; Cepik, 2002; Pereira, 2011, 2012.

Para podermos analisar a implementação do e-gov no Brasil, Colômbia, Equador e Bolívia, é necessário termos uma noção sobre o índice de penetração da internet nessas sociedades. Abaixo, temos os dados disponibilizados pela *Internet World Stats* sobre a questão.

Tabela 1 – Índice de penetração da internet no Brasil, Colômbia e Equador

País	População (em milhões)	Usuários de internet (em milhões)	Penetração da internet (porcentagem da população)
Brasil	203.429.773	81.798.000	42,2%
Bolívia	10.290.003	1.985.970	19,6%
Colômbia	45.239.079	25.000.000	55,9%
Equador	15.223.680	4.075.730	27,2%

Fonte: Internet World Stats, 2013.[4]

Analisando a tabela acima, podemos perceber que, apesar de discursos tecnofílicos hegemônicos, a questão da fratura digital mantém sua pertinência quando tratamos de países latino-americanos, pois somente a Colômbia, entre os países analisados, possui mais de 50% de sua população com acesso à internet. Importante afirmar que a exclusão digital não se manifesta apenas entre quem está "dentro" ou "fora" da rede, mas também na maneira com que as pessoas que estão "dentro" podem se apropriar do universo digital (Dijk; Hacker, 2000). Há diferenças entre as maneiras de apropriação, decorrentes da qualidade dos equipamentos eletrônicos e o tipo de conexão (discada ou banda larga), da autonomia do uso (local de acesso e o que podem acessar), da competência técnica para lidar com os programas e, por último, do suporte social que os usuários podem ter em caso de necessidade (Di Maggio; Hargittai, 2001).

Como veremos na tabela seguinte, o índice de conexão está vinculado ao índice de desenvolvimento de e-gov nesses países. Apenas a Colômbia possui mais da metade da população com acesso à internet, sendo que o seu índice de e-gov é o mais alto entre os quatro países analisados. A Bolívia, por sua vez, possui o menor índice de cidadãos conectados e também o menor índice de desenvolvimento de e-gov.

4 http://www.internetworldstats.com/

Tabela 2 – Índice de e-gov por país: Brasil, Bolívia, Colômbia e Equador

PAÍS	Índice de desenvolvimento do e-gov	Índice de serviços on-line	Índice de infraestrutura de telecomunicações	Índice de capital humano	Índice de e-participação
Brasil	0.6167	0.6732	0.3568	0.8203	0.5000
Bolívia	0.4658	0.4118	0.1786	0.8072	0.2105
Colômbia	0.6572	0.8431	0.2894	0.8391	0.7368
Equador	0.4869	0.4575	0.2482	0.7549	0.2368

Fonte: United Nations e-gov survey 2012.[5]

Um dos pontos fundamentais sustentado pela literatura sobre e-gov é o desenvolvimento de mecanismos de *accountability* que permitam um incremento do acesso à informação correta e transparente e à prestação de contas dos governantes através da responsabilização social, um aumento da possibilidade de monitoramento dos atores governamentais e da qualidade administrativa do governo, além do desenvolvimento de espaços deliberativos que permitam a participação de atores da sociedade civil na discussão, elaboração e definição de políticas públicas.

Apesar dessas constatações, grande parte da população dos países analisados não considera seus respectivos Estados suficientemente transparentes, de acordo com a pesquisa realizada pelo Latinobarômetro de 2011:

Gráfico 3 – Informe LB 2011 – Consideram o Estado transparente?

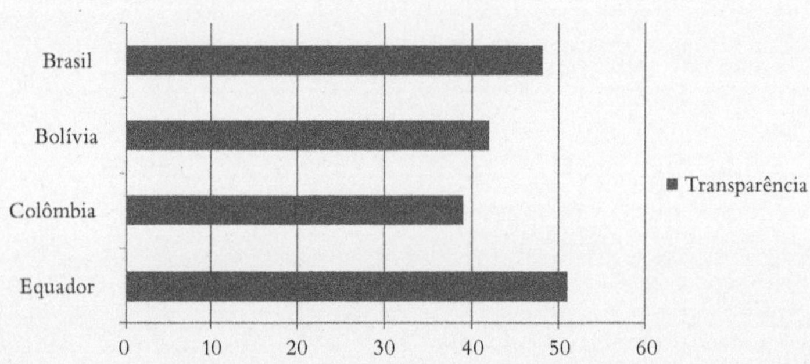

Fonte: Latinobarômetro.

O acesso à informação é um elemento-chave para que possamos ampliar a participação popular, com o intuito de fortalecer a legitimidade,

[5] http://www.unpan.org/egovkb/global_reports/08report.htm

aumentar o controle do poder constituído e democratizar a justiça. Apesar de o conceito de transparência ser utilizado como princípio fundamental para a democratização do Estado, acreditamos que é melhor trabalharmos com a noção de *publicidade*, pois este conceito vai abarcar não somente a importância da diminuição das assimetrias informacionais entre agente estatal e cidadão, característica fundamental no conceito de transparência – mas ele também busca conectar uma abordagem mais democrática da noção de *accountability*, pois inclui um princípio de autoridade democrática, que obriga o Estado e seus agentes a se tornarem responsáveis diante dos cidadãos (Filgueiras, 2011).

Outro ponto relevante para o princípio da publicidade é a ampliação de sua noção para além do seu aspecto formal, abarcando, assim, o seu elemento conteudista. Isso porque publicar não é apenas tornar público, mas também tornar claro e compreensível para o público (Wlassak, 2002). O conteúdo da publicidade, portanto, é fundamental para o cumprimento do próprio princípio. Como visto anteriormente, esse elemento se conecta a uma das quatro características formais do novo constitucionalismo elencadas por Pastor e Dalmau (2010), qual seja, a busca por uma linguagem que seja mais acessível a grande parte da população.

O princípio da publicidade nos tribunais é fundamental para que possamos acompanhar as interpretações dadas sobre o texto constitucional, sendo um mecanismo de justificativa das decisões para os cidadãos, momento no qual exercem sua soberania fundante da ordem social e política.

O segundo elemento relevante para a democratização do Judiciário que buscamos analisar é o *acesso à justiça*. Sem dúvida nenhuma, trata-se de um dos temas mais caros ao constitucionalismo contemporâneo latino-americano, dado que ele tem como uma de suas características materiais a ampliação do catálogo de direitos vinculados principalmente aos grupos marginalizados (Pastor; Dalmau, 2010). O reconhecimento de tais direitos deve ser acompanhado pelo acesso efetivo à justiça de grupos excluídos.

No contexto latino-americano o acesso efetivo à justiça tem sido historicamente um privilégio daqueles indivíduos que podiam pagar pelos custos. De acordo com Cappelletti e Garth (2002, p. 9), "o acesso formal, mas não efetivo à justiça, correspondia à igualdade, apenas formal, mas não efetiva". As mudanças em relação a esta questão se baseiam no reconhecimento do papel ativo do Estado em fazer valer os direitos sociais básicos, incluindo aí os direitos de acesso à justiça, dado que não há sentido falarmos em titularidade de direitos sem a existência real de mecanismos para sua efetiva reivindicação. Os sites das Cortes Supremas dos países analisados deverão, portanto, colaborar para o efetivo acesso à justiça dos seus cidadãos.

O último elemento a ser analisado que permite uma relação entre o novo paradigma constitucional latino-americano e a democratização da justiça é o *pluralismo jurídico*. De acordo com Santos (2011), a disputa pelo campo jurídico entre concepções hegemônicas e contra-hegemônicas se baseia na possibilidade e no reconhecimento de outras ordens jurídicas existentes dentro do mesmo espaço geopolítico e para além do direito estatal. Segundo Wolkmer, pluralismo jurídico significa

> [...] que o poder estatal não é a fonte única e exclusiva de todo o Direito, abrindo escopo para uma produção e aplicação normativa centrada na força e na legitimidade de um complexo e difuso sistema de poderes, emanados dialeticamente da sociedade, de seus diversos sujeitos, grupos sociais, coletividades ou corpos intermediários (2009, p. 2).

Nesse sentido, trata-se da possibilidade de reconhecimento de outras formas jurídicas de resolução de conflitos e a tentativa de, ao mesmo tempo, desconectar parcialmente o direito do Estado e reconectá-lo com a vida e a cultura de povos originários no contexto latino-americano (SANTOS, 2010).

Justiça eletrônica: a análise dos portais das Cortes Supremas

Sempre é bom reafirmarmos que a possibilidade de uma revolução democrática da justiça passa pelo aumento da publicidade, da ampliação do acesso à justiça a grupos historicamente excluídos e/ou invisibilizados, e pelo desenvolvimento do pluralismo jurídico em sociedades multiculturais.

Como já vimos que há uma conexão entre o desenvolvimento do novo paradigma constitucional latino-americano e a democratização da justiça, através da ampliação do espaço da política para além do modelo liberal constitucional, o objetivo desta seção é conectarmos as discussões acerca dos três elementos de democratização da justiça com o uso de TICs por parte do Judiciário, mais especificamente as Cortes Supremas do Brasil, da Bolívia, da Colômbia, e do Equador, com vistas a fortalecerem o desenvolvimento e a consolidação do novo paradigma constitucional latino-americano.

O desenvolvimento do governo eletrônico, mais especificamente no âmbito do judiciário,[6] pode colaborar para o aprofundamento dos três

[6] O uso de TICs pelo Judiciário tem sido chamado de *e-justice*. Veja no contexto europeu (Disponível em: <https://e-justice.europa.eu/home.do?action=home>. Acesso em: 19 maio 2016) e no contexto estadunidense (Disponível em: <https://www.ejusticeny.ny.gov/>. Acesso em: 19 maio 2016).

elementos de democratização da justiça. Através de seus portais, os tribunais podem disponibilizar mais informações aos cidadãos, colaborando para o aumento da *publicidade*, tornando públicas as suas decisões de forma mais clara e precisa. Podem também colaborar na prestação do serviço jurisdicional, favorecendo o aumento dos canais de *acesso à justiça*, tornando-se assim uma alternativa à burocracia tradicional. Por último, podem colaborar para a implementação do *pluralismo jurídico*, através da oferta dos portais em diferentes versões, referentes às línguas utilizadas dentro do mesmo território, assim como fornecer links para outras jurisdições que não sejam as estatais.

Brasil – Portal do Supremo Tribunal Federal[7]

O Supremo Tribunal Federal (STF) brasileiro tem suas atribuições dispostas na Constituição Federal de 1988 em seu artigo 102, onde se afirma que tal órgão deve funcionar como guardião da Constituição, lei máxima do país. O portal do STF[8] apresenta, em sua estruturação interna, uma divisão em dois portais: um portal nacional, voltado para atender as demandas nacionais e informar sobre a organização interna do Tribunal, e o portal internacional, que busca publicizar internacionalmente o desenvolvimento e a adoção do governo eletrônico pelo Judiciário brasileiro.

Em relação à publicidade, o portal cumpre suas funções de forma satisfatória, pois disponibiliza informações sobre o arranjo institucional do órgão e suas funções, além de oferecer um histórico da atuação do tribunal ao longo da história constitucional do país. O portal também possui um espaço reservado para a prestação de contas na gestão orçamentária, licitações e recursos humanos. No que diz respeito ao *layout*, a disposição dos links torna as informações de fácil visualização, além de contar com um mapa do portal que auxilia na navegação e na interação com todos os serviços disponibilizados. Criada em 2008, a Central Cidadão funciona através de formulário eletrônico e tem por objetivo colher informações sobre o funcionamento do portal, além de disponibilizar informações sobre petições on-line, emissão de certidões e demais informações sobre o órgão.

7 No caso brasileiro não será analisado o elemento "pluralismo jurídico", dado que não há no ordenamento legal brasileiro nenhum reconhecimento de outros sistemas jurídicos para além do estatal.

8 http://www.stf.jus.br

Quando analisamos o acesso à justiça, o portal busca trazer para o espaço digital a prestação de serviços ao cidadão como forma de driblar o insulamento burocrático nos meios tradicionais. As opções de peticionamento eletrônico e acompanhamento on-line de processos representam um avanço na prestação de serviços públicos, pois oferecem um maior conforto para o cidadão, principal destinatário dessa política.

O STF também está presente em algumas plataformas sociais on-line, mais especificamente no YouTube e Twitter. Na primeira, o tribunal se cadastrou em 2005 e possui 4.451 vídeos postados, 38.751 inscritos e 19.461.808 exibições. Os vídeos estão divididos em diferentes canais, tais como "Jornal da Justiça", "Repórter justiça", "Programa do artigo 5°", "canal meio ambiente", "programa refrão", "documentários", "programa iluminuras", "grandes julgamentos", "saber direito aula" e "saber direito debate". O Supremo possui 349.036 seguidores e 6.693 tweets na plataforma de microblogs Twitter.

O Portal do Supremo possui um *feed* de notícias (RSS) que permite que qualquer cidadão se cadastre e defina os tipos de informação que deseja receber do portal. Há ainda links para outros meios de comunicação, tais como a TV Justiça e a Rádio Justiça.

Outra preocupação do Portal é o acesso para as pessoas com necessidades especiais. Neste caso há a possibilidade de aumentarmos o tamanho da fonte do portal para que as pessoas com dificuldade de leitura possam aceder devidamente aos conteúdos produzidos, colaborando para a diminuição da distância entre o tribunal e os cidadãos, e favorecendo, assim, tanto a publicidade quanto o acesso à justiça. Há ainda o link "estatísticas", que disponibiliza informações sobre o número de processos e o seu andamento, processos concluídos, entre outros.

Por sua vez, o portal internacional do STF[9] pretende incentivar "boas práticas para o desenvolvimento da justiça". Para tanto, o que se deseja é que a experiência de adequação da justiça brasileira à era virtual, considerada pioneira, seja estendida aos demais países que se interessem em fortalecer o governo digital.

A Lei n° 12.527 de 18 de novembro de 2011, referente à disponibilização de informações públicas, vem reforçar aquilo que já vem sendo feito pelo STF em seu portal. Em seu artigo 8°, § 2° a lei versa sobre a disponibilização de informações: "§ 2° -Para cumprimento do disposto no *caput*, os órgãos e entidades públicas deverão utilizar todos os meios e

9 http://www2.stf.jus.br/portalStfInternacional/cms/verPrincipal.php?idioma=pt_br

instrumentos legítimos de que dispuserem, sendo obrigatória a divulgação em sítios oficiais da rede mundial de computadores (internet)".[10]

Em vigor desde 16 de maio de 2012, a lei brasileira de acesso à informação busca reforçar as previsões constitucionais já existentes sobre o acesso à informação pública, através da definição sobre o que são os compromissos do Estado em relação à disponibilização da informação, assuntos a serem publicados, prazos, modo de divulgação, entre outras previsões constitucionais.

Alguns limites ao acesso a essas informações também foram objetos de análise dessa lei. Uma das exceções às regras da lei refere-se à disponibilização de dados pessoais de cidadãos, que não podem ferir as garantias dos direitos individuais. Outra ressalva diz respeito às informações classificadas pela lei como sigilosas, que podem ser definidas como Ultrassecretas, Secretas e Reservadas.

Em suma, o que se percebe no portal do STF é a mudança de paradigma da Administração Pública brasileira em consonância à legislação vigente. Essas mudanças acabam por gerar um maior volume da demanda por informações sobre os órgãos públicos e uma maior oferta de serviços, exigindo-se cada vez mais qualidade e universalização tanto das informações quanto dos serviços disponibilizados.

Colômbia – Corte Constitucional

A Corte Constitucional[11] colombiana tem como competência "la guarda de la integridad y supremacía de la Constitución" (Artículo 241 de la Constitución Política). Assim como no caso brasileiro, o portal colombiano possui prioritariamente a função informativa, onde se encontram disponibilizadas informações sobre as funções da Corte, bem como sua estrutura interna e julgados mais relevantes. O portal cumpre de forma satisfatória essas funções através do link *La Corte*, que disponibiliza informações sobre a composição dos magistrados, os princípios norteadores da instituição, regulamento interno e demais informações funcionais da Corte Constitucional.

Há também um link denominado *Niños y Niñas,* uma plataforma da própria Corte voltada para o público infantil, que busca esclarecer as funções

[10] LEI Nº 12.527, DE 18 DE NOVEMBRO DE 2011; Artigo 8°. Regula o acesso a informações, previsto no inciso XXXIII do art. 5º, no inciso II do § 3º do art. 37 e no § 2º do art. 216 da Constituição Federal; altera a Lei nº 8.112, de 11 de dezembro de 1990.

[11] http://www.corteconstitucional.gov.co

judiciais do país em uma linguagem voltada às crianças, o que demonstra uma preocupação em tornar compreensíveis para o público em geral as informações disponibilizadas no portal, favorecendo, assim, a publicidade.

Outra tendência do portal é a desconcentração de informações. Na página inicial encontramos diversos links que direcionam a novos sites, onde são encontradas as demais funções administrativas e judiciais colombianas. Essa desconcentração de informações é decorrente da organização judicial do país. Para além da Corte Constitucional de Justiça, temos a Corte Suprema de Justicia, o Consejo de Estado e o Consejo Superior de La Judiciatura, que dividem as funções administrativas, a regulação entre particulares e a regulação entre particulares e Estado.

No item referente ao acesso à justiça, o link *Secretaría General* permite o acesso ao andamento de processos judiciais da Corte. Em relação às petições on-line, o portal traz itens que buscam esclarecer do que se trata esse mecanismo e como utilizá-lo. O processo de consulta se divide em dois tipos: *Constitucionalidade* e *Tutela.*

Diferente do que ocorre no portal brasileiro, onde as petições on-line funcionam como canal de prestações de serviços e acompanhamento de processos, em sua maioria referente à relação entre os cidadãos e aquela esfera do Judiciário, o portal colombiano introduz a ideia do cidadão como parte do controle de inconstitucionalidade através de uma relação de tutela. Sobre o conceito de tutela, a Corte colombiana afirma em seu site que:

> Es un mecanismo de protección de los derechos constitucionales fundamentales de los habitantes del territorio colombiano. La Constitución Nacional en su artículo 86 dispuso que toda persona tendrá acción de tutela para reclamar ante los jueces, en todo momento y lugar, mediante un procedimiento preferente y sumario, por si misma o por quien actúe a su nombre la protección inmediata de sus derechos constitucionales fundamentales, cuando quiera que estos resulten vulnerados o amenazados por la acción o la omisión de cualquier autoridad pública o de particulares en los casos previstos en la ley, siempre y cuando no proceda otro mecanismo judicial de defensa.[12]

A partir dessa definição, podemos perceber que a petição on-line no portal colombiano difere da brasileira, pois no caso brasileiro parte-se do princípio da oferta ao cidadão de serviços semelhantes àqueles prestados no

[12] http://www.corteconstitucional.gov.co/

espaço público convencional, enquanto que no caso colombiano existe a possibilidade do controle por parte dos cidadãos dos direitos fundamentais previstos na Constituição.

Ainda sobre o funcionamento do portal, é possível perceber a preocupação em estabelecer interações com diferentes plataformas sociais on-line, tais como Facebook e Twitter. No Twitter a Corte possui 77.268 seguidores e 2.665 tweets, enquanto que no Facebook o perfil foi criado em 2011 e possui 17.261 curtidas. Por último, o portal também oferece um *feed* de notícias, o que facilita sobremaneira o recebimento de informações sobre as atividades do tribunal.

Em relação ao pluralismo jurídico, apesar do reconhecimento na Constituição colombiana do exercício da justiça pelos povos indígenas dentro de seus territórios, não há nenhuma tentativa de apropriação das ferramentas digitais para explorar esse elemento de aprofundamento democrático da justiça, tais como links para outras jurisdições não estatais ou a disponibilização do portal em uma versão em línguas de comunidades originárias. Neste caso, pode haver um fortalecimento da exclusão digital das comunidades originárias que porventura não se apropriem da língua hegemônica e colonial.

Bolívia – Tribunal Constitucional Boliviano

Compondo o Poder Judiciário ao lado da Corte Suprema de Justiça e das Cortes Superiores distritais, o Tribunal Constitucional boliviano[13] tem como função o controle de constitucionalidade, entendido como:

> Garantizar el sistema democrático, la primacía de la Constitución, ejercer el control de la constitucionalidad, resguardar la vigencia de los valores superiores como los de libertad, igualdad, justicia, dignidad y los principios del orden constitucional y el ejercicio de los derechos fundamentales y garantías de las personas.[14]

Em relação aos demais portais analisados, o portal boliviano cumpre de forma pouco satisfatória com os elementos que colaborariam para a democratização da justiça. É interessante reforçar que a Bolívia é um Estado Plurinacional, reconhece o pluralismo jurídico em seu território e busca reforçar e valorizar sua diversidade étnica, de forma a resgatar séculos de práticas coloniais que promoveram o silenciamento de grandes parcelas da população boliviana. Segundo José Luiz Quadros de Magalhães e Weil Afonso:

[13] http://www.tribunalconstitucional.gob.bo/index.php

[14] http://prensa.tribunalconstitucional.gob.bo/mision-y-vision

> O processo histórico-social que culminou na nova Constituição boliviana de 2008 guarda suas origens na própria formação do Estado boliviano. A diversidade de povos e culturas neste país – são 36 povos originários atualmente – foi, desde o período colonial até a segunda metade do século XX, reprimida e situada às margens dos poderes públicos e oligarquias constituídas (2011, p. 270).

Apesar de todos os avanços constitucionais, a capacidade do Estado boliviano de se apropriar de estratégias e ferramentas de governo eletrônico que poderiam potencializar os elementos para a democratização da justiça é muito pequena. Como vimos anteriormente, a inclusão digital da população boliviana é muito baixa, assim como a adoção do governo eletrônico. Dessa forma, a pequena apropriação das ferramentas digitais pelo Tribunal Constitucional boliviano não vem a ser uma surpresa.

A formação dos estados plurinacionais e, consequentemente, o fortalecimento de instâncias locais evidencia o primeiro ponto do portal boliviano, que é a desconcentração de informações. De estrutura bem simples, o portal oferece informações sobre a composição do tribunal, suas funções e atuação mais significativas. Oferece também a possibilidade de consulta de expedientes, porém de forma menos atrativa que os demais portais analisados, além de demonstrar um déficit na instrução sobre a utilização dessa ferramenta.

Interessante observar que não há links para as jurisdições indígenas, o que denotaria uma dificuldade em fortalecer o elemento do pluralismo jurídico, reconhecido e normatizado na própria Constituição boliviana, mas ausente no desenvolvimento do governo eletrônico do país. A ausência de links para outras jurisdições não estatais talvez se explique pela ausência destas no mundo on-line. Dadas as condições socioeconômicas de grande parte das comunidades originárias, provavelmente a maioria desses grupos não estaria em condições de desenvolver e manter uma página digital de sua jurisdição.

Outro ponto relevante que fortalece essa percepção é que, mesmo se reconhecendo como um portal do Tribunal Constitucional Plurinacional, a única língua do portal é o castelhano. Nesse caso específico, a responsabilidade pela existência do portal em outras versões de línguas originárias é do Estado boliviano e não das comunidades originárias, o que diminuiria a justificativa pela sua não existência.

O portal do Tribunal Constitucional surpreendentemente não está conectado às redes sociais on-line. Existe apenas uma barra de pesquisa do Google para auxiliar na navegação e também não há nenhuma ferramenta que favoreça a inclusão de pessoas com necessidades especiais. Como já mencionado anteriormente, provavelmente os baixos índices de e-gov e de inclusão digital da população boliviana ajudem a explicar a pouca apropriação das tecnologias de informação e a comunicação pelo Judiciário desse país.

Equador – Corte Constitucional do Equador

Com suas funções previstas no artigo 429 da Constituição da República do Equador, compete à Corte Constitucional do Equador[15] "Garantizar la vigencia y supremacía de la Constitución, el pleno ejercicio de los derechos constitucionales y garantías jurisdiccionales, mediante la interpretación, el control y la administración de justicia constitucional".[16]

O principal objetivo do portal é apresentar a organização interna da Corte e suas relações com os demais órgãos judiciais, disponibilizar informações sobre a atuação da Corte na história constitucional do país e a composição dos magistrados.

No quesito "publicidade", o portal equatoriano cumpre razoavelmente com as exigências, pois permite a busca e a consulta de processos que tramitam na Corte de 2008 até a data atual. Outro ponto relevante é o da decodificação das informações disponibilizadas, buscando torná-las mais acessíveis para o cidadão comum. A busca pela qualidade de informações e a decodificação das mesmas ganham espaço no portal equatoriano através do link *Relatoría*, onde o que se pretende é que tal órgão extraia, das diversas informações judiciais de áreas diversas, apenas aquelas que tenham aplicação prática para o acesso via portal.

Como cumprimento do artigo 7° da *Ley de Orgánica de Acceso a la Información Pública*, há uma preocupação da Corte Constitucional do Equador em promover a transparência. Esta lei determina que:

> Por la transparencia en la gestión administrativa que están obligadas a observar todas las instituciones del Estado que conforman el sector público en los términos del artículo 118 de la Constitución Política de la República y demás entes señalados en el artículo 1 de la presente Ley, difundirán a través de un portal de información o página web, así como de los medios necesarios a disposición del público, implementados en la misma institución, la siguiente información mínima actualizada [...][17]

[15] http://webtest.corteconstitucional.gob.ec/

[16] http://webtest.corteconstitucional.gob.ec/

[17] http://www.transparencia.espol.edu.ec/

Assim como nos casos boliviano e colombiano, apesar de a Constituição equatoriana reconhecer a existência do pluralismo jurídico não há qualquer tentativa de apropriação de ferramentas digitais para implementá-lo no portal da Corte Constitucional.

Por fim, em relação à conexão com redes sociais on-line, o tribunal encontra-se presente no Flickr, YouTube e no Twitter. Na Flickr o Tribunal possui 18 álbuns e 122 fotos. No YouTube, temos 91 vídeos com 4.884 exibições e apenas 7 inscritos. Por último, a Corte possui 4.193 seguidores e apenas 616 tweets no Twitter.

A seguir desenvolvemos uma tabela com todos os dados concentrados sobre o que oferecem os portais de cada uma das Cortes Supremas dos países analisados.

Tabela 3 – Ferramentas presentes nos Portais das Cortes Supremas: Brasil, Colômbia, Bolívia, Equador

	Publicidade					Acesso					Pluralismo Jurídico	
	Redes Sociais	RSS	Mapa do site	Boletins	Estatísticas processuais	Acessibilidade a pessoas com necessidades especiais	Petições eletrônicas	Acompanhamento processual	Fóruns	Ouvidoria	Links	Outras Línguas
Brasil		√	√	√	√	√	√	√				
Colômbia	√	√	√	√			√	√				
Bolívia								√				
Equador	√				√	√		√				

Fonte: elaboração dos autores.

Em conclusão, no presente artigo procuramos analisar a emergência e a consolidação nas últimas décadas de um novo paradigma constitucional latino-americano no Brasil, na Bolívia, na Colômbia e no Equador, e sua relação com a adoção de novas tecnologias de informação e comunicação pelas Cortes Supremas desses países. Acreditamos que a adoção de tais tecnologias poderia colaborar para a implementação de elementos de democratização da justiça que favoreceriam a consolidação desse novo paradigma.

Em função de diferentes percepções dentro do campo teórico sobre o que vem a ser exatamente esse novo paradigma e quais países deveriam ser enquadrados em tal processo, procuramos inicialmente encontrar o que há de comum nos quatro países em tela. É fato que tais processos têm ocorrido de formas distintas. Nos casos de Brasil e Colômbia, as mudanças têm sido mais paulatinas, enquanto que nas experiências boliviana e equatoriana houve uma refundação da própria concepção de Estado. Apesar dessas diferenças, pudemos constatar que a ampliação da participação popular, a partir da criação de novos espaços institucionais definidos constitucionalmente, é o que aproxima esses países em suas diferentes experiências de criação e consolidação de um novo paradigma que vai para além do modelo constitucional liberal.

Num segundo momento, analisamos os portais das Cortes Supremas desses países, buscando elementos que poderiam colaborar para a democratização da justiça. Dado o contexto latino-americano, um paradigma constitucional que se queira emancipatório necessariamente deverá lidar com a questão, tão cara para países em que a igualdade perante a lei e a igualdade de direitos têm sido historicamente negadas às classes populares e aos povos originários.

Os elementos analisados foram a *publicidade*, o *acesso à justiça* e o *pluralismo jurídico*. Entre os países analisados, apenas o portal da Suprema Corte brasileira não pôde ser analisado em relação aos três elementos, dado que o processo de implementação do novo paradigma constitucional brasileiro não tem o pluralismo jurídico como uma questão central (pelo menos até agora).

A partir dos dados produzidos por nossa pesquisa, ficou claro que a adoção das TICs pelas Cortes Supremas está aquém das possibilidades que estas oferecem para o aprofundamento do novo paradigma. O portal da Corte brasileira é aquele que mais se apropria das possibilidades disponibilizadas pelas tecnologias de informação e comunicação, enquanto que o portal da Corte Suprema boliviana é o mais precário nas possibilidades oferecidas de interação entre a Corte e os cidadãos. Os casos colombiano e equatoriano ficaram em uma posição intermediária, tendo o primeiro adotado mais ferramentas digitais que o segundo.

Em níveis muito distintos, todos os quatro portais dos países analisados possuem um caráter eminentemente informativo e de prestação de serviços, através da possibilidade do acompanhamento processual on-line. Todos os quatro portais disponibilizam informações sobre o funcionamento das Cortes, sua composição e a possibilidade de acompanhamento processual. Mas apenas os portais brasileiro e colombiano permitem o peticionamento eletrônico, o que reduz custos financeiros e de deslocamento por parte dos cidadãos, favorecendo consequentemente o acesso à justiça.

Um ponto importante que merece ser mais explorado é o uso das plataformas sociais digitais. Estratégias distintas foram desenvolvidas por responsáveis pela versão on-line das Cortes Supremas. A Corte brasileira está presente no YouTube e no Twitter, com um uso intensivo dessas redes digitais. A Corte equatoriana, além de estar presente nas duas plataformas acima citadas, também possui uma conta no Flickr, com 122 fotos postadas. Por sua vez, a Corte colombiana tem dado primazia ao Facebook e ao Twitter. O porquê de tais escolhas é algo que merece um estudo posterior mais aprofundado, uma vez que, por exemplo, o Brasil é o segundo país do mundo com o maior número de usuários de Facebook, mas sua Corte Suprema não possui um perfil nesta plataforma. A Bolívia é o único país em que sua Corte Constitucional não está presente em nenhuma das redes digitais aqui citadas.

Levando em consideração o elemento do pluralismo jurídico na busca pela democratização da justiça, o cenário é ainda menos alentador nos países em que aquele se faz presente. As potencialidades disponibilizadas pelas tecnologias de informação estão relacionadas à disponibilização de links para outras jurisdições não estatais, assim como a existência de portais em versões de línguas dos povos originários, o que facilitaria, entre outras coisas, o acesso desses grupos sociais historicamente colocados à margem das sociedades pós-coloniais. Infelizmente, não encontramos nenhuma dessas iniciativas nos portais dos países que reconheceram formalmente o pluralismo jurídico em seus territórios.

As possíveis explicações para a fraca adoção das novas TICs por países como Bolívia e Equador talvez devam ser buscadas no baixo desenvolvimento do governo eletrônico nestes países, decorrente dos custos de implementação, do receio de introduzir alguma forma mais direta de participação e transparência, ou simplesmente porque nunca pensaram em promover mais transparência (Margetts, 2010).

A consolidação de novo paradigma constitucional latino-americano que busca resgatar ou reconstruir direitos de grupos originários submetidos a séculos de exclusão não é definitivamente um processo fácil e rápido, pois demanda um comprometimento de seus representantes em promover a democratização da justiça, de tal forma que cidadãos possam pleitear e reafirmar seus direitos vilipendiados.

As novas tecnologias de informação e comunicação podem favorecer esse processo através da disponibilização de informações, da prestação de serviços on-line e do aumento da participação popular. As dificuldades de adoção de tais tecnologias não são pequenas em um contexto em que grandes parcelas da população dos países analisados estão excluídas das benesses da aclamada "revolução digital". Trata-se de um caminho difícil, mas que deverá ser trilhado pelos nossos representantes, de forma a permitir que séculos de desigualdade possam ser revertidos em um futuro mais promissor para os povos latino-americanos.

Referências

CAPPELLETTI, M.; GARTH, B. *Acesso à justiça*. Porto Alegre: Fabris, 2002.

CASTELLS, M. A sociedade em rede. *A era da informação: economia, sociedade e cultura*. São Paulo: Paz e Terra, 1999. v.1.

CHAIN, A. *et al. E-gov.br: a próxima revolução brasileira*. São Paulo: Prentice Hall, 2004.

COGLIANESE, Cary. The Internet and Citizen Participation in Rulemaking. *I/S: A Journal of Law and Policy for the Information Society*, v. 1, p. 33–57, 2005.

DIMAGGIO, P.; HARGITTAI, E. From the "Digital Divide" to "Digital Inequality": Studying Internet Use as Penetration Increases. *Working Paper Series*, Princeton University, Center for Arts and Cultural Policy Studies, n. 15, 2001.

DIJK, J. Van; HACKER, K. The Digital Divide as a Complex and Dynamic Phenomenon. Paper presented at the 50th Annual Conference of the International Communication Association, Acapulco, p. 1-5, June 2000.

EISENBERG; CEPIK (Orgs.). *Internet e política: teoria e prática da democracia eletrônica*. Belo Horizonte: Ed. UFMG, 2002.

EVERARD, J. *Virtual States: the Internet and the boundaries of the nation state*. London: Routledge, 2000.

FERGUSON, M. Estratégias de governo eletrônico – o cenário internacional em desenvolvimento. In: EISENBERG e CEPIK (Orgs.). Internet e política – teoria e prática da democracia eletrônica. Belo Horizonte: Editora UFMG, 2002.

FILGUEIRAS, F. Além da transparência: *accountability* e política da publicidade. *Lua Nova*, São Paulo, v. 84, 2011.

FOUNTAIN, Jane E. *Building the Virtual State: Information Technology and Institutional Change*. Washington: DC: Brookings Institution Press, 2001.

FOUNTAIN, J. Bureaucratic Reform and E-government in the United States. In: CHADWICK, A.; HOWARD, P. N. (Eds.). *The Routledge Handbook of Internet Politics*. London: Routledge, 2009.

FUGINI, M. G., MAGGIOLINI, P.; PAGAMICI, B. Por que é difícil fazer o verdadeiro "governo eletrônico". *Revista Produção,* v. 15, n. 3, p. 300-309, 2005.

KLAUS, Frey. Governança eletrônica: Experiências de cidades europeias e algumas lições para países em desenvolvimento. In: *Internet e política: Teoria e prática da democracia eletrônica.* Edited by José Eisenberg and Marco Cepik, p. 141–163. Belo Horizonte: Ed. UFMG, 2002.

MAGALHÃES, J. L. Q. de; WEIL, H. O Estado Plurinacional da Bolívia e do Equador: Matrizes para uma releitura do direito internacional moderno. RBDC – *Revista Brasileira de Direito Constitucional,* n. 17, jan./jun. 2011.

MAGALHÃES, J. L. Q. de. O Estado Plurinacional na América Latina. *Jornal Jurídico Digital,* v. 1, p. 1-4, 2009.

MARGETTS, H. Governo eletrônico: uma revolução da administração pública? In: PETERS, B. G.; PIERRE, J. (Orgs.). *Administração Pública: coletânea.* São Paulo: Ed. da UNESP, 2010.

PASTOR, R. C.; DALMAU, R. M. *Aspectos* generales del nuevo constitucionalismo latinoamericano. In: ____. *Corte Constitucional de Ecuador para el período de transición. El nuevo constitucionalismo en América Latina.* 1. ed. Quito: Corte Constitucional del Ecuador, 2010.

PEREIRA, M. A.; MARONA, Marjorie; PINHEIRO, Pedro Cisalpino. Fale com o deputado? Uma análise do perfil dos parlamentares em relação à interação virtual com os cidadãos. 35º Encontro Anual da Anpocs, 2011, Caxambu. *Anais do 35º Encontro Anual da Anpocs*, de 24 a 28 de outubro de 2011, em Caxambu/MG, 2011.

PEREIRA, M. A., AMARAL, E. F. L; COSTA, M. M., Some determinants of the existence of government websites in 853 municipalities in Minas Gerais, Brazil. *Latin American Research Review,* v. 47, n. 3, 2012.

PINHO, José Antonio Gomes de. Investigando portais do governo eletrônico de estados no Brasil: muita tecnologia, pouca democracia. *Revista de Administração Pública,* n. 42, v. 3, p. 471-493, 2008.

ROBERTSON, S.; VATRAPU, R. Digital Government. In: CRONIN, B. (Ed.). *Annual Review of Information Science and Technology,* v. 44, ch. 8, p. 317-364, 2010.

SANTOS, B. S. *Para uma revolução democrática da justiça*. São Paulo: Cortez, 2011.

SANTOS, B. S. *Refundación del Estado em América Latina – perspectivas desde una epistemología del Sur*. Lima: Instituto Nacional de Derecho, 2010.

SUNSTEIN, Cass R. The law of group polarization. In: FISHKIN, J.; LASLETT, P. *Debating deliberative democracy*. Oxford: Blackwell Publishing, pp. 80-101, 2003

United Nations e-Government Survey. *From e-Government to Connected Governance, 2008*. Disponível em: <https://publicadministration.un.org/egovkb/portals/egovkb/documents/un/2008-survey/unpan028607.pdf>.

VAZ, M. Novo constitucionalismo latino-americano. *Jornal Estado de Direito*, 2011.

WLASSAK, T. O princípio da publicidade – considerações sobre forma e conteúdo. *Jus Navigandi*, Teresina, ano 7, n. 60, nov. 2002.

WILHELM, A. G. *Democracy in the digital age*. New York: Routledge, 2000.

WOLKMER, A. C. *Pluralismo Jurídico y constitucionalismo brasileño*. In: Workshop El (Neo) Constitucionalismo Multicultural en América Latina. Organización de Daniel Bonilla Maldonado y Pavel H. Valer-Bellota. Oñati, España, 2009.

DIREITOS DOS POVOS E COMUNIDADES TRADICIONAIS

Entre a nação imaginada e o estado plurinacional: o reconhecimento dos direitos indígenas no novo constitucionalismo latino-americano

Fernando Antônio de Carvalho Dantas

O Estado Nação como ficção "universal" da cultura ocidental europeia

"Estado é uma sociedade civil pela qual um grupo de homens se coloca juntos, sob a dependência de um soberano, para gozar de sua proteção e de seus cuidados, de sua segurança e da felicidade que não existia no estado de natureza" (Diderot et d'Alembert).

Elementos excludentes de estruturação: a unidade sociocultural

O Estado moderno como modelo de organização social institucionalizada constitui uma das mais importantes criações da racionalidade ocidental. Sua clássica forma de definição fundamenta-se na delimitação de um espaço territorial de jurisdição e soberania, e de certo número de pessoas que compõem a base social, submetidas, em comum acordo, ao poder do governo representando a autoridade do Estado e, ambos, ao poder das leis.

A partir dessa conceituação tradicional de Estado enquanto ordenação social e dos seus elementos estruturais clássicos, quais sejam, povo, território e governo, pretendemos traçar algumas considerações acerca de como é o Estado moderno, analisando e particularizando seus elementos. Todavia, nós os abordamos na perspectiva histórica, moderna e formalista, como informa Canotilho (1991, p. 14-15), de um "ordenamento jurídico geral, composto pelos elementos: territorialidade, povo e politicidade", no sentido de demonstrar como esse modelo excluiu os povos indígenas em relação a nova institucionalidade plurinacional dos estados preconizada pelo novo constitucionalismo latino-americano.

Ao longo da história do pensamento ocidental, a noção de Estado pode ser distinguida, fundamentalmente, em três conceitos: *organicista*, pelo qual o Estado independe e precede aos indivíduos; *atomista ou contratual*, segundo o qual o Estado é uma criação dos indivíduos; e *formalista,* que entende o Estado como uma construção jurídica (Abbagnano, 1963).

Para o entendimento da trajetória histórica de formação do Estado brasileiro moderno e os objetivos do presente trabalho, dispensaremos maiores detalhes sobre as duas primeiras concepções e daremos ênfase[1] ao conceito formalista, uma vez que, por um lado, este conceito está mais próximo, no tempo, da formação dos Estados Nacionais na América Latina; por outro, no sentido de que, ao desprezar a realidade social, institui a fórmula excludente das diferenças socioculturais, na configuração de Estado único e direito único.

Nesse sentido, Kelsen (1996, p. 321), o patrono da concepção formalista, conclui que esta ordem jurídica é o direito. Para ele, o "Estado, cujos elementos essenciais são a população, o território e o poder, define-se como uma ordem jurídica relativamente centralizada, limitada no seu domínio espacial e temporal de vigência, soberana ou imediata relativamente ao Direito internacional e que é, globalmente ou de um modo geral, eficaz".

As origens e os fundamentos do Estado moderno situam-se na refutação e rejeição dos postulados políticos que historicamente formataram as concepções absolutistas, baseadas no poder divino e supremo dos monarcas que eram, ao mesmo tempo, o poder do Estado. Tal poder, discursivamente, justificava-se pela necessidade de defesa dos interesses dos indivíduos e da paz entre os homens, representado na figura hobbesiana da espada a forçar o cumprimento dos pactos (Hobbes, 1974).

Segundo as concepções liberais de Locke (1998), o homem vive em sociedade para que seus direitos naturais sejam garantidos, cabendo essa garantia ao Estado. Para Locke, a fundamentação do Estado passa a ser baseada na necessidade de representação democrática dos governantes conferida pelos cidadãos, mediante a racionalização, pela normatização, das instituições políticas tradicionais.

Em ambos os casos, tanto Hobbes quanto Locke entendem que as explicações sobre a origem do Estado, fundamentadas na função social, se dão por meio de um contrato, ou seja, da somatória de vontades individuais. Dessa forma, o modelo de Estado moderno calcado no racionalismo e no individualismo representa um perigo, segundo Heller (1996, p. 110-111), pois a sua função social ou de suas instituições deve estar em consonância

[1] Essa opção não significa concordância, tampouco defesa desse modelo, senão a possibilidade de constatar as influências e a proximidade existentes entre a concepção formalista e a moldura, o modelo teórico do Estado Nacional brasileiro, problematizando-a, mediante a contraposição com a realidade social, na tentativa de fazer uma análise relacional dos elementos do Estado.

com o cidadão individual, o *homo politicus*, criador do Estado, concebido como uma abstração, ou, mais precisamente: "como um ser que atua arbitrariamente à margem das realidades concretas da natureza e da sociedade, separado do entorno, da família, da nação, da classe e da tradição".

Posteriormente, seguindo as ideias de Rousseau (1986) com sua perspectiva normativa de mostrar como deveria ser o Estado para que seu poder fosse legítimo (o que equivale dizer, em acordo com o direito e fundado no pacto social, submetido à soberania da vontade geral), se rearticulam as bases do Estado, no âmbito da Europa ocidental oitocentista. O contexto sociopolítico marcado pelo absolutismo feudalista e por profundas desigualdades sociais, econômicas e jurídicas, exigia a instituição de um ente superior que transcendesse aos indivíduos e precedesse aos cidadãos.

O primeiro dos elementos, constituídos pelo povo ou nação, será abordado a partir da premissa relacional de que pensar a nação é pensar em seu espaço de situação, no poder que dela advém para construir, gestionar e abrir âmbitos internos de realização das práticas e relações sociais, e na inter-relação com outras nações em escala externa. Evidentemente, estas são características da visão homogênea da nação-Estado. Como diz Milton Santos (1994, p. 37), "das nações que vêm do Passado, sabemos algo. Elas se confundem com um pedaço de território". O território é entendido pelo autor como espaço material de desenvolvimento das ações humanas, ao mesmo tempo dinâmico e unitário.

Desse modo, o surgimento do Estado Moderno com o modelo que vigora na contemporaneidade, centrado, unitário, coincidente com uma nação, institucionalmente organizado em poderes tripartites limitados pela Constituição, assenta seus fundamentos nos princípios da igualdade, da liberdade individual como garantia para a propriedade privada. Esses princípios demonstram como esse modelo de Estado volta-se para o indivíduo e para o individualismo.[2]

Essa mesma configuração marcou, no início do século XIX, o surgimento dos Estados Nacionais Latino-Americanos. Segundo Souza Filho (1998, p. 57), eram construídos a partir do modelo europeu, mesmo que não formados por população majoritariamente indígena, compostos por uma pluralidade de culturas e povos indígenas. E continua: "Estado único e direito único, na boa proposta de acabar privilégios e gerar sociedades iguais, mesmo que para isso tivessem que reprimir de forma violenta ou sutil as diferenças culturais, étnicas, raciais, de gênero, estado ou condição".

2 Nesse sentido, ver Sieyès (1988); Carré de Malberg (1948).

O Estado moderno brasileiro inicia seu processo de formação com a transferência da Corte Portuguesa para o Rio de Janeiro no início do século XIX, em meio ao conturbado contexto europeu das guerras napoleônicas. Esse fato político, ao mesmo tempo em que propiciava a execução do antigo "projeto de estabelecimento de um império aristocrático e escravista nos trópicos", continuista e conservador, elevava o Brasil à categoria de Reino Unido a Portugal e Algarves, que culminou na Independência em 1822. Por sua vez, o Estado Imperial constituiu-se, de fato, como uma entidade oligárquica e pré-nacional. Neste último aspecto, em razão de assentar-se sobre a escravidão, o que afrontava as ideias liberais da Europa pós-Revolução Francesa (Magnoli, 1997, p. 82-86).

A proclamação da República consolida a noção de Estado Nacional, baseado na determinação de um espaço geográfico de jurisdição. Essa característica especial marcou a definição da nacionalidade, ancorada na territorialidade. Segundo Magnoli (1997, p. 290), "o território, não a sociedade, emergiu como traço definidor da nacionalidade".

Assim, as políticas republicanas esmeravam-se em consolidar o espaço de jurisdição do Estado Nacional ao mesmo tempo em que estimulavam o processo civilizatório herdado do Império, na tentativa de construção de uma identidade nacional, baseada na chamada comunhão étnica. Essa suposta comunhão, no aspecto discursivo, agradava às oligarquias e ocultava as atrocidades cometidas com os povos indígenas.

Nesse sentido, é significativo o discurso de negação de qualquer direito aos povos indígenas, como ocorreu no caso da definição das fronteiras com a Guiana Inglesa. Esta pretendia estender seus domínios territoriais sobre espaços habitados por povos indígenas considerados brasileiros, baseada em tratados[3] realizados com os índios em troca de proteção contra as práticas escravistas brasileiras do início da República.

Nos debates diplomáticos, o embaixador brasileiro encarregado da questão assim se referiu sobre os povos indígenas e seus não direitos frente ao Estado:

> Portugal jamais fundamentou seus direitos em tratados celebrados com chefes indígenas, aos quais não reconhecia soberania política. Esse direito não existe. Por esse motivo não alegamos qualquer título derivado do direito indígena. A posse do território uma vez apreendido, os índios e tudo que se encontra sobre esse território

3 Sobre a política colonialista de estabelecimento de tratados entre os povos indígenas e Estados europeus, ver Clavero (2002, p. 133-170).

> integravam essa posse. Este é o conceito simples do direito português. Os índios não poderiam transmitir um direito que eles não tinham. Agrupados em pequenas tribos ainda mais numerosas do que os rios em cujas margens habitavam, de onde tiravam os seus nomes, mudando constantemente de lugar, ao acaso das guerras, das epidemias, das migrações, da caça e da pesca, não poderiam eles de nenhuma maneira ser considerados senhores do território. Em direito não pode levar em conta os abusos que eram promovidos pelas "*troupes de rachat*" e sim os princípios que inspiravam as ordens reais. Segundo essas ordens, a posse portuguesa exclusiva era perfeitamente compatível com a liberdade indígena, como acontece até hoje no interior do país onde vivem errantes tribos ainda desconhecidas, sem que a posse do Brasil desses territórios seja contestada. Entre portugueses e holandeses, há, pois, essa diferença: os portugueses marchavam sob bandeiras reais, não fazendo escravos a não ser no seu próprio território; os holandeses, ao contrário, só faziam o tráfico com índios comprados ou capturados em nações estrangeiras.[4]

Assim, o resgate do "conceito simples" do direito português e da política colonialista, no início do período republicano, como demonstrou o arrazoado do embaixador, implicou em duas consequências drásticas para as sociedades indígenas. A primeira, de ordem prática: os povos indígenas foram completamente excluídos, enquanto pessoas e realidades sociais, do projeto de formação da sociedade e do Estado Nacional foram caracterizadas como "coisas" que aderem à posse. A segunda, de ordem política e ideológica: em tal projeto, baseado no princípio moderno da unidade que significava homogeneidade, evidentemente, não havia espaço para as diferenças socioculturais.

O reflexo desse pensamento está na Constituição Republicana de 1891, que não faz qualquer referência aos povos indígenas. Preferiu-se o silêncio.

Esse silêncio, Carvalho (1985, p. 67) denomina de "castração" das identidades coletivas representativas de forças "irracionais", segundo o pensamento moderno, "que colocariam em perigo a pretendida unidade nacional".

Segundo, ainda, o mesmo autor, os povos indígenas adquirem o seu "perfil básico" a partir das condições concretas da inserção na sociedade nacional capitalista, mediante dois fatores: a língua diferenciada da nacional e o conjunto de práticas sociais específicas (1985, p. 67-68). Daí

[4] Embaixador Joaquim Nabuco em debate diplomático sobre a questão da fronteira brasileira com a Guiana Inglesa no final do século XIX. (PAIVA; JUNQUEIRA, 1985, p. 1).

que a identidade étnica diferenciada somente pode ser visualizada a partir do exterior, que lhe imprime a categoria de diferente. Diferente que se deve neutralizar e evitar, em nome da unidade nacional.

Nesse sentido, a coincidência entre Estado e nação, articulada teoricamente e transmitida pelos autores clássicos, é impossível no plano da realidade concreta brasileira. Esta é diversa, e, aos povos indígenas, componentes mais visíveis dessa diversidade, no caso brasileiro, cabe, parafraseando Edgard Assis de Carvalho (1985, p. 73), além de "tratar da reconstrução do passado histórico, viver o presente, institucionalizando sua presença no Estado nacional [...]".

A presença dos povos indígenas como atores sociais e identidades diferenciadas no contexto formal do Estado brasileiro sempre foi uma realidade negada. A análise da história e do ideário oficiais e da evolução constitucional demonstra tal fato.

As identidades étnicas – no Brasil, muitas e diferenciadas –, que dão os contornos de cada cultura e possibilitam a construção de argumentos de luta, são resgatadas pelos movimentos indígenas como discursos fundamentais de práticas contra a exclusão institucionalizada no contexto do Estado e da sociedade contemporâneos. O resgate da história dos povos indígenas, por eles mesmos, como demonstra Terena (1998, p. 240), constitui importante contraponto ao conceito clássico de ideal comum formador da nação brasileira:

> Nossa identidade como indígena é fortalecida porque conhecemos nossa história, temos uma história e uma identidade que vocês não têm; temos um passado que nossos ancestrais nos trazem e nos repetem permanentemente e que nós seguiremos levando, da mesma maneira, para outras gerações. (Tradução livre)[5]

O modelo de Estado-nação brasileiro da atualidade, em cuja organização formal, consubstanciada na Constituição de 1988, não se admite a formação multiétnica, comprova a vinculação com o modelo clássico contendo os elementos essenciais dessa fórmula: povo, território e governo. Povo único, culturalmente coeso, integradores da nação brasileira. Os povos indígenas merecem destaque na norma constitucional, enquanto exceções culturais ou grupos inexpressivos no contexto nacional maior.

[5] TERENA, 1998, p. 240. Texto original: "Nuestra identidad como indígena es fortalecida porque conocemos nuestra historia, tenemos una historia y una identidad que ustedes no tienen, tenemos un pasado que nuestros ancestros han traído y repetido permanentemente para nosotros y que nosotros seguiremos llevando, de la misma manera, para otras generaciones".

A aparente inexpressividade serve de biombo para a ocultação da diversidade indígena, uma vez que a ideologia dominante, configurada no Estado culturalmente homogêneo e soberano, rechaça formas e práticas culturais que possam representar riscos à sua unidade e sua integralidade. Nesse sentido, Ribeiro (1995, p. 22-23) ressalta que "esta unidade resultou de um processo continuado e violento de unificação política, logrado mediante um esforço deliberado de supressão de toda identidade étnica discrepante e de repressão e opressão de toda tendência virtualmente separatista".

A supressão das identidades étnicas diferenciadas, ou seja, dos povos indígenas (os negros submetidos à escravidão estavam relegados à categoria de coisas) constituía o projeto de construção da identidade nacional, mediante o processo civilizatório. As elites animavam-se com a possibilidade de construir a identidade definitiva do país.[6]

O dado marcante – muito embora, posteriormente, se firmara o conceito mestiço da identidade nacional, como fusão das três raças: índio, negro e branco[7] – é que, em momento algum em toda a sua história constitucional, como já foi afirmado, o Brasil reconheceu juridicamente a pluralidade cultural existente no seu corpo social. O Estado brasileiro foi criado sob a égide do modelo de Estado-nação e, nesse modelo, não cabem diferenças étnicas ou nações indígenas, pois a nação brasileira é única.

Modo cultural de dominação: absolutismo jurídico/formalista

O Estado é um domínio privilegiado que a racionalidade moderna definiu para institucionalizar a organização social dos povos. Esse modelo, cujas origens foram anteriormente demonstradas, difundiu-se mundo afora como única e legítima instituição representativa do poder coletivo de uma sociedade, tanto no âmbito interno como externo. Povos organizados politicamente em Estados são povos civilizados; os outros, que não passaram por esta "tendencialidade histórica",[8] são errantes; suas histórias,

6 MAGNOLI, 1997, p. 14.

7 Nesse sentido, muitas discussões ocorriam sob o impacto das teorias raciais em voga na Europa do século XIX, que relegavam a sociedade brasileira à inferioridade, em razão da predominância de raças não brancas em sua formação. Com Gilberto Freire e sua obra *Casa grande e senzala*, já em outro contexto sociopolítico e com uma abordagem cultural, a mestiçagem torna-se um valor positivo e passa a ser sinônimo de identidade nacional (MAGNOLI, 1997, p. 101).

8 POULANTZAS, 1980, p. 107. Pierre Clastres explicita a negativa da tendencialidade histórica, ao analisar o sentido único que a história ocidental impõe aos povos não permitindo a entrada nesse comboio, senão através da civilização universal. Em

suas organizações e práticas sociais não interessam, não têm valor senão como meros exemplares de manifestações pré-modernas, estagnadas em um momento dado da linearidade evolutiva, portanto, folclóricas.

Estruturado segundo os parâmetros da racionalidade formal, o Estado e suas instituições constituem produto cultural da cultura europeia ocidental moderna que, como tal, deve atender a certo e definido número de requisitos e princípios considerados inarredáveis para sua configuração. Os ordenamentos jurídicos modernos encabeçados pela Constituição dão a forma abstrata do Estado, assim como os modelos de relações sociais e comportamentos normalizados, estruturados no plano ideal do dever-ser. Assim, tanto a forma do Estado como as formas de vida normatizadas constituem produções culturais.

Segundo Herrera Flores (2000, p. 20), "nossas produções culturais e, como consequência, aquelas com transcendência jurídica e política, são ficções que aplicamos ao processo de construção social da realidade". Assim sendo, a cultura como ficção, para o autor, constitui um conjunto de narrações, símbolos e ideias que tendem a influir sobre o mundo a partir de diferentes posições, finalidades e formas de vida com o propósito de consolidar novas proposições sobre a realidade.

Isso ocorreu, no mundo moderno, com a ideia de Estado e nação.[9]

A realidade social formalizada em Estado territorial e soberano é bastante jovem; instituiu-se a partir dos séculos XVI e XVII e consolida-se recentemente. Nos seus primórdios, os Estados compartilhavam as funções políticas com agentes do poder local, como os senhores proprietários, a Igreja, bem como outros setores corporativos. Entretanto, em algumas esferas da vida social privada, nem o Estado nem qualquer poder político

seu ensaio, "A sociedade contra o Estado", defende a existência de outras práticas sociais, no caso, as dos povos indígenas, desvinculadas da regulação formal de um poder institucionalizado e que constituem ações humanas concretas carregadas de valores culturais característicos de uma nação: "Cada um de nós traz efetivamente em si, interiorizada como a fé do crente, essa certeza de que a sociedade existe para o Estado. Como conceber então a própria existência das sociedades primitivas, a não ser como espécies à margem da história universal, sobrevivências anacrônicas de uma fase distante e, em toda parte, aliás, há muito ultrapassada? Reconhece-se aqui a outra face do etnocentrismo, a convicção complementar de que a história tem um sentido único, de que toda sociedade está condenada a inscrever-se nessa história e a percorrer as suas etapas que, a partir da selvageria, conduzem à civilização" (CLASTRES, 1988, p. 132-3).

9 Para Eric J. Hobsbawm, o nacionalismo é um projeto político recente que "afirma que os grupos definidos como 'nações' têm o direito de formar e devem formar Estados territoriais do tipo que se tornou padrão desde a Revolução Francesa" (HOBSBAWM, 2000, p. 272).

penetrava. As ações políticas se restringiam à direção da diplomacia, guerras externas, violência militar e administração, no nível mais alto, da justiça e da repressão interna.[10]

Na sua trajetória histórica, desde o surgimento até os dias atuais, a entidade conhecida como Estado passou por períodos exemplares de amadurecimento superando a relativa insignificância inicial. O desenvolvimento industrial capitalista, a intervenção estatal na vida social e econômica e a implementação de projetos políticos massivos nas áreas militar, de educação, comunicação e consumo se constituíram em mecanismos e processos gerais direcionados no sentido da homogeneização social e cultural que fundamenta o Estado nacional e, por outro lado, transnacionaliza o capital e a cultura.[11]

A disseminação desse modelo cultural, ou – como prefere Anderson (2000, p. 7), "molduras axiomáticas universais" – etno e eurocêntrico, significou, especialmente no caso da formação do Estado nacional brasileiro, a suplantação de diversificadas formas de vida e organização social dos povos indígenas, que até então subsistiam autônomas em suas diferenças. Por meio do discurso ideológico, amplamente empregado nos processos coloniais, a ideia de Estado-nação e sociedade civil unidimensionais foi-se implantando com relevância jurídica, uma vez que consagradas constitucionalmente.

O discurso ideológico, segundo Chaui (1997, p. 3), é "aquele que pretende coincidir com as coisas, anular a diferença entre o pensar, o dizer e o ser e, destarte, engendrar uma lógica da identificação que unifique pensamento, linguagem e realidade [...]". Como consequência, conclui a autora, se obtém a "identificação de todos com uma imagem particular

[10] MANN, 2000, p. 312-315.

[11] MANN, 2000, p. 312-315. Para o autor, "nunca a economia capitalista e a cultura foram muito cerceadas pelas fronteiras nacionais. O capitalismo foi especialmente transnacional em sua fase industrial primitiva, com uma mobilidade praticamente livre do capital e da mão de obra, tendo a maioria de suas zonas de crescimento situadas em áreas fronteiriças ou que cruzavam fronteiras, como os Países Baixos, a Boêmia e a Catalunha. Embora a indústria tenha passado por uma fase mais nacional entre cerca de 1880 e 1945, o capital financeiro se manteve essencialmente transnacional. A identidade cultural dessa 'sociedade civil' não consistiu apenas – ou sequer primordialmente – em 'Grã-Bretanha', 'França' e 'Espanha'. Foi também a 'cristandade', a 'Europa', o 'Ocidente' e a 'raça branca'. Também se difundiram transnacionalmente artefatos culturais como o 'romantismo', o 'romance realista', o 'estilo vitoriano' de mobiliário, a orquestra sinfônica, a ópera e o balé, o 'modernismo' na arte e no desenho arquitetônico e, atualmente, as novelas de televisão, as calças de brim, a música de *rock* e a arquitetura pós-moderna. A soberania nacional sempre foi minada pelo transnacionalismo do capital e da cultura".

universalizada". Neste caso, o discurso ideológico pode ser também, o discurso que justifica a "imagem particular" do Estado-nação, universalizada como única institucionalização social possível da realidade organizada, ou seja, um determinismo formalista.

O formalismo, para Herrera Flores (2000, p. 71), é um "tipo básico de determinismo".[12] Do mesmo modo, Chaui (1997, p. 3) atribui um determinismo ao discurso ideológico. Assim, a determinação do discurso justificador do modelo formalista de Estado nacional coincidente com nação (esta impondo uma pretensa unificação das diversidades sociais internas) constitui, pela sistematicidade e coerência, uma ideologia. A ideologia da forma jurídico-política e abstrata do Estado como uno e homogêneo assentado em uma única nação.

Para Burdeau (1975, p. 31-32), é o sentimento de pertença a uma determinada coletividade, advindo do espírito e evocando fatores como raça, língua, religião, recordações, aspirações comuns e *habitat*, que configura a identidade nacional. Esta explicação culmina no seu conceito de nação como "um continuar a ser o que se foi e, por consequência, garantir, através da interdependência material, a coesão social pela fé numa recordação comum".

Denota-se que o passado comum, as lutas políticas, o espaço, as perspectivas ou projetos de futuro e a relação integram o conceito de nação, pois faz com que existam coesão e identificação sentimental do ser com o lugar, com a história, construindo-a.

O conceito de nação, como unidade cultural homogênea, pensado e transmitido pelos autores clássicos, sempre esteve relacionado ao de Estado. Essa vinculação possui uma carga de abstração que perpassa a análise racional, pois, para cada Estado, subentende-se a existência de uma única nação ou sociedade, quando, na realidade, a configuração social dos Estados, plural por excelência, desmente a formulação unitária. E neste sentido fala Sarango Macas (1997, p. 311), indígena Quichua do Equador: "quase não existe país no mundo no qual coincidam plenamente nação e Estado".[13]

No que se refere à homogeneidade da nação, Canotilho (1991, p. 108-109) problematiza, no plano constitucional, os conceitos de Estado e nação ao formular duas ideias básicas: nação e Estado continuam a ser "elementos de simbolização", e permanecem como "agentes de mediação" da sociedade.

[12] HERRERA FLORES, 2000, p. 71, tradução livre. Texto original: "[...] el formalismo es un tipo básico de determinismo".

[13] SARANGO MACAS, 1997, p. 311, tradução livre. Texto original: "Casi no existe país en el mundo en el que coincidan plenamente nación y Estado".

Como elementos de simbolização, diz o autor, a nação tem o seu valor porque representa a unidade, não no sentido de "entidade mística, transpessoal e integrativa de todos os membros do corpo social", que cairia na abstração. "A nação tem o sentido de República, de operador de solidariedades" que resulta de fatores como "língua, raça, território, religião, modos de produção, tradições, cultura, identidade de aspirações". Daí se extrai o Estado como significante da nação, ao qual se acresce a "legitimidade de coerção e o poder normativo". Por outro lado, como elementos de mediação, baseado no princípio de que a sociedade não tem unidade constitutiva original, uma vez que os "conflitos, antagonismos, oposições e divergências, onde existem relações não igualitárias e espaços de poder (econômico, político, religioso)", o Estado figura como significação simbólica, pois detém o poder legítimo de coerção, entretanto, "através da mediação da nação" (Canotilho, 1991, p. 108-109).

Realmente, o Estado constitui uma representação simbólica para a sociedade que o constrói, ao mesmo tempo em que, atuando, exerce sua força, a partir da legitimidade conferida pelo processo democrático do sufrágio universal para eleição dos governantes e legisladores; portanto, teoricamente, mediado pela nação. Mas essa operação teórica, que parece simples, toma ares de complexidade, se efetuada uma singela pergunta: que sociedade confere essa legitimidade e acredita nessa representação simbólica? Evidentemente, a resposta lógica brotaria espelhando os ditames da concepção formalista: a sociedade nacional. A vinculação entre Estado e nação e a sua repetição nos manuais, nas escolas, nos meios de comunicação, nos discursos do poder, trabalham esta ideia de modo a permitir que a ideologia se difunda e garanta a unidade nacional necessária ao Estado moderno.

As nações americanas, diferentemente do que ocorreu no continente europeu, não resultaram de um processo espiritual de autorreconhecimento e de pertença a uma dada cultura, porque, por um lado, a criação dos Estados precedeu a formação de uma identidade nacional[14] e, por outro, a sociodiversidade existente no continente, representada por povos indígenas, negros ex-escravos e imigrantes, fragmentava qualquer processo de marcha rumo à coesão desse sentimento.

A ordem política moderna configurada no Estado nacional brasileiro fundou-se numa pretendida unidade nacional homogeneizante denominada, conforme os manuais, de nação. Essa ordem excluiu as sociedades

[14] PANIKKAR, 1999, p. 163.

indígenas por constituírem segmentos socioculturais que não comungavam, e não comungam, com os mesmos sentimentos de pertença cultural ou de ideais comuns da sociedade brasileira. Assim, a ordem representa uma irrealidade, ou, como única realidade possível, uma abstração formalista (Sánchez-Rubio, 2000). Abstração jurídica, mas que, na crítica sociológica de Chaui (1997, p. 6), separa, homogeneíza e unifica [...]."

Unificação que o Estado brasileiro em seu princípio fundante consagrado no art. 1.º da Constituição de 1988 estabelece: a República Federativa do Brasil é formada pela união indissolúvel dos Estados federados, dos Municípios e do Distrito Federal (Brasil, 1988).

Disso decorre a natureza homogeneizadora do Estado, limitando a pluralidade interna somente às entidades formais e públicas por ele criadas, não permitindo, assim, que outras coletividades, no caso, sociais, integrassem a sua composição formal.[15]

A nova institucionalidade do estado latino-americano e o constitucionalismo transformador

A concepção do Estado e da nação como algo que, na realidade, une, excluindo em um só corpo social homogêneo, as diversas formas de expressão da etnicidade e da cultura de uma sociedade, pode ser relativizada sem que isso represente o fim do Estado, senão, signifique uma nova configuração de sociedade, de nação e de Estado.

Para que tal ocorra, é inevitável a ruptura na ideia de destino comum – ou "comunhão de destino", como define Bauer (2000, p. 57) –, caracterizadora do sentimento de coesão da nação pelo compartilhamento de aspectos culturais e históricos como determinantes do seu conceito. Entende Morin (2000), que a complexidade do mundo atual e dos Estados nacionais tensionados internamente com as realidades diferenciadas regionais não abolidas e, externamente, com a formação de supranacionalidades como o caso da União Europeia, não significa o fim ou a supressão do Estado nacional, mas a sua reconstrução em outras bases, ou seja, a sua relativização.

A relativização de Estados nacionais com o reconhecimento de autonomias culturais regionais configura-se uma realidade no mundo contemporâneo, como mostra Panikkar (1999, p. 161-163) ao sustentar

[15] BRASIL, 1988. Dispõe textualmente: Art. 1º A República Federativa do Brasil, formada pela união indissolúvel dos Estados e Municípios e do Distrito Federal, constitui-se em Estado Democrático de Direito e tem como fundamentos: [...].

que "necessitamos de transformações fundamentais no esquema político", porque é possível começar a pensar em restabelecer a separação entre nação e Estado, como possibilidade de resolver os problemas que na atualidade essa ligação origina. Para o autor, é possível a coexistência de várias nações no âmbito interno de um só Estado, como é o caso da nação Catalã na Espanha, de Quebec no Canadá, entre outros.[16]

No mesmo sentido, Taylor (1999, p. 66-67), ao analisar a formação socialmente plural do Canadá, a chama de "diversidade profunda". A diversidade profunda ou de "segundo nível" é aquela em que se reconhece e se aceita uma pluralidade de modos de pertencer a um país, cuja identidade é denominada pelo autor como "identidade mosaico", pois "o mundo necessita legitimar outros modelos, com o fim de permitir modos mais humanos e menos coercitivos de convivência política".

Na realidade, não é pacífica a proposta de reconhecimento da composição pluriétnica, social e culturalmente diversa dos Estados nacionais, principalmente nos americanos e, especialmente no Brasil, onde há a presença de sociedades indígenas. O sistema formalista dominante permite concessões, nunca rupturas conceituais essenciais.[17]

16 Para tanto, o autor faz uma extensa comparação entre o Estado e a *pólis* grega, mostrando aspectos políticos diferenciadores de Estado e da *pólis* grega, chegando à conclusão de que há uma diferença fundamental e uma semelhança funcional entre os dois. Sobre a semelhança funcional, diz o autor, é a que consiste em abarcar o homem por inteiro. Tanto na *pólis* quanto no Estado o homem cumpre a sua função social, e, ambos são instituições. Quanto à diferença fundamental, que arrola em número de três, sendo a primeira que a *pólis* está aberta ao transcendente, onde os Deuses estão presentes na cidade. Já o Estado contemporâneo, é racional, tem uma relação incômoda com o sagrado, no máximo permite o culto das religiões e a liberdade religiosa; a segunda é que a *pólis* é uma instituição à escala humana, já o Estado atua de forma mais ampla interna e externamente; a terceira e última se refere às instituições. A *pólis* é constituída por um conjunto de instituições que não estão centralizadas, como: um clã, famílias, castas. Já no Estado, as instituições são centralizadas. A *pólis* é um povo que se organiza e o Estado é um povo institucionalizado. A coesão da pólis está assegurada por um mito. Já o Estado está organizado institucionalmente e se assegura pelo poder (PANIKKAR, 1999, p. 161-163).

17 A Constituição de 1988, embora tenha representado um avanço no reconhecimento dos direitos diferenciados dos povos indígenas, paradoxalmente, não lhes reconhece a titularidade de proprietários de suas terras; estas pertencem à União e integram os seus bens, garantida a posse e usufruto exclusivo dos povos indígenas (BRASIL, 1988). Dispõe textualmente: "Art. 20 – São bens da União: [...] XI – as terras tradicionalmente ocupadas pelos índios". Outro caso exemplar ocorreu na década de 1980, quando o então deputado federal Mário Juruna, o primeiro parlamentar indígena na história brasileira, propôs uma modificação na Lei nº 5.371/67, que criou a Fundação Nacional do Índio (FUNAI), instituindo, como órgão

Em primeiro lugar, isso ocorre porque, do ponto de vista político, a trajetória histórica de negação das diferenças que os povos indígenas representam sempre esteve vinculada ao perigo desestabilizador da integridade, da unidade do Estado nacional. Em segundo, do ponto de vista da juridicidade, as práticas sociais diversas desses povos estão vinculadas às suas organizações sociais e à concretude da vida, portanto, aos direitos coletivos de cada sociedade, que foram caracterizadas de "fetichistas" pela racionalidade moderna ocidental. O risco afronta princípios universalmente válidos do direito moderno como a generalidade, abstração e impessoalidade.

Entretanto, muito embora os discursos em contrário, os povos indígenas persistem, historicamente, em constantes processos de lutas nem sempre entendidos em sua essência e profundidade.

Tixe (1998, p. 24), indígena *Quichua* do Equador ressalta, desde sua experiência parlamentar, quão diferenciadas são as bases, os fundamentos dos direitos indígenas nos espaços institucionais do Estado nacional: "[...] gostaria de ressaltar que nossas propostas não pretendem excluir ninguém, como quiseram fazer parecer, senão que estão elaboradas no sentido de cooperação, de respeito, para propiciar uma convivência solidária".[18]

Contrariamente, o direito moderno e as teorias do Estado são fundados no individualismo da racionalidade moderna, ou seja, no individualismo metodológico[19] que dá formas acabadas e pretende estabelecer verdades absolutas e não a solidariedade.

Os direitos indígenas são direitos que envolvem vida, cultura e território, fundados nos usos, costumes e tradições de cada povo. Configuram direitos originários vinculados à territorialidade e constituem o fundamento das lutas de resistência dos povos indígenas que, segundo Sousa Santos (1998,

administrativo da Fundação, um Conselho Diretor composto por indígenas e por pessoas não indígenas por eles indicadas (Projeto de Lei nº 661-A/83). A modificação foi obstaculizada em razão da capacidade relativa dos índios conselheiros indígenas, com a alegação de que seriam criados problemas para a FUNAI, uma vez que os índios, por serem incapazes relativamente, não poderiam assumir a responsabilidade civil, criminal e administrativa pelos atos praticados no Conselho (PAIVA; JUNQUEIRA, 1985, p. 39-41).

[18] TIXE, 1998, p. 24, tradução livre. Texto original: "[...] nuestras propuestas no pretenden excluir a nadie como se ha querido hacer parecer, sino que está hecha en un sentido de cooperación, de respeto, para propiciar una convivencia solidaria".

[19] Nesse sentido, ver a crítica de Aguillar sobre a insuficiência do individualismo metodológico enquanto método para as ciências sociais, e, consequentemente, para a "ciência do direito", uma vez que para essas seria impossível atingir o caráter de ciência, segundo os critérios de objetividade do conhecimento (AGUILLAR, 1999. p. 19-21).

p. 161-163), estão "forçando os Estados nacionais a assumir uma posição mais multicultural e pluriétnica cuja permanência, como bem sabem as organizações indígenas, pressupõe o reconhecimento dos direitos coletivos e uma pluralidade de ordenamentos jurídicos fundada territorialmente".[20]

Essa relativização da ordem política e jurídica se impõe, como modo premente de constituir Estados e ordenamentos jurídicos mais abertos, que possibilitem a inclusão dos povos indígenas e de todos aqueles segmentos sociais culturalmente diferenciados, que ao longo da história sofreram processos violentos de injustiça pela exclusão.

Neste sentido, a crítica ao modelo de Estado de Direito moderno (clássico e neoliberal) que excluiu as diferenças étnico-culturais é trazida de modo contundente pelo novo constitucionalismo latino-americano de forma a refundar o estado para que este se transforme em espaço includente e emancipatório. Raquel Yrigoyen Fajardo (2004) trabalha os ciclos constitucionais que resultou no constitucionalismo pluricultural (assim como o modelo do Estado do nacional, multicultural, pluricultural e plurinacional) do seguinte modo: a) constitucionalismo multicultural (1982/1988), que introduz o conceito de diversidade cultural e reconhece direitos indígenas específicos; b) constitucionalismo pluricultural (1988/2005), que desenvolve o conceito de "nação multiétnica" e "Estado pluricultural", incorporando um largo catálogo de direitos indígenas, afro e de outros coletivos, em especial como reflexo da Convenção 169/OIT, ao mesmo tempo em que se implantam políticas neoliberais, com redução de direitos sociais e flexibilização de mercados; c) constitucionalismo plurinacional (2006-2009), no contexto da aprovação da Declaração das Nações Unidas sobre os direitos dos povos indígenas e que propõe a "refundação do Estado", com reconhecimento explícito das raízes milenares dos povos e discutindo o fim do colonialismo.[21]

Segundo Boaventura de Sousa Santos (2010), isto se dá por meio de uma nova institucionalidade do Estado Plurinacional que, a partir do constitucionalismo transformador, especialmente da Bolívia e do Equador,

[20] Sousa Santos, ao analisar as lutas dos povos indígenas pelos seus direitos, nos demonstra que, para eles, seus direitos coletivos, em conjunto, são direitos originários cujas raízes históricas precedem a colonização e, independem da outorga estatal (SOUSA SANTOS, 1998, p. 161-163, tradução livre). Texto original: "Hoy, bajo la presión de la organización y la movilización de los pueblos indígenas, los estados nacionales están siendo forzados a asumir una posición más multicultural y pluriétnica cuya permanencia, como lo saben muy bien las organizaciones indígenas, presupone el reconocimiento de los derechos colectivos y una pluralidad de ordenamientos jurídicos fundada territorialmente".

[21] Nesse sentido, ver Fajardo (2004).

promove uma nova configuração para o Estado fundada em uma nova institucionalidade de Estado Plurinacional, uma nova territorialidade fundada nas autonomias assimétricas, uma nova legalidade fundada no pluralismo jurídico, um novo regime político fundado na democracia intercultural e, por último, as novas subjetividades individuais e coletivas, fundadas em indivíduos e pluralidades como comunidades, nações, povos e nacionalidades.

Referências

ABBAGNANO, N. *Diccionario de Filosofía*. México: Fondo de Cultura Económica, 1963.

AGUILLAR, F. H. *Metodologia da Ciência do Direito*. 2. ed. São Paulo: Max Limonad, 1999.

ANDERSON, B. Introdução. In: BALAKRISHNAN, G. *Um mapa da questão nacional*. Rio de Janeiro: Contraponto, 2000.

BRASIL. Constituição da República Federativa do Brasil de 1891. São Paulo: Saraiva, 2002.

BAUER, O. A nação. In: BALAKRISHNAN, G. (Org.). *Um mapa da questão nacional*. Rio de Janeiro: Contraponto, 2000.

BURDEAU, G. *El Estado*. Madrid: Seminarios y Ediciones, 1975.

CANOTILHO, J. J. G. *Direito Constitucional*. 5. ed. Coimbra: Almedina, 1991.

CARVALHO, E. A. de. Identidade étnico-cultural e questão nacional. In: SANTOS, S. C. dos *et al*. *Sociedades indígenas e o direito: uma questão de direitos humanos*. Florianópolis: Ed. da UFSC, 1985.

CARRÉ DE MALBERG, R. *Teoría general del Estado*. México: Fondo de Cultura Económica, 1948.

CHAUI, M. de S. *Cultura e democracia: o discurso competente e outras falas*. 7. ed. São Paulo: Cortez, 1997.

CLAVERO, B. Tratados entre pueblos o constituciones por Estados: un dilema para América. In: ____. *Genocidio y justicia: la destrucción de las indias ayer y hoy*. Madrid: Marcial Pons, 2002.

CLASTRES, P. *A sociedade contra o Estado*. 4. ed. Rio de janeiro: Francisco Alves, 1988.

DERANI, C. *Privatização e serviços públicos: as ações do Estado na produção econômica*. São Paulo: Max Limonad, 2002.

FAJARDO, R. Y. *Legal Pluralism, Indigenous Law and the Special Jurisdiction in the Andean Countries*. 2004. Disponível em: <www.the-mastering.com/www.../RYF-legalPluralism-BeyondLaw27-5.pdf>. Acesso em: 26 abr. 2013.

HELLER, H. *El sentido de la política y otros ensayos*. Valencia: Pre-Textos, 1996.

HERRERA FLORES, J. (Org.). *El vuelo de Anteo: derechos humanos y crítica de la razón liberal*. Bilbao: Desclée de Brower, 2000.

HOBBES, T. *Leviatã*. São Paulo: Abril Cultural, 1974.

HOBSBAWM, E. J. Etnia e nacionalidade na Europa de hoje. In: BALAKRISHNAN, G. *Um mapa da questão nacional*. Rio de Janeiro: Contraponto, 2000.

KELSEN, H. *Teoria pura do direito*. Tradução de João Baptista Machado. São Paulo: Martins Fontes, 1996.

LOCKE, J. *Dois tratados sobre o governo*. São Paulo: Martins Fontes, 1998.

MAGNOLI, D. *O corpo da pátria: imaginação geográfica e política externa no Brasil (1808-1912)*. São Paulo: Ed. da UESP/Moderna, 1997.

MANN, M. Estados nacionais na Europa e noutros continentes: diversificar, desenvolver, não morrer. In: BALAKRISHNAN, G. *Um mapa da questão nacional*. Rio de Janeiro: Contraponto, 2000.

MORIN, E. Identidad nacional y ciudadanía. In: GÓMEZ GARCÍA, P. (Org.). *Las ilusiones de la identidad*. Madrid: Cátedra, 2000.

PAIVA, E.; JUNQUEIRA, C. *O Estado contra o índio*. São Paulo: Programa de Estudos Pós-Graduados em Ciências Sociais/PUC-SP, 1985.

PANIKKAR R. *El espíritu de la política*. Barcelona: Península, 1999.

POULANTZAS, N. *O Estado, o Poder, o Socialismo*. Rio de Janeiro: Graal, 1980.

RIBEIRO, D. *O povo brasileiro: a formação e o sentido do Brasil*. São Paulo: Companhia das Letras, 1995.

ROUSSEAU, J.-J. *O contrato social*. São Paulo: Martins Fontes, 1989.

SÁNCHEZ RUBIO, D. Derechos humanos y democracia: absolutización del formalismo e inversión ideológica. *Crítica Jurídica: Revista Latino-Americana de Política, Filosofia e Direito*, n.17, p. 277-300, ago. 2000.

SANTOS, M. *Técnica, Espaço, Tempo – Globalização e Meio Técnico-Científico Informacional*. Hucitec: São Paulo, 1994.

SANTOS, B. de S. *La globalización del derecho: los nuevos caminos de la regulación y la emancipación*. Bogotá: Universidad Nacional de Colombia/ ILSA-Instituto Latinoamericano de Servicios Legales Alternativos, 1998.

SANTOS, B. de S. *Refundación del estado en América Latina: perspectivas desde una epistemología del Sur*. Lima, Peru: Instituto Internacional de Derecho y Sociedad/RELAJU, 2010.

SARANGO MACAS, L. F. El movimiento indígena frente a los Estados nacionales. El caso de Ecuador. In: GÓMEZ, M. (Org.). *Derecho Indígena*. México: Instituto Nacional Indigenista/Asociación Mexicana para las Naciones Unidas, 1997.

SIEYÈS, E. J. *A constituinte burguesa*. Rio de Janeiro: Liber Juris, 198.

SOUZA FILHO, C. F. M. de. *O renascer dos povos indígenas para o direito*. Curitiba: Juruá, 1998.

TAYLOR, C. Valores compartidos y divergentes. In: FOSSAS, E.; REQUEJO, F. (Orgs.). *Asimetría federal y Estado plurinacional: el debate sobre la acomodación de la diversidad en Canadá, Bélgica y España*. Madrid: Trotta, 1999.

TERENA, J. Yo puedo ser lo que tú eres sin dejar de ser lo que soy... pero tú nunca serás indio. In: ALTA, V. *et al*. *Pueblos indígenas y Estado en América Latina*. Quito: Abya-Yala, 1998.

TIXE, M. L. Un objetivo clave: hacer grandes los pequeños espacios conquistados nacionalmente. In: ALTA, V. *et al*. *Pueblos indígenas y Estado en América Latina*. Quito: Abya-Yala, 1998.

Comunidades tradicionais afrodescendentes e o novo constitucionalismo latino-americano: estudo de caso comparativo Brasil, Colômbia e Equador

Lilian C. B. Gomes
Carlos E. Marques

O debate sobre o novo constitucionalismo na América Latina suscita inúmeras questões no processo de discussão sobre o aprofundamento democrático nessa região e se liga ao forte impulso dos movimentos sociais pela ampliação de direitos (Álvarez; Dagnino; Escobar, 2000), estando presente nesses processos constitucionais a ideia de complementaridade entre constitucionalismo e democracia (Pisarello, 2011, p. 199). Um dos principais desafios do novo constitucionalismo que irrompe a partir das décadas de 1980 e 1990 é colocar fim à ancoragem que historicamente houve do interesse privado na esfera estatal, o que se tornou impedimento para que as Constituições espelhassem o que de fato se passava nas sociedades. Assim, o desafio na América Latina e demais países do Sul Global é "construir um novo projeto democrático baseado nos princípios da extensão e generalização do exercício dos direitos, da abertura dos espaços públicos com capacidades decisórias, da participação política da sociedade e do reconhecimento e inclusão das diferenças" (Dagnino, Olvera; Panfichi, 2006, p. 14).

Os movimentos sociais latino-americanos (Hoetmer, 2009; Walsh, 2011, García Sánchez, 2012) desempenharam papel fundamental no processo de luta para que as Constituições espelhassem a plural realidade social na luta pelo reconhecimento da diferença, contra a ordem iníqua e racista e a opressão socioeconômica, cultural e jurídica, fomentadoras de desigualdades de toda ordem. Pode-se dizer que as lutas por justiça social ganham um forte impulso no processo de pós-redemocratização na América Latina, pois, paulatinamente, muitos movimentos sociais conseguiram inserir novos temas na agenda política de diferentes países, rompendo diversos silenciamentos, entre eles, os ligados aos direitos à proteção da biodiversidade, à preservação dos ecossistemas e das formas de "buen vivir", provocando um processo de desnaturalização das opressões que sofrem as mulheres, os povos originários e as diferentes identidades sexuais (Di Marco, 2009), e, acrescentaríamos, os afrodescendentes.[1] Todos esses grupos colocam "na ordem do dia o problema da necessidade de uma nova gramática social e uma nova forma de relação entre Estado e sociedade" (Santos; Avritzer, 2002, p. 53-54). Entre os grupos sociais que conseguem criar uma gramática social própria, estão aqueles ligados às comunidades afrodescendentes.

Embora esse direito apareça de modo diferenciado em cada Carta Magna, ele expressa a pressão dos movimentos sociais para que os legisladores trouxessem para a visibilidade uma luta silenciada há séculos (Almeida, 2006; Walsh, 2011; García, Sanchez, 2012). Os países americanos que têm Constituições reconhecendo o direito de afrodescendentes são: Brasil (quilombos), Bolívia (afrobolivianos), Colômbia (cimarrones), Equador (afro-equatorianos), Honduras (garifuna) e Nicarágua (creoles). A introdução desse direito nas Constituições é o reconhecimento de que esses grupos possuem formas próprias de criar, fazer e viver o que está, em última instância, ligado à luta por justiça social e pela implementação de um projeto político que lhes garanta o direito ao território, e pense as ações afirmativas no sentido de desmantelar o racismo institucional e estrutural. Esse direito está ligado à tripla dimensão de justiça social que mobiliza o reconhecimento de identidades e de direitos, à redistribuição material e simbólica e à representação política (Fraser, 2007).

A introdução desse direito nas referidas Cartas Magnas coloca o desafio aos governos desses Estados-nação de traduzir essas garantias em políticas efetivas que reconheçam que esses grupos são portadores de direitos coletivos ao território. Contudo, as oligarquias e o viés conservador e racista, historicamente presente nesses países, têm sido impeditivos para que essas garantias constitucionais sejam efetivadas. A convivência entre velhas e novas práticas revela, ao mesmo tempo, as contradições e as possibilidades no sentido de que a democracia avance no processo de emancipação social e que responda às questões de uma cidadania que requer o "reconhecimento da diferença"

[1] Este artigo volta-se para as especificidades da questão dos afrodescendentes e os desafios de reconhecimento, de redistribuição e de representação política ligados a essa identidade. A afirmação dessa identidade é fundamental não como modo de reificação do passado mas, conforme afirma Stuart Hall (2007), está relacionada com questões como: "quem nós podemos nos tornar", "como nós temos sido representados" e "como essa representação afeta a forma como nós podemos representar a nós próprios" (HALL, 2007, p. 109). É, portanto, um processo de autoidentidade que apenas faz sentido se assumido pelo grupo que vive determinada situação de subalternidade. Ou seja, implica na desconstrução de um lugar naturalizado como subalterno e a construção de um diferente olhar na relação com o outro (GOMES, 2013).

e a "criação de políticas sociais voltadas para a redução das desigualdades, a redistribuição de recursos e a inclusão" (Santos; Nunes, 2003, p. 34).

O presente artigo pretende analisar o modo como esse direito aparece em três Constituições, que são as do Brasil, da Colômbia e do Equador. O objetivo é perpassar alguns elementos centrais sobre o modo como esse direito aparece nas Constituições, buscando analisar se as ações posteriores a essas garantias constitucionais dão conta do caráter especifico desse direito coletivo ou se, ao contrário, embora reconhecidos nas Constituições como comunidades afrodescendentes, continuam a ser tratados sobre a matriz individual e universalista no modo de aplicação dos direitos. É preciso lembrar que esses grupos tocam em dois grandes desafios colocados aos países colonizados em seus processos de aprofundamento democrático: a questão da propriedade territorial e a diferenciação hierárquica baseada em uma ordem estamental e de *status* produtora do racismo.

Brasil, Colômbia e Equador, dois momentos: a desconstrução da diferença enquanto hierarquia de *status* e a construção da diferença como reconhecimento de identidades e de direitos

A análise da questão do direito das comunidades negras no Brasil, Colômbia e Equador nos coloca diante da possibilidade de leitura da diferença em um processo dialético: de um lado, ela foi, inicialmente, a partir do período colonial, o modo de estabelecer um *status* de inferioridade dos africanos recém-chegados às terras americanas, o que persistiu durante o predomínio do colonialismo e no período pós-processos de independência desses países. Tanto o estabelecimento da escravidão quanto a sua manutenção foram sustentados por um discurso religioso afinado com os interesses mercantis dos Estados-nação que mantiveram um modelo de colonialismo pautado na subalternidade dos "outros coloniais", nomeadamente os índios e negros (Maldonado, 2009, p. 12). Posteriormente, com o fim da escravidão nas Américas e o estabelecimento dos estados liberais no século XIX, a ideia de raça ganha força com a entrada das teorias de inferioridade e superioridade raciais, o que dificultou o enfrentamento da discriminação racial como um problema social (Mattos, 2000, p. 60).[2]

[2] Embora a autora Hebe Mattos trate especificamente dessa questão no Brasil, parece-nos que esse é um dilema que pode ser replicado, com os devidos distanciamentos do processo histórico de cada país para as outras áreas em foco nesse estudo. Para aprofundamento, ver Mattos (2000).

Por outro lado, a leitura da diferença, por exemplo, no novo constitucionalismo, a considera em seu sentido sociológico, e entende a sua valorização como uma forma legítima de reivindicação dos movimentos sociais e como o modo de corrigir as desigualdades provocadas pelo longo período de invisibilização dos direitos dos afrodescendentes, no interior do Brasil, da Colômbia e do Equador.

Assim, pode-se dizer que houve uma naturalização de um lugar de subordinação desses grupos e somente através de um longo processo de desnaturalização e estabelecimento de reivindicações desconstrutivas (Fraser, 2007, p. 309) será possível a institucionalização de patamares paritários entre todos os membros no interior de cada um desses países. Segundo a Organização das Nações Unidas, 20 a 30% da população latino-americana é de afrodescendentes[3] e boa parte destes está submetida a situações de vulnerabilidade social.

Antes de passarmos à análise comparativa entre esses países, parece-nos importante indicar algumas características da presença das comunidades afrodescendentes nos mesmos. Segundo os dados do DANE, órgão de registro e estatísticas do Estado Colombiano, entre 18% e 22% da população local é afrocolombiana. Ainda segundo os dados governamentais, 32% da população nacional vivem na pobreza, entretanto, 84,87% dos habitantes da região do Pacífico conhecida como Chocó, que é 90% afro-colombiana, é pobre. A taxa nacional de analfabetismo é de 11%, mas sobe para 38,3% no Chocó, onde 41% dos lares carecem de saneamento básico, contra apenas 10% em âmbito nacional (Oakley, 2001, p. 24-25). A população afro-colombiana, através de suas lutas conquistou uma série de direitos por meio de políticas de ações afirmativas, tais como: programas de valorização do processo educacional dos afrodescendentes, o registro de territorialidades específicas dos afro-colombianos, uma circunscrição específica como uma vaga para eleição de um deputado exclusivamente para a representação dos afro-colombianos, bem como a participação informada em conselhos e fóruns, entre outros.

Segundo os dados do censo equatoriano de 2001, o país possui 12.156.608 habitantes, dos quais 77,4% se reconhecem como mestiços; 10,46% se reconhecem como brancos; 6,83% como indígenas; e 5% como afro-equatorianos. De acordo com o Censo, o número de afro-equatorianos equivale a 604.009 pessoas (51,6% são homens e 48,3% são mulheres) (SECRETARIA TÉCNICA DEL FRENTE SOCIAL – STFS, 2007, p. 31). Eles se encontram, ainda segundo esses dados, por todo o Equador, no

[3] Disponível em: <http://www.afrodescendientes-undp.org/index.php>. Acesso em: 4 fev. 2013.

entanto, aproximadamente 75% da população afro-equatoriana nacional se concentram nas províncias de Guayas (35,9%), Esmeraldas (25,5%) e Pichincha (13%) (STFS, 2007). Tal qual na Colômbia, o Equador apresenta uma concentração de afrodescendente em uma parte específica do país. Os territórios afrodescendentes que são caracterizados pelos movimentos autóctones e, posteriormente, pela Constituição Federal como ancestrais se localizam em dois espaços geográficos: o vale ancestral do Chota, La Concepción e Salinas, nas províncias do Carchi e Imbabura, e o território ancestral do norte de Esmeraldas, ambos no norte do país. No Equador, semelhantemente aos dados apresentados para o Brasil e para a Colômbia, entre os menos privilegiados nos índices de qualidade de vida, encontram-se os afro-equatorianos, enquanto 38,3% dos equatorianos estão abaixo da linha da pobreza por consumo, 48,7% dos afro-equatorianos estão nessa mesma condição. Por outro lado, a linha de indigência ou de extrema pobreza por consumo no país é de 12,2%, enquanto os afro-equatorianos superam essa média com 13,7% (STFS, 2007, p. 4). O alto índice de pobreza afro-equatoriana está ligado à baixa renda, aos baixos níveis de escolaridade, aos altos índices de desemprego e falta de ocupação.

Os dados apresentados no Gráfico 1, "Proporção da população eurodescendente, indígena e afrodescendente vivendo com menos de um dólar por dia, na América Latina e Caribe", permitem afirmar que a desigualdade atinge em maior grau os afrodescendentes e os indígenas. No entanto faz-se necessária a ressalva de que o conceito de pobreza e riqueza adotado pelos organismos internacionais ainda não levam em consideração a cosmovisão desses grupos.

Gráfico 1 – Proporção da população eurodescendente, indígena e afrodescendente vivendo com menos de um dólar por dia, na América Latina e Caribe

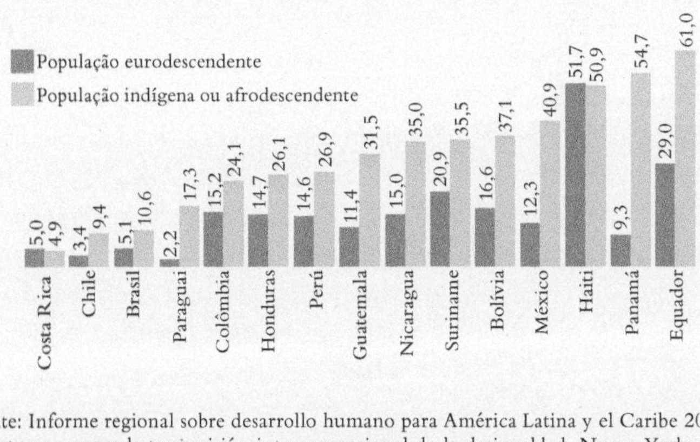

Fonte: Informe regional sobre desarrollo humano para América Latina y el Caribe 2010: actuar sobre el futuro: romper la transmisión intergeneracional de la desigualdad. Nueva York: Programa de las Naciones Unidas para el Desarrollo, 2010. Disponivel em: <http://www.idhalcactuarsobreelfuturo.org/site/informe.php>. Acesso em: ago. 2010.

Feita essa breve contextualização, indica-se, a seguir, o modo como o direito das comunidades afrodescendentes aparece nas três Constituições em foco.

O direito das comunidades afrodescendentes nas três Constituições

Parece-nos importante, antes de passarmos a uma indicação de como o direito desses grupos aparece nas três Constituições, indicar que a presença dos movimentos sociais negros foi fundamental no processo de introdução desse direito na Constituição de cada um desses países.[4] Esses países foram permeados pela ideologia da mestiçagem e da negação do racismo e do preconceito racial de modo que suas Constituições, ao reconhecerem a diversidade e a pluralidade cultural, étnica e racial ainda que de maneira incompleta, promovem um avanço significativo no combate às mazelas do racismo, do preconceito e da intolerância.

Uma primeira aproximação para o estabelecimento de um marco comparativo sobre o modo como aparece especificamente a questão de raça/cor/etnia em cada um dos países analisados neste artigo nos permite perceber que há pelo menos dois aspectos ligados a esse tema que indicam avanços e limites nas Constituições do Brasil, da Colômbia e do Equador no reconhecimento dos direitos étnicos das comunidades tradicionais.

Um primeiro aspecto é o fato de que, nas Constituições do Brasil, da Colômbia e do Equador, há o reconhecimento dos direitos territoriais, identitários e culturais dos grupos afrodescendentes que se territorializaram, o que pode contribuir para gerar políticas voltadas para a afirmação dos direitos desses grupos. Porém, somente na Constituição do Equador há a determinação explícita da necessidade de ações afirmativas. Esse país foi o primeiro na América Latina a responsabilizar, em sua Constituição, o Estado a adotar medidas de ação afirmativa em favor das pessoas e dos povos que historicamente se encontram em situação de desigualdades (Walsh, 2011, p 2). No artigo 11, diretriz 2, afirma-se que: "[...] O Estado adotará medidas de ações afirmativas que promovam a igualdade real em favor dos titulares dos direitos que se encontram em situação de desigualdade" (Equador, 2008, tradução nossa), e, nos artigos 65 e 203 (diretriz 4), há outras determinações voltadas para a adoção de ações afirmativas.

4 Para Equador, ver Grijalva (2008) e Walsh; Garcia (2002). Para informações sobre a Colômbia em um marco comparativo com o Brasil, ver Silva (2012).

Na Constituição do Equador e na Constituição do Brasil há artigos específicos voltados para a necessidade de combate ao racismo. Na primeira há o reconhecimento da necessidade de combate ao racismo, devendo-se destacar a determinação presente no Título VIII, Capítulo primeiro, art. 416, diretriz 5 que: "Reconhece os direitos dos distintos povos que coexistem dentro dos Estados, em especial o de promover mecanismos que expressem, preservem e protejam o caráter diverso de suas sociedades, e combata o racismo, a xenofobia e toda forma de discriminação" (Equador, 2008, tradução nossa). Na Constituição do Brasil, no artigo V, inciso XLII, determina-se que a "prática do racismo constitui crime inafiançável e imprescritível sujeito à pena de reclusão nos termos da lei" (Brasil, 1988). O reconhecimento por parte do Estado de que no seu interior há práticas racistas, impeditivas para a efetivação dos direitos dos afrodescendentes, é fundamental, pois apenas a instituição de políticas públicas não é suficiente para a mudança dos patamares de desigualdades de cunho racial. Assim o reconhecimento público da existência do racismo e o estabelecimento de um estatuto legal, para promover a igualdade de *status*, é importante, mas se espera que essas mudanças alcancem o âmbito privado, pois a baixa estima de grupos submetidos a discriminação racial impede sua autoidentificação como sujeitos iguais e portadores de direitos (COSTA, 1983, p. 4-16), o que pode dificultar o avanço das políticas de ações afirmativas. Assim, o aprofundamento da democracia nesses países e a igualdade efetiva exigirão ações concretas no sentido de combate ao racismo.

O segundo aspecto, associado diretamente à questão do direito dos afrodescendentes territorializados, é a percepção de que a terminologia "comunidades negras", presente nas Constituições da Colômbia e do Equador, permite uma leitura mais contemporânea do direito desses grupos se comparada ao termo presente na Constituição do Brasil, "remanescentes das comunidades dos quilombos" (Brasil, 1988, art. 68 do ADCT). Isso porque o termo "remanescentes de quilombos" traz consigo a ideia de uma associação entre essa experiência e a necessidade de vínculo histórico, o que se constitui em um limite na compreensão do direito dos quilombos contemporâneos pois, concordando com Almeida (2011), "o conceito de quilombo não pode ser territorial apenas ou fixado num único lugar geograficamente definido, historicamente 'documentado' e arqueologicamente 'escavado'" (Almeida, 2011, p. 45). Já nas Constituições da Colômbia e do Equador, a utilização da terminologia "comunidades negras" permite que essas questões sejam tratadas, não a partir de uma concepção reificada de identidade "de onde nós viemos", como se as identidades invocassem apenas uma origem que residiria em um passado histórico com o qual continuariam a manter certa correspondência. A identidade está relacionada também com "o que somos", com "o que nos tornamos" e com "como superar as subalternidades a que fomos submetidos".[5] Nesse sentido, podemos afirmar que as comunidades afrodescendentes estão diante de um duplo desafio: o de superar o racismo e o colonialismo e de promover outro modelo de desenvolvimento agrário e urbano que rompa com os poderes dos proprietários da América Latina, afirmando o direito das coletividades negras à sua territorialidade.

Os legisladores dos três países em análise, instigados pelos movimentos sociais, autóctones, movimentos afrodescendentes e por intelectuais, reconheceram a diversidade étnica e cultural da formação dos referidos países. Mas, diferentemente do constituinte brasileiro e colombiano, o equatoriano optou pelo reconhecimento da pluri-nacionalidade. O Equador é um Estado Plurinacional, ao contrário do Brasil e da Colômbia, que são Estados mononacionais. No caso brasileiro, até mesmo a utilização dos termos *território* e *povos* acarreta discussões acaloradas, como registram os votos do caso Raposa Serra do Sol julgado pelo Supremo Tribunal Federal do Brasil.[6] A Constituição colombiana, ao contrário da brasileira e da equatoriana, já delimita, em seu corpo legislativo, os locais nos quais a referida legislação pode e deve atuar, ou seja, as áreas públicas de zonas rurais ribeirinhas aos rios da bacia do Pacífico.

Historicamente, nos três países, os negros foram compulsoriamente traficados na condição de mão de obra escravizada e, portanto, sem o direito à cidadania. Tais grupos resistiram ao processo escravista e, após o mesmo, emprenharam-se em uma luta constante e ainda atual de combate ao racismo, à discriminação e ao preconceito racial, bem como de valorização de seus

[5] Como dito, estas perguntas estão fortemente inspiradas no modo como Stuart Hall (2007) compreende a questão das identidades em uma articulação entre os elementos da identidade reivindicada, diferença, contextos históricos e representações culturais. Desse modo, o autor busca indicar que as identidades são definidas historicamente e não biologicamente. Para aprofundamento ver Hall (2007).

[6] O debate realizado no Supremo Tribunal Federal (STF) brasileiro por ocasião do julgamento da Terra Indígena Raposa Serra do Sol nos permite ter uma medida desta polêmica. Uma vez que uma parte considerável do STF incluindo aí aqueles que votaram favoravelmente à delimitação territorial, fizeram questão de registrar e esclarecer que o Brasil é um Estado mononacional, uniterritorial e indiviso. Ainda que de fato não se colocasse em dúvidas tais características, a posição destes ministros juízes reforçam a qualidade de que até mesmo o vocábulo nação indígena e território causam desconforto ao monismo jurídico presente na legislação, e principalmente, nas cortes judiciais.

modos, saberes e fazeres. Nos três países, os afrodescendentes sofreram e sofrem um processo de racismo institucional que se reflete nos dados econômicos, sociais e políticos. Como visto, nos três países, entre os menos privilegiados nos índices de qualidade de vida, encontram-se os afrodescendentes.

Se no caso brasileiro os operadores legislativos optaram por combinar o art. 68 do Ato das Disposições Constitucionais Transitórias (ADCT) com os arts. 215 e 216 do corpo permanente da Constituição Federal, de forma a reforçar a importância da diversidade e da pluralidade na formação nacional e em seu patrimônio cultural, o legislador colombiano optou pelo mesmo caminho, mas para dirimir qualquer dúvida, aprovou uma lei complementar de número 397 em 1997, para explicitar esta relação. Destaca-se ainda, que o Legislativo e o Executivo colombianos apresentaram, entre a promulgação da Constituição e o ano 2010, cerca de 20 novas leis ou decretos regulamentando a aplicabilidade do artigo 55 das Disposições Transitórias e também regularizando demandas importantes dos movimentos negros e da legislação internacional, tais como: a consulta prévia e informada aos sujeitos de direitos, a formação e participação em fóruns e conselhos dedicados à questão dos afro-colombianos, a formação de educadores e projetos educacionais específicos em relação à etnicidade, entre outras.

A Constituição equatoriana, ao reconhecer seu Estado como intercultural e plurinacional, vai além de apenas uma retórica multiculturalista. O Equador optou por um desenho constitucional em que o Estado valoriza a pluralidade, a diversidade, as lutas emancipatórias, o combate às desigualdades, a inclusão com a valorização das diferenças no lugar da assimilação e assim reconhece os direitos coletivos, a autonomia territorial, as cosmologias, cosmogonias e cosmografias não como um rompimento da equação liberal um estado = um povo = uma língua, mas sim como partes da união maior denominada Equador.

Como lembra John Antón Sánchez (2010), o grande desafio do novo constitucionalismo é a dialogia intercultural que não é o "simples reconhecimento da diferença indígena e afro-equatoriana e a incorporação de alguns direitos especiais dentro da Carta Pública. O conflito, por outro lado, está centrado na proposta e na ação da interculturalidade" (SÁNCHEZ, 2010, p. 13). A cidadania plena, o combate ao racismo, a igualdade de oportunidades, as ações afirmativas, as reparações, os investimentos focalizados do Estado, o respeito às cosmologias, cosmogonias e cosmografias outras, não assimilação dos diferentes povos formadores da nação, são os grandes desafios que se impõem ao direito monista, positivado e positivista. Concorda-se com Wolkmer (2010):

> Sem adentrar numa discussão sobre as variantes de Pluralismo jurídico, seja do paradigma "desde cima", transnacional e globalizado, seja do modelo "desde abaixo", das práticas sociais emancipadoras e dos movimentos sociais, importa sublinhar a proposição de um constitucionalismo pluralista e emancipador. Daí a aproximação e integração entre Constituição e pluralismo democrático, projetando a perspectiva de um novo Estado de Direito, de uma Constituição que consagre e reafirme o Pluralismo como um de seus princípios basilares, prescrevendo não só um modelo de Estado Pluridimensional, mas, sobretudo, como projeto para uma sociedade intercultural (Wolkmer, 2010, p. 3).

Os anos posteriores às garantias constitucionais: entre a letra da lei e a efetivação de direitos

Conforme indicado as Constituições dos países em foco neste estudo garantem o direito às comunidades afrodescendentes mesmo que de modos diferenciados. Contudo, a pergunta a se fazer é: em que medida foram traduzidas em mudança no modo de percepção desses grupos na arena pública e em políticas públicas voltadas para as especificidades das comunidades afrodescendentes? Para tentar responder a essa questão, parece-nos importante a análise de como os censos desses países passam ou não a incorporar essas coletividades em suas pesquisas e se houve planos específicos voltados para a implementação de políticas públicas para os povos negros.

Os censos são importantes indicadores de como os governos estão ou não se propondo a incorporar efetivamente os segmentos que ganham relevância nos novos projetos constitucionais. Eles são instrumentos para dar visibilidade estatística a diferentes grupos étnicos e culturais que historicamente estiveram excluídos das pesquisas, o que pode dar aporte para a posterior elaboração de políticas públicas.

Nos censos feitos nos três países em destaque, há a informação sobre população afrodescendente, mas elas são apresentadas de modo díspares. No censo demográfico brasileiro, por exemplo, é possível saber o total da população afrodescendente, pois ele registra a porcentagem de pretos e pardos.[7] No entanto, não é possível saber o número de brasileiros que se autoclassificou como quilombolas ou pertencentes a outros grupos e populações tradicionais, ao passo que na Colômbia é possível verificar uma

[7] Segundo o Instituto Brasileiro de Geografia e Estatística (IBGE), no Censo 2010, a população afrodescendente correspondia a 50,7% da população total do país.

preocupação com a incorporação dessas outras formas de existência coletiva. No último Censo da Colômbia de 2005, o Departamento Nacional de Estatística (DANE) incluiu em sua base a questão da autoidentificação das diferentes comunidades. De modo que, no último Censo de 2005, as pessoas poderiam se identificar como "indígenas", "rom o gitanos", "raizales del archipiélago de San Andrés, Providencia y Santa Catalina",[8] "palenqueros de San Basilio", "negro", "mulato" ou "afrocolombianos". As pessoas ainda tinham a possibilidade de indicar se falavam a língua de seu povo. De acordo com os dados do Censo 2005, a população afrodescendente (aquele que se autoidentificou como raizal, palenquera, negra, mulata e afrocolombiana) é de 4.311.757, o que representa 10,4% dos habitantes do país e se concentra, sobretudo, no Departamento do Valle Del Cauca, onde habitam 25,53% dessa população (1.092.169), sendo que o Departamento que possui a maior porcentagem é Chocó, com 73,62% de população afrocolombiana.

No Censo do Equador de 2010, o Instituto Nacional de Estatística e Censo (INEC) incluiu pela primeira vez a categoria de montúbio e as categorias afroequatoriano/afrodescendente e negro, que aparecem separadas.[9] São considerados afrodescendentes aqueles indivíduos que se autoidentificam como

8 No documento "Politica pública departamental para investigar, reconocer y garantizar los derechos de la comunidad negra afrocolombiana del departamento del Valle del Cauca" (2010), existem as seguintes definições dos grupos étnicos: "a) Comunidad Negra – Es el conjunto de familias de ascendencia Afrocolombiana que poseen una cultura propia, comparten una historia y tienen sus propias tradiciones y costumbres dentro de la relación campo – poblado, que revelan y conservan conciencia de identidad que las distinguen de otros grupos étnicos" (Ley 70 de 1993, Art. 2°, numeral 5°); b) Negra/ Afrocolombiana: Persona perteneciente al grupo étnico que hace presencia en todo el territorio nacional, de raíces y ascendencia histórica, étnica y cultural africana, nacidos en Colombia, con su diversidad racial, lingüística y folclórica; c) Población Palenquera: La comunidad palenquera está conformada por los descendientes de los esclavizados que mediante actos de resistencia y de libertad se refugiaron en los territorios de la costa norte de Colombia desde el siglo XV denominados palenques. La comunidad de Palenque de San Basilio, único existente, conserva una conciencia étnica que le permite identificarse como grupo específico; posee la única lengua criolla con base léxica española, una organización social basada en los Ma – Kuagro (grupos de edad), así como rituales fúnebres como el lumbalú o prácticas de medicina tradicional, que evidencia un sistema cultural y espiritual sobre la vida y la muerte; d) Población Raizal: El grupo étnico raizal está constituido por los nativos ancestrales del Archipiélago de San Andrés, Providencia y Santa Catalina. Su carácter insular, costumbres, prácticas religiosas y su lengua hacen de esta etnia, un grupo claramente diferenciado del resto de la sociedad nacional" (GOBERNACIÓN DEL VALLE DEL CAUCA, 2010, p. 12).

9 As categorias "branco", "indígena", "mestiço" e "outros", que já apareciam no censo anterior, também são utilizados no Censo de 2010.

"negros", "mulatos", e não afrodescendentes aqueles que se autoidentificam como "brancos", "mestiços", "indígenas" e outros. No Censo de 2010 essa população correspondia a 1.041.559, o que corresponde a 7,2% da população total. Apesar de existir a ocorrência de população afroequatoriana em todas as regiões do Equador, em Esmeraldas e no Vale do Chota, é a Costa do Rio Mira que se encontra a maior densidade demográfica de população afroequatoriana.

Quadro 1 – Dados Censos Demográficos Brasil, Colômbia e Equador

País	Censo	Órgão responsável pelo censo	Pergunta
Brasil	2010	IBGE	Sua cor ou raça é?
Colômbia	2005	DANE	De acordo com sua cultura, povo ou características físicas [...] se reconhece como?
Equador	2010	INEC	Como se identifica [...] segundo sua cultura e costumes?

Fonte: Elaboração do autor a partir de Cruces; Domench; Pinto (2012).

Quadro 2 – Comparação entre perguntas sobre cor/raça/etnia no Brasil, Colômbia e Equador

Categoria da pergunta	População total	Número de afrodescendentes
BRASIL 1. Branca 2. Negra 3. Amarela 4. Parda 5. Indígena 6. Desconhecida	190.732.694	96.795.294
COLÔMBIA 1. Indígena Nome do povo: ____ 2. ROM? 3. Raizal do Archipiélago de Santo Andrés e Provincia? 4. Palenquero de São Basilio 5. Negro(a), mulato(a), afrocolombiano(a) ou afrodescendente? 6. Nenhum dos anteriores?	41.468.384	4.311.757
EQUADOR 1. Indígena 2. Afro-equatoriano/a afrodescendente 3. Negro/a 4. Mulato/a 5. Mestiço/a 6. Branco/a 7. Outro/a	14.483.499	1.041.559

Fonte: Elaboração do autor a partir de Cruces; Domench; Pinto (2012).

O Quadro 1 nos permite diversas análises e perspectivas. Mas nos concentraremos em três aspectos. O primeiro é que o censo brasileiro é aquele que menos expressa a pluralidade de formas coletivas de existência, incidindo, dessa forma, no modo de captação de políticas públicas que incorporem essas formas de existência coletiva. No censo do Brasil, a categoria "branco" aparece em primeiro lugar, o que pode contribuir para uma naturalização do lugar do branco como hierarquicamente superior. O segundo é que a metodologia adotada na Colômbia indica que a participação da população é importante no desenho dos censos. De 1998 a 2005 foram realizadas diversas atividades com diferentes atores sociais com o intuito de medir o pertencimento étnico e o que se pode perceber é que estas atividades permitiram ao censo colombiano abarcar diversos elementos de pertencimento tanto na matriz individual como na coletiva.[10]

Assim, no processo de combate ao racismo estrutural que atinge os três países, nos parece que o censo é um importante instrumento para expressar a pluralidade de formas coletivas existentes nas sociedades e pode auxiliar na tarefa de desnaturalização do racismo e desigualdades estruturais denunciados pelos movimentos sociais desses países. Nos três países em foco, há programas destinados às comunidades afrodescendentes.

Quadro 3 – Legislação e programas para comunidades afrodescendentes

País	**Última Constituição**	**Legislação de regulamentação**	**Órgão(s) responsável(eis)**	**Principal plano voltado aos afrodescendentes**
Brasil	1988 Art. 215 e 216; art. 68 do ADCT	Art. 215 e 216; art. 68 do ADCT	SEPPIR	Programa Brasil Quilombola (PBQ)
Colômbia	1991, artigo transitório 55	Lei nº 70 de 1993 e pela Lei nº 397 de 1997; Lei nº 725 de 2001; Decreto nº 4181 de 2007; Lei nº 1381 de 2010.	Dirección de Asuntos para comunidades negras, afrocolombianas, raizales y palenqueras	Lei nº 70 ou Lei dos Negros
Equador	Constituição 2008	Art. 56; Título VIII, capítulo primeiro, art. 416, diretriz 5	Corporación de Desarrollo Afroecuatoriano	Plan Plurinacional para Eliminar la Discriminación Racial e La Exclusión Étnica (2009-2012); Plan Nacional para o Buen Vivir (2009-2013)[11]

Fonte: Elaboração do autor a partir de Cruces; Domench; Pinto (2012).

10 Para aprofundamento sobre o modo como a metodologia da Colômbia adota a experiência participativa, ver <http://www.dane.gov.co/files/censo2005/etnia/sys/visibilidad_estadistica_etnicos.pdf>. Acesso em: 10 out. 2012.

11 Estes dois planos são complementares, sendo que o Plan Plurinacional para Eliminar la Discriminación Racial e La Exclusión Étnica (2009-2012) apresenta o diagnóstico de ações específicas voltadas para essa questão. Para acesso a

As políticas públicas de cada país permitem um amplo escopo de questões a serem analisadas. No entanto, concentraremos em três aspectos que nos parecem centrais. O primeiro é que nos três países os planos possuem metas voltadas para a efetivação do direito territorial dos grupos; contudo, o que se tem visto é uma tendência crescente à não garantia desse direito devido ao contexto de fortes pressões privatistas no interior de cada país. No Equador, os próprios planos nacionais fazem o diagnóstico de que os afro-equatorianos vivem um processo de exclusão étnica. O Plan Plurinacional para Eliminar la Discriminación Racial e La Exclusión Étnica determina a "Titulação de terras e territórios coletivos", indicando que: "O Instituto Nacional de Desenvolvimento Agrário (INDA) deve assinar uma rubrica específica de seus recursos para a delimitação e legalização de terras coletivos dos povos *afro-equatorianos* do norte de Esmeraldas e do norte do Chota-Mira, assim como dos territórios coletivos de 14 nacionalidades e 18 povos indígenas" (EQUADOR, 2009, p. 39). No Brasil, o Decreto 4.887/2003 trata especificamente dessa questão, e o Plano Brasil Quilombola tem ações voltadas para a titulação, embora tanto no âmbito jurídico quanto legislativo estejam sendo criadas fortes barreiras restritivas desse direito. Na Colômbia há uma ação voltada para a titulação coletiva; contudo, 93% da população beneficiada já haviam se desterritorializado devido aos deslocamentos forçados. Sanchez (2012) afirma que:

> O desterro contemporâneo tem transformado a geografia colombiana durante as últimas três décadas produzindo a reconfiguração de regiões inteiras e mudando territorialidades históricas dos grupos humanos vítimas da guerra, que agora vagam perdidos por um país que não é deles e que também os teme e estigmatiza (SANCHEZ, 2012, p. 80).[12]

Ou seja, o que se percebe é que há um distanciamento forte entre os projetos nomeados de novo constitucionalismo e o processo de

este último, ver <http://unesdoc.unesco.org/images/0018/001879/187968s.pdf>. Acesso em: 26 maio 2016. E para acesso ao Plan Nacional para o Buen Vivir (2009-2013), ver <http://www.planificacion.gob.ec/wp-content/uploads/downloads/2012/07/Plan_Nacional_para_el_Buen_Vivir.pdf>. Acesso em: 26 maio 2016.

[12] No original: "El destierro contemporáneo ha transformado la geografía colombiana durante las últimas tres décadas produciendo la reconfiguración de regiones enteras y modificando las territorialidades históricas de los grupos humanos víctimas de la guerra, quienes ahora deambulan errantes por un país que no les pertenece y que además les teme y estigmatiza".

visibilização que estes permitiriam aos grupos que vivem processos de exclusão estrutural e também uma pequena capacidade dos governos de efetivarem esses direitos. Pode-se afirmar que entre os avanços constitucionais e as pressões territoriais vivenciadas por esses grupos em seus territórios há um abismo que não tem sido superado pelos projetos e pelas ações governamentais.

Um segundo elemento é a forte consolidação do viés liberal o que torna complexa a implementação de políticas que atendem ao viés transindividual. No caso do Equador, Walsh (2011) aponta que, "Em vez de ações afirmativas, são políticas assistenciais dirigidas a melhorar os níveis de subsistência de determinados grupos; iniciativas orientadas a satisfazer direitos individuais básicos sem importar o pertencimento etnorracial" (Walsh, 2011, p. 26). Para o caso da Colômbia, Kiran indica o que significam essas políticas para as mulheres:

> Para as mulheres negras do Pacífico, participar dos projetos de modernização do Estado não significa apenas abandonar suas identidades e tradições para conquistar aquilo que o desenvolvimento promete. Pelo contrário, para as mulheres negras, engajar-se no desenvolvimento significa engajar-se na luta pelo poder de definir o que se entende por 'necessidades' e de criar meios de atendê-las. Isso requer que as mulheres se engajem estrategicamente com o poder estatal e com suas intervenções desenvolvimentistas, assim como com as lutas étnicas. Também requer que recorram ao seu conhecimento das práticas tradicionais e culturais de sobrevivência no Pacífico (Kiran, 2004, p. 31).

No Brasil, Alfredo Wagner B. de Almeida (2005) também percebe a dificuldade do não cumprimento do elemento central para esses grupos e adverte:

> [...] cabe reiterar que como a territorialidade não lhes é assegurada de maneira definitiva os elementos identitários e os fatores étnicos correm o risco de diluírem nas chamadas "políticas locais de desenvolvimento sustentável", tal como formuladas por agências multilaterais. Com isso desloca-se a questão do Art. 68 das origens e fins da política étnica para suas bordas, ficando as comunidades remanescentes de quilombos imprensadas entre duas iniciativas: planos "desenvolvimentistas" e medidas de política social (Almeida, 2005, p. 43).

Isso nos leva ao terceiro ponto já mencionado e associado aos anteriores que é exatamente a necessidade de compreender que se está diante de direitos coletivos, com pouca tradição no interior destes estados nacionais e em suas legislações e Constituições e apenas os planos e metas não são suficientes se não houver uma mudança estrutural e na forma de compreender os direitos para além da tradição de viés liberal-individualista.

Conforme afirmamos na introdução, o objetivo deste artigo é apresentar algumas questões de pesquisa para o estabelecimento de uma agenda de investigação ligada à temática dos direitos dos afrodescendentes.

Apesar das dificuldades de interpretação que os direitos aos afrodescendentes encerram, a inserção desta categoria no texto constitucional constitui um aparato jurídico-legal que dá sustentação aos direitos desses grupos, inclusive e, principalmente, ao direito de titulação territorial. As Cartas permitiram que as lutas que já vinham se desenvolvendo há décadas nesses países pudessem ganhar a esfera pública. Os direitos dos afrodescendentes têm, nas Constituições analisadas, um marco histórico e de visibilidade no espaço público nacional, mas não seu marco *fundante*, já que a luta por esses direitos é anterior, tendo sido a Constituição, em seu corpo legal, uma resultante desse processo de luta.

Mostramos também que o conjunto constitucional e as políticas públicas para os afrodescendentes, se olhados em termos históricos, são um notável avanço. Mas se olhados do ponto de vista processual, ainda estão bastante aquém do necessário e sofrem uma imensa oposição daqueles que são contrários aos direitos específicos desses grupos.

Um estudo comparativo e multidisciplinar envolvendo, entre outras, a antropologia, a ciência política e o direito, poder-se-ia apresentar de modo bastante auspicioso para os debates em torno do chamado "novo constitucionalismo".

Enfim, o que se quis indicar ao longo do artigo é que mesmo com limites e entraves o reconhecimento desses grupos nas Constituições do Brasil, da Colômbia e do Equador é um significativo passo para o combate à exclusão estrutural e ao racismo presentes nesses países. É uma ação que responde a uma demanda pelo avanço da democracia em um processo de emancipação social e em uma cidadania que requer o reconhecimento da diferença, a redução das desigualdades e a inclusão social através da redistribuição de recursos e da representação política.

Reconhecemos, por fim, a necessidade de um maior investimento em apresentar a maneira pela qual os termos de luta pelas classificações produzem um "aparato legal". Reconhecemos ainda ser imprescindível um maior aprofundamento na "tematização da esfera pública dos direitos", assim como uma apresentação mais detalhada dos "híbridos organizacionais" e um maior desenvolvimento do que consideramos uma análise performativa do direito. Este texto, portanto, constitui-se mais como um programa de pesquisa do que um estudo conclusivo a respeito da temática proposta.

Referências

ALMEIDA, A. W. B. de. *Quilombos e as novas etnias*. Manaus, AM: UEA, 2011.

ALMEIDA, A. B. de. *Terras de quilombo, terras indígenas, "babaçuais livres", "castanhais do povo", faxinais e fundos de pasto: terras tradicionalmente ocupadas*. Manaus: PPGSCA-UFAM, 2006.

ALMEIDA, A. W. B. de. Nas bordas da política étnica: os quilombos e as políticas sociais. *Boletim Informativo do Nuer (Núcleo de Estudos sobre Identidade e Relações Interetnicas): territórios quilombolas reconhecimento e titulação das terras*. Florianópolis: NUER/UFS, v. 2, p. 15-44, 2005.

ÁLVAREZ, S.; DAGNINO, E.; ESCOBAR, A. Introdução: o cultural e o político nos movimentos sociais latino-americanos. In: ____. (Org.). *Cultura e política nos movimentos sociais latino-americanos*. Belo Horizonte: Ed. da UFMG, 2000. p. 15-60.

ANDRADE, M. de P.; SOUZA FILHO, B. (Org.). *Fome de farinha: deslocamento compulsório e insegurança alimentar em Alcântara*. São Luís, MA: EDUFMA, 2006.

ARRUTI, J. M. O quilombo conceitual: para uma sociologia do artigo 68 do ADCT. In: *Koinonia: Texto para discussão*. Rio de Janeiro: Projeto Egbé – Territórios negros. 2003.

BALDI, C. A. Raposa Serra do Sol e a Declaração dos Direitos Humanos. *Consultor Jurídico*. 2008. Disponível em: <http://www.conjur.com.br/static/text/72523,1>. Acesso em: 26 maio 2016.

BRASIL. *Constituição da República Federativa do Brasil, 1988*. Brasília: Senado Federal, Centro Gráfico, 1988. 292 p.

BRASIL. *Decreto nº 4887 de 20 de novembro de 2003*. Regulamenta o procedimento para identificação, reconhecimento, delimitação, demarcação e titulação das terras ocupadas por remanescentes das comunidades dos quilombos de que trata o art. 68 do Ato das Disposições Constitucionais Transitórias. Diário Oficial da União. Edição Número 227 de 21/11/2003. Atos do Poder Executivo.

BRASIL. Ministério do Planejamento, Orçamento e Gestão. Instituto Brasileiro de Geografia e Estatística. Disponível em: <http://www.sidra.ibge.gov.br/cd/cd2010RgaAdAgsn.asp>. Acesso em: 14 jun. 2015.

BOURDIEU, P. *O poder simbólico*. Rio de Janeiro: Bertrand Brasil, 1992.

CASTILHO, M. L. W de. 2006. *Parecer AGU 2006/1*. Disponível em: <http://www.mpf.mp.br/atuacao-tematica/ccr6/documentos-e-publicacoes/artigos/documentos-e-publicacoes/docs_artigos/Parecer_AGU_01_2006.pdf> Acesso em: 20 set. 2008.

COLÔMBIA. Departamento Administrativo Nacional de Estadística - DANE. Disponível em: <http://www.dane.gov.co/>. Acesso em: 14 jun. 2015.

COSTA, J. F. Da cor ao corpo: a violência do racismo. In: SOUZA, N. S. *Tornar-se negro*. Rio de Janeiro: Graal, 1983. p. 1-16.

CRUCES, G.; DOMENCH, C. G.; PINTO, F. *Visibilidad estadística: datos sobre población afrodescendiente en censos y encuestas de hogares de América Latina – PNUD*. Panamá, 2012. Disponível em: <http://www.afrodescendientes-undp.org/FCKeditor_files/File/VISIBILIDAD_ESTADISTICA_2012.pdf> Acesso em: 29 jan. 2016.

DAGNINO, E.; OLVERA, A. J; PANFICHI, A. (Orgs.). *A Disputa pela Construção Democrática na América Latina*. São Paulo: Paz e Terra; Campinas, SP: Unicamp, 2006.

DI-MARCO, G. Movimientos sociales y democracia radical: lo público y lo privado. In: HOETMER, R. (Org.). *Repensar la política desde América Latina: cultura, Estado y movimientos sociales*. Lima, Perú: Programa Democracia y Transformación Global; Fondo Editorial de La Facultad de Ciencias Sociales, 2009. p. 37-58.

DUPRAT, D. Breves considerações sobre o Decreto nº 3.912/01. In: O'DWYER, E. (Org.). *Quilombos: identidade étnica e territorialidade*. Rio de Janeiro: Ed. da FGV, 2002. p. 281-289.

DUPRAT, D. O direito sob o marco da plurietnicidade/multiculturalidade. In: ____. (Org.). *Pareceres jurídicos: direitos dos povos e comunidades tradicionais*. Manaus, AM: UEA, 2007. p. 9-19.

EQUADOR. *Constitución de la República del Ecuador*. Disponível em: <http://www.asambleanacional.gov.ec/documentos/constitucion_de_bolsillo.pdf>. Acesso em: 26 abril 2015.

EQUADOR. Plan Plurinacional para Eliminar la Discriminación Racial y la Exclusión Étnica y Cultural. Quito, 2010. Disponível em: < http://unesdoc.unesco.org/images/0018/001879/187968s.pdf> Acesso em: 12 jan. 2015.

FRASER, N. Identity, Exclusion, and Critique: A Response to Four Critics. *European Journal of Political Theory*, 2007.

GARCIA SÁNCHEZ, A. *Espacialidades del destierro y la re-existencia: afrodescendientes desterrados en Medellín, Colombia.* Medellín: La Carreta/ Instituto de Estudios Regionales, Universidad de Antioquia, 2012.

COLOMBIA. Gobernación del Valle del Cauca. *Política Pública Departamental para investigar, reconocer y garantizar los derechos de la comunidad negra afrocolombiana del Departamento del Valle del Cauca.* 2010. Disponível em: <http://ley.se-todo.com/law/4578/index.html> Acesso em: 29 jan. 2011.

GOMES, L. C. B. Direito e questão racial. In: AVRITZER, L. *et al. Dimensões Políticas da Justiça.* Rio de Janeiro: Civilização Brasileira, 2013. p. 397-410.

GRIJALVA, A. O Estado Plurinacional e Intercultural na Constituição Equatoriana de 2008. Disponível em: <http://www.museo.umss.edu.bo/wp-content/uploads/2012/03/Libro-Pueblos-indigenas-y-constituciones.pdf>. Acesso em: 26 maio 2016.

HALL, S. Quem precisa de identidade? In: SILVA, T. T. da (Org.). *Identidade e diferença: a perspectiva dos estudos culturais.* Petrópolis: Vozes, 2007. p. 103-133.

HOETMER, R. Introducción. In: ____. (Coord.). *Repensar la política desde América Latina.* Lima, Perú: Programa Democracia y Transmoción Global; Fundo Editorial de la Facultad de Ciencias Sociales, Unidad de Posgrado, UNMSM, 2009. p. 11-24.

HINCAPIÉ, L. G.; MONTENEGRO, D. Gestión territorial y ejercicios de gobernabilidad de las organizaciones étnico-territoriales de Comunidades Negras. In: *contextos de modernización y desarrollo: una aproximación al Pacífico colombiano.* Apresentado em VII Congreso Internacional Red latinoamericana de antropología jurídica: *n reto para nuestras sociedades: identidades, interculturalidad, pluralismo jurídico y derechos colectivos.* Lima: Peru, agosto 2010.

KIRAN, A. Engendrando desenvolvimento e etnicidade nas terras baixas do Pacífico colombiano. *Revista de Estudos Feministas*, 2004. Disponível em: <http://www.scielo.br/pdf/ref/v12n1/21691.pdf>. Acesso em: 26 maio 2016.

MALDONADO, M. E. C. La creación del "otro" colonial. Apuntes para un estudio de la diferencia en el proceso de la conquista americana y de la esclavización de los africanos. In: ____. *Genealogías de la salvación y representación de los africanos esclavizados en Iberoamérica colonial.* Bogotá: Pontificia Universidad Javeriana/ Instituto de Estudios Sociales y Culturales Pensar, Abya-Yala, 2009.

MATTOS, H. M. *Escravidão e cidadania no Brasil monárquico.* Rio de Janeiro: Jorge Zahar, 2000.

OAKLEY, P. *Social Exclusion and Afro-Latinos.* Working Paper, Inter-American Development Bank, 2001.

PISARELLO, G. *Un Largo Termidor: la ofensiva del constitucionalismo antidemocrático.* Madrid: Trotta, 2011.

SÁNCHEZ, J. A. Territórios ancestrais afro-equatorianos: uma proposta para o exercício da autonomia territorial e dos direitos coletivos. *Associação Brasileira de Pesquisadores/as Negros/as, ABPN.* v. 1, n. 3, p. 15-52, nov. 2010/fev. 2011.

SANTOS, B. S.; NUNES, J. A. Introdução: para ampliar o cânone do reconhecimento, da diferença e da igualdade. In: SANTOS, B. S. (Org.). *Reconhecer para libertar: os caminhos do cosmopolitismo multicultural.* Rio de Janeiro: Civilização Brasileira, 2003. p. 25-68.

SANTOS, B. de S; AVRITZER, L. 2002. Para Ampliar o Cânone Democrático. In: ____. (Org.). *Democratizar a democracia: os caminhos da Democracia Participativa.* Rio de Janeiro: Civilização Brasileira, 2002. p. 39-82. (Reinventar a Emancipação Social: para novos manifestos, v. 1).

SILVA, J. A. da. *Curso de Direito Constitucional Positivo.* 7. ed. São Paulo: Revista dos Tribunais, 1991.

SILVA, V. R. R. da. *Entre Quilombos e Palenques: um estudo antropológico sobre políticas públicas de reconhecimento no Brasil e na Colômbia.* São Paulo: USP, 2012. Tese (Doutorado em Antropologia) – Programa de Pós-Graduação em Antropologia, Universidade de São Paulo, São Paulo, 2012.

SECRETARIA TÉCNICA DEL FRENTE SOCIAL DE ECUADOR. STFS. *El Estado de los derechos colectivos del pueblo afroecuatoriano. Una mirada desde las organizaciones sobre el derecho al territorio.* Quito: Imagine Comunicaciones, 2007.

WALSH, C. Acción afirmativa en perspectiva afroreparativa. 2011. Disponível em: <http://catherine-walsh.blogspot.com.br/2012/02/accion-afirmativa-en-perspectiva.html> Acesso em: 12 jan. 2016.

WALSH, C.; GARCIA, J. El pensar del emergente movimiento afroecuatoriano: Reflexiones (des)de un proceso. 2002. Disponível em: <http://www.globalcult.org.ve/pdf/WalshGarcia.pdf>. Acesso em: 26 maio 2016.

WOLKMER, A. C. Pluralismo Jurídico y Constitucionalismo Brasileño. In: *Contextos de modernización y desarrollo: una aproximación al Pacífico colombiano*. Apresentado em VII Congreso Internacional Red latinoamericana de antropología jurídica – *RELAJU: un reto para nuestras sociedades: identidades, interculturalidad, pluralismo jurídico y derechos colectivos*. Lima: Peru, 2010.

Questão indígena no Brasil: alguns pontos para uma revisão hermenêutica da jurisprudência do Supremo Tribunal Federal

César Augusto Baldi

Estudos dos direitos indígenas e a jurisprudência do Supremo Tribunal Federal (STF)

Segundo Rachel Sieder (SIEDER, 2011, p. 303-323), os direitos indígenas devem ser um campo prioritário nos estudos sociojurídicos e políticos (e acrescente-se também na temática de direitos humanos) pelos seguintes motivos: a) o estudo da judicialização dos casos discutindo direitos indígenas fornece pistas importantes para entender como funcionam fortes processos de transnacionalização judicial (combinando ativismo transnacional e nacional); b) a invisibilidade e a natureza coletiva dos direitos indígenas questionam os processos de marginalização de tais populações, desafiam a discriminação que sofrem e colocam em pauta a discussão sobre o modelo hegemônico de desenvolvimento econômico (e também os conflitos entre defensores do meio ambiente e dos direitos indígenas); c) propicia um amplo campo de estudos comparativos, seja em termos de incorporação de normas internacionais, seja de implementação de políticas públicas ou mesmo de desafios para o próprio reconhecimento dos direitos; d) o próprio debate sobre as autonomias e mesmo o alcance da justiça indígena favorecem a descolonização da análise do direito, reconhecendo diferentes lógicas, cosmovisões e possibilidades de interpretação, e, ao mesmo tempo em que questionam o monismo e o formalismo jurídicos, também forçam a necessidade de repensar a soberania e a construção de um estado plurinacional, em que o direito indígena seja reconhecido de forma mais abrangente como não inferior ao sistema legal historicamente aceito (e mais: como isso altera as culturas jurídicas internamente); e) a contribuição para o constitucionalismo latino-americano e para uma teoria constitucional mais plural é de suma importância.

O STF, no julgamento da Pet 3388 (relator Ministro Ayres Britto), analisou a demarcação da terra indígena Raposa Serra do Sol, localizada em zona de fronteira (e, pois, sendo necessária a discussão sobre defesa nacional e soberania), ocupando 7% do Estado de Roraima, com parte da área dentro de um parque nacional (e, pois, possíveis conflitos socioambientais). A ação iniciara em 1977 e estava, até aquele momento, sem definição quanto à constitucionalidade do procedimento administrativo e a própria Corte não tinha tido a oportunidade, após a Constituição de 1988, de apreciar os direitos indígenas em sua complexidade.

Segundo o relator, o substantivo "indígena" deveria designar os habitantes originários da América, "em uma diversidade aborígene que, antes de ser interétnica, é, fundamentalmente, intraétnica", mas, ao mesmo tempo, formadores de "uma só realidade política e cultural: a realidade da nação brasileira" (§§ 51 a 53).

Desta forma, são "indígenas brasileiros" e não "indígenas estrangeiros", e as terras, "parte essencial do território brasileiro", sobre o qual "incide, com exclusividade, o direito nacional": "não o direito emanado de um outro Estado soberano, tampouco o de qualquer organismo internacional, exceto mediante convênio ou tratado que tenha por fundamento de validade a Constituição brasileira de 1988" (§ 55). Do mesmo modo, nenhuma terra, pois, se torna "pessoa político-geográfica", porque as disposições sobre direitos indígenas estão no título da "ordem social" e não da "organização do Estado" ou "organização de poderes" (§§ 57 e 58).

A determinação da demarcação das terras indígenas, segundo o voto condutor, não se dá somente contra os não indígenas, mas também contra Estados e municípios, que têm essas terras como "desvantagem e mutilação de seus territórios, subtração de seu patrimônio e sério obstáculo à expansão do setor primário" (§§ 59 e 60). A Corte resistiu, em mais de uma ocasião no julgamento, em reconhecer o forte dinamismo e a capacidade de "negociação permanente das relações culturais de identidade-território no seio das próprias comunidades", ou seja, a "relação cultural com o território não é estável nem definitório, mas está marcada por relações sociais flutuantes" (Dulitzky, 2010, p. 17). Há um desconhecimento da tradição de "limites flexíveis e porosos ou de utilização e/ou exploração conjunta de espaços comuns ou recursos naturais entre diversas comunidades" (Dulitzky, 2010, p. 26-27). Por esse motivo, a conclusão do relator é de que, no geral, a demarcação é intraétnica e, por exceção, interétnica.

Terra indígena, segundo o relator, é uma categoria distinta de território, sendo "termo de caráter puramente sociocultural e não político"; e, pois, não constitui pessoa "federada" e nenhuma comunidade jurídica "detém estatura normativa para comparecer ante a ordem jurídica internacional como 'nação', 'país', 'pátria', 'território nacional' ou 'povo' independente" (§§ 64-69).

Para o Ministro, causou estranheza a adesão à "Declaração das Nações Unidas sobre os direitos indígenas", porque estes são termos afirmativos de um "suposto direito à autodeterminação política", a ser exercido em conformidade com o direito internacional, o que era desnecessário, porque a Constituição de 1988 protege os indígenas "de um modo tão próprio quanto na medida certa": daí porque afirma que "é à nossa Constituição que os indígenas brasileiros devem reverenciar como sua carta de manumissão no plano socioeconômico e histórico-cultural, e não essa ou aquela declaração internacional de direitos, ainda que bem-intencionada" (§ 67).

Segundo o Ministro Lewandowski, contudo, a Declaração da Organização das Nações Unidas (ONU) possui "inegável valor hermenêutico, apto a balizar ações dos Estados para os respectivos povos indígenas", ao passo que, para o Ministro Peluso, é mera exortação política para reconhecimento e garantia dos direitos indígenas, sem "qualquer força normativa interna", sendo "perigosas" suas referências a autogoverno e autonomia, no que ecoava a preocupação das Forças Armadas. Houve, portanto, no julgamento, uma forte pressão para descartar qualquer consequência jurídica à Declaração.

Na decisão, quanto a este ponto, convém destacar: a) a Corte passou ao largo do caráter de tratado de direitos humanos em relação à Convenção 169-OIT e, pois, de sua própria jurisprudência (RE 466.343/SP, relator Ministro Cezar Peluso) sobre o nível supralegal destes (e, pois, superior à legislação ordinária); b) não há sequer tentativa de compatibilizar instrumentos internacionais, a partir de uma visão de proteção de vítimas, verificando a existência de normas mais favoráveis (ao contrário, o relator entendeu que a Constituição era suficiente para proteção dos indígenas); c) ignora-se que as tentativas de secessão não têm partido, no geral, das comunidades indígenas (de que é exemplo a Media Luna, na Bolívia, querendo separar-se da Bolívia "indígena"); d) ignora-se a jurisprudência internacional de direitos humanos (entre outros, Sawhoyamaxa vs. Paraguay, março de 2006, Corte Interamericana de Direitos Humanos – CIDH) e a discussão sobre o caráter vinculante e inovador da Declaração dos povos indígenas da ONU (Clavero, 2009a); e) a Corte não se ateve à ampla maioria de aprovação da Declaração (apenas Estados Unidos, Austrália, Nova Zelândia e Canadá manifestaram reservas); f) não se analisam as limitações ao conceito de autodeterminação presentes na Declaração (arts. 4 e 46), sendo, na realidade, uma "autonomia limitada, referida à autonomia dentro do respeito da existência e integridade do Estado", tendo em vista que os indígenas estavam preocupados em "assegurar o controle das próprias instituições sociais, políticas e culturais, territórios e recursos" e um "esquema de relações com a estrutura estatal, baseado no consentimento e participação" (Wilhelmi, 2009, p. 199-201).

A questão, do ponto de vista histórico, tem mais uma conotação, no mínimo irônica. É que, apesar da Constituição de 1891 não ter se referido aos índios, houve um projeto do Apostolado Positivista, apresentado por Miguel Lemos e Teixeira Mendes, no sentido de reconhecer: a) a livre federação dos povos existentes nos limites do antigo Império do Brasil, ou seja, de um lado, os "estados ocidentais brasileiros" confederados, provindos da fusão do "elemento europeu com o elemento africano e americano aborígene", e, de outro, dos "estados americanos brasileiros empiricamente confederados", composto das "hordas fetichistas esparsas" pelo território; b) a relação amistosa entre estas nações distintas e simpáticas; c) a proteção contra qualquer violência, "quer em suas pessoas, quer em seus territórios"; d) a necessidade de "prévio consentimento pacificamente solicitado" e obtido para atravessar os territórios indígenas; e) que "os selvagens" são "senhores das terras que habitam, com títulos tão válidos como os que qualquer nação ocidental pode invocar"; f) que os povos americanos eram "meros usurpadores" (Carneiro Da Cunha, 1987, p. 71-73). Ou seja, há mais de 100 anos.

Para uma Corte à qual compete a "guarda da Constituição" (art. 102) e, pois, refere-se a direitos fundamentais, é, no mínimo, inusitado contentar-se com versões de "baixa intensidade" de direitos humanos.

> *Ainda segundo o relator, os artigos constitucionais (231 e 232) são de finalidade especialmente fraternal ou solidária, "compensatória de desvantagens historicamente acumuladas, a fazer-se viáveis por mecanismos oficiais de ações afirmativas", para alcançar o "superior estágio de integração comunitária de todo o povo brasileiro", experimentando com a "sociedade dita civilizada um tipo de interação que tanto signifique uma mudança de atenções e afetos quanto um receber e transmitir de conhecimentos e posturas de vida" (§§ 71-74). O Min. Peluso, contudo, considerou que a Corte não pode afirmar a ideia absurda de que "o progresso da civilização seja coisa tão perversa que os indígenas devem ficar à margem"*
>
> *Apesar de existir a teoria do "indigenato", o STF acabou por referendar a teoria do "fato indígena", desenvolvida pelo Min. Meneses Direito, ou*

seja, a comprovação, não da ocupação em tempos imemoriais, mas sim a efetiva habitação permanente em 5 de outubro de 1988, combinada com os seguintes fatores: a) econômico (utilização para suas atividades produtivas); b) ecológico (necessárias à preservação dos recursos naturais indispensáveis ao bem-estar); c) cultural e demográfico (necessárias à reprodução física e cultural). Exige, portanto, o Tribunal a efetiva presença constante e persistente de indígenas na área questionada, em 5 de outubro de 1988. O Ministro Relator destacou (embora não apareça nos outros votos), que onde a reocupação das terras, ao tempo da promulgação da Constituição, somente não ocorreu pela persistência da ação de não indígenas, não haveria perda da "ocupação tradicional da terra". Nesse sentido, já era a jurisprudência do STF (ACO 323, Rel. Min. Francisco Rezek, julg. 14/10/93), recentemente reiterada (ACO 312, Rel. p/acórdão Min. Luiz Fux, julg. 02/05/12), bem como os arts. 13 e 14 da Convenção 169-OIT e a jurisprudência internacional. Ficou destacado, também, que a posse indígena era distinta da posse civil e, nos termos do voto do Relator, um "heterodoxo instituto de direito constitucional"

Bases para uma revisão da hermenêutica dos direitos indígenas no Brasil.

Reconhecimento da língua

Na Constituição brasileira, são reconhecidos aos indígenas "sua organização social, costumes, línguas, crenças e tradições" e também "os direitos originários sobre as terras que tradicionalmente ocupam" (art. 231, *caput*).

Isso significa, conforme destacado na Sentencia Amawtay Wasi, da Corte equatoriana, ainda que o STF relute em admitir – como já o fez no julgamento da Pet 3388 – que: a) o reconhecimento dos direitos coletivos e de cooperação do Estado como uma sociedade diversa, pluricultural e multiétnica permite afirmar a existência não só de um sistema jurídico-institucional indígena, de acordo com os usos e costumes dos distintos povos e nações indígenas, "mas também da diversidade cognitiva, ou seja, da diversidade enquanto produção de conhecimentos"; b) a validação constitucional dos usos e costumes traz "consigo o estabelecimento da diversidade epistêmica e do pluralismo jurídico", o que implica que "em um mesmo âmbito territorial convivem diferentes sistemas de direito e de noções que devem ser consideradas no momento de resolver um assunto posto ao conhecimento de alguma autoridade", não reconhecidos apenas como "usos e costumes", dentro de uma chave colonial, mas sim como verdadeiros sistemas jurídicos.

Além do parco reconhecimento do pluralismo e, pois, da própria justiça indígena dentro da mesma unidade territorial, faz-se necessário, para o caso brasileiro, uma verdadeira reconstrução hermenêutica dos direitos indígenas. Há escassa utilização de jurisprudência internacional de direitos humanos e, em especial, de pronunciamentos de Cortes Constitucionais latino-americanas, em especial da Colômbia, que se revelam importantes para a temática, porque: a) ambas as Constituições foram aprovadas na mesma época (1988 e 1991); b) ambos os países possuem pequena população indígena (menos de 2%); c) ambos os países trabalharam com a defesa da mestiçagem e da democracia racial, tornando invisíveis as comunidades indígenas, negras e tradicionais e ocultando, assim, um profundo racismo.[1]

Às comunidades e a seus membros individualmente, deve-se assegurar que se expressem em sua própria língua, pois assegurado o direito de "utilização de suas línguas maternas e processos próprios de aprendizagem" (art. 210, §2º, CF).

Se é verdade que a língua portuguesa é o idioma oficial do país (art. 13, CF), não há, contudo, impedimento para cooficialização de línguas indígenas ou de outras comunidades. Nesse sentido, em São Gabriel da Cachoeira (Lei nº 145/2002), os idiomas tikuna, baniwa e nheengatu têm *status* cooficial, obrigando o município a utilizá-los: a) na prestação de serviços públicos; b) na produção de documentação pública e publicidade; c) na aprendizagem e uso nas escolas e meios de comunicação. Da mesma forma, ocorre com o guarani, em Tacuru, no Mato Grosso do Sul (maio de 2010). A Constituição boliviana, por sua vez, reconheceu 36 línguas indígenas nacionais (art. 5.1).

Em nível judicial, contudo, ainda há resistências. Em 2003, o líder indígena guarani kaiowá Marcos Veron, no Mato Grosso do Sul, foi atacado e morto por quatro homens armados, quando reivindicava terras ocupadas. Buscando jurados mais imparciais, o júri foi transferido para São Paulo. Lá, porém, a juíza não aceitou que os indígenas fossem

[1] A jurisprudência da Corte colombiana citada está disponível em: <www.corteconstitucional.gov.co>, acesso em: 23 maio 2016, e também em Díaz (2002) e Sánchez Botero (2010). No sistema da Colômbia, as letras correspondem ao tipo de sentença: "C" para sentenças de constitucionalidade, "T" para tutela e "SU" para sentença de uniformização; às letras se seguem o número de registro e o ano. A jurisprudência do STF brasileiro está disponível em: <www.stf.jus.br>, acesso em: 23 maio 2016. Os casos julgados pela Corte Interamericana de Direitos Humanos estão disponíveis em: <www.corteidh.or.cr>, acesso em: 23 maio 2016.

ouvidos em guarani, por meio de tradutores, ao argumento de que antes haviam falado em português no estado de origem. O Ministério Público Federal protestou, retirando-se da sessão e, ao final, foi permitido que as sete pessoas fossem acompanhadas de tradutores em sua língua materna. Como destacado pela Vice-Procuradora-Geral da República, Deborah Duprat (2011), "falar uma língua não é o mesmo que compartilhar uma linguagem, a mesma compreensão de mundo e códigos de conduta", em especial em ambiente externo como o Poder Judiciário e um grupo de jurados. Dessa forma, era necessário "permitir que os indígenas tivessem algo que lhes era comum, a língua, em um ambiente totalmente estranho".

A questão mais importante seria a conveniência, dadas as peculiaridades das comunidades (tanto indígenas quanto negras ou "tradicionais"), da existência, na legislação, de um "tradutor cultural", um profissional que, não sendo nem se confundindo com o intérprete ou perito, podendo ser antropólogo ou outro cientista social, seja "capaz de compreender ao juiz e às demais partes do processo o contexto sociopolítico e cultural daquele grupo", um responsável pelo diálogo intercultural, tornando mutuamente inteligíveis as pretensões, demandas e especificidades, evitando que o "sistema judicial ignore a diversidade e aplique o direito sempre do ponto de vista étnico dominante" (Castilho, 2008, p. 295-299). A previsão encontra amparo no art. 12 da Convenção 169, art. 8.2 da Convenção Americana de Direitos Humanos, arts. 14.3. "f" e 27 do Pacto de direitos civis e políticos e também no art. 76.7. "f" da Constituição equatoriana de 2009. À falta de previsão específica de direito processual civil, nada impede seja utilizada aquela constante da convenção internacional.

Perícia judicial e a questão penal

O reconhecimento da autoatribuição por parte das comunidades implica, por sua vez, rechaçar a ideia de que, no contexto urbano, ou uma vez aprendida a língua portuguesa, os indígenas (ou qualquer outra comunidade "tradicional") perdem sua identidade, em "nome de uma integração ou aculturação". A presunção de conhecimento da lei por todos é, de fato, uma ficção válida somente para aqueles que compartilham os mesmos referenciais teóricos e culturais da sociedade hegemônica.

Tanto a Convenção 169-OIT, ao afirmar o direito a conservar costumes, instituições e métodos próprios (art. 8.2. e 9.1), quanto a Constituição (art. 231, *caput*), ao reconhecer a organização social, costumes e tradições admite a resolução de conflitos por métodos tradicionais.

As futuras demandas devem ter em conta a verificação, em cada caso concreto, da cosmovisão das comunidades ou personas em relação a determinadas práticas ou mesmo quando cometidos crimes, devendo-se prever o "erro de compreensão culturalmente determinado" (Zaffaroni, 2009, p. 99-121), que, na Colômbia, tem *status* constitucional tendo em vista que a diversidade cultural não pode ser criminalizada e de ser tomada em conta pelo legislador (Sentencia C-370/2002).

Em suma, não é o fato de estar "integrado" na sociedade que afasta a necessidade de realização da prova pericial, para verificação da culpabilidade e mesmo da cosmovisão indígena.

A jurisprudência do STF, até o momento, não tem sido também favorável. Mesmo decisões que anularam procedimento por falta de perícia foram fundamentadas por não ter sido demonstrada a condição pessoal de "absolutamente integrado", uma vez que "eventualmente alguns indígenas – dentre eles, os réus – preservem hábitos culturais próprios, com valores e costumes de extrema relevância para o deslinde da ação penal" (RHC 84.308-5/MA, Rel. Min. Sepúlveda Pertence, julg. 15/12/2005). Em geral, reputa-se "dispensável o exame antropológico destinado a aferir o grau de integração do réu na sociedade se o juiz afirma imputabilidade plena com fundamento na avaliação do grau de escolaridade, fluência da língua portuguesa e nível de liderança" (HC nº 85.198-3/MA, Rel. Min. Eros Grau, julg. 17/11/2005). Da mesma forma, o fato de falar português, ser eleitor, possuir passaporte e conta bancária eram provas fortes de tratar-se de "pessoa integrada à comunhão nacional" (HC nº 79.530-7/PA, Rel. Min. Ilmar Galvão, julg. 16/12/1999, Caso Paulinho Paiakan).

A perícia antropológica deve servir, ao contrário, como: a) ferramenta para explicar a conduta do indígena e o entorno cultural ao qual pertence, permitindo ver, "desde a perspectiva cultural do defendido, os fatos e valorações que se fazem deles"; b) uma prova idônea para que os "sistemas normativos indígenas sejam tomados em conta" quando estes diferem do direito nacional e, pois, analisar "um sujeito de um sistema normativo próprio" (Lachenal, 2008, p. 189).

A Corte Constitucional colombiana, nesse sentido, na Sentencia C-058/94, a partir do voto vencido do Magistrado Eduardo Cifuentes, destacou que a pertença a uma minoria deve ser o critério determinante para o gozo de direitos aos membros e/ou comunidade, e a permanência no território resolve a tensão apenas em "favor da homogeneização dos grupos étnicos". Esta posição está mais de acordo com a atribuição de consciência étnica de cada indivíduo e sua pertença à comunidade indígena.

Na jurisprudência brasileira, no geral, o que tem importado é mais a integração que a "consciência da identidade" (art. 1.2., Convenção 169), esquecendo o direito "a não sofrer assimilação forçada ou destruição da cultura" (art. 8.1 da Declaração da ONU) e a necessidade de os Estados estabelecerem "mecanismos eficazes para prevenção e o ressarcimento de toda forma de assimilação e integração forçada" (art. 8.2 da Declaração). Permanece, portanto, uma hermenêutica que associa indígenas e grau de civilização, uma postura evidentemente colonial de construção e identidade nacional.

Reconhecimento da justiça indígena: competências

Existem, é verdade, discussões sobre os próprios limites de apreciação dos casos pela justiça indígena (sua competência material), mas a Convenção 169 não estabelece qualquer limitação de matérias apreciáveis, tanto que o artigo 9º determina que devem ser respeitados os "métodos a que os povos tradicionalmente recorrem para a repressão dos delitos cometidos por seus membros".

Podem, em princípio, serem conhecidas todas as matérias, independentemente de valor econômico ou gravidade (incluindo os mais variados crimes, por exemplo, e não somente os de menor lesão), porque, "ao contrário do sistema colonial e do modelo republicano integracionista, não se limitam as matérias que podem ser conhecidas" e, assim, estão "facultados para regular situações e conflitos de todo tipo de matérias" (Yrigoyen Fajardo, 2010, p. 52). Nesse sentido, deve ser entendida a expressão "assuntos internos" (e não dentro de uma visão privatista).

Os casos mais comuns são separação de casais, adultério, ciúmes, violência familiar, desobediência de filhos, brigas entre parentes, injúrias, ausências em assembleias, roubos de animais e de bens materiais, disputas por herança, conflitos de posse e limites de terras, suicídios, mortes por acidentes de trânsito e bruxaria (Llasag Fernández, 2010, p. 13-14).

Por sua vez, a competência territorial ("dentro de seu âmbito territorial") deve ser entendida de forma ampla, como aquelas que constituem o âmbito tradicional de suas atividades econômicas e culturais. Nada impede, portanto, salvo um racismo epistêmico (Grosfoguel, 2007), que o direito indígena seja competente para "garantir o direito à própria vida cultural das pessoas indígenas" em situações que se produzem fora da comunidade/povo indígena, mas "cujos sujeitos ou matéria são de competência dos povos indígenas", numa espécie de extraterritorialidade da lei indígena (Yrigoyen Fajardo, 2010, p. 53). Não existe, portanto, uma divisão entre "direito público" e "direito privado".

Quanto a crimes, alguns atos tipificados como infrações pelo "direito positivo" oficial podem ser considerados lícitos pelo direito indígena; ao contrário, atos ou omissões não tipificados pelo direito estatal podem ser considerados ilícitos no "direito próprio" indígena. Assim, algumas comunidades estabelecem penalidades de trabalhos forçados em empresas comunitárias, multas ou indenização a pessoas ou famílias de atingidos, conselhos de familiares, "ortigada", "latigazos", banhos com água fria, expulsão do território e mesmo "fuete" (flagelação corporal). Por sua vez, a "bruxaria do mal" é considerada infração. Além disso, há distintos graus de construção e reconstrução de "sistemas próprios": na Colômbia, por exemplo, os embera já conhecem casos de homicídio, mas os tule não se consideram capazes de conhecer tais condutas e remetem à justiça oficial; os embera-chamí estão construindo um outro sistema de resolução de conflitos, que incorpore elementos da "sociedade envolvente" (Sánchez, 2001, p. 97).

A própria Convenção 169 estabelece a preferência a sanções distintas do encarceramento (art. 10.2) e nada impede, também, a aplicação do princípio *no bis in idem*, ou seja, de que ninguém pode ser julgado mais de uma vez pela mesma causa (Sentencia T-266/99 e art. 76.7 "i" da Constituição equatoriana de 2009).

A Corte colombiana (Sentencia T-523/97), por sua vez, já destacou como parâmetros que: a) não é compatível com o princípio da diversidade étnica e cultural impor às comunidades indígenas sanções ou castigos que a tradição ocidental contempla (o que não excluiu, contudo, que trabalhasse com uma noção de "autonomia indígena" vinculada ao grau de isolamento ou contato com a sociedade "dominante", ou seja, uma noção abstrata de "pureza cultural"); b) a intensidade da pena deve ser analisada à luz das circunstâncias do caso, como a duração da condenação, seus efeitos sobre a integridade física e moral do condenado, seu sexo, idade ou condições de saúde, e, inclusive, o contexto sociopolítico em que é praticada.

Direitos indígenas e dilemas dos direitos humanos: as "cláusulas de freio" como limites ao direito à autodeterminação

As Constituições, declarações de direitos e convenções internacionais estabelecem, contudo, "cláusulas de freio" (Wilhelmi, 2009, p. 196) para o reconhecimento total da pluriculturalidade. Em uma verdadeira versão moderna do estatuto da "cláusula de repugnância" (mediante a qual o poder colonial mantinha as tradições do colonizado, desde que não fossem consideradas "bárbaras" ou "aberrantes"), os limites, em geral, são a Constituição e os direitos humanos (arts. 21.2, 57.10 e 171 da Constituição equatoriana, art. 246 da Constituição colombiana, art. 2 e 190 da Constituição boliviana e art. 8.2 da Convenção 169 – OIT, entre outros).

Necessário observar, contudo, que, ainda que os discursos estratégicos e identitários dos movimentos indígenas insistam na ideia de "sistemas ancestrais ou milenários" e que parte da visão hegemônica dê um significado de sistemas estáticos tradicionais, totalmente desvinculados do sistema hegemônico legal, os sistemas de justiça indígena são, "de fato, sistemas extremamente dinâmicos e invariavelmente marcados por conflitos e diferenças internas nas comunidades", refletindo as próprias relações estabelecidas com a "sociedade maior" ou "dominante" e, ao mesmo tempo, por "mudanças e tensões no interior das comunidades e dos movimentos mesmos", sem mencionar os debates dos papéis de gênero e mesmo de incorporação de discursos internacionais de direitos humanos (Sieder; Sierra, 2011, p. 4). Há, portanto, formas híbridas que combinam elementos pré-coloniais e coloniais e mesmo de sincretismo religioso (a influência da Igreja Católica e, posteriormente, de grupos evangélicos é evidente em muitas práticas espalhadas pelo continente americano).

A Corte Constitucional colombiana (Sentencia T-349/96 e T-254/94) estabeleceu a regra geral, para o intérprete, de *maximização da autonomia das comunidades indígenas* e, portanto, minimizando as restrições dentro de um patamar "indispensável para salvaguardar interesses de superior hierarquia", obedecidas as seguintes condições: a) que se trata de uma medida necessária para salvaguardar um interesse de superior hierarquia; b) que se trata da medida menos gravosa para a autonomia que reconhece as comunidades indígenas. Ou seja, a aplicação do princípio da proporcionalidade extensivo à condição de autonomia.[2]

Mas, ao tempo, mesmo reconhecendo que a autonomia para regular as relações internas era uma face da subsistência da identidade cultural e coesão do grupo, a Corte colombiana (Sentencias T-349/96, SU 510/98,

[2] Recorde-se que o Ministro Ayres Britto, relator do caso Raposa Serra do Sol fez uma defesa do conceito extensivo do princípio da proporcionalidade para demarcações de terras indígenas: "para a cosmogonia indígena a equação é diametralmente oposta: dê-se aos indígenas tudo o que seja necessário ou imprescindível para assegurar, contínua e conjuntamente: a) dignidade de condições de vida material de suas gerações presentes e futuras; b) reprodução de toda sua estrutura primeva."

T-1022/2001 e T-048/2002) entendeu que os limites deveriam ser os "mínimos aceitáveis", o que foi considerado o "núcleo duro de direitos intangíveis": direito à vida, a proibição da tortura, a proibição da escravidão e, em alguns julgados, o devido processo legal. Para tanto, sustentou-se a posição de que tais direitos: a) eram um verdadeiro consenso intercultural: b) se encontram dentro do núcleo de direitos reconhecidos em todos os tratados de direitos humanos, e nunca podem ser suspensos em situações de conflito armado.

Assim, a proposta de um diálogo intercultural que "seja capaz de traçar uns parâmetros mínimos de tolerância, que cubram os diferentes sistemas de valores" e conseguir um "consenso naquele mínimo necessário para a convivência entre as distintas culturas, sem que isto implique renunciar aos pressupostos essenciais que marcam a identidade de cada uma" (Sentencia T-523/97). No entender da Corte colombiana, a interpretação não pode ser alheia "às características específicas da cultura envolvida, pois existem diferenças no grau de isolamento ou integração em relação de cada uma", estabelecendo "diferenças nas maneiras em que determinam cada um de seus assuntos".

Dessa forma, a Corte Constitucional colombiana entendeu que a aplicação do "fuete" (flagelo corporal com "perrero de arriar ganado", executado na parte inferior da perna), uma das sanções mais utilizadas pelos indígenas *paeces*, ainda que "indubitavelmente produza aflição, sua finalidade não é causar um sofrimento excessivo, mas sim representar o elemento que servirá para purificar o indivíduo, o raio" e, dessa forma, "um ritual que utiliza a comunidade para sancionar o indivíduo e devolver a harmonia" (Sentencia T-523/97). No entender da Corte, o sofrimento causado não pode ser "considerado tortura, pois o dano corporal que produz é mínimo", e tampouco pena degradante, porque seu fim não é "expor o indivíduo ao escárnio público, mas sim buscar que recupere seu lugar na comunidade".

Na mesma ocasião, também entendeu que "o fato de que a comunidade decida alijar de seu território um membro não ultrapassa os limites do exercício da jurisdição indígena" e que tal penalidade não poderia ser considerada "pena de destierro" (vedada pelo art. 38 da Constituição colombiana) porque esta significa "a expulsão do território do Estado do qual se é nacional". Os cabildos somente podem administrar justiça dentro de sua jurisdição: a penalidade, neste caso, seria alijar do "resguardo" e não de todo o território nacional, o que seria vedado (no mesmo sentido: Sentencia SU 510/98).

Os parâmetros da Corte colombiana sobre os "mínimos aceitáveis" são, contudo, problemáticos: a) existem outros que não ficam suspensos por meio de determinados tratados, como o direito à liberdade religiosa (art. 27, Convenção Americana; art. 4, Pacto de Direitos civis e políticos); b) à exceção da Declaração dos Povos Indígenas da ONU, no geral, somente Estados participaram das discussões dos tratados e, pois, não há confirmação de que, por exemplo, os povos indígenas concordaram sobre mínimos aceitáveis previstos nesses tratados; c) a afirmação do direito à vida esquece a permanência da pena de morte em 42 Estados, incluindo os Estados Unidos; d) a proibição da escravidão (art. 4°, Declaração Universal) "esquece" o trabalho forçado, prática similar que também fere direitos elementares, e que só foi objeto de disposição específica pela Convenção sobre "abolição da escravidão, tráfico de escravos e instituições e práticas análogas à escravidão" (1956), sendo certo que somente em Durban se afirmou, categoricamente, que a escravidão e o tráfico de escravos foram crimes contra a humanidade (Clavero, 2009); e) há diferença de apreciação, avaliação e importância mesmo de direitos estabelecidos em tratados internacionais: para os povos indígenas, por exemplo, a liberdade de expressão não assume a mesma importância que o direito à propriedade comunitária da terra (Ramírez, 2007); f) mesmo a definição de tortura ainda não se encontra pacificada no direito internacional[3] e carrega uma forte carga colonial em seu conceito, conforme já destacado por vários autores (Rajagopal, 2003, p. 183ss; Baldi, 2011, p. 159-165).

Como destaca Daniel Bonilla Maldonado, a "Corte não justifica de forma plausível os limites que impõe à autonomia dos povos indígenas" e o motivo pelo qual tais direitos são "valores interculturais": em realidade, ela já "sabe de antemão os limites que quer impor à autonomia das comunidades" (Maldonado, 2006, p. 179).

Na Sentença T-903/2009, a Corte revisou a tese "multiculturalista externa", que atribuía maior reconhecimento de autonomia ao maior grau de conservação cultural, estabelecendo: a) a decisão de uma autoridade indígena constituída e competente se presume em conformidade com o direito, em respeito ao princípio da autonomia das comunidades indígenas,

[3] Caso González y otras (Campo Algodonero) vs. México, sentencia de 16 de noviembre de 2009, voto concurrente jueza Cecilia Medina Quiroga, pars. 8, 10, 12, 15-20, que estabelece três parâmetros de "jus cogens" e outros três ainda questionáveis, e, portanto, ainda não aceitos pela jurisprudência internacional (Disponível em: <http://www.corteidh.or.cr/docs/casos/articulos/seriec_205_esp.pdf>. Acesso em: 23 maio 2016).

não podendo ser desconhecida ou desconsiderada por outras jurisdições nacionais (incluída a Corte); b) a reiteração da tese do "núcleo duro", mas explicitando que ele constitui um limite absoluto que transcende qualquer âmbito autonômico das comunidades indígenas; c) qualquer lesão a tais direitos é proibida constitucionalmente, mas a avaliação de eventual violação à integridade física e devido processo legal, "deve realizar-se à luz da cultura específica em que se apresentem os fatos"; d) os demais direitos fundamentais constituem limites que devem ser estabelecidos pelo exercício de uma ponderação, "uma vez que um conflito entre a autonomia, a integridade ou a diversidade cultural e um direito fundamental determinado é um conflito entre normas constitucionais de igual hierarquia", mas, mesmo assim, os direitos da comunidade gozam de um peso maior, prima facie, em virtude da "maximização da autonomia."

Na realidade, tudo evidencia que as "cláusulas de freio" buscam limitar o direito indígena "desde fora", a fim de que este "não viole os direitos humanos, como se o direito indígena carecesse de regras mínimas de convivência humana e os direitos humanos fossem, por definição, algo externo" (Yrigoyen Fajardo, 2006, p. 20). Daí porque a livre determinação deve ser "desacorrentada", de forma a entender-se indígenas e não indígenas em pé de igualdade,[4] porque não se trata de um regime "que os Estados podem conceder, concretizar e estabelecer, senão daquele que os povos indígenas mesmo proponham, negociem e organizem em cada caso", como exercício de verdadeiro "direito humano" àqueles que se

[4] Nesse sentido, importante a Sentencia 3343-2007-PA/TC, de 19/02/2009, do Tribunal Constitucional do Peru (Caso Cordillera Escalera), que entendeu que: a) o direito à identidade étnica é um "direito da etnia a existir", em conformidade com a herança dos seus valores ancestrais e sob símbolos e instituições que a diferenciam das demais comunidades (item 29); b) toda força homogeneizadora que não "respeite ou que ameace as singularidades das pessoas identificáveis sob algum critério de relevância constitucional deve ser erradicada", de forma a reconhecer a "unidade na diversidade e a igualdade como um direito à diferença"(item 27); c) o direito à identidade étnica compreende, entre outros, o direito a decidir sobre seu próprio desenvolvimento e a respeito de suas formas de organização (item 30); d) o direito à livre determinação é a capacidade dos povos indígenas "de organizar-se de maneira autônoma", sem intervenções de índole política ou econômica por parte de terceiros, e a faculdade de aplicar seu direito consuetudinário, a fim de resolver os conflitos sociais surgidos no interior da comunidade, "sempre que no exercício de tal função não se vulnerem direitos fundamentais de terceiros"; e) a livre determinação, juntamente com a concepção que os povos indígenas têm sobre a terra, serve de base para configuração do direito à consulta prévia (Disponível em: <http://www.tc.gob.pe/jurisprudencia/2009/03343-2007-AA.html>. Acesso em: 23 maio 2016).

autoidentificam como tendo padecido de colonialismo (ou seja, o critério objetivo de vítima do colonialismo associado ao critério subjetivo de auto identificação). Um direito humano "entre outros direitos humanos" e cujo limite vem marcado "pelo conjunto de direitos humanos e não de nenhuma outra forma" (Clavero, 2006).

Trata-se, pois, como sustenta Catherine Walsh, também de aprofundar o pluralismo: a) contra formas de subalternizar ou negar "a existência de formas e práticas originárias, ancestrais e culturalmente distintas, a exercer autoridade, justiça e salvaguardar harmonia social"; b) por meio da atualização e do fortalecimento de sistemas próprios para construir relações interculturais, interssistêmicas e interjurídicas; c) com esforços para conciliar e articular, com vistas a uma "possível convergência que admita a criação de novas estruturas e uma nova institucionalidade jurídica plurinacional e intercultural" (Walsh, 2010, p. 16).

Uma interpretação efetivamente intercultural de direitos humanos tem que partir do princípio de "igual dignidade das culturas, que as novas Constituições reconhecem" e, pois, o coerente seria uma definição onde "os povos indígenas tivessem igual poder de definição que outros povos", reconhecendo "poder de definição a todos os povos para estabelecer princípios e eixos de articulação nacional da diversidade de povos ou culturas" (Yrigoyen Fajardo, 2006).

Faz-se necessário uma "hermenêutica diatópica" (Panikkar, 2004, p. 239-277; Sousa Santos, 2009, p. 135-153), ou seja, um trabalho de interpretação entre duas ou mais culturas, buscando "preocupações isomórficas entre elas e as diferentes respostas que proporcionam", partindo das ideias de que: a) "todas as culturas são incompletas e, portanto, podem ser enriquecidas pelo diálogo e pela confrontação com outras culturas" e, pois, pela ideia de um "universalismo negativo" (a impossibilidade da completude cultural); b) cabe a cada prática cultural decidir os aspectos que devem ser selecionados para a confrontação intercultural e também os momentos e silêncios (e, pois, sua gestão e tradução);[5] c) a abertura do diálogo não é uma decisão irreversível (as culturas oprimidas podem entender que estão diante de novas formas de imperialismo cultural); d) as

[5] Por exemplo, as mulheres Maasai, no Quênia e na Tanzânia, diante das pressões focadas na modificação das práticas de "mutilação genital", insistem que suas prioridades são terra, subsistência e saúde (e, portanto, empoderamento econômico-político) e não a erradicação de práticas "culturais" (ABU-LUGHOD, 2010).

versões mais inclusivas são aquelas que contêm um círculo mais amplo de reciprocidade e geram zonas de contato mais promissoras; d) é necessário aprofundar os mecanismos de representação dos seus membros.

Há que destacar, em especial para a questão indígena, que: a) a interpretação intercultural deve dar-se sobre os fatos e sobre os direitos (Beltrão, 2008, p. 157-174); b) não pode esquecer a colonialidade do poder e, pois, reconhecer que as relações entre indígenas e a sociedade branca-mestiça têm sido desiguais e assimétricas (Álvarez, 2009, p. 82-83); c) a juridicização das reivindicações dos conflitos étnicos vem sendo dominada por uma legalidade baseada na liberdade contratual, no devido processo e no paradigma da governança, de tal forma que "os procedimentos e os tipos de participação que defendem deixam intocadas as relações de poder e reproduzem uma visão da esfera pública como espaço de colaboração despolitizado entre atores genéricos" (Rodríguez-Garavito, 2012, p. 27-53); d) o direito indígena, como destacado anteriormente, é uma construção histórica, desenvolvida em relação com o poder colonial e em negociação com o Estado, e a reivindicação do direito indígena significa também revisar seu conteúdo (Cumes, 2009, p. 41); e) o uso dos instrumentos nacionais e internacionais de direitos humanos das mulheres não deve ser entendido como uma "adesão a um discurso eurocentrista de direitos humanos e uma traição aos direitos coletivos dos povos indígenas", mas a possibilidade de "aprender com outras culturas e sistemas normativos e selecionar aquilo que tem sentido justamente para enriquecer sua própria cultura, sistema jurídico e de justiça" (Álvarez, 2009, p. 93).

Lutas ambientais e direitos indígenas

Na decisão do STF, tanto o Ministro Gilmar Mendes quanto Cezar Peluso salientaram impossibilidade de coadunar interesses meio ambientais e direitos indígenas, porque os primeiros, sendo bem comum de todos, prevaleceriam sobre os últimos, e, por isso, em caso de "dupla afetação", as condições deveriam ser estabelecidas por organismos de proteção ambiental. Primeiro, como se a existência de indígenas não implicasse preservação da natureza (esquecendo que as terras com maior grau de biodiversidade e preservadas são justamente aquelas habitadas por comunidades indígenas e negras). Segundo, porque, se a defesa da natureza compete a todos os brasileiros, não se pode excluir os indígenas de tal dever jurídico.

Percebe-se que está a se utilizar a proteção ambiental como forma de negação de direitos dos povos indígenas, esquecendo-se que a Convenção

169-OIT destaca a importância especial, para as culturas e valores espirituais dos povos interessados, da "relação com terras ou territórios, ou com ambos" (art. 13.1), bem como a proteção devida aos "direitos dos povos interessados aos recursos naturais existentes em suas terras" (art. 15.1). No mesmo sentido, se coloca o artigo 25 da Declaração da ONU.

A jurisprudência colombiana, por sua vez, destaca que a "diversidade étnica e cultural das populações indígenas guarda harmonia" com os preceitos constitucionais de "conservação, preservação ou restauração do ambiente e dos recursos naturais que a conformam", especialmente quando as comunidades ocupam "territórios com ecossistemas de características excepcionais e valores ecológicos que devem conservar-se como parte integrante do patrimônio natural e cultural da Nação" (Sentencia T-188/93). Da mesma forma, também afirmou (Sentencia T-380/93) que: a) a exploração de recursos naturais suscita a problemática da "integridade étnica, cultural, social e econômica das comunidades que sobre elas se assentam"; b) os direitos indígenas são imputáveis a sujeitos coletivos autônomos e não como simples "agregados de seus membros", como se fossem uma somatória de "sujeitos individuais que compartilham os mesmos direitos ou interesses coletivos"; c) a cultura das comunidades condensa um "particular modo de ser e de atuar no mundo", de tal forma que a deterioração do meio ambiente induz à "desestabilização e a sua eventual extinção." Em suma: destacam a importância fundamental para a reprodução cultural e social do território e o respeito à natureza, que ficou recentemente evidente com o reconhecimento dos direitos da Madre Tierra (Lei nº 71/2010), a Ley Marco de la Madre Tierra y desarrollo integral para buen vivir (Lei nº 300/2012), os arts. 71 a 74 da Constituição equatoriana e a Resolução A/64/L.63/Rev.1, da ONU, que declarou água potável e saneamento como direitos humanos essenciais. Todos por pressão dos povos indígenas.

Expansão futura da área, reassentamento e o direito de consulta/consentimento prévio

Duas situações, ainda, merecem atenção: a) a necessidade de expansão futura da área; b) eventual necessidade de reassentamento das comunidades. A primeira diz respeito à possibilidade de exigir-se a expansão na área, em decorrência do aumento da população ou se a forma de utilização coletiva implicar tal necessidade, o que deve ser confirmada novamente por laudo antropológico a indicar que tal se faz necessário para sua reprodução.

É, pois, hipótese "inversa" à da extinção ou do desaparecimento da comunidade. A condicionante nº 17 ("é vedada a ampliação da terra indígena já demarcada), fixada no julgamento Raposa Serra do Sol é, dessa forma, contrária ao estabelecido na referida Convenção (arts. 13 e 14). Nesse sentido, deve-se aplicar o entendimento firmado pela Corte Interamericana de Direitos Humanos, e, para o caso brasileiro, recentemente confirmado, no sentido de que a decisão de conformidade de uma lei com a Constituição é, de fato, uma questão de direito interno, mas isso não impede, contudo, que a Corte "realize um controle de convencionalidade, ou seja, a análise da segunda incompatibilidade daquela lei com as obrigações internacionais do Brasil contidas na Convenção Americana". E isso não era invasão de competência do STF (Caso Gomes Lund vs Brasil, CIDH). Vale dizer: o exame da constitucionalidade não dispensa a análise da convencionalidade, e cada Tribunal decide no âmbito de sua competência. (Mazzuoli, 2009).

A segunda situação encontra previsão na Convenção nº 169-OIT, que garante, "sempre que possível", o direito "de voltar a suas terras tradicionais assim que deixarem de existir as causas que motivaram seu traslado e reassentamento" (art. 16.3). Em qualquer hipótese, as comunidades devem ser consultadas (art. 16.2, 16.4 e 17.2) e sua participação no processo é sempre indispensável (art. 2º.1), em especial quando existentes "medidas legislativas ou administrativas suscetíveis de afetá-las diretamente" (art. 6º. 1."a"). Aqui, novamente determina-se a readequação ao *statu quo ante*, sempre que possível e com o respeito às peculiaridades de reprodução cultural da comunidade e eventual indenização. Com um detalhe que tem sido ignorado: a necessidade de consulta livre, prévia e informada.

O verdadeiro dever/direito de "consulta" já foi reconhecido, de forma expressa, pela Corte Suprema da Colômbia (SU-039/97), como integrando o "bloco de constitucionalidade", na categoria de "verdadeiro direito fundamental" das comunidades. Da mesma forma, a decisão Pueblo Saramaka vs. Surinam, da CIDH, afirmou que o Estado deveria consultar com a comunidade, "em conformidade com suas tradições, nas primeiras etapas do plano de desenvolvimento ou inversão e não unicamente quando surja a necessidade de obter a aprovação da comunidade, se fosse este o caso", assegurando-se que os membros da comunidade "tenham conhecimento dos possíveis riscos, incluindo os riscos ambientais e de salubridade" (§133). E mais recentemente, a decisão Sarayaku vs. Ecuador, de 27 de junho de 2012, salientou: a) a necessidade de garantir efetiva participação das populações nos planos de desenvolvimento dentro de seu território, devendo ser consultados, segundo seus costumes e tradições, já nas primeiras etapas de tais planos e "não unicamente quando surja a necessidade de obter a aprovação da comunidade" (§ 177); b) o reconhecimento do direito à identidade cultural como ingrediente e via de "interpretação transversal para conceber, respeitar e garantir o gozo e exercício dos direitos humanos" dos povos e comunidades protegidos pela Convenção 169 da OIT (§ 213); c) que, tendo em vista a importância que têm "os sítios de valor simbólico para a identidade cultural" e sua cosmovisão, bem como os fortes laços que existem entre os "elementos da natureza e da cultura" e as "dimensões do ser de cada integrante do povo", existem profundas afetações quando "diferentes elementos da natureza que os rodeiam são destruídos" (§ 220).

Ainda mais com a recente Constituição do Equador, que erigiu a direitos constitucionais coletivos das comunidades tradicionais, aqui incluído o "povo afro-equatoriano": a) "consulta prévia, livre e informada, de caráter obrigatório, dentro de prazo razoável, sobre planos e programas de prospecção, exploração e comercialização de recursos não-renováveis localizados em suas terras" (art. 57. 7); b) participação, mediante seus representantes nos organismos oficiais, na "definição das políticas públicas a elas concernentes, bem como no desenho e decisão das prioridades nos planos e projetos do Estado" (art. 57.16); c) consulta "antes da adoção de medida legislativa que possa afetar qualquer de seus direitos coletivos" (art. 57.17).

Neste sentido, a OIT (Instituto Socioambiental, 2010) tem se pronunciado estabelecendo o que não pode ser considerada consulta prévia: a) não é simples informação; b) não pode ser compreendida como um evento; c) não é sinônimo literal de participação (não é a inclusão de representante em determinado órgão especial que cumpre tal requisito); d) não se pode delegar a execução do processo de consulta a particulares (não se trata de negociação de bens privados). A consulta, nesses termos, implica a "disposição de adiantar um processo de negociação que termine numa decisão conjunta, mutuamente influenciável" e, para tanto, devem ser obedecidos determinados parâmetros (Sentencias T-652/98, C-891/2002, SU-039/97, C-620/2003, C-418/2002 e T-693/2011; Caso Pueblo Saramaka vs. Surinam-CIDH): a) deve ser organizada pelo Poder Executivo; b) deve ocorrer antes de um projeto do Poder Legislativo, que também deve escutar as vozes afetadas de maneira direta; c) é um processo flexível e adaptável às distintas comunidades, contextos e diferenças; d) as minorias culturais devem ser representadas e ter participação real, ativa e efetiva na consulta; e) as comunidades necessitam acesso a toda informação disponível e, portanto, conhecimento pleno sobre os projetos destinados a explorar recursos naturais nos territórios que ocupam; f) as partes devem reconhecer e respeitar os interlocutores e atuar de boa-fé, sem interferências estranhas, valorando vantagens e desvantagens; g) o direito à consulta não concede às minorias um poder de veto, mas, à falta de acordo, a decisão administrativa tampouco pode ser arbitrária.

A Corte equatoriana tem entendido como verdadeiro o "direito-princípio axial", que obriga assumir que povos e comunidades são sujeitos coletivos de direito, que encarnam o pluralismo étnico e cultural com outros valores que demandam respeito e também têm um valor contramajoritário, no sentido de avançar na consecução dos direitos destes coletivos "contra pretensões da maioria que podem afetá-los" (Sánchez Botero, 2012), temática, portanto, não isenta de problemas e dificuldades em relação a empresas, autoridades étnicas e governo (Sánchez Botero, 2012; Rodríguez Garavito; Orduz Salinas, 2012).

A Corte colombiana, por exemplo, ao analisar a lei florestal, declarou-a inconstitucional, porque violava o direito fundamental à consulta prévia (Sentencia C-030/2008), um direito que materializa a democracia participativa e garante "que as vozes das minorias culturais, grupos que têm sido historicamente discriminados e que são vulneráveis", sejam ouvidos pelo Estado (Maldonado, 2010, p. 14).

Observe-se, porém, que tanto a Constituição equatoriana (art. 57.7 e 57.16), quanto a boliviana (art. 30.II.15) preveem o direito à consulta prévia, livre, informada e de boa-fé relativamente a medidas legislativas ou administrativas suscetíveis de afetar as comunidades indígenas, em especial programas de exploração de recursos não renováveis. Ocorre que ambas as Constituições, como já referido, dão novo *status* aos tratados internacionais de direitos humanos, naquilo que sejam mais favoráveis ao regramento interno, e isso depois da Declaração dos Povos Indígenas de 2007 da ONU. (Benites, 2010). Nela, ao contrário da Convenção 169-OIT, não se fala mais em "consulta prévia", mas sim em "consentimento prévio, livre e informado"; vale dizer, não em exercício de direito de veto, como usualmente se alega, mas sim direito próprio à autodeterminação e, portanto, de manter-se, em assim querendo, na condição e no patamar de isolamento ou de não perturbação em que se encontram. Do que se segue, pois, que o exercício do consentimento – e não mais de uma consulta objetivando um "acordo" sobre as medidas propostas – é a condição para uma autodeterminação que, nos dois instrumentos internacionais, em momento algum lhes dá o mesmo patamar que a expressão "povos" tem no direito internacional. Daí porque a livre determinação é o "direito à autonomia e autogoverno nas questões relacionadas a assuntos internos e locais" (art. 4°, Declaração da ONU).

Segundo Raquel Yrigoyen Fajardo (2011), na questão indígena, deve ter-se como princípio inderrogável – que só pode ser ponderado ao entrar em conflito com outros direitos fundamentais – o de "máximo controle possível, por parte dos povos indígenas, de suas instituições, formas de vida e desenvolvimento", do qual decorrem: a) direitos mínimos intangíveis; b) direitos a serem maximizados. Os direitos mínimos abrangem: a) direito à existência (proibição do genocídio, extermínio ou outra forma que afete a vida de tais povos); b) integridade física e existência de meios para sua subsistência e, dessa forma, "a privação do território ou das possibilidades de acesso aos recursos naturais para alimentar-se podem constituir uma ameaça à integridade física"; c) integridade cultural, como "identidade e modo de vida dos povos". Por sua vez, seriam direitos correlativos tendentes à maximização e que constituem a base material para participação, consulta e consentimento: a) direitos a decidir suas prioridades de desenvolvimento e controlá-lo no que for possível; b) direito à melhoria de suas condições de vida como prioridade dos planos e projetos de desenvolvimento; c) direito a eventuais benefícios e ganhos decorrentes de tais planos e projetos.

Como bem recorda César Garavito (2012, p. 50-53), trata-se de um campo sócio jurídico altamente dinâmico e complexo: de um lado, resquícios de um paradigma integracionista, de "governança", em que os indígenas são objetos de políticas; e de outro, uma forma contra-hegemônica de multiculturalismo, inspirada na autodeterminação e no reconhecimento de sujeitos de direitos. É um consentimento que, no primeiro caso, é exceção e visto como "veto" para discordância e que, no segundo caso, é regra e, pois, exercício de um direito humano e fundamental. Por isso, é cabível a indenização quando os territórios e recursos são "confiscados, tomados, ocupados, utilizados sem o consentimento livre, prévio e informado" (art. 29.1, Declaração da ONU). A discutir-se, pois, como a jurisprudência internacional vai associar tais parâmetros inovadores, quando inexistentes previsões constitucionais tais como a boliviana e a equatoriana, para os direitos envolvendo as comunidades negras e outras "tradicionais".[6]

6 Observe-se que o Tribunal Constitucional da Bolívia salientou que o consentimento é finalidade da consulta, exceto nos casos de: a) remoção das terras que ocupam e sua realocação (art. 16.2 da Convenção 169 e art. 10 da Declaração da ONU);

Saliente-se, de novo, o contraste com o caso brasileiro. No julgamento Raposa Serra do Sol, o STF estabeleceu, no tocante ao exercício dos direitos indígenas, as seguintes "condicionantes": a) o usufruto indígena está condicionado ao interesse da política de defesa e desenvolvimento nacional, implementados independentemente de consulta às comunidades (nº 5); b) a atuação das Forças Armadas também sem necessidade de consulta (nº 6); c) o usufruto em área de conservação restrito às condições estipuladas pelo órgão ambiental (nº 8); d) a administração da unidade de conservação, também afetada como terra indígena, com "participação das comunidades indígenas em caráter meramente opinativo" (nº 9). Dessa forma: a) evidente a primazia dos demais direitos fundamentais em relação aos direitos indígenas, com pouca disposição para "concordância prática" em caso de colisão; b) desconhecimento absoluto da jurisprudência internacional; c) manutenção dos povos indígenas como "menores", que dependem de atuação estatal para reconhecimento, "nos termos constitucionais", de seus direitos.

Falta, ainda, trabalhar com uma hermenêutica constitucional preocupada com o "racismo ambiental", ou seja, "qualquer política, prática ou diretiva que afete ou prejudique, de formas diferentes, voluntária ou involuntariamente, a pessoas, grupos ou comunidades por motivo de raça ou cor" (Bullard, 2005). Ou seja, as injustiças sociais e ambientais que recaem de forma *desproporcional* sobre *etnias vulnerabilizadas*, independentemente de sua intencionalidade

Igualdade extensiva

Ao menos 15 países latino-americanos reconhecem o tipo de direito coletivo, legal ou constitucionalmente, a povos indígenas, mas somente Bolívia, Brasil, Colômbia, Equador, Guatemala, Honduras e Nicarágua estendem alguma forma de proteção a afrodescendentes. Ariel Dulitzky

b) armazenamento ou eliminação de materiais perigosos em terras ou territórios de povos indígenas (art. 29 da Declaração da ONU); c) planos de desenvolvimento ou investimento de grande escala que tenham um maior impacto dentro dos territórios. Nestes casos, "os povos têm o poder de vetar o projeto"; nos demais casos, os povos indígenas têm direito a participar na elaboração do projeto, devendo o Estado agir de acordo com o princípio da legalidade e a proibição de arbitrariedade. (Sentencia Constitucional 2003/2010-R, Sucre, 25 octubre de 2010, Expediente 2008-17547-36-RAC, Magistrado Relator Marco Antonio Baldivieso Jinés. Disponível em: <http://clavero.derechosindigenas.org/wp-content/uploads/2011/09/Bolivia-SC-2003-2010.pdf.>)

(2010, p. 30) questiona o que sucederá nos países: a) onde a propriedade coletiva é reconhecida a povos indígenas, mas não a afrodescendentes; b) onde as regulações constitucionais dos direitos coletivos para indígenas sejam maiores que as previstas a afrodescendentes.

A jurisprudência brasileira,[7] ao contrário da colombiana, não tem desenvolvido o conceito de "igualdade extensiva". Segundo a Corte Constitucional da Colômbia (Sentencia C-624/2008), o princípio da igualdade (art. 13), implica quatro mandatos: (i) trato idêntico a destinatários que se encontrem em circunstâncias idênticas, (ii) trato inteiramente diferenciado a destinatários cujas situações não compartilhem nenhum elemento em comum, (iii) trato paritário a destinatários cujas situações apresentem similitudes e diferenças, (iv) trato diferenciado a destinatários que se encontrem também em uma posição em parte similar e em parte diversa, mas em cujo caso as diferenças sejam mais relevantes que as similitudes. Dessa forma, tem-se entendido que a "omissão legislativa de caráter discriminatório", produzida pela não inclusão de todos supostamente iguais aos regulados pela lei, significa, no geral, que tais disposições não são inconstitucionais pelo que, em si, dispõem, mas sim "por não fazer extensivas essas disposições a outros supostos de fato iguais aos regulados", fazendo com que a Corte profira uma sentença integradora, "que faz extensivos os efeitos da regulação legal aos fatos não contemplados pela lei" (Sentencia C-874/2008).

Na doutrina nacional, Jayme Weingartner Neto (2007, p. 204) tem defendido que se trata, pois, de estender a todos os grupos um direito que já se encontra concretizado, à falta de fundamento racional ou material que determine tratamento diferenciado: extensão, por igualdade, do regime mais favorável já disciplinado. E salienta que, se a religião católica tem um regime mais favorável já legislado, isso não impede sua extensão às religiões afro-brasileiras, por exemplo, devendo-se considerar a situação da confissão religiosa, da orientação sexual ou do grupo mais favorecido como "patamar normal de referência" e, dessa forma, "qualquer desvio de

[7] Roger Raupp Rios (2011, p. 289-339), analisando a jurisprudência do STF sobre o princípio da igualdade, salienta que, entre 1950 e 1988, "predominaram a condescendência diante de realidades discriminatórias e a desoneração argumentativa perante tratamentos díspares", versando sobre questões administrativas e processuais, para, somente a partir de 1988, haver um "maior rigor em face de diferenciações e a emergência do conteúdo antidiscriminatório do princípio da igualdade".

tratamento das minorias, em relação à maioria, é concebido *a priori* como restrição ao direito de igualdade". (MACHADO, 1996, p. 302).

Em conclusão, se pode dizer que se, por um lado, o constitucionalismo moderno sempre teve dificuldade de reconhecer a diversidade cultural (TULLY, 1997, p. 62-82) e tal questão é, no continente latino-americano, relativamente recente, por outro, em relação aos demais países de Abya Yala, o Brasil é o que mais tem relutado em trabalhar com questões tais como direitos indígenas, interculturalidade, plurinacionalidade, pluralismo jurídico e direitos humanos em matriz não eurocêntrica. Apesar da alteração substancial advinda com os arts. 231 e 232, ao reconhecer os indígenas como sujeitos de direitos, ainda prevalecem concepções que reiteram padrões coloniais de comportamento, de manutenção da tutela atualmente inexistente e um estado de "menoridade" ou "relativa incapacidade" por parte dessas populações.

Uma análise da jurisprudência do STF em comparação com a da Corte Constitucional colombiana dá conta de diversos "déficits" na formação e na capacitação dos magistrados no tocante ao tema de direitos humanos relacionados a tratados internacionais e diversidade cultural. Isso não significa, contudo, que existam ainda questões similares.

Assim, por exemplo, também a jurisprudência colombiana tem um mesmo problema comum em matéria ambiental: as comunidades podem decidir mudar seus sistemas produtivos tradicionais e "as restritas leis ambientais que regulam as reservas naturais" podem obrigar as culturas a paralisar-se culturalmente. Daí porque Maldonado (2010, p. 239-240) questione se não estará a Corte condenando as comunidades à paralisia quando afirma que "têm que acatar as leis ambientais, incluindo aqueles que regulamentam as reservas ambientais" ou quando "declara que os sistemas econômicos dos grupos" são (ou serão) compatíveis com o meio ambiente. Isso implica, por sua vez, uma capacidade, por parte dos operadores jurídicos, de pensar soluções inovadoras para equacionamento da questão.

Além disso, a aproximação cultural ao território obriga as comunidades a afirmar suas "particularidades culturais e situar-se de uma maneira assimilada a indígenas" e, assim, tanto para indígenas como para comunidades quilombolas, demonstrar sua indigeneidade ou africanidade para fins de proteção constitucional ou de direito internacional (DULITZKY, 2010, p. 13-14), de tal forma que a diferença acaba sendo "congelada". Nesse sentido, pode ser lida a Sentencia C-169/2001 quando afirmou que, para efeitos da Lei nº 70/93, relativa às terras palenqueras, que os direitos das comunidades negras se davam em função do *status* de grupo étnico e não em função da cor da pele, o que equivaleria a dizer, ao fim, que "os afrodescendentes que não pertencem às comunidades negras sofrem uma discriminação dupla: socialmente, por serem negros em termos raciais, e legalmente, por não serem suficientemente negros em termos étnicos" (Ariza, 2009, p. 315). As decisões deveriam ser, portanto, mais casuísticas, evitando "repetir mecanicamente prévias decisões" que, não necessariamente, são adequadas "às particularidades de cada caso ou ao contexto legal, político, social ou econômico no qual se produzem as diferentes reclamações" (Dulitzky, 2010, p. 39).

Sérgio Costa e Guilherme Gonçalves (Costa; Gonçalves, 2011, p. 69), analisando decisões da Corte Interamericana relativas às comunidades Saramaka (populações negras do Suriname), salientam a necessidade de "considerar o impacto de certas políticas públicas e de outras formas de intervenção na articulação e rearticulação dos grupos socioculturais", lembrando que no lugar de "um Estado ou uma Corte neutros", que apenas "fornecem as oportunidades para certos grupos socioculturais preservarem suas identidades", é necessário considerar que "qualquer intervenção do Estado e do direito redesenha o mapa das negociações de identidade", intervindo na Constituição desses mesmos grupos. E, muitas vezes, no intento de preservar a cultura em "sua suposta forma originária", dificultam os processos dinâmicos de intercâmbio e difusão que conferem "vitalidade e perenidade às diferentes formas de expressão cultural" (Costa, 2011, p. 267). Muitas vezes a necessidade de identificação e titulação dos territórios obriga as comunidades a definir limites territoriais, não somente em relação ao Estado, mas também em relação a outras comunidades com as quais compartilhavam o mesmo espaço territorial, e, dessa forma, criando ou exacerbando problemas e disputas intra e intercomunitárias (Dulitzky, 2010, p. 32).

Por fim, mesmo a Corte Interamericana e a Corte Constitucional colombiana têm sido ambivalentes em relação a considerar a falta de reconhecimento dos direitos coletivos ao território e suas formas de posse coletiva ou a ausência de implementação efetiva de direitos reconhecidos constitucionalmente como uma forma de discriminação étnica ou racial e, portanto, dentro de uma perspectiva de igualdade e não discriminação, com o que poderia buscar "suprimir as barreiras que se oponham à igualdade material e enfrentar as causas que a geram", reduzindo o "déficit de poder efetivo que ostentam". Dessa forma, reconhece que a falta de proteção efetiva decorre do não reconhecimento de suas particularidades e da discriminação/marginalização, ao mesmo tempo em que o processo de exclusão se fez "mediante a racialização de indígenas e afrodescendentes" (Dulitzky, 2010, p. 42). Uma proposta que busque desenvolver uma "teoria crítica do reconhecimento que identifica e defende só aquelas versões de aproximações culturais a reivindicações territoriais que podem ser coerentemente combinadas com políticas de igualdade substantiva e redistribuição econômica", estabelecendo obrigações estatais de atacar a ambas (Dulitzky, 2010, p. 44).

Em suma: a) uma teoria da justiça constitucional que implique um "exercício da proteção judicial dos direitos humanos tendente a promover e não a debilitar a participação e a discussão democráticas" (Uprimny, 2011, p. 133); b) um pensamento constitucional "comprometido com o aprofundamento democrático da região", em diálogo com experiências e tradições de outras regiões ou países (Uprimny, 2011, p. 134); c) o reconhecimento de que o direito deve servir de "ferramenta de resistência, frente a setores sobrerrepresentados, sobre minorias maiorizadas", e, ao mesmo tempo, como caminho para a "transformação das condições que reproduzem relações de dominação", nas "mãos das maiorias minorizadas, sub-representada" (Wilhelmi, inédito); d) um trabalho de descolonização da cidadania indígena (Garzón López, 2012). Incentivar, ao fim, um caráter descolonizador, experimental e pluriverso de um constitucionalismo e de uma prática constitucionais.

Referências

ABU-LUGHOD, L. Anthropology in the Territory of Rights, Islamic, Human, and Otherwise. *Proceedings of the Bristish Academy*, n. 167, 2010.

ÁLVAREZ, J. S. Justicias y desprotección a mujeres indígenas contra la violencia. Posibilidades de interculturalidad. In: GALLEGOS-ANDA, C. E.; CAICEDO TAPIA, D. *Derechos ancestrales: justicia en contextos plurinacionales*. Quito: Ministerio de Justicia y Derechos Humanos, 2009. p. 75-98.

ARIZA, L. J. *Derecho, saber e identidad indígena*. Bogotá: Siglo del Hombre/Uniandes, 2009.

BALDI, C. A. Guerrilha do Araguaia e direitos humanos: considerações sobre a decisão da Corte Interamericana. In: GOMES, L. F.; MAZZUOLI, V. de O. *Crimes da ditadura militar: uma análise à luz da jurisprudência atual da Corte Interamericana dos Direitos Humanos*. São Paulo: Revista dos Tribunais, 2011. p. 159-165.

BELTRÃO, J. F. Direitos Humanos e povos indígenas: um desafio para a antropologia. In: COSTA, P. S. W. A. *Direitos humanos em concreto.* Curitiba: Juruá, 2008. p. 157-174.

BENITES, P. I. B. *Los derechos indígenas en la era del reconocimiento.* Bogotá: Universidad Nacional de Colombia, 2010. Trabajo de grado para título de magíster en Derecho.

BULLARD, R. *Ética e racismo ambiental.* 2005. Disponível em: <http://www.sfiec.org.br/iel/bolsaderesiduos/Artigos/Artigo_Etica_e_Racismo_Ambiental.pdf>.

CARNEIRO DA CUNHA, M. *Os direitos do índio – ensaios e documentos.* São Paulo: Brasiliense, 1987.

CASTILHO, E. W. V. de. Processo civil e igualdade étnico-racial. In: PIOVESAN, F.; SOUZA, D. M. de. *Ordem jurídica e igualdade étnico-racial.* Rio de Janeiro: Lumen Juris, 2008. p. 279-304.

CLAVERO, B. *Libre determinación y pie de igualdad de los pueblos indígenas.* 2006. Disponível em: <http://biblio.juridicas.unam.mx/libros/5/2482/17.pdf>.

CLAVERO, B. Instrumentos internacionales sobre los Derechos de los Pueblos Indígenas: Declaración de las Naciones Unidas y Convenio de la Organización Internacional del Trabajo. *Revista da Faculdade de Direito da FMP,* Porto Alegre, n. 4, p. 95-112, 2009a.

CLAVERO, B. *No distinction shall be made: gentes sin derechos y enemigos sin garantías en los órdenes internacional y constitucional, 1945-1966.* 2009b. Disponível em: <http://red.pucp.edu.pe/ridei/libros/no-distinction-shall-be-made-gentes-sin-derechos-y-enemigos-sin-garantias-en-los-ordenes-internacional-y-constitucional-1945-1966/>.

COSTA, S. Perspectivas y políticas sobre racismo y afrodescendencia en América Latina y Caribe. In: HOPENHAYN, M.; SOJO, A. *Sentido de pertinência en sociedades fragmentadas.* Buenos Aires: Siglo XXI, 2011. p. 245-270.

COSTA, S.; GONÇALVES, G. L. Human Rights as Collective Entitlement? Afro-descendants in Latin America and the Caribbean. *Zeitschrift für Menschenrechte,* n. 2, p. 52-71, 2011.

CUMES, A. E. Mujeres indígenas, poder y justicia: de guardianas a autoridades en la construcción de culturas y cosmovisiones. In: LANG, M.; KUCIA, A. (Comps.). *Mujeres indígenas y justicia ancestral.* Quito: UNIFEM, 2009.

DÍAZ, C. G. *Sentencias: herejías constitucionales*. Bogotá: Fondo de Cultura Económica, 2002.

DUPRAT, D. *A reserva de Dourados é talvez a maior tragédia conhecida na questão indígena no mundo*. 2011. Disponível em: <http://noticias.pgr.mpf.gov.br/noticia-do-site/copy_of_pdfs/entrevista_Deborah_Duprat.pdf>. Acesso em: 23 maio 2016.

DULITZKY, A. *Cuando los afrodescendientes se transformaron en "pueblos tribales": el sistema interamericano de derechos humanos y las comunidades rurales negras*. Bogotá: ILSA, 2010. p. 13-48

GARZÓN LÓPEZ, P. *Multiculturalismo, ciudadanía y derechos indígenas: hacia una concepción decolonial de la ciudadanía indígena*. Madrid: Universidad Carlos III de Madrid, Tesis doctoral, diciembre de 2012.

GROSFOGUEL, R. *Dilemas dos estudos étnicos norte-americanos: multiculturalismo identitário, colonização disciplinar e epistemologias descoloniais*. 2007. Disponível em: *<cienciaecultura.bvs.br/pdf/cic/v59n2/a15v59n2.pdf>*. Acesso em: 24 maio 2016.

INSTITUTO SOCIOAMBIENTAL. ISA. *Consulta livre, prévia e informada na Convenção 169 da OIT*. 2010. Disponível em: <http://www.isa.org.br/inst/esp/consulta_previa/?q=o-que-e>. Acesso em: 28 maio 2016.

LACHENAL, C. Las períciales antropológicas, una herramienta para la hermenéutica intercultural y la justicia plural; reflexión a partir del caso de México. In: HUBER, R.; MARTINÉZ, J. C. *et al. Hacia sistemas jurídicos plurales; reflexiones y experiencias de coordinación entre el derecho estatal y el derecho indígena*. Bogotá: Fundación Konrad-Adenauer, 2008. p. 187-200.

LLASAG FERNANDEZ, R. *La jurisdicción indígena en el contexto de los principios de plurinacionalidad e interculturalidad*. 2010. Disponível em: <http//:ccr6.pgr.mpf.gov.br/institucional/eventos/LA_Jurisdiccion_Indigena.pdf>. Acesso em: 23 maio 2016.

MACHADO, J. *Liberdade religiosa numa comunidade constitucional inclusiva*. Coimbra: Ed. Coimbra, 1996.

MALDONADO, D. B. *La Constitución multicultural*. Bogotá: Uniandes/Siglo del Hombre, 2006.

MALDONADO, D. B. Democracia participativa, consulta previa y diversidad cultura: la ley general forestal y la Corte Constitucional. In: ____. *Justicia colectiva, medio ambiente y democracia participativa*. Bogotá: Uniandes, 2010.

MAZZUOLI, V. de O. *O controle jurisdicional da convencionalidade das leis*. São Paulo: Revista dos Tribunais, 2009.

PANIKKAR, R. Seria a noção de direitos humanos uma concepção ocidental? In: BALDI, C. A. *Direitos humanos na sociedade cosmopolita*. Rio de Janeiro: Renovar, 2004. p. 239-277.

RAJAGOPAL, B. *International Law from Below – Development Social Movements and Third World Resistance*. Cambridge: Cambridge University Press, 2003.

RAMÍREZ, S. Igualdad como emancipación: los derechos fundamentales de los pueblos indígenas. *Anuario de Derechos Humanos*, n. 3, p. 33-50, 2007.

RAUPP RIOS, R. O princípio da igualdade na jurisprudência do Supremo Tribunal Federal: argumentação, força normativa, direito sumular e antidiscriminação. In: SARMENTO, D.; SARLET, I. W. *Direitos fundamentais no Supremo Tribunal Federal: balanço e crítica*. Rio de Janeiro: Lumen Juris, 2011. p. 289-339.

RODRÍGUEZ GARAVITO, C. *Etnicidad. gov. Los recursos naturales, los pueblos indígenas y el derecho a la consula previa em los campos sociales minados*. Bogotá: Centro de Estudos de Derecho, Justicia y Sociedad, 2012.

RODRÍGUEZ-GARAVITO, C.; ORDUZ SALINAS, N. *La consulta previa: dilemas y soluciones*. Bogotá: De Justicia, 2012.

SÁNCHEZ, B. E. El reto del multiculturalismo jurídico. La justicia de la sociedad mayor y la justicia indígena. In: SOUSA SANTOS, B.; VILLEGAS, M. G. *El caleidoscopio de las justicias en Colombia*. Bogotá: Siglo del Hombre, 2001. tomo II, p. 5-142.

SÁNCHEZ BOTERO, E. *Justicia y pueblos indígenas de Colombia*. Bogotá: Universidad Nacional de Colombia, 2010.

SÁNCHEZ BOTERO, E. La consulta previa en la práctica. *Razón Pública,* Bogotá, 8 jul. 2012.

SÁNCHEZ BOTERO, E. La consulta previa: ¿podrá David vencer de nuevo a Goliat? *Razón Pública,* Bogotá, 3 mar. 2013.

SENTENCIA nº 0008-09SAN-CC, Caso nº 0027-09-AN ("Amawtay Wasi"), Corte Constitucional para el período de transición del Ecuador, Jueza Sustanciadora Dra Nina Pacari Vega. Disponível em: <http://ccr6.pgr.mpf.gov.br/destaques-do-site/a-aplicacao-da-convencao-169-na-america-latina>.

SIEDER, R. Pueblos indígenas y derecho(s) en América Latina. In: RODRIGUEZ-GARAVITO, C. *El derecho en América Latina; un mapa para el pensamiento jurídico del siglo XXI*. Buenos Aires: Siglo Veintiuno, 2011. p. 303-321.

SIEDER, R.; SIERRA, M. T. *Acceso a la justicia para las mujeres indígenas en América Latina*. Bergen, Noruega: Chr. Michelsen Institute, WP, n. 2, p. 4, 2011.

SOUSA SANTOS, B. Hacia una sociologia de las ausencias y una sociología de la emergencias. In: *Una epistemología del Sur*. México: Siglo XXI/CLACSO, 2009. p. 135-153.

TULLY, J. *Strange Multiplicity: Constitucionalism in the Age of Diversity*. Cambridge: Cambridge University Press, 1997.

UPRIMNY, R. Las transformaciones constitucionales recientes en América Latina: tendencias y desafios. In: RODRÍGUEZ GARAVITO, C. *El derecho en América Latina: un mapa para el pensamento jurídico del siglo XXI*. Buenos Aires: Siglo XXI, 2011. p. 109-137.

WALSH, C. *Interculturalidad crítica y pluralismo jurídico*. 2010. Disponível em: <http://ccr6.pgr.mpf.gov.br/destaques-do-site/seminario-pluralismo-juridico-e-muticulturalismo-material-remetido-pelos-expositores>.

WEINGARTNER NETO, J. *Liberdade religiosa na Constituição*. Porto Alegre: Ed. do Advogado, 2007.

WILHELMI, M. A. Los pueblos indígenas y el derecho: los límites del reconocimiento de la multiculturalidad en América Latina. In: MOLINERO, N. Á.; MARTÍNEZ, J. D. O.; GARCÍA-FALCES, N. Z. *Declaración sobre los derechos de los pueblos indígenas; hacia un mundo intercultural y sostenible*. Madrid: Catarata, 2009.

WILHELMI, M. A. *Ciudadanías intensas; alcances de la refundación democráticas en las Constituciones de Ecuador y Bolivia*. Inédito.

YRIGOYEN FAJARDO, R. *Hitos del Reconocimiento del pluralismo jurídico y el derecho indígena en las políticas indigenistas y el constitucionalismo andino*. 2006. Disponível em: <http://www.alertanet.org/ryf-hitos-2006.pdf>. Acesso em: 23 maio 2016.

YRIGOYEN FAJARDO, R. *Pautas de coordinación entre el derecho indígena y el derecho estatal*. 2010. Disponível em: *<ccr6.pgr.mpf.gov.br/destaques-do-site/1_RYF_Pautas_Coordinacion.pdf>*.

YRIGOYEN FAJARDO, R. El derecho a la libre determinación del desarrollo. Participación, consulta y consentimiento. In: WILHELMI,

M. A. (Org.). *Los derechos de los pueblos indígenas a los recursos naturales y al territorio. Conflictos y desafíos en América Latina.* Barcelona: Icaria, 2011.

ZAFFARONI, E. R. Consideraciones acerca del reconocimiento del pluralismo cultural en la ley penal. In: GALLEGOS-ANDA, C. E.; CAICEDO TAPIA, D. *Derechos ancestrales; justicia en contextos plurinacionales.* Quito: Ministerio de Justicia y Derechos Humanos, 2009. p. 99-121.

Documentos e leis

Convenção 169-OIT
http://www.planalto.gov.br/ccivil_03/_ato2004-2006/2004/decreto/d5051.htm

Constituição da República dos Estados Unidos do Brasil, de 1891
http://www.planalto.gov.br/ccivil_03/constituicao/constituicao91.htm

Constituição boliviana
http://www.oas.org/dil/esp/Constitucion_Bolivia.pdf

Convenção Americana de Direitos Humanos
https://www.cidh.oas.org/basicos/portugues/c.convencao_americana.htm

Constituição equatoriana
http://www.asambleanacional.gov.ec/documentos/constitucion_de_bolsillo.pdf

Declaração da Organização das Nações Unidas (ONU)
http://www.un.org/esa/socdev/unpfii/documents/DRIPS_pt.pdf

Declaração Universal dos Direitos Humanos, de 1948
http://www.dudh.org.br/declaracao/

HC nº 85.198-3/MA
http://redir.stf.jus.br/paginadorpub/paginador.jsp?docTP=AC&docID=358743

HC nº 79.530-7/PA
http://redir.stf.jus.br/paginadorpub/paginador.jsp?docTP=AC&docID=78092

Lei nº 71/2010
http://www.bdlaw.com/assets/htmldocuments/Bolivia%20Law%2071-2010.pdf

Lei nº 300/2012
http://www.bdlaw.com/assets/htmldocuments/Bolivia%20Law%20 300-2012.pdf

Lei nº 145/2002
http://www.novomilenio.inf.br/idioma/20021211.htm

Lei nº 70/93
http://www.acnur.org/fileadmin/Documentos/BDL/2006/4404.pdf

PET 3388
http://www.stf.jus.br/arquivo/cms/noticianoticiastf/anexo/pet 3388ma.pdf

Resolução A/64/L.63/Rev.1
http://www.un.org/en/ga/search/view_doc.asp?symbol=A/RES /64/292&referer=http://www.un.org/en/ga/64/resolutions.shtml &Lang=S

RHC 84.308-5/MA
http://redir.stf.jus.br/paginadorpub/paginador.jsp?docTP=AC&doc ID=382857

Sentencia Amawtay Wasi
https://www.corteconstitucional.gob.ec/images/stories/pdfs/SUBE_ Y_BAJA/SUBE_Y_BAJA3/Auto_de_verificacion.pdf

Sentencia 188
http://www.corteconstitucional.gov.co/relatoria/1999/C-188-99.htm

Sentencia 380
http://www.corteconstitucional.gov.co/relatoria/1999/C-188-99.htm

Sentencia de Uniformización Saramaka
http://www.corteidh.or.cr/docs/casos/articulos/seriec_172_ing.pdf

Sentencia C-874/2008
http://www.corteconstitucional.gov.co/RELATORIA/2008/ C-624-08.htm

Sentencia C-169/2001
http://www.corteconstitucional.gov.co/relatoria/2001/C-169-01.htm

Sentencia C-370/2002
http://www.corteconstitucional.gov.co/relatoria/2002/c-370-02.htm

Sentencia T-523/97
http://www.corteconstitucional.gov.co/relatoria/1997/T-523-97.htm

Sentencia T 349
http://www.corteconstitucional.gov.co/relatoria/1996/T-349-96.htm

Sentencia T 254
http://www.corteconstitucional.gov.co/relatoria/1994/T-254-94.htm

Sentencia T 1022
http://www.corteconstitucional.gov.co/relatoria/2001/T-1022-01.htm

Sentencia T 048
http://www.corteconstitucional.gov.co/relatoria/2002/T-048-02.htm

Sentencia T-523/97
http://www.corteconstitucional.gov.co/relatoria/1997/T-523-97.htm

Sentencia SU 510/98
http://www.corteconstitucional.gov.co/relatoria/1998/su510-98.htm

Sentença T-903/2009
http://www.corteconstitucional.gov.co/RELATORIA/2009/T-903-09.htm

Sentencia C-058/94
http://www.corteconstitucional.gov.co/relatoria/1994/c-058-94.htm

Indigenismo e Constituição na Bolívia: um enfoque desde 1990 até os dias atuais[1]

Eric Cícero Landívar Mosiño

A questão indígena é uma temática que esteve vigente ao longo do desenvolvimento histórico-social do Estado boliviano. O historiador e pesquisador social Isaac Sandoval Rodríguez, na sua obra *Nación y Estado en Bolivia*, ressalta, de maneira geral, que esse país foi fundado sob três contradições históricas, que, caso não fossem resolvidas, condenariam o Estado boliviano à involução. Tais contradições são: as regiões, as etnias e as classes sociais (SANDOVAL, 2000).

Especificamente sobre a questão das etnias, ou seja, sobre os indígenas, este autor menciona que os conflitos gerados supunham uma dicotomia, que deveria ser atendida pelos governantes, referente à necessidade da *criação de um regime jurídico particular*[2] para os povos indígenas, ou à sua obrigatória adaptação ao modelo ocidental eurocentrista que herdamos ao conformar-se o Estado boliviano. Essa forma de pensar ou de conceber a questão indígena vê-se claramente refletida na história constitucional boliviana, partindo, inicialmente, do reconhecimento das comunidades camponesas indígenas (1938), passando pelo reconhecimento dos seus direitos coletivos e o estabelecimento do Estado multiétnico e pluricultural (1994), e chegando, finalmente, a conceber o Estado plurinacional comunitário e intercultural (2009).

Pode-se dizer que as primeiras inovações constitucionais estão ligadas à primeira posição destacada por Sandoval (2000), ou seja, o reconhecer (mais que criar) um regime especial para os povos indígenas, renunciando, dessa maneira, às posições radicais que optavam pela sua ocidentalização. Não obstante, com a criação do Estado plurinacional, não somente se dá o reconhecimento das instituições próprias dos povos indígenas, mas também se estabelecem mecanismos para integrá-las às instituições clássicas do Estado,

1 Tradução de Flávia de Abreu Oliveira do original espanhol *Indigenismo y Constitución en Bolivia: un enfoque desde 1990 a la fecha.*

2 SANDOVAL, 2000, p. 132.

e torná-las parte destas, ou seja, não como algo que deve viver paralelamente aos órgãos do Estado, e sim como algo que deve fazer parte de cada um deles.

Nesse sentido, o presente artigo está estruturado de maneira a permitir uma comparação das Constituições, da história e da realidade material, dos avanços do movimento indígena e da integração prática desses ao Estado boliviano. É oportuno frisar que decidimos tomar como ponto de referência o ano 1990, porque, neste ano, aconteceu um fato emblemático para os movimentos indígenas, a Primeira Grande Marcha Indígena, denominada "Por el territorio y la dignidad", na qual os povos indígenas das terras baixas (o oriente boliviano), em busca da reivindicação dos seus direitos sociais, atravessaram a pé o território nacional para chegar à cidade de La Paz, que é sede do Governo Nacional. Desde esse ocorrido, os movimentos indígenas se converteram em atores sociais fundamentais na política nacional.

Esclarecido esse ponto, enfocaremos nossa análise em cinco eixos temáticos específicos. O primeiro deles é a denominação oficial do Estado boliviano; não por mero formalismo, senão pelo sentido de identidade que este reflete. Em segundo lugar, analisaremos o avanço dos direitos coletivos dos movimentos indígenas, sobretudo com relação à consulta prévia, para logo passarmos a um terceiro ponto, referente à participação e à representação político-eleitoral daqueles. Como quarto ponto, introduziremos o tema da organização territorial, concretamente o estabelecimento das Autonomias Indígenas como forma de autogoverno sobre determinado território ou jurisdição. Finalmente, como quinto elemento central, analisaremos a situação da Justiça Indígena, que sempre foi um dos temas que gerou grandes debates. Neste ponto, daremos especial ênfase à justiça constitucional.

Denominação do Estado boliviano

Desde a sua fundação, o Estado boliviano foi concebido como uma República e, por esta razão, a sua denominação oficial durante toda a sua existência foi sempre República da Bolívia. Além disso, a Constituição de 1967, no seu primeiro artigo, estabelecia as qualidades desse Estado, destacando-o como livre, independente, soberano, constituído em República unitária. Sem dúvida alguma, para essa época, o Estado boliviano se configurava sob a concepção Estado-nação, a qual equiparava nação ao Estado em si. Ou seja, embora não fosse algo declarado explicitamente, através dos fatos se podia definir a Bolívia como um estado monocultural.

Além disso, nesta Constituição e na anterior, passou-se do reconhecimento da existência de comunidades indígenas ao reconhecimento de *organizações sociais camponesas*, distorcendo, desse modo, o sentido indigenista dessas comunidades. Em outras palavras, a não aceitação da existência da pluralidade de etnias e culturas dentro do Estado boliviano foi considerada como uma negação implícita das mesmas. Tal realidade reforçava-se ainda mais nos fatos, pois os povos indígenas tinham nula participação nos interesses do Estado.

Por essa razão, uma das justas demandas dos movimentos indígenas foi ir além do simples reconhecimento da sua existência como sujeitos apartados do Estado. Pelo contrário, pediam que os reconhecessem como parte dele, através da sua definição constitucional. Daí que, mediante a Reforma de 1994, dentro do segundo ciclo de reformas constitucionais em matéria indígena e multicultural no mundo,[3] definiu-se a Bolívia como um Estado "multiétnico e pluricultural". Embora essa qualidade não tenha passado a fazer parte da denominação oficial do Estado, a incorporação desta condição traz consigo o efeito substancial que ressaltamos anteriormente. Significa passar do reconhecimento das comunidades indígenas por parte do Estado à integração daquelas a este, modificando, consequentemente, o sentido próprio do Estado boliviano.

Lamentavelmente, essa integração dos indígenas ao Estado boliviano como sujeito coletivo não foi acompanhada da integração das suas instituições, as quais seguiam sendo reconhecidas como algo fora da configuração estrutural do Estado. Ou seja, como ocorreu anteriormente com os próprios indígenas, as suas instituições eram reconhecidas, mas não como parte integrante do Estado.[4] O desenho institucional seguia mantendo a sua configuração ocidental, e também não haviam sido estabelecidas ações afirmativas que permitissem que os indígenas fizessem parte e fossem partícipes desse desenho.

Consequentemente, o problema radicava não somente na identificação do Estado, mas também na reestruturação das suas próprias instituições. Por isso, fez-se necessária a modificação total da Constituição. Sob essa premissa, foi aprovada e colocada em vigor a Constituição Política do Estado de 2009, na qual se deixou para atrás o Estado multiétnico e pluricultural, e passou-se a classificar a Bolívia como um Estado plurinacional comunitário e intercultural.[5] Entre essas novas categorias, dava-se maior ênfase ao critério

[3] FAJARDO, 2009, p. 26.

[4] Este fato será tratado com maior clareza em pontos seguintes.

[5] Em concreto, o artigo 1º da Constituição Política do Estado de 2009 estabelece que: "Bolivia se constituye en un Estado Unitario Social de Derecho Plurinacional Comunitario, libre, independiente, soberano, democrático, intercultural, descentralizado y con autonomías."

do plurinacional. Tal qualidade se refletia não somente no Estado em si, mas também na maioria dos seus órgãos: Assembleia Legislativa Plurinacional, Governo Plurinacional (órgão Executivo de âmbito nacional), Tribunal Constitucional Plurinacional e o Órgão Eleitoral Plurinacional.[6] Em suma, o reconhecimento da plurinacionalidade não se deu somente pelo estabelecimento de instituições distintas (duais), como ocorreu anteriormente, mas também no seio das mesmas instituições (compartilhadas).[7]

Embora no momento constituinte tenha-se gerado certo debate sobre o alcance do plurinacional, ele não foi tão relevante como foram outros temas que preocupavam a distintos setores. Os detratores do termo "plurinacional" destacavam como arriscado o fato de haver dotado os povos indígenas do caráter de nação, porque isso poderia reduzi-lo à identificação plena com a nação boliviana, incidindo sobre uma categorização ou classificação do povo boliviano. Esta crítica, evidentemente, está baseada na lógica do Estado-nação ou, ainda, da nação cívica. Por outra parte, houve quem observasse a falta de originalidade na denominação, por ser uma imitação do antigo e frustrado modelo soviético.

O verdadeiro debate sobre a plurinacionalidade ocorreu quando o Governo Central decidiu mudar a denominação oficial da República da Bolívia para Estado Plurinacional da Bolívia, mediante o Decreto Supremo número 0048, de 18 de março de 2009. Este Decreto indicava que "es necesario uniformar la denominación oficial del Estado". Evidentemente, era necessário estabelecer uma denominação uniforme do Estado pois, com a simples leitura do texto da Constituição pode-se adotar muitas formas de denominá-lo, incluindo, paradoxalmente, a denominação como República da Bolívia, já que esta expressão é utilizada em mais de uma ocasião na própria Constituição.

A decisão do Governo Central de adotar a denominação de Estado Plurinacional foi tida como uma negação da República, ainda mais se for considerado que o preâmbulo da Constituição indica de maneira expressa que se deixa no passado o Estado colonial, republicano e neoliberal. Porém, como destacamos, a mesma Constituição se encarrega de reivindicar a República em seu próprio texto.

6 Cabe ressaltar neste ponto que a integração dos povos indígenas aos órgãos funcionais do Estado não é pura devido à forma de eleição destas autoridades, conforme se explicará no desenvolvimento do texto, especificamente, no ponto referente à participação política e representação eleitoral.

7 SOUZA SANTOS, 2010, p. 85.

Para o Governo Central, a ideia de mudar de Estado republicano a Estado plurinacional (formalmente) tem uma conotação política, porque é o argumento que necessitava para sustentar que o Estado boliviano havia sido refundado, e que tudo o que fazia parte do passado ficava para trás, privando-lhe de total validade. Contudo, o critério utilizado pelo Governo é uma má interpretação (ou, em todo caso, uma aplicação maliciosa) da refundação do Estado,[8] posto que, como Boaventura de Sousa Santos (2010) ressalta: "Refundar el Estado no significa eliminarlo; al contrario, presupone reconocer en él capacidades de ingeniería social que justifiquen la teoría política de refundación".[9]

Portanto, para a conformação do Estado plurinacional não é necessário aniquilar a República, ainda mais quando esta acarreta princípios universais, fortemente compartilhados pelos bolivianos, e que se encontram refletidos na mesma Constituição. Em suma, transitar em direção a um Estado plurinacional não é algo que gere maiores conflitos entre os bolivianos ou resistências por parte de um setor determinado, mas é a possibilidade de deixar de ser República, tanto pela tradição e história do país, quanto pelos princípios que esta representa.

Ser uma República acarreta em viver num Estado onde existe a separação e a independência dos poderes, onde não se reconhece nenhum poder como superior às leis, onde existe a participação política dos cidadãos e limita-se o poder político das autoridades, entre outras conquistas históricas de grande transcendência. Por essa razão, consideramos que uma medida alternativa que poderia ter sido tomada pelo Governo Central seria a utilização da denominação de *República Plurinacional da Bolívia*; dessa maneira, dar-se-ia um sentimento de maior representação e pertencimento

8 Sob este critério de refundação do Estado, o Tribunal Constitucional Plurinacional da Bolívia, mediante a Declaração Constitucional 003/2013, avalisou uma segunda reeleição do Presidente Evo Morales e do Vice-presidente Álvaro García Linera (a Constituição reconhece somente uma reeleição de maneira contínua para estes cargos), ressaltando "es absolutamente razonable y acorde con la Constitución, realizar el computo del plazo para el ejercicio de funciones tanto del Presidente como del Vicepresidente del Estado Plurinacional de Bolivia, desde el momento en el cual la función constituyente refundo el Estado y por ende creó un nuevo orden jurídico – político", argumentação que desconheceu a própria norma fundamental, a qual em sua disposição transitória, primeiro parágrafo, II, destaca que: "Los mandatos anteriores a la vigencia de esta Constitución serán tomados en cuenta a los efectos del cómputo de los nuevos periodos de funciones."

9 SOUZA SANTOS, 2010, p. 70.

dos cidadãos para com o Estado, por ser plurinacional e por ser República. Porém, como foi dito anteriormente, houve interesses políticos para deixar de ser República, ao menos na denominação oficial do Estado.

Direitos dos Povos Indígenas[10]

A Constituição Política do Estado, de 1967, continha um catálogo de direitos fundamentais bastante enxuto, estabelecido em um só artigo (art. 7º). Esses direitos tiveram que ser ampliados e desenvolvidos por meio de Tratados Internacionais de Direitos Humanos, ratificados pelo Estado boliviano, que, através da jurisprudência do Tribunal Constitucional da Bolívia, foram reconhecidos como parte do *bloco de constitucionalidade.*[11]

No ano 2002, apresentou-se a proposta de ampliar os direitos fundamentais estabelecidos na Constituição, mediante a Lei de Necessidade de Reformas à Constituição desse mesmo ano. A ampliação, por ser somente uma emenda constitucional, não era muito significativa no que se refere à quantidade de direitos a serem incorporados. Entretanto, incluíam-se direitos relevantes como a liberdade de pensamento; a intimidade e privacidade pessoal e familiar; um meio ambiente saudável, ecologicamente equilibrado; e o acesso à informação pública.

O procedimento de reforma parcial previsto na Constituição de 1967 estabelecia que, em primeiro lugar, devia-se emitir uma Lei de Necessidade de Reforma da Constituição, a qual devia ser tratada e debatida no período constitucional seguinte e, posteriormente, devia-se ditar uma Lei de Reforma à Constituição. Neste caso, existiu a Lei de Necessidade de Reforma, como destacamos anteriormente, na qual foi proposta a modificação e ampliação do artigo 7, referente aos diretos fundamentais. Mas, apesar de a Constituição ter sido reformada em duas ocasiões (2004

[10] A Constituição Política do Estado de 2009 introduz a denominação: "naciones y pueblos indígenas originarios campesinos" em alusão às comunidades indígenas, definindo-as como toda coletividade humana que compartilhe identidade cultural, idioma, tradição histórica, instituições, territorialidade e cosmovisão, cuja existência é anterior à invasão colonial espanhola. No entanto, para os efeitos do presente trabalho, utilizaremos esta terminologia somente naqueles casos em que é ineludivelmente necessário. Para os demais casos, se utilizará os termos *povos, comunidades, nações* ou *movimentos indígenas* indistintamente.

[11] Atualmente a Constituição vigente estabelece de maneira explícita no art. 410, parágrafo II, que o bloco de constitucionalidade está formado pelos tratados e convênios internacionais em matéria de Direitos Humanos, e pelas normas de direito comunitário, ratificados pelo país.

e 2005[12]) com base em tal lei, em nenhuma das reformas foi incorporada a mencionada modificação. Aliás, modificaram e incluíram disposições que nem sequer estavam contempladas na Lei de Necessidade de Reformas à Constituição do ano 2002.

As omissões foram justificadas devido a que, nesse período, a Bolívia estava imersa em uma profunda crise política e social. Ainda restavam feridas abertas geradas pela Guerra da Água na cidade de Cochabamba do ano 2000 e, três anos depois (2003), ocorreriam dois enfrentamentos fúnebres de maior envergadura: o primeiro, a luta contra a taxação de impostos sobre os salários (denominado midiaticamente como *impuestazo*) no mês de fevereiro e, posteriormente, no mês de outubro do mesmo ano, a "guerra del gas", com a qual foi forçada a renúncia do então Presidente Gonzalo Sánchez de Lozada. Diante de uma situação conjuntural tão crítica, era praticamente impossível pensar em reformas parciais da Constituição, ainda mais quando uma das demandas vigentes nesse momento, era precisamente a sua reforma total.

No tocante aos diretos dos povos indígenas, especificamente, mediante a reforma do ano 1994 da Constituição de 1967, introduziu-se um artigo que literalmente destacava:

> Se reconocen, respetan y protegen en el marco de la ley, los derechos sociales, económicos y culturales de los pueblos indígenas que habitan en el territorio nacional, especialmente los relativos a sus tierras comunitarias de origen garantizando el uso y aprovechamiento sostenible de los recursos naturales, a su identidad, valores, lenguas y costumbres e instituciones (Bolívia, 1967, art. 171).

Esse artigo constitui-se no primeiro antecedente constitucional na Bolívia sobre o reconhecimento dos direitos coletivos dos povos indígenas, posto que as anteriores Constituições bolivianas (desde 1938) apenas reconheciam e garantiam a existência das comunidades indígenas ou camponesas. Entretanto, ocorreu o mesmo que havia sucedido com os direitos fundamentais reconhecidos a todos os indivíduos. Ou seja, esse reconhecimento era extremamente enxuto, obrigando novamente o Tribunal Constitucional a desenvolver os direitos dos povos indígenas, amparado neste artigo e, sobretudo, no Convênio nº 169 da OIT, ratificado pela Bolívia no ano 1991.

[12] Na reforma do ano de 2005, modificou-se somente um artigo, aquele referente à sucessão presidencial. (Lei nº 3089, de 6 de julho de 2005).

O reconhecimento pleno de todos os seus direitos foi outra das demandas que motivou os movimentos indígenas a se curvarem ao pedido de reforma total da Constituição. Efetivamente, um dos maiores elogios que recebeu a atual Constituição boliviana, vigente desde o ano 2009, foi precisamente a ampliação do catálogo dos direitos fundamentais, incorporando-se, inclusive, um tópico específico sobre os Direitos das Nações e Povos Indígenas do país, que basicamente responde a aqueles direitos que foram reconhecidos no âmbito internacional, através do já mencionado Convênio nº 169 da OIT e a Declaração das Nações Unidas sobre os Diretos dos Povos Indígenas, que também foi ratificada pelo Estado boliviano, em 2007.

Dentro desses direitos reconhecidos aos povos indígenas e incluídos na Constituição vigente, encontra-se o direito de eles serem consultados previamente, mediante procedimentos apropriados, e em particular através das suas instituições, cada vez que forem previstas medidas legislativas ou administrativas que possam afetá-los. A quatro anos da promulgação da atual Constituição, o próprio Governo Central, que fomentou a sua aprovação, descumpriu este direito, realizando a construção de uma estrada para unir dois Departamentos da Bolívia (Cochabamba e Beni), que atravessa a reserva florestal denominada Território Indígena e Parque Nacional Isiboro Sécure (TIPNIS), no qual vivem diferentes povos indígenas do oriente boliviano.

Tal fato gerou um justo protesto por parte dos integrantes dos povos indígenas, que, através de uma histórica marcha (similar àquela do ano 1990), conseguiram a paralisação da construção da dita estrada. A marcha ficou conhecida como a VIII Grande Marcha Indígena pelo respeito aos seus direitos e territórios, e logrou ter uma grande repercussão em virtude das tentativas desesperadas do Governo Central de detê-la, chegando, inclusive, a reprimir os indígenas que marchavam de uma maneira brutal, por meio da força pública.[13] Esse fato, até hoje, não teve responsabilidade atribuída a nenhuma autoridade, mas causou o profundo repúdio da população boliviana, razão pela qual a defesa do TIPNIS deixou de ser uma demanda exclusiva dos indígenas, para transformar-se em um sentir geral dos cidadãos.

A paralisação da construção da estrada e de qualquer outro projeto similar foi garantida através de uma lei nacional que estabelece a intangibilidade

[13] Esta repressão é conhecida como "o caso chaparina", em alusão ao lugar onde foi produzido o lamentável ocorrido.

do TIPNIS.[14] Contudo, meses depois de ser emitida, um segundo grupo de indígenas (que eram desconhecidos pelas autoridades do TIPNIS) iniciou uma "contramarcha", que tinha como finalidade reverter o que havia sido determinado na mencionada lei e apoiar a construção da estrada. Essa "contramarcha" teve um descarado favoritismo do Governo Nacional, que chegou a oferecer certas condições de segurança e comodidade ao grupo, em contraposição à atitude assumida perante o primeiro grupo de manifestantes, que, por sua vez, iniciou uma nova marcha (IX Marcha Indígena), menos contundente que a anterior (VIII marcha indígena) e que não obteve os mesmos resultados.

A suposta e pré-fabricada contradição entre os povos indígenas do TIPNIS foi a oportunidade que buscava o Governo nacional para tratar de emendar o erro de não ter respeitado o direito à consulta prévia aos povos indígenas. E, diante da ausência de uma norma que regulasse os procedimentos para as consultas,[15] no dia 10 de fevereiro de 2012 ditou-se a Lei nº 222, para a realização do processo de consulta aos povos indígenas do TIPNIS acerca da construção da estrada nesse território.[16]

Apesar da resistência dos grupos indígenas, que alegavam a extemporaneidade[17] e a inconstitucionalidade da consulta, o dito processo foi executado em meio a várias polêmicas, posto que houve denúncias de que o processo tinha sido completamente direcionado pelo Governo Central e não tinha sido passada a informação necessária às Comunidades Indígenas. Em outras palavras, o Governo Central foi em busca das respostas e do resultado que era conveniente, que era, obviamente, ter o aval para a construção da estrada. O processo culminou no final do

14 Lei nº 180 de Proteção do Território Indígena e Parque Nacional Isiboro Sécure (TIPNIS), de 24 de outubro de 2011. Gaceta Oficial de Bolivia n. 0308 de 25 de outubro de 2011.

15 Na Lei do Regime Eleitoral da Bolívia, está contemplado o processo da consulta prévia, mas somente destaca o alcance da mesma e o labor de acompanhamento que deve cumprir o Órgão Eleitoral Plurinacional.

16 Os povos indígenas demandaram a inconstitucionalidade desta norma. No entanto, o Tribunal Constitucional Plurinacional da Bolívia emitiu a Sentença Constitucional n. 300 de 18 de junho de 2012, na qual curiosamente declaram a constitucionalidade "condicionada" da mesma, indicando que o conteúdo do processo de consulta e seus procedimentos deviam realizar-se de maneira acordada com os povos indígenas, tal como o estabelece a Constituição Política do Estado, situação que, segundo os mesmos atores, não foi cumprida.

17 Para os movimentos indígenas, já não se tratava de uma consulta prévia, mas sim de uma consulta posterior, porque o projeto final da estrada já havia sido aprovado, e a obra inclusive havia sido licitada e adjudicada.

ano 2012, e os resultados foram altamente questionados, bem como o processo na sua totalidade.

Independentemente dos resultados da consulta, a experiência do TIPNIS demonstrou que a materialização dos direitos conquistados pelos povos indígenas e incorporados na Constituição Política do Estado, do ano 2009, ainda têm um longo caminho pela frente; e para esse tipo de situação em particular é necessário contar com uma lei de regulamentação dos procedimentos adequados para a realização e o exercício do direito à Consulta Prévia, na qual se estabeleçam os mecanismos necessários para garantir a transparência e a fiabilidade desses procedimentos. Para elaboração da lei de regulamentação da consulta prévia, deve-se garantir a verdadeira e real participação dos povos indígenas, como sujeitos diretamente afetados, além de prever a não distorção do expresso na Constituição com relação a este direito. Ou seja, deve-se evitar desconstitucionalizar a Constituição.[18]

Participação política e representação eleitoral dos povos indígenas

O sistema democrático boliviano era outra das questões que merecia uma imperiosa transformação dentro do contexto constitucional. A formação da democracia boliviana teve um caráter intermitente, posto que se viu interrompida numerosas vezes por Golpes de Estado e governos de fato. Não obstante, podemos classificá-la em quatro momentos concretos: um primeiro momento de democracia censitária, um segundo momento de democracia representativa, um terceiro momento de democracia representativa e participativa, e finalmente, um quarto momento de democracia intercultural.

O primeiro momento de democracia censitária, na qual foram estabelecidos requisitos econômicos e de formação acadêmica para exercer o voto, esteve vigente desde a fundação da República até a Revolução Nacional de 1952, por meio da qual se instituiu o voto universal. O segundo momento, de democracia representativa, deu-se, no aspecto formal, desde a Revolução Nacional até a Reforma Constitucional do ano 2004.[19] Com essa reforma, estabeleceu-se, além da democracia representativa, a democracia participativa, mediante a qual o povo tem a capacidade de deliberar através de institutos, tais como a iniciativa legislativa e

[18] SOUZA SANTOS, 2010, p. 80.

[19] Insistimos no fato de que esta classificação não está delimitada estritamente no tempo, já que durante longos períodos não houve democracia na Bolívia, pois regiam os Governos de fato.

o referendo. O quarto momento, da democracia intercultural, deu-se com a Constituição de 2009[20] e, basicamente, integra três tipos de democracia: representativa, participativa e comunitária.

No tocante à democracia comunitária, a Constituição de 2009 estabelece que ela será exercida por meio da eleição, designação ou nomeação de autoridades e representantes por normas e procedimentos próprios das nações e povos indígenas, entre outros, conforme a lei. Também, com relação aos direitos políticos, destaca-se que, onde for praticada a democracia comunitária, os processos eleitorais se exercerão de acordo com as normas e os procedimentos próprios, supervisionados pelo Órgão Eleitoral Plurinacional, sempre e quando o ato eleitoral não estiver sujeito ao voto igual, universal, direto, secreto, livre e obrigatório. Também se reconhece como um direito político dos povos indígenas, a eleição, designação e nomeação direta dos representantes das nações e povos indígenas, de acordo com as suas normas e procedimentos próprios.

Sobre esse tipo de democracia, devem-se destacar dois aspectos. Por um lado, tem-se o fato de que, amparados na democracia comunitária, os povos indígenas têm a potestade de eleger, designar ou nomear as suas autoridades internas mediante as suas normas e procedimentos próprios. Por outro lado, tal princípio se perde quando se trata das autoridades que devem ser oriundas das nações e povos indígenas para a conformação dos órgãos funcionais do Estado como, por exemplo, Assembleia Legislativa Plurinacional, o Órgão Eleitoral Plurinacional, e o Tribunal Constitucional Plurinacional.

Para a conformação da Câmara dos Deputados da Assembleia Legislativa Plurinacional, a Constituição prevê a criação de circunscrições especiais nos departamentos nos quais os povos indígenas constituam uma minoria populacional. Porém, a Constituição não aclara se, para a eleição nessas circunscrições especiais, devem-se aplicar os princípios da democracia comunitária e permitir a eleição por normas e procedimentos próprios. Destaca, pelo contrário, que os deputados (sem exceção) devem ser eleitos por voto universal, direto e secreto. A possibilidade de aplicar normas e procedimentos próprios nas circunscrições especiais se fecha ainda mais quando consideramos o mencionado anteriormente sobre as condições para a aplicação dessas normas quando o

[20] Na verdade, a Constituição Política do Estado, do ano de 2009, não menciona expressamente a Democracia Intercultural como o sistema democrático que rege o país. Simplesmente frisa que a democracia é exercida de três formas: 1. Direta e Participativa; 2. Representativa; e 3. Comunitária. É a Lei do Regime eleitoral, vigente desde 2010, a que indica que o exercício destas três formas de democracia constitui a sustentação "democracia intercultural".

ato eleitoral não estiver sujeito ao voto igual, universal, etc. Entretanto, para a conformação das Assembleias Departamentais e dos Conselhos Municipais, nos quais também há eleições através do voto universal, a Constituição de 2009 explicita que os representantes dos povos indígenas, ante os órgãos deliberativos territoriais, devem ser eleitos mediante normas e procedimentos próprios.

Para a conformação do Órgão Eleitoral Plurinacional, a Constituição também prevê que dois dos sete membros do Tribunal Supremo Eleitoral e um membro de cada um dos Tribunais Eleitorais Departamentais devem pertencer aos povos indígenas. Porém, deixa a potestade de eleição desses membros (ou seja, de todos os membros em geral) à Assembleia Legislativa Plurinacional, com a participação das Assembleias Departamentais, para os casos dos Tribunais Eleitorais Departamentais, impossibilitando, dessa maneira, a aplicação das normas e procedimentos próprios dos povos indígenas.

Por outra parte, a Constituição vigente ressalta também que os magistrados do Tribunal Constitucional Plurinacional devem ser eleitos com critérios de plurinacionalidade. No entanto, estabelece que a eleição deles deve ser realizada mediante sufrágio universal. A Constituição estabelece, ainda, que os cargos eletivos do órgão judicial e do Tribunal Constitucional Plurinacional não podem ser postulados pelos povos indígenas, agrupações cidadãs ou partidos políticos, deixando de lado, de forma semelhante aos casos anteriores, a aplicação de normas e procedimentos próprios para eleição das autoridades de origem indígena dentro desse órgão do Estado.

Em suma, pode-se ressaltar que a democracia comunitária somente pode ser exercida dentro das comunidades ou territórios indígenas e para a eleição de representantes dos povos indígenas nas Assembleias Departamentais e Conselhos Municipais, o que, de acordo com o meu ponto de vista, é uma limitação para a integração efetiva dos povos indígenas nos órgãos funcionais do Estado, dos quais a Constituição os torna parte. Porém, sob critérios assumidos pelo mesmo Estado e mediante procedimentos alheios às nações e povos indígenas, que podem chegar a gerar uma falsa participação destes.

No referente à representação política para participar em processos eleitorais até 2004, os partidos políticos eram o único meio de representação reconhecido pela Constituição Política do Estado de 1967. Contudo, os partidos políticos denominados "tradicionais",[21] que pugnavam nos

[21] Na Bolívia, a tendência à formação de novos partidos políticos neste período era cada vez maior. Ou seja, havia um sistema multipartidário em constante crescimento. Apesar de os partidos com maior relevância durante esta época serem o Movimento Nacional Revolucionário (que tem suas origens a partir da Revolução Nacional de

processos eleitorais desde a recuperação da democracia (década de 1980), sofreram de maneira paulatina um desgaste que pôs em xeque a sua legitimidade, conjuntamente ao sistema partidário.

A deslegitimação dos partidos políticos e do sistema partidário desembocou na Reforma Constitucional de 2004, mediante a qual foram incluídas as agrupações cidadãs e os povos indígenas como meios de representação popular para a participação em processos eleitorais. Frente a isso, foi formado um grande número de agrupações cidadãs de alcance municipal, departamental e nacional, devido ao fato de que a lei lhes outorgava maiores facilidades para a sua criação e funcionamento. O caso dos povos indígenas foi muito diferente, posto que, apesar de estarem reconhecidos na Constituição e nas próprias leis[22] como forças políticas de representação popular independente, eles não participaram de nenhum processo eleitoral através das próprias organizações.

A Constituição de 2009, praticamente ratifica essas três formas de organização política (partidos políticos, agrupações cidadãs e povos indígenas). Porém, a situação dos povos indígenas no tocante à participação em processos eleitorais não variou, pois, como ressaltamos anteriormente, para a conformação da Câmara dos Deputados da Assembleia Legislativa Departamental, a Constituição estabelece a criação de circunscrições especiais – as mesmas que foram criadas pela Lei de Regime Eleitoral: 7 circunscrições especiais para um total de 130 deputados –, mas os representantes indígenas que foram eleitos nessas circunscrições participaram do processo eleitoral através de um partido político, o que atualmente os impossibilita de formar a sua própria bancada (bancada indígena) na Câmara dos Deputados da Assembleia Legislativa Plurinacional, devido a seu distanciamento da força política pela qual foram eleitos (MAS), em consequência do conflito gerado pelo TIPNIS, que foi descrito com anterioridade.

A única experiência que se tem até hoje sobre um processo eleitoral em que os povos indígenas puderam participar por meio das próprias organizações foram as eleições para as Assembleias Departamentais e para os Conselhos Municipais, realizadas no mês de abril de 2010. Nesse processo

1952), a Ação Democrática Nacionalista e o Movimento de Esquerda Revolucionário, houve partidos menores, porém muito significativos (eleitoreiramente falando), que mediante coalizões e alianças pós-eleitorais chegaram a governar em determinados períodos conjuntamente com os partidos antes mencionados. A expressão de partidos tradicionais refere-se a todos estes partidos.

22 Lei nº 2771 de Agrupações Cidadãs e povos indígenas, de 06 de julho de 2004.

eleitoral, os povos indígenas postularam e elegeram os seus representantes para essas instâncias através das próprias organizações indígenas e através de normas e procedimentos próprios. Atualmente, é sabido que, no caso da Assembleia Departamental de Santa Cruz, houve, inclusive, revogação de mandato de representantes indígenas com base nas normas e procedimentos próprios, o que demonstra que os únicos espaços ou entidades do novo Estado plurinacional onde se exerce de maneira efetiva a democracia comunitária são precisamente esses órgãos deliberativos subnacionais.

O paradoxal é que a possibilidade de postulação e eleição direta não se deve às gestões realizadas pelos partidários do plurinacionalismo, mas são obra de outra forte corrente transformadora do país, como são os movimentos autonomistas, cuja elaboração dos estatutos autonômicos departamentais teve a previsão de incluir tal forma de eleição dos representantes dos povos indígenas nas Assembleias Departamentais, a qual posteriormente foi incorporada na Constituição de 2009.

É necessário precisar que, nesses casos específicos das Assembleias Departamentais e Conselhos Municipais, ainda que não se tenha feito uma eleição sob esses parâmetros, os povos indígenas elegem seus representantes (mediante organizações, normas e procedimentos próprios) para espaços (ou cadeiras) que estão destinados ou são reconhecidos por seus próprios povos. Entretanto, a noção estabelecida na Reforma Constitucional de 2004 e na Constituição de 2009, ao incluir os povos indígenas como instrumentos de representação popular e política, respectivamente, é muito mais ampla. Em ambos os casos, estabeleceu-se a possibilidade de os povos indígenas pretenderem outros tipos de candidaturas, que não correspondam ou representem exclusivamente a determinadas nações indígenas, incluindo a candidatura à Presidência do Estado.[23]

Em suma, o reconhecimento dos povos indígenas como organizações políticas de representação lhes permite pugnar em qualquer eleição de

[23] A Reforma Constitucional de 2004 destacava: "Los partidos políticos y/o las agrupaciones ciudadanas y/o pueblos indígenas podrán postular directamente candidatos a Presidente, Vicepresidente, Senadores y Diputados, Constituyentes, Concejales, Alcaldes y Agentes Municipales, en igualdad de condiciones ante la Ley, cumpliendo los requisitos establecidos por ella" (art. n. 224). Em consonância com este critério, a Constituição de 2009 estabelece: "Las candidatas y los candidatos a los cargos públicos electos, con excepción de los cargos elegibles del Órgano Judicial y del Tribunal Constitucional Plurinacional serán postuladas y postulados a través de las organizaciones de las naciones y pueblos indígena originario campesinos, las agrupaciones ciudadanas y los partidos políticos, en igualdad de condiciones y de acuerdo con la ley" (art. n. 209).

maneira conjunta aos partidos políticos e às agrupações cidadãs. Ou seja, para qualquer tipo de eleição (exceto a eleição de magistradas e magistrados do Judiciário e do Tribunal Constitucional Plurinacional, por limitação constitucional expressa) podem existir candidatas ou candidatos postulados por partidos políticos, agrupações cidadãs e povos indígenas, ainda que, lamentavelmente, na prática este último não se cumpra.

Organização territorial

Ressaltamos na parte introdutória deste artigo que, para o investigador Isaac Sandoval Rodríguez (2000), a Bolívia foi fundada sob três contradições: as etnias, as regiões e as classes sociais. A transição do Estado monocultural ao Estado multiétnico pluricultural, e posteriormente ao Estado plurinacional, que viemos analisando, é, sem dúvida, um esforço por resolver aquela contradição existente entre o Estado e as etnias. Porém, a contradição referente ao Estado e às regiões teve também a sua trilha histórica.

A Bolívia, desde a sua fundação, foi constituída como um Estado centralista e, apesar da existência de determinados momentos históricos nos quais se reivindicou uma organização administrativa federal, a concepção centralista do Estado manteve-se imutável. Posteriormente, em outro contexto histórico, levantou-se a bandeira da autonomia como uma postura menos radical que o federalismo e, portanto, mais viável.

Desde a Constituição de 1938, reconheceu-se a autonomia dos Governos municipais (ou comunais, para algumas Constituições). Contudo, quanto aos departamentos (nível intermediário do Estado), até as últimas reformas constitucionais (2004-2005), somente avançou-se rumo ao estabelecimento de um regime de descentralização administrativa bastante moderado.

O período constituinte gerado na Bolívia em 2006 foi propício à proposição da conformação das autonomias departamentais. Então, no momento da realização da eleição dos membros da Assembleia Constituintes, levou-se a cabo também um referendo autonômico, no qual quatro dos nove departamentos da Bolívia votaram majoritariamente de maneira afirmativa à proposta de acederem a um regime autonômico.[24]

Posteriormente, ocorreu uma cadeia de acontecimentos políticos e sociais (alguns bastante trágicos) que não ajudam ao sentido do presente artigo e portanto não os detalharemos. Em linhas gerais, diremos que esse

[24] Os departamentos que votaram no sim no referendo autonômico são os que integram o oriente e grande parte do chaco boliviano: Beni, Pando, Santa Cruz e Tarija.

momento constituinte esteve fortemente marcado pelo confronto entre os quatro departamentos – que exigiam que fossem respeitados os resultados do referendo e, consequentemente, que se garantisse a sua qualidade autonômica – e um Governo Nacional que, em poucas palavras, menosprezava as autonomias por considerá-las parte de uma estratégia para desmembrar a Bolívia, acusando os seus defensores de independentistas e separatistas, apesar dos resultados obtidos no referendo autonômico.

Além das posições políticas, as autonomias departamentais representam uma alternativa para resolver aquela outra contradição, que foi acertadamente observada por Isaac Sandoval (2000), correspondente ao Estado e às regiões. Finalmente, o Governo Nacional (por um cálculo político mais que por convicção) assimilou o tema das autonomias e passou de rechaçá-las a incorporá-las ao novo texto constitucional, que foi mais além das autonomias departamentais, posto que, com a Constituição de 2009, foram reconhecidas autonomias de quatro tipos: departamentais, municipais (que já existiam), regionais[25] e as autonomias indígenas originárias camponesas. Entre elas, sem dúvida alguma, a grande novidade foi a última.

As autonomias indígenas, poderíamos dizer, constituem uma síntese das demandas autonomistas e o critério de plurinacionalidade adotado na atual Constituição Política do Estado. Ainda que no início fossem concebidas como uma maneira de diminuir as autonomias departamentais.

A Constituição de 2009 garante a livre determinação das nações e povos indígenas no âmbito da unidade do Estado, que consiste no seu direito à autonomia, ao autogoverno, à sua cultura, ao reconhecimento das suas instituições e à consolidação das suas entidades territoriais. De igual modo, estabelece que a autonomia indígena originária camponesa (AIOC) consiste no autogoverno como exercício da livre determinação das nações e povos indígenas.

A conformação da AIOC permite que o seu governo seja exercido através das próprias normas e formas de organização, com a denominação correspondente a cada povo, nação ou comunidade. Entretanto, é necessário ressaltar que a Constituição vigente não cria ou constitui *ipso facto* algum território ou jurisdição como AIOC (diferentemente dos outros tipos de autonomia – departamentais, municipais e regionais – que

[25] À autonomia regional não se lhe outorgam a faculdade legislativa, portanto, apesar de estar reconhecida constitucionalmente, não é compreendida como uma autonomia *stricto sensu*. Na atualidade, existe somente uma autonomia regional constituída na Bolívia, correspondente à região do chaco tarijeño.

acederam diretamente ao regime autonômico). Estabelece, simplesmente, a possibilidade de os povos indígenas constituírem-se e organizarem-se sob esse tipo de autonomia. Nesse sentido, a Constituição destaca que são AIOC: 1) os territórios indígenas originários camponeses (TIOC), 2) os municípios, e 3) as regiões[26] que adotem tal qualidade de acordo ao estabelecido na mesma Constituição e na lei que, neste caso, seria a Lei Marco de Autonomia e Descentralização (LMAD).

Atualmente existem somente onze municípios[27] que, mediante o referendo realizado em 2009, decidiram tornar-se AIOC. Porém, até a presente data somente um (Charagua) pode consolidar-se como tal, ao haver aprovado seu Estatuto Autônomo Indígena, também mediante referendo, cumprindo, então, com a condição prévia para a aquisição dessa qualidade. Tal exigência contradiz, paradoxalmente, a essência das AIOC, porque praticamente obriga os povos indígenas a contarem com uma norma escrita (direito positivo), sendo que em alguns casos isso não faz parte da sua própria cultura, posto que primam os usos e costumes (direito consuetudinário).

Atualmente, aos demais povos indígenas que, via municípios, autonomias regionais, regiões[28] ou Territórios Indígenas Originários Camponeses, desejarem aceder à AIOC, foi imposto, através da Lei Marco de Autonomia e Descentralização, uma série de requisitos e procedimentos prévios que na prática dificultam e tornam bastante tediosa e morosa fazê-lo (sobretudo para os TIOC), o que fez com que muitas organizações

[26] O Marco Legal de Autonomias e Descentralização, referente à jurisdição territorial das AIOC (art. 44), destaca que será possível aceder a esta por meio de Territórios Indígena Originário Camponeses (TIOC), Municípios, e Região ou Região Indígena Originário Camponês. Entretanto, no artigo referente aos requisitos para o acesso à AIOC (art. 56), alude-se aos municípios, à autonomia regional, à região e ao TIOC. Portanto, existe uma contradição, porque no primeiro artigo citado, menciona-se a Região Indígena Originário Camponês e não as Autonomias Regionais, e no segundo artigo, sobre os requisitos, ocorre o contrário, menciona-se a Autonomia Regional e não as Regiões Indígenas Originárias Camponesas.

[27] Estes municípios são: 1. Jesús de Machaca (La Paz); 2. Charazani (La Paz); 3. Mojocoya (Chuquisaca); 4. Tarabuco (Chuquisaca); 5. Huacaya (Chuquisaca); 6. Salinas Garci Mendoza (Oruro); 7. Chipaya (Oruro); 8. Pampa Aullagas (Oruro); 9. San Pedro de Totora (Oruro); 10. Chayanta (Potosí); e 11. Charagua (Santa Cruz).

[28] A Lei Marco de Autonomias e Descentralização diferencia as Regiões das Autonomias Regionais. A diferença substancial entre ambas está na forma de manejo administrativo e na conformação da sua institucionalidade. Entretanto, para poder constituir uma Autonomia Regional, precisa-se necessariamente cumprir com todas as condições requeridas para a conformação da Região.

indígenas desistissem dessa aspiração. O acesso à AIOC não é nada simples, podendo cada trâmite demorar muitos anos até a sua culminação.

A opção mais viável a curto e médio prazo é via Municípios, devido à sua tradição histórica, territorial e institucional. Ou seja, para os Municípios é mais fácil caminhar em direção às AIOC porque se trata simplesmente de uma mudança de institucionalidade, que dificilmente entorpecerá o exercício da gestão pública. Esta situação poderá ser corroborada através dos onze municípios cuja transformação está em curso, sempre e quando logrem constituir-se como AIOC plenamente.

Relativo aos TIOC, contam com uma base territorial determinada e com uma estrutura organizacional própria, mas o problema com eles é que não contam com experiência em gestão e administração pública como os municípios.[29] Por essa razão, consideramos que, através dos requisitos impostos na Lei Marco de Autonomia e Descentralização para a sua conformação como AIOC, muitas limitações foram impostas como uma maneira de desestimulá-los ou para que a sua criação demandasse muito tempo. Isso ocorre porque, como AIOC, deverão exercer funções de investimento e gasto público, pelo que devem obrigatoriamente cumprir com as exigências dos sistemas de controle governamentais estabelecidos, e, reiteramos, os TIOC não contam com essa experiência ou tradição dentro da sua organização.

No entanto, a falta de experiência não se deve a uma falta de capacidade, porque os TIOC podem ter ou estabelecer as suas próprias formas de administração dos recursos que lhes sejam destinados. Mas, lamentavelmente, o atual desenho da gestão pública na Bolívia – apesar de estar vigente o regime autônomo – está concebido sob normas e práticas centralistas para o manejo dos bens e serviços públicos por parte das entidades públicas,[30] o que contradiz a pluralidade institucional e cultural existente no Estado boliviano e o próprio regime de autonomias.

[29] Outra observação adicional para diferenciar a facilidade de conversão em AIOC por meio dos municípios, em comparação aos TIOC, é o fato de os municípios serem entidades ou unidades territoriais vigentes e contarem atualmente com a distribuição de recursos por coparticipação tributária. No caso de se tornarem AIOC, isto não variaria. Não obstante, a conformação dos TIOC como AIOC implica a criação de novas entidades ou unidades territoriais estatais, as quais devem ser providas de recursos públicos que por lei lhes correspondem, e o atual governo nacional se caracterizou por reter fortemente os recursos do Estado no nível central, razão pela qual não nos surpreenderia que esta seja outra razão pela qual se limita a conformação de AIOC através das TIOC.

[30] Apesar dos rigorosos trâmites e requisitos estabelecidos pelo Marco da Autonomia e Descentralização, existem TIOCs que resolveram levar a diante o processo

A mesma Constituição destaca que as AIOCs, além das suas competências, assumirão aquelas dos municípios, de acordo com um processo de desenvolvimento institucional e com as características culturais próprias. Igualmente, postula como uma competência concorrente entre o nível central do Estado e a AIOC, o sistema de controle fiscal e administração de bens e serviços. Ou seja, coincidindo com o ressaltado por Boaventura de Sousa Santos (2000), a ideia de autogoverno que subjaz à plurinacionalidade (refletida neste caso precisamente na Autonomia Indígena) tem muitas implicações, entre elas, os novos critérios de gestão pública, de serviço e de servidores públicos.[31] Somente assim poder-se-ia pensar no êxito das Autonomias Indígenas, e no desenvolvimento do Estado autonômico em general.

Justiça Indígena

A Justiça Indígena, conhecida também como Justiça Comunitária, foi uma das questões mais debatidas sobre a temática indígena, posto que um dos fundamentos sob os quais se ergueu o Estado boliviano foi a sua unidade jurídica, baseada no princípio da generalidade da lei.

O reconhecimento da Justiça Indígena não somente representa a aceitação de um tipo de justiça diferente do modelo ocidental, mas também que abarca a geração de exceções legais. Ou seja, algumas normas gerais não poderiam ser aplicadas dentro de determinada jurisdição por serem contrárias a uma concepção diferente de justiça. Esta incompreensão da Justiça Indígena e a sensação de risco que causaria uma ruptura do sistema jurídico unidirecional, como foi concebido desde a fundação da República, gerava certo nível de desconfiança e incerteza.

Não obstante, como resultado das mobilizações indígenas, a Justiça Indígena ou Comunitária foi reconhecida na Constituição Política do Estado, mediante a Reforma do ano 1994, como uma solução alternativa de conflitos, sempre e quando a sua aplicação não fosse contrária à Constituição e às leis. Com a reforma constitucional, não se concebe a Justiça Indígena como um sistema jurídico diferente, mas sim como um método alternativo de resolução do conflito, como o são também a arbitragem, a conciliação, a mediação e a negociação, entre outros. Em suma, todos esses métodos são

de transformação em AIOC, com destaque para o território de Raqaypampa e o Departamento de Cochabamba, que estão na fase final de aprovação de seu estatuto.

31 SOUZA SANTOS, 2010, p. 81.

ferramentas opcionais oferecidas ao cidadão para resolver as suas diferenças ou controvérsias sem necessidade de chegar a um processo judicial (em outras palavras, para resolvê-las fora do sistema judiciário ordinário). Os cidadãos que se amparam nesses métodos fazem-no pela agilidade que supõem e porque geralmente representam menores custos. De igual modo, através da Reforma Constitucional de 1994, os indígenas poderiam submeter as suas diferenças e resolver os seus conflitos perante as suas autoridades ancestrais, de acordo com as normas e procedimentos próprios, de forma alternativa ao sistema judiciário. Isso, obviamente, não atentava de nenhuma maneira contra a unidade jurisdicional, posto que é uma prática admitida pelo mesmo mundo jurídico ocidental através do desenvolvimento dos mencionados métodos alternativos de resolução de conflitos.

O maior problema (e de bastante sensibilidade social) que enfrentou (e que ainda continua enfrentando) a reconhecida Justiça Indígena ou Comunitária posteriormente à Reforma Constitucional de 1994 foi o fato de que se deram muitos casos de linchamento nas comunidades e, reiteradamente, quem estava envolvido nesses lúgubres acontecimentos tratava de amparar-se de maneira ingênua na Justiça Comunitária para justificar os seus atos. Evidentemente, esses acontecimentos não podem ser considerados como parte da Justiça Comunitária, porque ela sempre deverá desenvolver-se no âmbito constitucional e dos Direitos Humanos. O linchamento está fora de ambas as considerações.

Contudo, esses casos deram margem para que se siga debatendo sobre os riscos que gera o reconhecimento da Justiça Comunitária, favorecendo, assim, às correntes radicais que se opunham a ela, devido à comoção que causavam na população os excessos cometidos em cada um dos casos de linchamento. Daí em diante, um dos desafios da Justiça Indígena ou Comunitária foi libertar-se do estigma que havia recebido.

Em meio ao debate sobre os alcances da Justiça Indígena, chega a Constituição Política do Estado de 2009, na qual se propõe um sistema de justiça plural, dividido em três jurisdições diferentes: 1) a Jurisdição Ordinária; 2) a Jurisdição Agroambiental; e 3) a Jurisdição Indígena Originária Camponês. Com esta nova Constituição, a Justiça Comunitária deixa de ser vista como um método alternativo de solução de conflitos, e passa a ser uma jurisdição Independente equiparável à Jurisdição ordinária (ocidental) e agroambiental.[32] Essa nova delimitação do sistema judiciário

[32] A judicatura agrária gozava também de certa independência frente à justiça ordinária sob o anterior regime constitucional, mas não existia esta delimitação.

inaugura na Bolívia um período de pluralismo jurídico que acompanha a ruptura do monopólio na produção das leis por parte do nível central do Estado, outorgando-se também essa faculdade às Assembleias Departamentais, Conselhos Municipais, e Autonomias Indígenas Originária Camponês, no âmbito das competências exclusivas.

A Jurisdição Indígena Originário Camponês está sujeita a certos limites determinados na Constituição e na Lei de Deslinde Jurisdicional sob três âmbitos de vigência específicos: a) pessoal; b) material; e c) territorial. O âmbito de vigência pessoal refere-se a que aqueles que estão sujeitos a essa jurisdição são os membros das nações ou povos indígenas, seja como demandante ou demandados. O âmbito de vigência territorial refere-se a que a Jurisdição Indígena Originário Camponês aplica-se às relações e fatos jurídicos que se realizam ou cujos efeitos são produzidos dentro da jurisdição de um povo indígena. Referente ao âmbito material, a Lei de Deslinde Jurisdicional, promulgada em dezembro de 2010, estabelece limites de maneira expressa e concreta em matéria penal, civil e trabalhista, mas também deixa aberta de maneira indeterminada a possibilidade de existirem outros limites reservados pela Constituição e pela lei a outras jurisdições. Além disso, a Lei de Deslinde Jurisdicional sobre o âmbito material esclarece que: "La jurisdicción indígena originaria campesina conoce los asuntos o conflictos que histórica y tradicionalmente conocieron bajo sus normas, procedimientos propios vigentes y saberes, de acuerdo a su libre determinación."

Também através dessa lei se esclarece o tema do linchamento, que foi altamente questionado, como mencionamos anteriormente. Estabelece-se expressamente que o linchamento é uma violação aos Direitos Humanos, não está permitido em nenhuma jurisdição e deve ser prevenido e sancionado pelo Estado. De igual maneira, estabelece-se que está terminantemente proibida a pena de morte sob processo penal na justiça ordinária, pelo delito de assassinato a quem a imponha, consinta ou execute.

Da análise da Jurisdição Indígena Originária Camponesa podemos concluir que, embora tenha sido reconhecida como uma jurisdição equiparável à jurisdição ordinária, ela foi reduzida praticamente ao mínimo, primeiro pela mesma Constituição e posteriormente pela Lei de Deslinde

Simplesmente destacava que: "No corresponde a la Justicia Ordinaria revisar, modificar y menos anular las decisiones de la judicatura agraria cuyos fallos constituyen verdades jurídicas, comprobadas, inamovibles y definitivas" (art. 176 da Constituição Política do Estado de 1967).

Jurisdicional, haja vista que, por exemplo, no âmbito de vigência pessoal, foi estabelecido que ela somente é aplicável aos membros das nações ou povos indígenas. Porém, o que aconteceria se, hipoteticamente, alguém alheio aos povos indígenas visitasse uma das suas comunidades e infringisse as suas normas?[33] Não deveria ser punido conforme essas normas?[34] Comparando com a jurisdição ordinária, se um estrangeiro visita a Bolívia e durante a sua estadia descumpre as leis bolivianas, não lhe podem sancionar por não ser boliviano? Sabemos que no mundo do direto isso não é factível; devem-se cumprir as normas do lugar onde se está e, no caso de infringi-las, deve-se julgar e sancionar conforme as mesmas, salvo casos excepcionais regulados pelo direito internacional.

Outra observação sobre como está definida a vigência pessoal da jurisdição indígena na Constituição, e que também não é esclarecida pela Lei de Deslinde Jurisdicional, é o destacado por Boaventura de Sousa Santos (2000), quando menciona o problema que se suscita em relação ao qual seria a jurisdição aplicável quando os conflitos envolvessem indígenas e não indígenas.[35] Portanto, necessita-se maior clareza nesse sentido, ainda que, preliminarmente para a análise de cada um destes casos, tenha-se que considerar também a vigência material e territorial, ou seja, se o fato se dá sobre uma matéria não proibida à jurisdição indígena e se se realiza ou tem efeitos dentro da mesma.

Sobre a vigência material, a Lei de Deslinde Jurisdicional, como mencionamos anteriormente, limita bastante a jurisdição indígena camponesa, estabelecendo nos fatos pouca margem para que os casos possam ser resolvidos dentro dessa jurisdição.[36]

[33] Lembremos que é um princípio essencial do direito o não poder exculpar uma conduta alegando o desconhecimento da lei. Mas aqui caberia lançar a dúvida de que, ao ser este princípio próprio do mundo ocidental, aplicar-se-ia à justiça indígena? A resposta seria: depende das normas ou princípios de cada povo indígena.

[34] A única exclusão válida a isto, talvez, seja o fato de que dentro da mesma cultura de cada povo indígena não está permitido aplicar as suas normas àqueles que não são parte da sua comunidade ou povo.

[35] SOUZA SANTOS, 2010, p. 92

[36] Especificamente, a Lei de Deslinde Jurisdicional de 29 de dezembro de 2010, no âmbito de vigência material, estabelece as seguintes limitações: a) Em matéria penal, os delitos contra o Direito Internacional, os delitos por crimes contra a humanidade, os delitos contra a segurança interna e externa do Estado, os delitos de terrorismo, os delitos tributários e aduaneiros, os delitos por corrupção ou qualquer outro delito cuja vítima seja o Estado, tráfico de pessoas, tráfico de armas e delitos de narcotráfico, os delitos cometidos contra a integridade física

Por último, com relação à vigência territorial, consideramos que foi estipulada de modo correto. Contudo, pode-se gerar uma má interpretação quando, na mesma Constituição, é lida como uma das competências exclusivas outorgadas às Autonomias Indígenas Originária Camponês o exercício da jurisdição indígena originário camponesa para a aplicação de justiça e resolução de conflito através de normas e procedimentos próprios, posto que se pode pensar que é necessário constituir-se em AIOC para poder exercer a jurisdição indígena e, como destacamos no ponto anterior do presente artigo, na atualidade somente há onze AIOC em processo de conformação. Portanto, com esta interpretação, as demais comunidades ficariam excluídas. Sendo assim, considero de suma importância esclarecer que não é necessário aceder às AIOCs para a aplicação desta jurisdição nos territórios indígenas.

Pode-se concluir com Raúl Prada, ex-constituinte do Movimento ao Socialismo, citado por Boaventura de Souza Santos (2000), que, ao fazer um balanço do processo constituinte, manifesta: "Este proceso constituyente no ha terminado, continúa; [...] la gran disputa hacia adelante será la interpretación y aplicación de la Constitución en la materialidad jurídica de las leyes y en la materialidad política de las instituciones".[37]

Efetivamente, após uma breve revisão dos avanços constitucionais em matéria indígena desde 1990 aos dias atuais, e analisar brevemente a aplicação prática desses avanços, pode-se evidenciar que, embora os povos indígenas da Bolívia, com a aprovação da atual Constituição Política do Estado, tenham obtido o reconhecimento e o respeito dos seus direitos e das instituições tradicionais, e tenham conseguido a sua inclusão em órgãos públicos de representação – o que, sem dúvida alguma, reflete uma grande conquista para o movimento indígena –, o que vemos na realidade prática e concreta, na materialidade, é a existência de muitas deficiências para que os povos indígenas possam exercer plenamente essas conquistas.

de crianças e adolescentes, os delitos de violação, assassinato ou homicídio; b) Em matéria civil, qualquer processo no qual o Estado seja parte ou terceiro interessado, através da sua administração central, descentralizada, desconcentrada, autonômica e relacionando-o ao direito proprietário; c) Direito trabalhista, Direito da Seguridade Social, Direito Tributário, Direito Administrativo, Direito da Mineração, Direito de Hidrocarburados, Direito Florestal, Direito Informático, Direito Internacional público e privado, e Direito Agrário, exceto a distribuição interna de terras nas comunidades que tenham posse legal ou Direito proprietário coletivo sobre as mesmas; d) Outras que estejam reservadas pela Constituição Política do Estado e pela Lei às jurisdições ordinária, agroambiental e outras reconhecidas legalmente.

[37] SOUZA SANTOS, 2010, p. 76.

O sentido indigenista da Constituição Política do Estado vigente (como no seu momento foi concebido), foi completamente distorcido ou desviado por leis infraconstitucionais e por práticas ou ações políticas fomentadas pelo Governo Central, o qual, surpreendentemente, se distanciou de um dos seus principais pilares políticos, que eram precisamente os movimentos indígenas, para aproximar-se de outros grupos de poder, com a finalidade de assegurar a permanência no controle do Estado. Em consequência, seguindo a linha de Raúl Prada, aqueles que foram os principais defensores do processo constituinte são os mesmos que atualmente travam a sua continuação.

Apesar disso, a Constituição Política do Estado vigente assentou as bases fundamentais para que, mediante a sua correta aplicação e através de leis de desenvolvimento que condigam com o seu real sentido, possa-se chegar a efetivar e concretizar aqueles direitos que historicamente foram negados aos povos indígenas da Bolívia. Ou seja, continua pendente o desafio de poder avançar na verdadeira materialização da Constituição.

Referências

FAJARDO, R. Y. Aos 20 anos da Convenção 169 da OIT: balanço e desafios da implementação dos direitos dos Povos Indígenas na América Latina. In: VERDUM, R. (Org.): *Povos Indígenas: Constituições e reformas políticas na América Latina*. Brasília: Instituto de Estudos Socioeconômicos, 2009.

SANDOVAL, I. R. *Nación y Estado en Bolivia*. Santa Cruz de la Sierra: Sirena, 2000.

SOUZA SANTOS, B. de S. *Refundación del Estado en América Latina: perspectivas desde una epistemología del Sur*. Lima: Instituto Internacional de Derecho y Sociedad, 2010.

VACA DÍEZ, H. *Pensamiento Constitucional boliviano 1826 – 1995*. La Paz: Fondo Editorial de los Diputados, 1998.

Documentos e leis

BOLIVIA. Constitución Política del Estado de Bolivia, 1967. Edición Oficial del 2 de Febrero de 1967. La Paz, Bolivia. 1967.

BOLIVIA. Constitución Política del Estado, promulgada en 7 de febrero de 2009. La Paz, Congreso de Bolivia, 2009.

Declaración Constitucional N° 003/2013, emitida el 25 de abril de 2013 por el Tribunal Constitucional Plurinacional de Bolivia. Sucre, Bolivia, 2013.

Ley N° 180 de Protección del Territorio Indígena y Parque Nacional Isiboro Sécure – TIPNIS, del 24 de octubre del 2011. Gaceta Oficial de Bolivia N° 0308 del 25 de Octubre de 2011. La Paz, Bolivia, 2011.

Ley N° 222 de Consulta a los Pueblos Indígenas del Territorio Indígena Y Parque Nacional Isiboro Sécure – TIPNIS, del 10 de febrero de 2012. Gaceta Oficial de Bolivia N° 0341 del 10 de febrero de 2012. La Paz, Bolivia, 2012.

Ley N° 026 del Régimen Electoral, de fecha 30 de Junio del 2010. Gaceta Oficial de Bolivia N° 0147 del 30 de Junio de 2010. La Paz, Bolivia, 2010.

Ley N° 3089 del 6 de Julio de 2005. Gaceta Oficial de Bolivia N° 2765 del 6 julio de 2005. La Paz, Bolivia, 2005.

Sentencia Constitucional Plurinacional 0300/2012, de fecha 18 de junio de 2012. Emitida por el Tribunal Constitucional Plurinacional de Bolivia. Sucre, Bolivia, 2012.

Ley N° 2771 de Agrupaciones Ciudadanas y Pueblos Indígenas, de fecha 7 de julio de 2004. Gaceta Oficial de Bolivia N° 2627. La Paz, Bolivia, 2004.

Ley N° 2631 de Reforma a la Constitución Política del Estado, de fecha 20 de febrero del 2004. Gaceta Oficial de Bolivia N° 2571. La Paz, Bolivia, 2004.

Ley N° 031 Marco de Autonomías y Descentralización "Andrés Ibáñez", de fecha 19 de Julio de 2010. Gaceta Oficial de Bolivia N° 0154 del 19 de Julio de 2010. La Paz, Bolivia, 2010.

Ley N° 3089 del 6 de Julio de 2005. Gaceta Oficial de Bolivia N° 2765, del 6 julio de 2005. La Paz, Bolivia, 2005.

Ley N° 073 de Deslinde Jurisdiccional, de fecha 29 de diciembre de 2010. Gaceta Oficial de Bolivia N° 0209 del 30 de diciembre de 2010. La Paz, Bolivia, 2010.

Ley N° 222 de Consulta a los Pueblos Indígenas del Territorio Indígena Y Parque Nacional Isiboro Sécure – TIPNIS, del 10 de febrero de 2012. Gaceta Oficial de Bolivia N° 0341, del 10 de febrero de 2012. La Paz, Bolivia, 2012.

Ley N° 026 del Régimen Electoral, de fecha 30 de Junio del 2010. Gaceta Oficial de Bolivia N° 0147, del 30 de Junio de 2010. La Paz, Bolivia, 2010.

ORGANIZACIÓN INTERNACIONAL DEL TRABAJO. Convenio N° 169 sobre Pueblos Indígenas y Tribales en países Independientes. Ginebra, Suiza, 1989

ORGANIZACIÓN DE NACIONES UNIDAS. Declaración de las Naciones Unidas sobre los derechos de los pueblos indígenas. Resolución N° 61/295 de la Asamblea General de las Naciones Unida. New York, 2007.

ORGANIZACIÓN INTERNACIONAL DEL TRABAJO. Convenio N° 169 sobre Pueblos Indígenas y Tribales en países Independientes. Ginebra, Suiza, 1989.

ORGANIZACIÓN DE NACIONES UNIDAS. Declaración de las Naciones Unidas sobre los derechos de los pueblos indígenas. Resolución N° 61/295 de la Asamblea General de las Naciones Unida. New York, 2007.

Sentencia Constitucional Plurinacional 0300/2012, de fecha 18 de junio de 2012. Emitida por el Tribunal Constitucional Plurinacional de Bolivia. Sucre, Bolivia. 2012

Pós-colonialismo, descolonização e justiça na América Latina

Luciana Maria de Aragão Ballestrin

> Si es verdad que hay una historia hegeliana, "gran relato" encubridor y eurocéntrico, no es sostenible que las víctimas necesiten sólo microrelatos fragmentarios.
> Enrique Dussel (2011, p. 445)

Colonização e colonialismo são fenômenos fundamentais para o entendimento da formação das ideias de "América" e "América Latina". Diferentes autores atribuíram alguns marcos fundacionais à chegada dos colonizadores ibéricos ainda no século XV na região. Para Marx (2013, p. 821), a colonização a partir da América foi indispensável para a acumulação primitiva do capital; Mariátegui ([1928], 2005, p. 163) categoricamente afirmou que "el descubrimiento de América es el principio de la modernidad: la más grande y fructuosa de las cruzadas. Todo el pensamiento de la modernidad está influido por este acontecimiento". Esse diagnóstico foi também compartilhado por Dussel (1993); Quijano e Wallerstein (1992) responsabilizaram-na pela formação do sistema-mundo moderno[1] e Quijano (2000), pela "colonialidade do poder".[2] Neste recorte da literatura marxista latino-americana, que nos últimos anos tem influenciado o "giro decolonial" (Ballestrin, 2013), a América aparece como um "mito de origem" – noção crítica para o pós-colonialismo – do próprio capitalismo moderno.

A proposta deste capítulo é discutir as vicissitudes e as particularidades do "pós-colonialismo" latino-americano, relacionando-as com o renovado interesse teórico, político e normativo sobre a noção de

[1] Para os autores, a Americanidade introduziu quatro novidades para o sistema-mundo moderno: a colonialidade, a etnicidade, o racismo e o conceito de "novidade em si" (QUIJANO, WALLERSTEIN, 1992).

[2] O que o conceito de colonialidade do poder traz de novo é a leitura da raça e do racismo como "o princípio organizador que estrutura todas as múltiplas hierarquias do sistema-mundo" (GROSFOGUEL, 2008, p. 123).

"descolonização" no século XXI. Nesse sentido, a contribuição dos processos de refundação de Estado na Bolívia e no Equador nos anos recentes e sua constitucionalização ofereceram parte significativa de sua sustentação e fôlegos empíricos. Com todas suas contradições, problemas e promessas não cumpridas, ambos os processos refundacionais também têm estimulado o debate sobre descolonização do Direito e dos Direitos Humanos.

O principal objetivo do texto, portanto, é aproximar o debate sobre pós-colonialismo, descolonização e justiça na América Latina, reconhecendo-a como uma das regiões protagonistas para certo entendimento de "Descolonização como Justiça" no século XXI.

A ideia pós-colonial na América Latina

A referência à América Latina e particularmente ao Brasil como um continente e um país pós-coloniais, respectivamente, é algo recente, podendo tal enquadramento soar anacrônico ou inválido. Ribeiro (2005) relata sua surpresa quando ouviu pela primeira vez o entendimento do Brasil como um país pós-colonial de uma jovem antropóloga estadunidense, em um encontro da American Anthropological Association, no ano 1999. De fato, pensar o pós-colonialismo nas Américas de maneira geral requer o reconhecimento de uma série de especificidades, originalidades e diferenciações em relação à dinâmica imperial/colonial europeia, bem como ao processo de descolonização em países africanos e asiáticos iniciado nos anos 1960. Neste caso, o pós-colonialismo não deve ser compreendido em um sentido temporal restrito, significando a fase sucessora do colonialismo – se assim o fosse, o mundo como um todo poderia ser considerado como "pós-colonial".

A inserção do debate pós-colonial na América Latina e a inserção da América Latina no debate pós-colonial ocorreram especialmente a partir dos anos 1990, sendo a segunda uma consequência da primeira. Esta diferenciação é necessária quando se observa que a discussão acadêmica canônica sobre pós-colonialismo não contemplou a América Latina. Foi justamente essa percepção que estimulou a incorporação do continente em uma releitura muito própria do pós-colonialismo, cuja devolução e absorção pelo debate global têm ocorrido de maneira paulatina. Pelo menos duas observações são importantes para a compreensão da relação teórica entre América Latina e pós-colonialismo.

Em primeiro lugar, registra-se a diferença histórica e geográfica dos processos de independência, libertação nacional e descolonização das

Américas. A primeira metade do século XIX foi protagonizada por diferentes processos com vistas à independência do colonialismo europeu – espanhol, português e francês. Ainda que Marx considerasse as guerras de independência "latino"-americanas como "um assunto próprio de um punhado de separatistas *criollos* que não contavam com o apoio das massas populares", nas palavras de Aricó (2008, p. 9), os escritos bolivarianos foram fundamentais para a formação de um pensamento anticolonial associado às utopias integracionistas regionais.

Resguardadas as diferenças de alguns casos nacionais – como a radicalidade do processo revolucionário haitiano e a formação do Império no Brasil –, o século XIX acumulou no continente uma série de escritos que de alguma forma contestaram o poder (pós-) colonial. Muitos deles – discursos públicos, cartas, ensaios jornalísticos – inauguraram certa tradição do pensamento político latino-americano[3] preocupada com questões envolvendo autonomia, independência, soberania, integração, identidade, cultura, civilização e barbárie. O próprio pioneirismo do uso conceitual de "América Latina" no ano 1856 é disputado entre aqueles/as que acreditam sê-lo por José María Torres Caicedo, Francisco Bilbao, e mais recentemente Justo Arosemena (Bethell, 2009, p. 290).

Basicamente, o termo "América Latina" em si mesmo carrega, desde sua invenção, sentidos e significados que de alguma maneira estão relacionados com o colonialismo e o imperialismo na região. Sob certo ângulo, a América Latina debate seu período pós-colonial pelo menos desde o século XIX.

A segunda nota está relacionada com a própria institucionalização e disseminação do pós-colonialismo como corrente teórica. Em outro lugar, sugerimos pelo menos três etapas para o entendimento da formação do pós-colonialismo, a partir dos anos 1960: o *pós-colonialismo anticolonial*, o *pós-colonialismo pós-colonial* e o *pós-colonialismo decolonial*. A América Latina inseriu-se e relacionou-se diferentemente em cada uma dessas fases.

Os escritos pós-coloniais precursores possuíram uma forte ligação com o anticolonialismo revolucionário, com as lutas de libertação nacional e com os movimentos de independência, sobretudo na África e na Ásia. O "pós-colonialismo anticolonial" reuniu intelectuais, ativistas e lideranças, deixando uma produção dispersa, não necessariamente acadêmica, institucionalizada e disciplinada. Naquela nova condição "pós-colonial", o neocolonialismo começava a ser debatido, sobretudo, como entrave da verdadeira descolonização.

[3] Em termos de geopolítica do conhecimento, a diferenciação entre teoria e pensamento é analisada com maestria por Lynch (2013), aplicada ao caso brasileiro.

Os escritos dessa época variaram de discursos políticos à poesia, envolvendo pensadores latino-americanos, africanos e europeus (sobretudo, franceses): Amílcar Cabral, Che Guevara, Frantz Fanon, Ho Chi Minh, Jean-Paul Sartre, Aimé Césaire e Albert Memmi foram alguns nomes marcantes dessa geração. Com influências da psicanálise, do pan-africanismo, do pensamento afro-diaspórico e do marxismo revolucionário, a questão da identidade aparecia como fundamental na problematização do colonizado, *versus* colonizador e do racismo a serviço do colonialismo.

O pós-colonialismo canônico ou "pós-colonial" foi inaugurado em 1978 com a obra definitiva de Edward Said, *Orientalismo*, cujo projeto consistiu em demonstrar, através da análise discursiva de textos literários e culturais europeus, a invenção do Oriente pelo Ocidente como um estereótipo estratégico para a manutenção do poder colonial e imperial europeu. Nessa versão mais conhecida, o argumento pós-colonial foi fortemente influenciado pelos estudos pós-estruturais, pós-modernos, desconstrutivistas, culturais e subalternos indianos. Na conjuntura da globalização ascendente e da evidência do multiculturalismo dos anos 1980, as questões sobre identidade – agora em termos de mais outra "diferença" – foram trabalhadas de forma mais ou menos crítica, considerando a intensificação das fraturas subalternizadas de classe, gênero e raça ou a valorização da diáspora e do hibridismo criativos resultados do encontro colonial. Edward Said, Gayatri Spivak, Paul Gilroy, Stuart Hall e Homi Bhabha são alguns dos autores mais representativos do cânone pós-colonial. À época, a América Latina estava mergulhada no contexto da redemocratização, com forte crise econômica e inflacionária.

Uma terceira fase do pós-colonialismo, a "decolonial", foi desenvolvida a partir da dissolução da versão latino-americana do Grupo de Estudos Subalternos (1992-1998) e a criação do programa de investigação Modernidade/Colonialidade (M/C) em 1998. A perspectiva decolonial procurou recuperar as contribuições latino-americanas do pós-colonialismo anticolonial, ao mesmo tempo em que pretendeu se afastar do cânone pós-colonial, inserindo a América Latina no debate e radicalizando a crítica à modernidade e ao eurocentrismo.

Tal versão pós-colonial latino-americana – que certamente recusaria esse rótulo para si – construiu seus argumentos com as bases do pensamento latino-americano, filosofia da libertação, teoria da dependência, teoria do sistema-mundo, grupos indiano e latino-americano de estudos subalternos, filosofia afro-caribenha e feminismo latino-americano (Restrepo; Martinez, 2010). Walter Mignolo, Ramón Grosfoguel, Nelson Maldonado-Torres,

Catherine Walsh, Santiago Castro-Goméz, Eduardo Restrepo, Arturo Escobar – sem esquecer dos já clássicos Anibal Quijano, Enrique Dussel e mesmo Immanuel Wallerstein – são apenas alguns expoentes e/ou interlocutores da renovação do pós-colonialismo no contexto pós-neoliberal da América Latina. Nota-se que entre os anos 1950 e 1970, era significativa a produção teórica latino-americana sobre desenvolvimento, dependência e libertação de um lado, e sobre colonialismo, racismo e negritude de outro. Essa produção é constantemente reivindicada pelo projeto decolonial que procura ignorar os resgates realizados pelo pós-colonialismo dos anos 1980.

O "giro decolonial" encontrou sustentação empírica nos processos de refundação de Estado e do novo constitucionalismo latino-americano, especialmente na Bolívia e no Equador. É propositivo quanto à necessidade de de(s)colonizar, diferentemente do *mainstream* pós-colonial dos anos 1980 – este fora criticado pela sugestão ambígua de superação do colonialismo, pelo culturalismo exacerbado incapaz de problematizar o sistema econômico do capitalismo e pela enunciação desde as universidades de "Primeiro Mundo". Esta necessidade que parte sobretudo da América Latina – inclusive no recente feminismo decolonial – é sustentada pelo diagnóstico de que a colonialidade como lógica transcendente do colonialismo atinge as dimensões do ser, do saber e do poder. Assim, a descolonização aparece como um projeto ainda incompleto bastante vinculado à versão decolonial do pós-colonialismo.

Se a origem da modernidade foi na América e a crítica à modernidade é uma das características centrais do pós-colonialismo, a entrada da América Latina no debate reivindicou uma espécie de "mito de origem" da experiência colonial moderna. Por fim, a legitimidade "pós-colonial" da América Latina é complexificada pela sua relação com os Estados Unidos. Sua própria ascensão como potência continental e mundial ao longo do século XX projetou um tipo de imperialismo diferente do europeu (Wood, 2014), voltado para o sul da América desde o século XIX. Historicamente, o movimento de descolonização de 1960 foi muito simbólico para o entendimento da transição dos imperialismos ocidentais: o continente "Europa" cede o lugar para o "país" Estados Unidos. Em ambos os casos, a América Latina foi duplamente o primeiro grande laboratório da experiência colonial e imperial moderna: do colonialismo europeu do século XVI e do imperialismo estadunidense do século XX. A transformação da condição pós-colonial para a condição imperial na trajetória dos Estados Unidos criou uma fratura geopolítica no continente americano e uma especificidade nos ciclos coloniais, anticoloniais, pós-coloniais e imperiais dentro das Américas.

Registra-se ainda a dificuldade que a literatura pós-colonial latino-americana possui em trabalhar e dialogar com o caso do Brasil.

Descolonização como Justiça

Grande parte dos estudos pós-coloniais e subalternos associam a Modernidade com a produção de injustiças. Segundo Partha Chatterjee (2004, p. 64), "a nossa [modernidade] é a modernidade dos já colonizados. O mesmo processo histórico que nos ensinou o valor da modernidade também nos tornou vítimas dela". Para o autor indiano, a entrada na modernidade constituía o principal argumento do colonialismo britânico na Índia: "e então foi a mesma lógica da modernidade que um dia nos levou à descoberta de que o imperialismo era ilegítimo; a independência era o nosso objetivo desejado. O fardo da razão, os sonhos de liberdade; a vontade de poder, a resistência a ele: são todos elementos da modernidade" (CHATTERJEE, 2004, p. 63). Diante deste tipo de constatação, a emancipação ou a libertação humana – e não humana – no âmbito do direito internacional e doméstico ficaria condicionada a sua precariedade ou limitação.

Associada a ela, tem-se que a própria fórmula do Estado-nação passa a ser questionada como possível produtora de Justiça. Ao contrário, o Estado-nação teria a capacidade de rearticular o colonialismo, fenômeno tipicamente internacional, no âmbito interno. Neste caso,

> [...] os povos, minorias ou nações colonizadas pelo Estado-nação sofrem condições semelhantes às que os caracterizam no colonialismo e no neocolonialismo em nível internacional: 1) habitam em um território sem governo próprio; 2) encontram-se em situação de desigualdade frente às elites das etnias dominantes e das classes que as integram; 3) sua administração e responsabilidade jurídico-política concernem às etnias dominantes, às burguesias e oligarquias do governo central ou aos aliados e subordinados do mesmo; 4) seus habitantes não participam dos mais altos cargos políticos e militares do governo central, salvo em condição de "assimilados"; 5) os direitos de seus habitantes, sua situação econômica, política social e cultural são regulados e impostos pelo governo central; 6) em geral os colonizados no interior de um Estado-nação pertencem a uma "raça" distinta da que domina o governo nacional e que é considerada "inferior", ou ao cabo convertida em um símbolo "libertador" que forma parte da demagogia estatal; 7) a maioria dos colonizados pertence a uma cultura distinta e não fala a língua "nacional".

Esta definição de "colonialismo interno" reelaborada por Casanova (2006, p. 396) pode ser aplicada em grande parte dos países (latino-) americanos, cujos custos da "integração nacional" foram solenemente desconsiderados por Whitehead (2009). De acordo com o sociólogo mexicano, as primeiras discussões sobre o Estado-nação entendido como uma "prisão" dos povos, etnias e nacionalidades ocorreram na véspera da Revolução Russa, constituindo-se um delicado problema no âmbito do debate marxista. A questão nacional e o nacionalismo ocuparam ainda grande parte das preocupações da historiografia indiana vinculada aos *Subaltern Studies* nos anos 1970/80.

A relação entre Estado-nação, descolonização e direitos pode ser analisada sob diversos ângulos, dimensões e contextos. "Descolonização como justiça" implica no reconhecimento do colonialismo como um processo injusto (violento e violador) e da aceitação do Direito como instrumento moderno potencialmente aliado. Em geral, a responsabilização jurídica sobre práticas coloniais e imperiais inexiste nos âmbitos internos, e estas obtiveram, inclusive, algum tipo de apoio no direito internacional, pelo menos até 1995 (Brunkhorst, 2011, p. 21). Atualmente, a política oficial das Nações Unidas (ONU) reconhece a existência de 16 territórios não autônomos e coloniais na atualidade[4] (United Nations, 2014). O Comitê Especial para a Descolonização, desde sua criação em 1962, supervisiona a Declaração sobre a Concessão da Independência dos Países e Povos Coloniais de 1960, com metas a cada década para eliminação do colonialismo – o período entre 2011-2020 constitui seu terceiro decênio internacional.

O direito à autodeterminação dos povos, garantido pela Carta das Nações Unidas em 1945, comumente associado à esfera internacional, pode ser pensado e estendido para o interior do Estado-nação. O recurso à noção de autodeterminação tem sido fundamental para pensar as questões envolvendo autonomia territorial indígena, que, por seu turno, constitui-se como uma estratégia possível na luta pela descolonização (Cal y Mayor, 2010). A Declaração das Nações Unidas sobre os Povos Indígenas adotada pela Assembleia Geral da ONU em 2007 desempenhou um papel

[4] Recentemente, o Comitê reiterou o pedido de independência de Porto Rico. Os territórios não autônomos são: Polinésia Francesa, Gibraltar, Nova Caledônia, Saara Ocidental, Samoa Americana, Anguilha, Bermuda, Ilhas Virgens Britânicas, Ilhas Caimã, Guam, Montserrat, Ilhas Picárnia, Santa Helena, Ilhas Turks e Caicos, Ilhas Virgens Americanas, Toquelau e Malvinas. A grande maioria desses territórios é de caráter insular, sendo que dez territórios estão sob a administração do Reino Unido e três, dos Estados Unidos (UNITED NATIONS, 2014).

importante no desenho das novas Constituições da região andina, assim como o papel dos movimentos sociais. A ascensão da questão indígena na agenda internacional ganhou maior impulso nos anos 2000 com os governos pós-neoliberais na América Latina, sobretudo o de Evo Morales.

O novo constitucionalismo latino-americano tem gerado uma extensa agenda de pesquisa, atenta às rupturas e às continuidades em relação ao constitucionalismo liberal na região e às possibilidades de seu aprofundamento democrático. A participação da América Latina no constitucionalismo contemporâneo traz algumas contribuições originais (Domingues, 2013, p. 194), passíveis de serem agregadas em uma gramática descolonizada dos Direitos Humanos, em um âmbito pluriversal (Mignolo, 2010). Resultado dos processos de refundação de Estado, da luta dos movimentos sociais e da afirmação de identidades historicamente subalternizadas, como indígenas e/ou quilombolas, as novas Cartas Constitucionais do Equador (2008) e da Bolívia (2009) são as mais representativas e contundentes desde uma perspectiva descolonizadora.

Apresentando uma série de características e novidades interessantes do ponto de vista constitucional, observa-se que a ampliação e a inclusão de sujeitos de direito tomam outras referências de comunidade, território, natureza e cultura. Textualmente, é explícita a tentativa de ambas as Constituições responderem às dinâmicas do colonialismo interno e à colonialidade do poder. As noções de plurinacionalidade e interculturalidade inovam quanto às soluções comunitárias (comunitarismo) e multiculturais (multiculturalismo) oferecidas pelas sociedades do Atlântico Norte, dominantes até há pouco tempo nos debates sobre Teorias da Justiça no Brasil. A diminuição da centralidade do indivíduo liberal nesses textos é perceptível quando da introdução de um léxico baseado na cosmovisão indígena – e não racional, individual, racionalizada e metrocêntrica – como *pacha mama* e *buen vivir* (Baldi, 2013, p. 62). A valorização e incorporação dos direitos coletivos das comunidades "originárias" ou "tradicionais" complexifica ainda a noção de pessoa jurídica para além da concepção individual liberal (Mota, 2009).

Em seu Artigo 8º, a Constituição equatoriana "Condena toda forma de imperialismo, colonialismo, neocolonialismo, y reconoce el derecho de los pueblos a la resistencia y liberación de toda forma de opresión". Esse reconhecimento das situações pós e neocoloniais repete-se em diferentes passagens na Constituição boliviana. Além da condenação de toda forma de "dictadura, colonialismo, neocolonialismo e imperialismo" (Art. 255), a Carta da Bolívia reconhece o fenômeno histórico e sociológico do colonialismo interno:

> La actual Constitución Política del Estado Plurinacional de Bolivia, promulgada el 7 de febrero de 2009 por el Presidente Evo Morales Ayma, es la única Constitución desde 1826 que reconoce la persistencia del colonialismo interno, pero que entrega los medios constitucionales para erradicarlo definitivamente. Con ello se reafirma la refundación de Bolivia como Estado Plurinacional (Bolívia, 2009).

Essa instrumentalização autorreflexiva do direito constitucional nacional para a erradicação do colonialismo interno que anteriormente o legitimou constitui um ineditismo importante para a observação da tensão entre modernidade e emancipação/libertação. A introdução do Dia da Descolonização e a criação do Vice- Ministério da Descolonização somam-se na introdução do vocabulário da descolonização nas instituições políticas e oficiais bolivianas.

As tentativas internas de descolonizar o direito a partir da América Latina têm reverberado na gramática global dos Direitos Humanos. O debate sobre descolonização dos Direitos Humanos é ainda recente e complexo, agregando-se às estratégias decoloniais de visibilizar o lado obscuro da modernidade para destituí-la de um sentido unicamente emancipatório. Para isso, existe o reforço da ideia de localizar a América no tempo e no espaço como início e centro da modernidade e de evidenciar o colonialismo e o imperialismo como processos constitutivos da modernidade. Para José-Manuel Barreto (2013), a descolonização dos Direitos Humanos pode ser vista como parte de um objetivo maior de descolonizar o conhecimento. O universalismo eurocêntrico que informa a teoria dos Direitos Humanos não foi capaz de problematizar as interações entre impérios, colônias e companhias mercantis, deixando de pensar sobre as vítimas do colonialismo em diferentes sentidos – genocídio, violência sexual, escravidão, entre outros. A tarefa ainda requereria a construção de outra história sobre a evolução europeia dos direitos e da cidadania, valorizando a importância de outras revoluções esquecidas, como a Haitiana e a Mexicana.

Conhecidamente, a Revolução Haitiana foi a primeira a desafiar a aplicabilidade universal da Declaração dos Direitos do Homem de 1789 e expor o paradoxo e a violência do processo "civilizador" (Chatterjee, 2004; Reis, 2011). Grüner (2010) lembra que a Constituição haitiana de 1805 decretou, em seu artigo 14, que todos os cidadãos haitianos seriam considerados "negros", e concebe-a como uma rebelião também filosófica.

Alguns autores partem do contradiscurso da modernidade de Las Casas para advogá-lo como inaugural de uma tradição latino-americana de Direitos Humanos. Essa tradição, inclusive, pode ser encontrada na Declaração de 1948 das Nações Unidas, cuja participação da delegação latino-americana nas negociações teria sido imprescindível para introduzir diferentes questionamentos e noções de direito. Segundo Carozza (*apud* REIS, 2011, p. 111), tal tradição "absorveu elementos das tradições revolucionárias dos Estados Unidos, da Europa, do reformismo católico, de modo a moldar uma concepção de direitos humanos que combina de alguma forma o individualismo com a dimensão social e econômica da dignidade humana". Ainda de acordo com Reis (2011, p. 111),

> [...] estavam contemplados nas propostas latino-americanas [para a Declaração de 1948] tanto o individualismo anglo-saxão como o Iluminismo continental mais preocupado com igualdade e fraternidade, ao mesmo tempo em que, contrariamente a essas duas tradições, o pensamento latino-americano era muito menos desconfiado em relação ao Estado e muito menos anticlerical.

Caso se aceite essa interpretação, o novo constitucionalismo latino-americano também pode ser inserido dentro dessa história temporal maior da luta por direitos nas Américas desde o primeiro grande "encobrimento do outro". Também, pode servir como exemplo – inacabado, incompleto, imperfeito, contraditório – de diálogo com a modernidade a serviço da descolonização e da justiça.

Em conclusão, pode-se dizer que, se é certo que o pós-colonialismo possui um alcance limitado para a explicação das desigualdades e violências contemporâneas na América Latina, também o é o fato de que muitas delas foram aprofundadas e mesmo inventadas para o funcionamento, com ou sem agência, do colonialismo. Analisar tanto os resquícios e as continuidades das relações coloniais e imperiais quanto suas diferentes formas contemporâneas de reprodução pode auxiliar a compreender os complexos níveis e escalas de injustiças estruturais, nos campos econômico e cultural.

Apesar do ingresso tardio da América Latina no debate acadêmico sobre pós-colonialismo, a reflexão sobre o tema existe pelo menos desde o século XIX, quando da formação de seus primeiros debates nacionais. No século XXI, a ideia de descolonização reapareceu com força procurando marcar outros sentidos do que aqueles pensados pelo pós-colonialismo anticolonial e terceiro-mundista.

Sob as lógicas da imperialidade e da colonialidade, o imperialismo e o colonialismo supostamente ultrapassados possuem uma capacidade de adaptação e renovação em pleno século XXI. A conjugação entre pós-colonialismo e cosmopolitismo constitui-se no grande desafio atual para a construção de um senso de justiça global capaz de retrair ambas dinâmicas da modernidade em seu lado obscuro.

Referências

ARICÓ, J. Introdução: o Bolívar de Marx. In: MARX, Karl. *Simon Bolívar por Karl Marx*. São Paulo: Martins Fontes, 2008.

BALDI, C. Del constitucionalismo moderno al nuevo constitucionalismo latinoamericano descolonizador. *Revista de Derechos Humanos y Estudios Sociales*, ano V, n. 9, 2013.

BALLESTRIN, L. América Latina e o giro decolonial. *Revista Brasileira de Ciência Política*, Brasília, n. 11, 2013.

BARRETO, J.-M. (Ed). *Human Rights from a Third World Perspective: Critique, History and International Law*. Cambridge: Cambridge Scholar Publishing, 2013.

BETHELL, L. O Brasil e a ideia de América Latina em perspectiva histórica. *Estudos Históricos*, Rio de Janeiro, v. 22, n. 44, 2009.

BOLÍVIA. *Constitución Política de lo Estado Plurinacional*, 2009. Sistema de Información Legal del Estado Plurinacional. Constituciones Políticas y sus reformas. Disponível em: <http://www.silep.gob.bo/silep/constitucion>. Acesso em: jul. 2016.

BRUNKHORST, H. Alguns problemas conceituais e estruturas do cosmopolitismo global. *Revista Brasileira de Ciências Sociais*, Brasília, v. 26, n. 76, 2011.

CASANOVA, P. G. Colonialismo interno [una redefinición]. In: BORON, A. *et al.* (Orgs.). *La teoría marxista hoy: problemas y perspectivas*. Buenos Aires: Clacso, 2006.

CAL Y MAYOR, A. B. Autonomía: la emergencia de un nuevo paradigma en las luchas por la descolonización em América Latina. In: GONZÁLEZ, M.; CAL y MAYOR, A. B.; ORTIZ-T, P. (Orgs.). *La autonomía a debate: autogobierno indígena y Estado plurinacional en América Latina*. Quito: Serie Foro, FLACSO, 2010.

CHATTERJEE, P. *Colonialismo, Modernidade e Política*. Salvador: Edufba, 2004.

CONSTITUCIONAL, Tribunal. *Constitución de la República del Ecuador*. Quito-Ecuador: Registro Oficial, v. 449, p. 20-10, 2008.

DUSSEL, E. *1492: O encobrimento do Outro (A origem do mito da Modernidade)*. Petrópolis: Vozes, 1993.

DUSSEL, E. *Hacia una filosofía política crítica*. Bilbao: Desclée, 2011.

DOMINGUES, J. M. Constitucionalismo latino-americano. In: AVRITZER, L. *et al. Dimensões Políticas da Justiça*. Rio de Janeiro: Civilização Brasileira, 2013.

EQUADOR. *Constitución de la República del Ecuador,* 2008. Asamblea Nacional. Legislamos. Disponível em: <http://www.asambleanacional.gob.ec/sites/default/files/private/asambleanacional/filesasambleanacionalnameuid-20/transparencia-2015/literal-a/a2/Const-Enmienda-2015.pdf>. Acesso em: jul. 2016.

GROSFOGUEL, Ramón. Para descolonizar os estudos de economia política e os estudos pós-coloniais: transmodernidade, pensamento de fronteira e colonialidade global. *Revista Crítica de Ciências Sociais,* Coimbra, n. 80, p. 115-147, 2008.

GRÜNER, E. *La oscuridad y las luces: capitalismo, cultura y revolución*. Buenos Aires: Edhasa, 2010.

LYNCH, C. E. C. Por que *pensamento* e não teoria? A imaginação político-social brasileira e o fantasma da condição periférica (1880-1970). *Dados,* Rio de Janeiro, v. 56, n. 4, 2013.

MARIÁTEGUI, J. C. *La novela y la vida*. Lima: Biblioteca Amauta. Disponível em: <http://www.catedramariategui.com/biografialibros.html>. Acesso em: 2 mar. 2015

MARX, K. *O capital: crítica da economia política*. São Paulo: Boitempo, 2013. Livro I: O processo de produção do capital.

MIGNOLO, W. *Desobediencia epistémica: retórica de la modernidad, lógica de la colonialidad y gramática de la descolonialidad*. Argentina: Ediciones del Signo, 2010.

MOTA, A. A nova constituição política do Estado boliviano: antecedentes históricos, conteúdo e proposta analítica. In: DOMINGUES, J. M.; GUIMARÃES, A. S.; MOTA, A.; SILVA, F. P. da. (Orgs.). *A Bolívia no espelho do futuro*. Belo Horizonte: Ed. da UFMG, 2009.

QUIJANO, A. Colonialidad del poder y clasificación social. *Journal of World-Systems Research,* v. 11, n. 2, p. 342-386, 2000.

QUIJANO, A.; WALLERSTEIN, I. Americanity as a Concept, or the Americas in the Modern World-System. *International Social Science Journal,* v. 44, n. 4, p. 549-557, 1992.

REIS, R. R. A América Latina e os Direitos Humanos. *Contemporânea – Revista de Sociologia da UFScar*, São Carlos, n. 2, 2011.

RESTREPO, Eduardo; MARTINEZ, Axel Alejandro Rojas. *Inflexión decolonial: fuentes, conceptos y cuestionamientos*. Instituto de Estudios Sociales y Culturales Pensar, Maestría en Estudios Culturales, Universidad Javeriana, 2010.

RIBEIRO, G. L. *Post-Imperialism: a Latin American Cosmopolitics*. Brasília, 2005. Disponível em: <http://repositorio.unb.br/bitstream/10482/17718/1/ARTIGO_Post-ImperialismLatin.pdf>. Acesso em: 2 mar. 2013.

UNITED NATIONS. *The United Nations and Decolonization*. 2014. Disponível em: <http://www.un.org/en/decolonization/>. Acesso em: 2 mar. 2013.

WHITEHEAD, L. A organização do Estado na América Latina após 1930. In: BETHELL, L. (Org.). *História da América Latina, Vol. VII: A América Latina após 1930: Estado e Política*. São Paulo: Edusp, 2009.

WOOD, E. M. *O império do capital*. São Paulo: Boitempo, 2014.

Sobre os autores

Leonardo Avritzer (Org.)

Possui graduação em Ciências Sociais pela Universidade Federal de Minas Gerais (UFMG, 1983), mestrado em Ciência Política pela UFMG (1987), doutorado em Sociologia Política pela New School for Social Research (1993) e pós-doutorado pelo Massachusetts Institute of Technology (1998-1999, 2003). Atualmente é Professor Titular da UFMG. Foi representante de área da Coordenação de Aperfeiçoamento de Pessoal de Nível Superior (2005-2011), Professor Visitante da Universidade de São Paulo (USP, 2004), da Tulane University (2008) e da Universidade de Coimbra (2009). Foi diretor da Associação Nacional de Pós-Graduação e Pesquisa em Ciências Sociais (1997-1998) e presidente da Associação Brasileira de Ciência Política (2012-2014). É membro do Conselho Consultivo da International Political Science Association (IPSA). É autor dos seguintes livros: *Democracy and the Public Space in Latin America* (2002) e *A moralidade da democracia* (1996, prêmio ANPOCS de melhor livro do ano), *Participatory Institutions in Democratic Brazil* (2009), *Los Desafíos de la Participación en América Latina* (2014).

Roberto Gargarella

É advogado, jurista, sociólogo, escritor e acadêmico. É especialista em direitos humanos, democracia, filosofia política, direito constitucional e igualdade e desenvolvimento. Atualmente é professor na Universidad Torcuato Di Tella e na Universidad de Buenos Aires. Também é diretor da *Revista Argentina de Teoría Jurídica.*

Aurea Mota

Possui graduação em Ciências Sociais pela Universidade Federal de Minas Gerais (UFMG) e mestrado em Sociologia pela mesma instituição. Doutora em Sociologia pelo Instituto de Estudos Sociais e Políticos da Universidade do Estado do Rio de Janeiro (UERJ, antigo IUPERJ). Durante sua graduação trabalhou como pesquisadora em centros de pesquisa da UFMG e da Fundação João Pinheiro (FJP/MG). Em 2010 foi pesquisadora visitante no Departamento de Sociologia da Universidade de Sussex. Há mais de oito anos desenvolve pesquisa junto ao Projeto Democracia Participativa (PRODEP/UFMG). Atualmente é pesquisadora do Projeto Trajetórias da Modernidade na Universidade de Barcelona (UB) e tutora e orientadora de monografias de especialização do curso de pós-graduação Democracia Participativa, República e Movimentos Sociais (PRODEP/UFMG). Ganhou bolsa CLACSO/ASDI em 2006 na categoria B1 (jovem pesquisador) e em 2010 foi, através da participação em novo concurso de projeto, contemplada com uma bolsa na categoria "consolidação acadêmica". É integrante do Grupo de Trabalho Filosofia Política (CLACSO). Principais áreas de interesse: Pensamento Latino-Americano; Filosofia Social e Política; Sociologia Histórica Crítica; Liberalismo; América Latina e África; Movimentos Sociais; Constitucionalismo; Estado.

Maria Cristina Vidotte Blanco Tarrega

Pesquisadora e extensionista. Mestre em Direito Civil e doutora em Direito Empresarial pela Pontifícia Universidade Católica de São Paulo (PUC-SP). É Professora Titular da Universidade Federal de Goiás (UFG) e no Programa de Mestrado da Universidade de Ribeirão Preto (UNAERP). Pesquisadora bolsista produtividade do CNPq, fez estágio pós-doutoral na Universidade de Coimbra. Atua em Grupos de Pesquisa (desde 2000), dedicando-se às questões de direito empresarial e societário, da propriedade intelectual na exploração econômica da biodiversidade, desenvolvimento sustentável, produção agrícola integrada, sob uma perspectiva das comunidades tradicionais quilombolas, dos direitos coletivos, do pluralismo jurídico e da democracia participativa. É representante regional do Centro-Oeste da Rede para o Novo Constitucionalismo Democrático Latino-Americano. Leciona Hermenêutica Constitucional e Direito Empresarial. É autora de várias obras de Direito. Tem experiência em orientação de pesquisas e extensão, de dissertações e trabalhos de conclusão de cursos. Organizou e participou de eventos nacionais e internacionais. Apresentou trabalhos e proferiu palestras no Brasil e no exterior. Participou de bancas de concursos em universidades públicas, concursos públicos, bancas de mestrado e doutorado. É avaliadora do INEP, supervisora da SESu (*ad hoc*) e parecerista CNPq (*ad hoc*). É avaliadora *ad hoc* da Capes, FAPEG e FAPEMIG. Integra o Conselho Editorial de vários periódicos científicos. É editora da *Revista da Faculdade de Direito da UFG*.

Vitor Sousa Freitas

Professor Assistente de Direito do Trabalho, Direito Processual do Trabalho e Prática Jurídica Trabalhista da Universidade Federal de Goiás (UFG, Regional Goiás). Advogado. Mestre em Direito Agrário (2012), especialista em Direito Constitucional (2011), e bacharel em Direito (2009) pela UFG. Secretário-geral da Rede para o Constitucionalismo Democrático Latino-Americano no Brasil.

Agustín Grijalva

É membro acadêmico do Conselho de Educação Superior. É advogado e licenciado em Ciências Jurídicas pela Pontificia Universidad Católica del Ecuador, especialista em estudos latino-americanos pela University of Pittsburgh, mestre em Ciências Políticas pela University of Kansas e doutor em Ciências Políticas pela University of Pittsburgh. É professor em Direito pela Universidad Andina no curso de Interpretação Constitucional. Na mesma universidade foi coordenador do curso de Especialização em Direito Constitucional 2. Coordenador do mestrado em Direito Internacional. Professor do curso de Especialização em Direitos Humanos. Na graduação lecionou disciplinas como Metodologia de Pesquisa de Legal, Direitos Econômicos e Sociais, do Estatuto Jurídico da Produção, Desempenho Constitucional. Coordenador do curso aberto de Direitos Humanos, Mulher e Criança. Membro do Comitê de Investigação da Universidad Andina.

Ana Paula Repolês Torres

Possui doutorado em Filosofia pela Faculdade de Filosofia e Ciências Humanas da UFMG (2011), com estágio pós-doutoral (2012) na mesma instituição, possuindo graduação em Direito pela Faculdade de Direito da UFMG (2001) e mestrado em Direito Constitucional, realizado na mesma faculdade (2005). Pesquisadora do Observatório da Justiça Brasileira (OJB/UFMG, 2012-2013). Tem experiência na área de Direito Público e Filosofia Política, com ênfase na relação entre Direito e Política. Tem trabalhado com o sentido moderno do que é democracia constitucional, direitos fundamentais, direitos sociais, legitimidade, fundação e liberdade.

Marjorie Corrêa Marona (Org.)

Professora Adjunta da Universidade Federal de Minas Gerais (UFMG), Departamento de Ciência Política da Faculdade de Filosofia e Ciências Humanas. Doutora em Ciência Política pela UFMG (2013), com estágio de doutoramento no Centro de Estudos Sociais da Universidade de Coimbra (2011-2012). Mestre em Filosofia do Direito pela UFMG (2004) e graduada em Direito (2001). Pesquisadora do Observatório da Justiça Brasileira do Centro de Estudos Sociais da América Latina (OJB/CES-AL). Coorganizou o livro *Cartografia da Justiça no Brasil: uma análise a partir de atores e territórios* (Saraiva, 2014). Atua nas áreas de teoria política, teorias da justiça, direito e desigualdades.

Marcus Abílio Gomes Pereira

Marcus Abílio é Professor Adjunto do Departamento de Ciência Política da Universidade Federal de Minas Gerais (UFMG). Doutor em Sociologia Política pela Universidade de Coimbra, Portugal (2008), com doutorado sanduíche na École des Hautes Études en Sciences Sociales (EHESS/Paris, 2007). Possui grau de mestre em Ciência Política pela UFMG (2000) e graduação em Direito pela Faculdade de Direito Milton Campos (1997). Coordena o grupo de pesquisa Democracia Digital. Os seus interesses de investigação centram-se em questões relacionadas com a teoria democrática, teoria dos movimentos sociais e o uso de novas tecnologias de informação e comunicação, atuando nos temas de participação digital, repertórios de ação, democracia digital e esfera pública.

Dayane Nayara Conceição de Assis

Graduada em Ciências do Estado pela Universidade Federal de Minas Gerais (UFMG), foi bolsista na pesquisa "O impacto do Bolsa Família sobre a vida das mulheres, nos meios rural e urbano-cotidiano e projeções para a autonomia feminina: o caso de Minas Gerais", no núcleo de estudo e pesquisa sobre a mulher NEPEM-UFMG. Mestranda no Programa de Estudos Interdisciplinares em Mulheres, Gênero e Feminismo. Militante do Coletivo de Estudantes Negros (CEN) na UFMG e no Bloco das Pretas.

Fernando Antônio de Carvalho Dantas (Org.)

Doutor e mestre em Direito das Relações Sociais pela Universidade Federal do Paraná (UFPR). Graduado em Direito. Professor Titular de Teoria do Direito da Universidade Federal de Goiás (UFG). Professor do Programa de Pós-Graduação em Direito Agrário da UFG. Professor Colaborador do Programa de Pós-Graduação em Direito Agroambiental da Universidade Federal do Mato Grosso (UFMT). Diretor do Centro de Estudos Sociais da América Latina (CES-AL). Membro do Conselho Científico do Observatório da Justiça Brasileira. Professor Convidado do Programa de Doutorado em Direitos Humanos e Desenvolvimento da Universidad Pablo de Olavide em Sevilha, Espanha. Professor Visitante do Programa de Doutorado em Pensamento Latino-Americano da Universidade Nacional da Costa Rica. Professor Colaborador do Programa de Doutoramento em Direito e Democracia no Século XXI do Centro de Estudos Sociais (CES) da Universidade de Coimbra Portugal. Ex-procurador Geral da Fundação Nacional do Índio.

Lilian Cristina Bernardo Gomes (Org.)

Pós-doutorado em Ciência Política pela Universidade Federal de Minas Gerais (UFMG-CNPQ, 2012-2013) e pós-doutorado em Ciência Política pela UFMG (FAPEMIG, 2010-2011). Doutora (2009) e mestre (2004) em Ciência Política pela UFMG. Estágio de doutoramento na Universidade de Coimbra, no Centro de Estudos Sociais em Portugal (CES/PT) pelo Projeto Capes/Grices, coorientada pelo professor Boaventura de Sousa Santos. Especialista em História do Brasil pela Pontifícia Universidade Católica de Minas Gerais (PUC Minas, 1995). Graduada em História pelo Centro Universitário de Brasília (CEUB/1987). É responsável técnica do Projeto Formulação de uma Linguagem Pública para Comunidades Quilombolas, desenvolvido pela UFMG através de parceria firmada com o Ministério do Desenvolvimento Agrário (MDA/Nead/Incra). Professora do mestrado em Cartografia Social e Política da Amazônia pela Universidade Estadual do Maranhão (UEMA). Professora da especialização em Políticas de Promoção da Igualdade Racial na Escola da FAE/UFMG. Professora de História do Instituto Santo Tomás de Aquino (ISTA). Professora do mestrado da Unifenas. Participa do Núcleo de Estudos sobre Populações Quilombolas e Tradicionais da UFMG (NUQ). Trabalha com os seguintes temas: direito das comunidades tradicionais, teorias da justiça, relações raciais no Brasil, políticas públicas e democracia participativa.

Carlos Eduardo Marques

Possui graduação em Ciências Sociais e mestrado em Antropologia pela Universidade Federal de Minas Gerais (UFMG). Doutorado em Antropologia na Universidade Estadual de Campinas (Unicamp). Pesquisador-fundador do Núcleo de Estudos de Populações Quilombolas e Tradicionais da Faculdade de Filosofia e Ciências Humanas da UFMG, onde desenvolve pesquisas referentes às populações quilombolas, tradicionais e povos de matriz afro-brasileira (Povo do Santo). Foi pesquisador do Observatório da Juventude da Faculdade de Educação da UFMG, onde desenvolveu o trabalho de educador, entre outros, no Projeto Inter-Agindo. Foi Professor Substituto de Antropologia no Departamento de Sociologia e Antropologia da FAFICH/UFMG. Foi Professor da Faculdade de Ciências Jurídicas de Diamantina (FCJ/FEVALE/UEMG).

César Augusto Baldi

Professor da Universidade Luterana do Brasil até 2007. Servidor do Tribunal Regional Federal da 4ª Região desde outubro de 1989. Pesquisador do Núcleo de Estudos para Paz e Direitos Humanos (NEP) da Universidade de Brasília. Tem experiência na área de Direito, atuando principalmente nos temas: direitos humanos, interculturalidade, Islã, indígenas, comunidades tradicionais. Lecionou Introdução ao Estudo do Direito e Direito Constitucional.

Eric Cícero Landívar Mosiño

Graduou-se em Direito pela Universidad Tecnológica Privada de Santa Cruz (UTEPSA), licenciado em Ciência Política e Administração Pública da Universidad Autónoma Gabriel René Moreno (UAGRM). É mestre em Direito Constitucional na Universidad Andina Simón Bolívar (UASB). Atualmente atua como Professor Convidado na carreira de Ciência Política e Administração Pública da Universidad Autónoma Gabriel René Moreno.

Luciana Maria de Aragão Ballestrin

É bacharel em Ciências Sociais pela Universidade Federal do Rio Grande do Sul (UFRGS, 2003), mestre em Ciência Política pela UFRGS (2006) e doutora em Ciência Política pela Universidade Federal de Minas Gerais (UFMG, 2010), tendo realizado doutorado sanduíche na

Universidade de Coimbra (2008). Foi Professora Assistente Substituta na UFRGS (2009-2011). Atualmente é Professora Adjunta III de Ciência Política do curso de Relações Internacionais e do Programa de Pós-Graduação em Ciência Política da Universidade Federal de Pelotas (UPEL). Tem experiência na área de Ciência Política, com ênfase nas áreas: Teoria Política e Democrática Contemporânea, Teorias do Sul, Estudos Pós-coloniais e De-coloniais, Sociedade Civil e Violência, Sociedade Civil Global e Controle de Armas (*Small Arms and Light Weapons*). Membro da Associação Brasileira de Ciência Política (ABCP).

Este livro foi composto com tipografia Bembo Std e impresso
em papel Off-White 80g/m² na Paulinelli Serviços Gráficos.